내 집에 갇힌 사회

내 집에 갇힌 사회

초판 1쇄 발행 / 2020년 3월 30일
초판 2쇄 발행 / 2024년 9월 30일

지은이 / 김명수
펴낸이 / 강일우
책임편집 / 김새롬 신채용
조판 / 박지현
펴낸곳 / (주)창비
등록 / 1986년 8월 5일 제85호
주소 / 10881 경기도 파주시 회동길 184
전화 / 031-955-3333
팩시밀리 / 영업 031-955-3399 편집 031-955-3400
홈페이지 / www.changbi.com
전자우편 / human@changbi.com

ⓒ 김명수 2020
ISBN 978-89-364-8658-7 93330

내 집에 갇힌 사회

김명수 지음

생존과 투기 사이에서

창비

1

외환위기의 충격에 사그라진 줄 알았던 '주거문제'(housing ques-tion)가 되살아났다. '체제안정'을 위협할 정도로 극심했다던 1980년대 말의 주거문제가 잦아든 지 10년이 채 못 된 때의 일이었다. 압축적 산업화와 도시화에서 비롯된 주택 부족 문제를 어느정도 해결했다고 여긴 순간, 한국사회는 주거문제의 '귀환'을 목격했다.

그렇다고 하여 옛일이 그대로 재연된 것은 아니었다. 도시공간의 재편을 둘러싼 갈등이 불거진 1980년대 말, 주거문제는 첨예한 분배갈등을 빚는 사회쟁투의 진앙이 됐다. 가격상승과 도심 재개발에 고통받는 세입자들과 철거민들의 투쟁이 그 촉매였다. 이들의 저항은 공간재편에 맞선 국지적 반발에 그치지 않고, 온 사회의 공감을 얻는 의제로 확대됐다. 소유 독점의 해소와 투기억제, 주택공급의 확대와 같이 소유의 평등을 부르짖는 의제를 둘러싼 각축이 펼쳐졌다. 간추려 말해, 이때의 주거정치를 지배한 시대정신이 곧 '주거생존(권)'이었고 또 소유의 평등이었다.

외환위기 이후 재출현한 주거문제에서 이러한 지향은 크게 위축됐다. 세입자들의 주거 불안이 해소된 것도, 주거난을 끝낼 만큼 소유의 진전이 있었던 것도 아니었지만, 평등과 형평의 의제가 차지하는 위상은 현저히 줄어들었다. 부동산 규제 완화와 상업적 공간재편에 따른 주거 불안과 불평등이 가중됐음에도 불구하고 평등주의적 지향은 오히려 사라져갔다. 외려 새롭게 도래한 주거문제의 특색을 보여준 것은 '사유재산'(private property) 확보에 집착하는 자가소유 가구였다. 자본이득 환수와 부의 재분배를 목표로 한 세제개혁이 이들의 저항으로 물거품이 된 것과 반대로, 자본이득에 대한 대중들의 열망은 '뉴타운'과 재건축을 향한 거대한 사회적 신드롬으로 번졌다. 무엇보다 2000년대 중후반 들어 거듭된 보수정당의 선거 압승이 주택소유자들의 연대가 가진 위력을 여실히 증명했다. 이러한 움직임이 만들어낸 결과는 다주택 보유의 변화에서 단적으로 드러났다. 다주택 보유 가구의 숫자는 2005년 이후 단 10년 만에 전체 소유자 가구의 25.5%로 두배 이상 늘었고, 이들이 보유한 주택 수 역시 전체 가구분 소유주택의 과반에 육박하는 수준으로 커졌다.[1] 경제적 이해의 관철이라는 측면에서 본다면 소유자 가구들은 확실한 '성공'을 거두었다.

결국, 우리는 주거 민주화 요구의 퇴조 속에 폭발한 주택소유자 운동에서 새롭게 도래한 주거문제의 실체를 찾을 수 있다. 주택의 대중 소유를 향한 사회연대가 소멸한 자리를 중산층으로 탈바꿈한 자가소유자들의 결사가 대체하는 변화가 일어난 것이다. 소유의 형평과 기회균등을 향한 운동 역시 사적 소유(권)의 옹호와 경제적 기회의 독점을 향한 운동으로 변모했다. 소유의 권능을 향한 갈망이 도시민들의 주거실천을 지배하는 통념이자 지향으로 굳어진 것이다. 이 '전환'의 주연은 누구보다, 자가 주택에 응축된 물질적 이해관계에 자신을 동일시하면서, 자가소유권의 확보와 행사에 몰두하는 중산층 자가소유자였다. 그렇게 주거 영역은 공공의 문제는 아랑곳하지 않고 사익 실현에만 골몰하는 '이기주의자'로서, 도시 중산층 가구가 드러낸 사회적 '쇠퇴'를 보여주는 문제의 현장이 됐다. 소외된 계층을 끌어안는 연대와 통합의 장 대신에, 계층 간 경쟁과 사회선택을 통해 연대의 잠재력을 훼손하는 불화의 장이 된 셈이다. 어떻게 10여년 남짓한 짧은 시간 동안 대중들의 소유관과 주거 행동이 이렇게 급변할 수 있었는가? 한국의 도시 중산층은 어찌하여 자가소유권을 맹목적으로 좇는 '소유자 가구'로 변모한 것일까?

2

이 책은 2000년대 후반쯤에 내가 흐릿하게나마 가졌던 의문들에서 시작됐다. 그 무렵까지 나의 관심은 권력과 통치의 문제, 다시 말해 정치·경제 권력에 의한 지배와 사회적 헤게모니의 구성이라는 고전적 주제들로 한국사회의 구조변동을 설명하는 데 머물러 있었다. 그러던 중 일상에서의 몇몇 관찰들과 내 나름의 이론적 사유를 통해 얻은 성찰을 계기로 이 책의 주제로 선회하게 됐다.

특히 내가 의아스럽게 느꼈던 것은 중간계급적 배경을 갖는 도시민들이 보인 기묘한 변화였다. 적어도 개혁적 지향을 가진 소시민임을 자임했던 사람들이 주택(부동산)문제를 놓고 보인 이중적 행보나, 집 근처 상가나 여느 시장통 선술집에서 들리던 노골적인 정치적 불만의 언사들이 그것이었다. 지인 가운데 한분은 남의 주민번호를 개발사업 촉구를 위한 서명운동에 무단으로 활용하기도 했다. '신자유주의자'로 돌변한 '(3)86세대'에 대한 비판이나 생각의 '진보'와 대비되는 삶의 '보수성'에 대한 자성, '아파트 정치' 또는 '부동산 계급사회'[2]에 대한 진단이 제기된 때도 그 무렵이었다. 이러한 변화를 어떻게 이해해야 하는가?

당시 국내에 유행하던 푸꼬의 '신자유주의 통치성' 개념이나 '투자자 주체' 논의로는 이러한 물음을 제대로 풀 수 없어 보였다. 이를테면, '투자자 주체' 논의는 주택 소비와 투자에 대한 사회적 붐을 신자유주의와 금융화로 대변되는 경제구조 전환에 맞선 대중들의 자기 구성적 실천의 결과로 해석했다. 위험관리 기술과 금융적 소양을 '자기의 테크놀로지'(technology of self)로 내면화한 주체들이 벌이는 자기 규율적 실천으로 주택투자를 보면서, 투자 결정에 내포된 주체의 (담론적) 합리성을 강조하는 견해였다. 대중들이 정말 '투자자 주체'로 변신해서 주거갈등의 양상이 뒤바뀐 것일까? 수많은 투자 대상 가운데 유독 '내 집'에 그러한 실천이 집중되는 이유는 무엇일까? 금융화 이전부터 우리의 도시민들은 내 집에 기대 살림을 꾸려왔고, 자가소유권을 둘러싼 쟁투 역시 그러한 생계 방식을 둘러싼 재생산 경쟁이 아닐까? 주택을 매개로 구성되는 가족들의 생활조건과 그들 사이의 경쟁과 각축을 살피지 않고, 금융자본주의의 헤게모니에 '포획'된, 또는 여기에 편승한 신자유주의적 주체로 그들을 규정하는 것은 적합한가? 비슷한 맥락에서, '중산층'이나 '투기꾼'과 같은 고립된 존재로 소유자를 불러낸 다음, 그들의 고유한 속성, 예컨대 지위추구 성향이나 투기 욕망 등이 발현된 것으로 문제를 단정짓는 것은 합당한가?

한국인들의 삶에 깃든 내 집의 의미와 역할에 천착하지 않고서는, 자가 주택에 응축된 도시 가구의 이해관계를 제대로 해명하기 어렵다고 판단했다. 한국인들의 주거 행동에서 보이는 가장 두드러진 특성은, 가족의 본질적 필요에 속하는 주거가 오히려 배타적 생존(생계)의 수단으로 활용된다는 사실이다. 주거 영역이 계층 간 소득과 자산 격차를 심화하고 생활기회의 차등화를 가져오는 현실에서, 우리의 도시민들은 주택소유를 둘러싼 시장경쟁에 참여해 생계를 도모하는 형태로 살아왔다. 그 결과, 가족의 안락을 보장하는 거처로서의 가정의 마련, 달리 말해 주거라는 삶의 '필요'를 충족하려는 생활전략을 넘어, 그러한 '목적' 자체를 사회적 생계 경합의 '대상'이자 '수단'으로 활용하는 특수한 상황, 일종의 '목적 전치 현상'이 출현했다.

이렇게 보면, 자가소유권은 한국의 도시 가구들이 당면한 생계문제에 대처하기 위해 활용한 문제 해결책에 가깝다. 시간, 공간, 사회적 차원을 모두 갖춘 복합적인 생계전략, 합쳐 말한다면 '시공간적 해결책'.[3] 주택거래로 얻게 될 미래 소득(자본이득)을 현재의 생계수단이자 위험대비 재원으로 삼는다는 점에서, 자가소유권은 '미래할인'에 기초한 '시간' 해법이었다. 압축 성장에 따른 공간 불균등 발전을 주거공간 형성(을 통한 자산증식)에 적극적으로 활용한다는 점에서 그것은 또한 '공간' 전략이었다. 이러한 시공간 전략은 다른 이들의 경제적 부담을 통해 완결됐다. 자가소유권을 바탕으로 맺은 사회관계를 통해 남의 소득을 수취하는 반면, 자신의 생계위험은 오히려 전가하는 '사회(외부) 화' 과정 끝에 그 과정이 이루어졌다.

이 책은 자가소유권에 의존한 사적 생계 구성의 변화라는 측면에서 중산층 중심의 주택소유자 운동이 부상한 원인을 해명한다. 자가 주택에 응결된 도시 가구의 이해를 사적 욕망의 발현을 넘어 소유를 통해 생계를 구성하려는 사적 필요의 산물로 인식하며, 그 기저에 민간 행위자의 건설재원 부담과 그에 따른 선별보상을 특징으로 하는 한국 특유의 '자원동원형 주택공급연쇄'가 작동했음을 밝히고 있다. 더불어 지난 30여 년 동안 한국사회에서는 주택공급의 계층 분절적 성격이 심해지고, 사적 재생산의 기제로서 자가소유권의 배제적 성격이 강화되는 구조변동이 일어났으며, 그 결과 자가소유권의 형성과 동원에 의존하는 사적 생계기술인 생존주의 주거전략이 지배적 생활전략으로 자리잡게 되었음을 주장한다. 중산층 자가소유자들을 팽창적 통화정책을 선호하는 통화 보수주의자이자 재분배 개혁에 대한 반대세력으로 거듭나게 하는 물질적·심리적 동인이 이로부터 창출되었음을 강조한다.

3

이 책은 필자의 박사학위논문인 「한국의 주거정치와 계층화: 자원동원형 사회서비스 공급과 생존주의 주거전략의 탄생, 1970~2015」에 바탕을 두고 있다. 출간을 위해 글을 손보는 과정에서 이론적 구성에 관한 내용과 분석 자료 상당 부분을 덜어낼 수밖에 없었다. 본래의 논의를 참고하고 싶은 독자는 학위논문을 찾아보길 바란다. 이 책의 일부는 『경제와사회』, 『한국사회학』, 『공간과사회』, 『기억과전망』, *Development and Society* 등의 학술지에 논문으로 발표된 바 있고, 여기서 얻은 성과를 바탕으로 원 논의를 보완한 곳 또한 더러 있다. 그러나 각각의 논문은 이 책의 출판 목적과 맥락에 맞춰 전체적으로 재구성되었다.

이 책을 출판하기까지 도움을 주신 많은 분께 감사드린다. 지도교수였던 송호근 선생님은 이론적 명제를 벼리는 훈련을 통해 부족한 제자를 사회(과)학적 설명의 길로 이끌어주셨다. 장경섭 선생님은 이론적 개념의 힘과 비교사회적 성찰의 중요성을 늘 일깨워주셨다. 이재열 신 생님은 이 책의 이론적 위치를 명확히 하도록 조언해주시는 한편, 제도 분석에서 행위자가 갖는 의미를 각별히 강조해주셨다. 전상인 선생님은 역사변동에 담긴 의미의 복합성을 깊이 해석할 계기를, 진미윤 선생님은 주택연구의 고유한 문제설정으로 논의를 확장할 기회를 제공해주셨다. 오랜 기간 통 큰 배려와 격 없는 대화로 연구를 고취해주신 임현진 선생님께도 깊이 감사드린다. 계시는 동안 논문을 끝마치지 못한 죄송함을 글로나마 갈음한다.

학위를 마친 내게 연구공간을 내어주신 사회발전연구소의 김석호 소장님과 부족한 연구에 과분한 평가와 격려를 보내주신 박명규 선생님께도 감사드린다. 논문을 알아보시고 출판까지 선뜻 주선해주신 김종엽 선생님께도 감사드린다. 더딘 개작 속도와 거친 문장을 참아주시고, 책의 모양을 갖춘 글이 나오기까지 유쾌한 협업의 과정을 경험하게 해준 창비의 강영규, 김새롬, 신채용, 윤동희 선생님께도 고마움을 전한다. 많은 연구자가 바라 마지않는 자율적인 독립연구자로의 첫걸음을 제대로 내디뎠는지 알 수 없지만, 그나마 연구자의 모양새를 갖출 수 있게 된 것은 앞선 연구자들과 동료들로부터의 배움 덕분이다. 역사변동 연구모임을 함께하는 여러 선생님은 비판적 사유와 분석을 통해 학문하는 사람의 본보기를 몸소 보여주셨다. 진지한 대화와 토론으로 문제의식을 다듬는 데 도움을 준 대학원 동료들의 고마움 또한 이루 말할 나위가 없다.

이 책을 쓰는 동안 내가 가장 두려워했던 것은 현실이라는 것의 무게다. 머릿속을 늘 맴돌았던 말 역시 물질적 생활조건이 의식을 규정한다는 오랜 경구였다. '무섭도록 현실적인' 삶의 세계 앞에서 연구자들은 겁에 질려 뒷걸음치거나 이를 애써 무시하는 경향이 있다. 나의 부모님을 비롯해 그 현실을 살아낸 뭇사람들의 삶의 조건과 의미를 온전히 담아내는 일은 여전히 남은 숙제다. 고단한 삶을 몸소 겪어온 생활인들과 그 현실을 밝히는 여정에 있는 이들에게 경외와 우애의 마음으로 이 책을 바친다.

2020년 3월
김명수

차례

1장
한국 주거문제의 고유성

2장
민간자원을 동원한
주택공급연쇄의 형성과 도시가구의 적응

3장
내 집 마련을 통한 타협과 주거문제의 순치

1장

한국 주거문제의 고유성

1. 주택체계의 구조와 역사

복지의 척도로 흔히 쓰이는 탈상품화를 기준으로 한국의 주택체계[1]를 보면 곧 곤경에 마주하게 된다. 주택의 상품화 정도를 직접 보여주는 지표에 해당하는 자가점유율은 2015년 고작 56.8%로 자유주의 사회와 비교해 낮다. 그렇다고 이처럼 낮은 자가점유율을 근거로 탈상품화를 말하기도 어렵다. 전체 주택의 절반에 육박하는 임대주택이 대개 민간임대에 속하고, 장기 공공임대주택은 겨우 5.9% 정도(2015년 기준)에 그치기 때문이다. 민간임대조차 대개 법인이나 조합이 아닌 개인이나 가족 단위 다주택자의 소유물인데다가, 법과 제도의 보호와 규제에서도 상당히 비켜나 있다. 이 점에서 한국사회의 주택점유 형태는 낮은 자가 부문의 비중을 비영리 성격의 민간임대가 보충하는 조합주의 유형과도 다르다. 오히려 자가 중심이되, 사회적 보호에 취약한 민간임대가 이를 보충하는 이중구조[2]가 한국의 특징이다.

이 때문에 한국사회의 임대주택은 자가 주택으로의 진입 문턱을 낮추는 보완적 기능을 갖지 못한다. 짐 케메니(Jim Kemeny)의 임대시장 분류에 따르자면, 우리의 임대시장은 정부가 통제하는 공공임대와 민간임내 사이의 시장 분절에 *기초한* 이중시장(dualist market)에 해당한다.[3] 이중시장의 전형인 영미권 사회처럼 소득과 자산이 적거나 특수계층에 속하는 소수 인구집단에 공공임대주택을 배분하는 표적체계[4]의 성격 또한 지닌다. 그러나 공공임대의 취약성을 보충하는 수단인 정부 보조금의 역할이 제한된 점에서 결정적 차이가 있다. 그리하여 임대시장 간 임대료 격차가 뚜렷하지 않고, 취약 집단의 주거비 보조 또한 제대로 이루어지지 않는다. 게다가 공공주택에 대한 재고 관리도 부실한 편이다. 결국 이러한 임대시장 구조는 자가소유를 향한 주거 사다리를 낮추는 효과를 내지 못할 뿐만 아니라, 하층 집단에 대한 주거 보호의 수단으로도 충분히 기능하지 못한다.

　한국의 점유형태는 주택상품화가 고도로 진전돼 있으면서도 자가소유의 비중은 높지 않은 역설적 조합을 특징으로 한다. 이처럼 남다른 점유형태는 어디서 비롯된 것일까?

　일단의 연구자들은 한국을 비롯한 동아시아 국가의 '생산주의'(또는 '발전주의') 논리에서 그 기원을 찾았다. 이들은 동아시아 사회에서 형성된 자가소유권의 독특한 사회적 기능을 그 정치경제의 특수성을 통해 설명하려 했다. 동아시아 사회에서는 주택과 생산과 공급이 경제성장과 산업발전이란 최우선 과제를 수행하기 위한 사회구성에 깊이 배태돼 있다는 것이다. 이러한 시각에서, 주택을 포함한 사회정책은 경제성장의 기회비용으로서 투자 우선순위에서 밀려나거나 전략적 성장 목표에 예속되어 제한된 도구적 역할만을 수행해왔다. 이런 식으로, 주택정책이 노동력 재생산을 위한 사회정책의 대상이 되지 못하는 구조적

특성을 강조했다.[5]

오히려 이들은 공적 복지의 저발전을 상쇄하는 사적 복지 요소로 주택을 인식했다. 가족 생애주기 초기 단계의 자가소유가 연금과 같은 복지수단에 대한 정치적 요구의 등장을 방해한다는 주택-연금 교환가설[6]을 넘어선 소유 효과를 강조했다. 그리하여 주택 소비를 통한 재산형성에 기댄 가족 단위의 자립과 사회정책 사이의 전면적인 교환관계를 제안했다. 특히, 시장재로 제공된 주택의 소비가 만들어내는 자산효과에 의존한 가족의 사적 생존에 주목했다.[7] 이에 주택 소비를 통한 재산권 확대에 의존해 생활기회를 확보하고 위험에 대비하는 양상을 '재산 기반 복지'(property-based welfare)로 규정하기도 했다.[8] 이렇게 주택은 공적 복지를 넘어선 사적 복지의 기둥일 뿐만 아니라, 사적 주체에 대한 사회통합 및 정치통제의 역할까지 수행하는 미시정치적 기제로 격상됐다.[9] 주민 다수를 성장체제에 동조하는 '이해당사자'(stakeholder)로 통합하는 헤게모니적 포섭의 기제가 자가소유권이었다는 분석 또한 등장했다.[10]

한국의 주택체계는 일견 이러한 규정에 부합하는 것으로 보일 만한 구조적 특징을 가졌다. 한국사회가 주택을 집합재가 아닌 시장재로 공급해왔음에도 불구하고, 정부는 상품 순환의 전과정에 압도적인 영향력을 행사하며 개입했다. 그리하여 택지공급과 공간/건설계획의 수립, 가격 결정, 주택 소비와 분배에 이르기까지 거의 모든 공급과정에서 광범한 정부 개입이 나타났다. 그렇지만 분명히 시장의 폐기는 아니었다. 강력한 정책개입을 통해 개발과정 전반에 대한 국가 지도가 행해졌지만, 건설과 소비는 민간 건설업체의 주도 아래 시장원리에 따라 이루어졌다.[11] 그 결과, 강한 개입주의 전통[12]이 지배하는 규제시장(regulated market)[13] 아래 형성된 정부-기업 간의 특수한 분업구조를 바탕으로 주택이 공급됐다.

그런데 특이한 것은 개입의 목표가 사회적 권리로서의 주거의 보장 (사민주의)도, 가족과 세능구소의 보존(소입주의)도 아니었다는 심이다. 오히려 개입주의는 정부의 재정 투자를 최소한으로 제한하면서 주택체계의 연속성을 보장하는 수단이었고, 또한 주택공급이 유발하는 사회효과를 통제하려는 정치 동기의 산물이었다. 여기서 주목할 것은 한국의 주택체계가 주택공급에 필요한 재원을 기업 투자와 소비자 기금을 통해 조달하는 '자원동원형' 관계에 의존한다는 사실이다. 따라서 공급 질서의 연속과 통일을 보장하는 관건은 이러한 자원동원형 구조를 얼마나 원활히 조정할 수 있는가에 달렸다. 이러한 관점에서 정책개입의 초점은 주택건설을 위한 자원동원 방식과 주택 소비로 인한 수혜 방식의 결정에 있었다. 정부는 공간기획과 생산에 대한 규제를 통해 적은 재정 투자와 견줄 바 없이 큰 자원을 사적 행위자들에게서 동원할 수 있었다. 이러한 규제를 통해 일정한 생산이윤을 개발업자에게 보장할 수 있었고, 또 때로는 그들의 이윤을 통제하여 주거난에 따른 대중의 반감을 어느정도 누그러트릴 수도 있었다. 소비 영역에서는 가족의 주거 필요보다 적게 생산된 주택의 배분을 시장에 위임함으로써, 소득과 자산의 분할에 따른 구매력 격차에 기초하여 소비가 이루어지도록 했다. 이런 방식으로 자가소유 가구는 건설재원을 미리 분담한 댓가를 자본이득의 형태로 보상받았다. 정부는 분양가격과 신규주택 배분 규칙에 대한 정책 규제를 통해 재원조달에 참여한 가구 중 일부에게 그러한 수혜를 집중했다.[14] 주택공급이 오히려 계층 간 소득과 자산의 격차를 증폭하는 결과를 만들어냈다.

이런 식으로, 한국의 주택체계는 주택상품화와 주택 소비를 통한 계층화를 끊임없이 부추겼다. 그런데 시장(기제)을 통한 소비가 진행된 것이지, 시장에 의한 결정은 아니었다는 점을 유의할 필요가 있다. 자유주의의 특색, 곧 생산과 소비의 시장 결정과 저소득층에 대한 주거비 보조로 대표되는 잔여(주의)적 정부 개입을 찾기 어렵기 때문이다. 다른 한편에서, 정부의 개입은 탈상품화를 통해 계층 간 격차를 완화하기는커녕 오히려 이를 심화하는 역할을 했다. 그 결과 자가소유권은 가족의 자립기반이자 사적 생계수단으로 부상했다. 하지만 이러한 가족 역할에 착안하여 이를 남부 유럽식의 가족주의나 '유교적 복지'[15]와 같은 시장 예외적 유형으로 규정하는 것 또한 문제가 있다. 한국의 가족 소유주택은 주로 시장을 통해 공급된 것이었고, 가족들 역시 시장질서에 순응하는 가운데 생계를 도모했기 때문이다. 자영 주택이나 자조 주택 건립을 통해 가족이 비공식 부문의 주택공급자가 되는 시장 이탈 전략은 한국사회에서는 드문 일이었다.

지금껏 살펴본 것처럼, 한국의 주택체계는 선진국의 주거복지 유형이나 동아시아 주택체계와도 사뭇 다른 이질성을 가진다. 일단 점유형태 면에서 한국의 주택시장은 상대적으로 비중이 적은 자가 부문과 사적 이해관계의 지배를 받는 민간임대로 이루어진 시장 분절 위에 자리한다. 공급구조 면에서는 공급과정 전반에 대한 정부 개입과 건축, 소비의 시장 위임이라는 기초 위에 형성된 자원동원형 관계가 특징적이다. 이러한 구조적 맥락은 주택상품화를 고도로 진전하는 동시에, 가족 단위의 사적 주택 소비를 통해 기성 사회계층 구조를 강화하는 계기가 됐다. 주택금융체계 역시 이러한 경향에 일조했다.[16] 오랜 시간 이어진 주택금융의 억압뿐만 아니라, 그 개방조차도 소유 확대와 자산 불평등의 완화를 가져오지 못했다. 간추려 말해, 한국의 주택체계는 탈상품화에

그림 1-1 한국 주택체계의 장기 변화, 1970~2015년 　　　　　(단위: %, 만호)

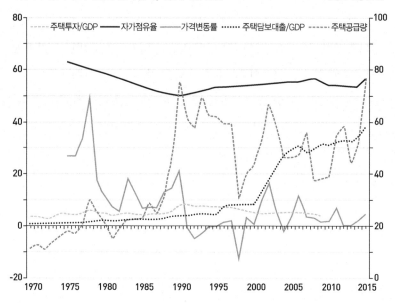

기초한 계층 격차 축소 수단으로 주택을 활용하는 복지전략의 대척점에서, 사적 성원들의 안전을 위협하고 이들의 사회통합을 가로막는 계층화 기제가 돼왔다.

이렇게 독특한 주택체계는 언제 형성된 것일까? 주택체계를 이루는 여러 하위 지표들의 변화 추세를 종합하여 장기 시계열 변화를 추적하자. 그림 1-1은 점유구조와 공급연쇄, 금융체계라는 세가지 요소를 중심으로 1970년 이후 한국 주택체계의 장기 궤적을 보여준다. 이 가운데 점유구조는 주택시장의 일반적 속성을, 공급연쇄는 생산에서 소비로 이어지는 순환 마디의 특징을, 마지막으로 금융체계는 주택 구매자금 조달에 쓰이는 금융제도의 성숙도를 각각 나타낸다.[17]

이 그림에서 우리는 주택체계의 장기 변화에서 보이는 특징 몇가지를 발견할 수 있다. 첫째, 가장 두드러진 변화는 자가점유율의 점진적 하락과 안정화다. 한국의 자가점유율은 1970년대 이후 줄곧 떨어져 1990년에 최하점(49.9%)을 찍은 후, 50% 중반에서 등락을 거듭해왔다. 2015년의 자가점유율은 56.8%로 1980년대 초반 수준으로 복귀했다.

둘째, 주택 부족이라는 오랜 문제는 1980년대 말을 기점으로 점차 해소됐다. 1980년대 후반을 거치면서 주택공급량이 연평균 20만호에서 51만 7천호 수준으로 대폭 확대됐다. 특히 1988~97년의 10년 남짓한 기간 동안 연평균 58만 4천호의 대량공급이 이루어졌다. 경제위기의 여파가 이어진 1998~2000년, 2008~10년 사이의 짧은 축소기를 제외한다면, 1988년 이후는 대량공급의 시대였다. 주택투자 지표도 이를 입증한다. 한국의 주택투자율 자체는 GDP 대비 4~5%대로 선진국과 비교해 결단코 낮지 않다. 물론 GDP 규모가 상대적으로 작았던 1980년대 중반까지 절대적 투자액이 이들 국가에 크게 못 미치는 것은 분명하다. 그러나 이 시점 이후를 저투자로 보기는 어렵다. 실제 1988~2000년 그리고 2002~2006년 GDP의 5%를 웃도는 주택 투자가 이어졌고 나머지 기간에도 4~5% 수준에 달했다. '생산주의' 주택체계의 특징으로 거론되는 저투자는 사실 1980년대 중반을 거치며 점차 해소됐다.

셋째, 오랫동안 계속된 주택가격의 상승 추세 역시 주택시장을 압도하는 구조적 특징이다. 전국 수준에서 가격하락이 있던 시기는 1991~95년과 1998년, 2004년 등 7년에 불과했다. 수십년 동안 엄청난 상승장이 계속됐고, 특히 1970년대 말과 1980년대 말, 그리고 2000년대 초중반 등 세차례에 걸쳐 급격한 가격상승이 나타났다. 그 결과 주택은 개발(건설)업자와 그 소유자에게 막대한 이득을 제공하는 자산상품으로 부상했다. 이 점에서 주택가격 지표는 낮은 자가점유율과 더불어 주택상품화가 고도로 진전됐음을 방증한다.

넷째, 주택금융의 억압 또한 한국의 주택체계를 대표하는 역사적 특징이다. 1990년대 말까지 일반 가구가 제도금융을 통해 주택 구매자금을 확보하기는 무척 힘들었다. 하지만 2000년대 이후에는 상반된 추세가 나타났다. 주택금융의 문이 열린 후 주택담보대출 규모가 가파르게 성장했고, 2007~2009년 세계 금융위기 이후에도 완만한 상승세는 이어졌다. 아직 GDP 대비 38.1%(2015년 기준) 수준으로 주택금융이 발달한 다른 선진국 수준에는 못 미치지만, 그 상승 추세만큼은 아주 빨랐다.

주택체계가 겪어온 장기 궤적을 톺아보면서 우리는 흥미로운 역설과 마주하게 된다. 첫째, 자가소유의 증대를 초래할 만한 계기가 분명히 있었지만, 소유의 확대는 그다지 일어나지 않았다. 이를테면 1980년대 말과 2000년을 기점으로 각기 시작된 주택공급 확대와 주택금융 개방이 이에 속한다. 주택체계의 변형을 초래할 것으로 짐작되는 계기들이 이렇다 할 변화를 일으키지 못한 점, 이것이 주택체계의 장기 진화에서 발견할 수 있는 첫 역설이다. 이러한 시각에서, 둘째 주택체계의 전형이 만들어진 시점은 1980년대 말에서 1990년대 초에 이르는 역사 시기였다. 이때 비로소 주택체계의 구조가 고착되어 현재까지 내려오고 있다. 체계 교란의 힘이 차례차례 부상했음에도 그 구조가 안정을 잃지 않은 놀라운 일이 벌어진 것이다. 셋째, 이러한 진화의 방향은 주거문제의 해결과는 거리가 먼 것이었다. 비교적 낮은 자가점유율과 가파른 주택가격 상승, 주택금융의 제약, 충분히 발달하지 못한 공공임대 등으로 인해 주택체계는 늘 주거 불안정과 소득·자산 격차의 심화를 가져오는 힘을 만들어냈다. 체계 진화의 이 역설들을 좀더 곱씹음으로써 한국 주거문제의 고유한 특징들을 살피자.

2. 한국 주거문제의 특이성

점유형태 고착과 중기 지속

오늘날까지 내려오는 점유형태의 구조가 틀 지어진 때는 1990년대의 첫 5년이다. 발전주의의 전성기로 흔히 알려진 1970년대는 사실 그러한 구조 형성기가 아니었다. 여기서 우리는 동아시아 주택체계론의 가정과 한국사회의 실제 사이에 존재하는 10여년에 걸친 시차를 발견할 수 있다. 개발연대의 한창때가 아니라, 그 시절의 사회질서가 위협받던 바로 그때 점유형태의 기본 골격이 완성됐다.

그림 1-2는 1990년대 초기에 형성된 점유구조의 중기 지속을 보여준다. 이때 이후 주요 점유형태들의 비중이 거의 일정하게 유지되고 있다.

그림 1-2 주택점유 구조의 변화, 1975~2015년   (단위: %)

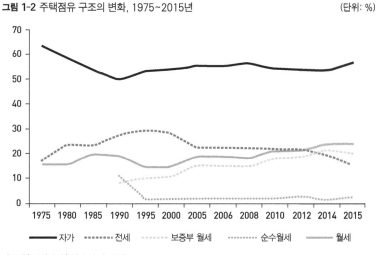

범례: ━━ 자가 ┈┈┈ 전세 ┈┈┈ 보증부 월세 ┈┈┈ 순수월세 ┈┈┈ 월세

- '무상' 및 '기타' 점유형태 제외.
- 출처: 통계청, 인구주택총조사; 국토교통부, 주거실태조사.

먼저 자가점유율의 성장이 거의 멈춰 있는데, 이 정체는 자가 부문에 형성된 높은 진입장벽과 자가-임대 부문 간의 구조적 분절을 보여준다.[18] 임대 부문 안에서는 전세와 월세의 점유비가 서로 연동된 채 탄력적으로 변해왔다. 특히, 2000년대 중반 이후 전-월세 전환을 반영한 전세의 점진적 하락과 월세의 상대적 확대가 눈에 띈다. 일종의 교환관계가 존재하는 것이다.

그렇지만, 점유구조의 중기 안정 자체가 이동의 단절을 뜻하지는 않는다. 실제 점유형태 이동의 양상을 살펴보면 두갈래의 이동이 두드러지게 나타난다. 그 첫번째는 이 그림에 잘 제시된 민간임대시장 안에서 일어나는 임대유형 간 이동이다. 전세금과 보증금을 기준으로 임대유형을 재분류하면, 전세와 보증금 있는 월세(보증부 월세), 보증금 없는 월세(무보증 또는 순수 월세)로 나누어진다. 여기서 흥미로운 사실은 전세의 감소가 순수 월세의 증가로 이어지지 않았다는 점이다. 순수 월세의 비중은 사실 1990년 이래 급감해 있다. 결국, 전세의 감소가 '반(半)전세'라 불리는 보증부 월세의 증가로 귀결된 것이다.

전세금과 보증부 월세의 보증금 모두 지렛대 효과(leverage effect)를 겨냥한다는 사실을 생각하면, 이러한 변화의 논리를 읽을 수 있다. 지렛대 효과가 지배하는 시장에서 전세(보증)금은 임대인과 임차인 모두에게 유용한 종잣돈이 된다. 임대인의 시각에서 전세(보증)금은 손쉽게 조달할 수 있는 금융부채에 해당한다. 이들은 안정된 월세 수입을 기회비용으로 삼는 대신, (다)주택매매를 통해 더 큰 자본이득을 추구할 수단으로 이를 활용한다. 임차인의 관점에서도 그것은 잠재적인 소비 자금이 된다.[19] 그렇기에 이들은 장차 있을 주택구매로 얻을 투자수익을 기회비용으로 삼아 임대인에게 제공하는 부채로 전세(보증)금을 받아들인다. 이런 이유에서, 매매시장에서 생길 자본이득에 대한 기대를 바탕으로 임대(차) 유형과 전세(보증)금 규모에 대한 사회적 선택이 임대시장 안에서 일어난다.[20] 이러한 주거선택을 따라 전세와 보증부 월세, 순수 월세 사이의 임대유형 간 이동이 빈번히 이루어진다.

따라서 자가와 임대 부문 사이의 구조적 분절이 둘 간의 완전한 단절을 의미하지는 않는다. 다주택 소유자가 민간임대시장을 지배하고, 또 주택매매에서 생기는 자본이득이 임대시장을 움직이는 추동력이 된다는 점에서, 한국의 임대시장은 자가(또는 매매)시장에 예속돼 있다. 이러한 사실은 매매가격과 전세가격 사이에 존재하는 강한 연관성에서 잘 드러난다. 주택은행이 '전국주택가격동향조사'를 시작한 1986년 이래로 전세가격지수는 매매가격지수의 변화에 연동되어 변화해왔다. 그런데 그 변화의 양상은 가격 주기에 따라 크게 달랐다. 매매가 상승세가 가파른 시기에는 상대적으로 완만한 성장을 보인 반면, 매매가 상승 추세가 완만해지거나 정체한 시기에는 훨씬 더 가파른 상승세가 나타났다. 임대시장이 전세(또는 보증부 월세)와 자가점유 사이에서 일어나는 '진입'과 '퇴장'의 주거선택을 통해, 매매가격 변동에 대한 일종의 완충작용을 해온 것이다. 그러한 선택의 기준점이 된 것은 물론 주택매매에서 실현되는 자본이득의 크기였다.

그리하여 자가점유와 전세(또는 보증부 월세) 사이에서 두번째 유형의 점유형태 이동이 나타난다. 이러한 주거이동의 양상을 명확하게 보여주는 미시지표를 찾기는 사실 어렵다. 그렇지만 예비 주택 수요자를 가리키는 입주자저축 가입자 수의 변동을 통해 이를 추정하는 것은 가능하다. 그림 1-3이 나타내듯, 입주자저축 가입자의 크기는 매매가격의 증감에 따라 변화했다.[21] 무주택 가구주로 가입이 제한된 청약저축과

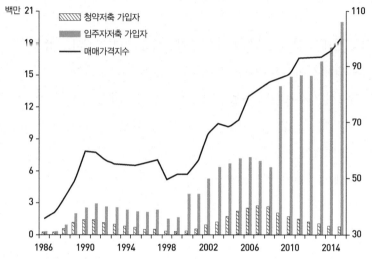

그림 1-3 입주자저축 가입자의 변화 추이, 1986~2015년

- '입주자저축 가입자'=청약저축+관련 저축(부금, 예금, 종합저축), 매매가격지수(매년 12월 기준, 2015. 12=100).
- 출처: 주택(국민)은행, 전국주택가격동향조사; 국토교통부, 국토교통통계연보; 대한주택공사, 2001, 『주택핸드북』.

이러한 제한이 없는 다른 저축상품들(청약부금, 청약예금, 주택청약종합저축) 모두 그러했다. 가격상승기에는 청약제도 가입자의 순증이, 상승이 둔화하거나 하락이 나타난 시기에는 반대로 가입자의 감소가 나타났다. 이는 결국, 자본이득 자체가 주택 수요를 가름하는 주된 변수가 된다는 사실을 가리킨다. 가격하락이 주택 구매동기의 축소를 부르고, 이에 따라 자가점유에서 전세(나 보증부 월세)로 점유형태를 바꾸는 전략적 선택이 일상으로 일어난다. 반대로 가격상승은 역방향의 점유형태 이동을 가져온다.

이렇게 점유구조 고착의 이면에는 한국사회 특유의 점유형태 이동이 존재한다. 그 결과 자가 진입을 향한 가열한 경쟁과 자가-전세(보증부 월세) 간의 전략적 주거이동이 분절된 점유구조 안에서 동시에 펼쳐진다. '내 집 마련'이라는 순수한 거주 목적을 넘은 자본이득에 대한 기대가 이러한 점유형태 이동을 유발한다.[22] 다만 여기에는 일정한 전제조건이 필요한데, 그것은 적어도 전세(보증)금을 충당할 수 있을 정도로 매매가에 근접한 자산의 축적이다. 이런 이유에서, 전략적 주거이동을 통해 자본이득을 확보할 수 있는 집단은 일정 규모 이상의 자산 소유층에 제한된다. 결국 점유구조 고착이 뜻하는 것은, 개인과 가족의 생애사에서 일어나는 수많은 주거이동의 경험에도 불구하고, 사회 전체 수준에서는 주거 사다리의 상향 이동이 발생하지 않았다는 사실이다.

소유 확대 없는 공급, 금융 팽창

자본이득을 좇는 자산소유자들의 주거이동을 빼면 분절시장의 구조적 장벽을 넘는 일은 사실 드물었다. 주택점유 구조의 변화를 이끌 만한 요소가 공급과 수요 측면에서 존재했는데도, 점유구조가 고스란히 남아 있다는 사실에서 우리는 이 구조의 강건함을 확인하게 된다.

일단, 공급물량의 확대에도 소유의 확대는 없었다. 공급 부족에 따른 주택 부족으로 한국사회가 신음했던 것은 분명하지만, 1980년대 후반 이래 연평균 50만호를 넘는 주택공급이 줄곧 이어진 것 또한 사실이다. 그림 1-4에서 볼 수 있듯이, 주택의 대량공급과 함께 주택 수도 급격히 늘어 1990년대 중후반에는 가구 수에 근접하기에 이르렀다. 이러한 변화는 주택보급률(광의)[23]에서 압축적으로 드러난다. 주택보급률(광의)은 1990년 74.7%에서 2000년에 98.8%를 거쳐 2015년에는 101.7%로 계속 증가했다. 주택의 절대 부족 자체가 주된 문제가 아닌 사회에 진입한 것이다. 그렇지만 이렇게 공급된 물량이 무주택자에게 돌아가지는 않았다.

그림 1-4 총주택과 총가구, 주택보급률 추이, 1970~2015년 (단위: 백만호/가구, %)

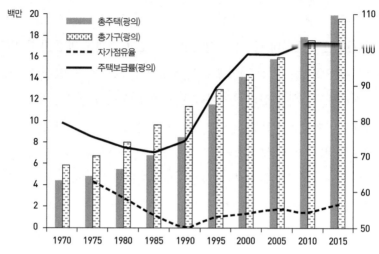

- 1. 총주택(광의): 윤주현이 제시한 거주 단위 주택 개념에 기초한 주택 추계. 기존 주택 개념에 화장실 기준을 추가하여 호수 구분을 반영하고 주거용 오피스텔을 포함함. 윤주현의 추계(1985~2000)에서 빠진 2005년 이후 주택 수는 그의 주택 기준을 수용하여 다가구 주택 구분 거처 수를 산정 반영한 '(신)주택보급률' 지표의 주택 수에 주거용 오피스텔을 더하여 산정. 1970~85년은 자료의 제약으로 '(구)주택보급률' 지표상 주택 수(재고 주택+빈집)로 대체.
  2. 총가구(광의): 일반 가구(혈연가구+1인 가구+5인 이하 비혈연가구)+외국인 가구.
  3. 주택보급률(광의): 총주택(광의)×100/총가구(광의).
- 출처: 통계청, 인구주택총조사; 통계청, 국가통계포털(KOSIS); 윤주현 엮음, 2002, 『한국의 주택』, 통계청; 국토교통부, 2015a, 「주택보급률(신) 관련 다가구 구분거처수 산정방식 문의에 대한 답변」, 민원답변자료 2015. 12. 30.

실제 자가점유율은 1980년대 중반 이래로 정체 상태를 유지했다.

2000년대에 본격화된 주택금융의 개방 역시 소유 확대에는 별로 도움이 되지 않았다. 주택은행과 국민주택기금이 제공한 주택매입 및 전세자금 대출액은 1995년에도 연 3조원에 못 미칠 정도로 적은 금액이었다.[24] 그나마 구매 주택을 담보로 제공된 주택담보대출이 대부분이었고, 전세자금 대출은 민주화에 힘입어 1988년부터 시작됐을 뿐이었다. 그러다가 외환위기 이후 놀라운 변화가 나타났다. 주택담보대출이 2015년 594조 2천억에 달할 정도로 짧은 시간 안에 급성장했을 뿐만 아니라, 그 구성 역시 다변화됐다. 국민주택기금과 주택은행이 전담하던 주택금융 시장에 은행과 비은행 금융기관 등의 제도금융권이 진입했고, 주택담보대출의 유동화 업무를 담당하는 한국주택금융공사의 설립도 이어졌다. 여기서 눈여겨볼 것은 국민주택기금이나 주택금융공사와 같은 공공기관(기금)보다 민간 금융회사가 주된 금융 행위자의 역할을 맡고 있다는 점이다. 다시 말해, 주택금융 대부분이 금융수익을 목표로 사적 이해관계에 따라 제공되고 있다. 4장에서 자세히 다루겠지만, 이러한 현실은 금융개방의 수혜가 중산층 이상의 사회집단에 집중됐음을 시사한다.[25]

이렇게 보면, 잠재적 주택 수요를 가진 방대한 무주택자 규모와 견줘 실제 구매능력을 가진 유효수요층은 언제나 제한돼 있었다. 연 소득 대비 주택가격 비율(Price to Income Ratio, PIR)을 기준으로 주택을 구매할 수 있는 유효수요층이 어느 정도였는지를 추정해보자. 물론 여기에서 우리는 장기 시계열 비교에 적합한 공식 지표가 없는 현실에 봉착한다.[26] 이런 제약을 무릅쓰고 여러 조사기관이 추산한 서울과 전국의 PIR 지표의 단편들을 모아 추세를 살필 수는 있다. 이를 정리하면, 1980년대 말~1990년대 초 평균소득의 9배까지 올랐던 PIR(전국)은 1990년대 말까지 4배 수준으로 떨어진다. 그러다 2000년대 중반 이후 다시 급상승한 후 2010년대에는 완만한 하락 추세를 보인다. 2000년대 중반 이후의 수치는 조사에 따라 전국 수준에서 4~8배, 서울의 경우는 5~12배에 이른다. 여러 조사 중 현실 적합성이 가장 높은 것으로 판단되는 국민은행 추계를 기준으로 2015년 현재의 주택가격은 전국 기준으로 평균소득

표 1-1 다주택 소유자(가구) 비중의 변화, 1990~2015년 (단위: 만명, 만 세대, %, 만호)

| | 재산세 과세자료 기준 | | | | 건축물대장 등재 주택 기준 | | | | | |
| | 개인 | | | 가구 | 가구 | 개인 | | | | 가구 |
	1990	1993	1995	2002	2005	2012	2013	2014	2015	2015
소유자(가구)	642.1	694.7	788.6	831.7	970.7	1,203.3	1,239.9	1,265.0	1,304.5	1,069.9
1주택 소유	598.7 (93.2)	615.7 (88.6)	702.7 (89.1)	555.7 (66.8)	882.0 (90.9)	1,040.1 (86.4)	1,070.6 (86.3)	1,093.0 (86.4)	1,116.5 (85.6)	797.4 (74.5)
다주택 소유[1]	43.4 (6.8)	79.1 (11.4)	85.9 (10.9)	276.1 (33.2)	88.7 (9.1)	163.2 (13.6)	169.4 (13.7)	172.1 (13.6)	187.9 (14.4)	272.5 (25.5)
총주택 수[2]	701.5	815.6	943.4	1,370.0	1,119.4	1,296.3	1343.1	1,367.2	1,414.8	
다주택자(가구) 소유주택 수	102.7 (14.6)	199.9 (24.5)	240.7 (25.5)	814.4 (59.4)	237.4 (21.2)	256.2 (19.8)	272.5 (20.3)	274.2 (20.1)	298.3 (21.1)	617.4 (43.6)

- 1. 2012~15년 다주택 소유자에는 동일 주택 물건에 대한 공동 등기가 포함됨.
  2. 총주택 수는 법인을 제외한 개인(가구) 소유주택의 수에 해당함.
- 출처: 건설교통부, 1996, 「주택 소유 현황」, 국회 국정감사 제출자료(1996년 10월 5일자 『한겨레신문』 기사 「주택 갈수록 '부익부'」에서 재인용); 행정자치부, 2003, 「행자부, 세대별 주택 소유현황 발표」, 보도자료 2003. 11. 25; 행정자치부, 2005, 「세대별 주택 및 토지 보유현황 발표」, 보도자료 2005. 11. 25; 통계청, 2014, 「행정자료를 활용한 '2013년 개인별 주택 소유통계' 결과」, 보도자료 2014. 12. 18; 통계청, 2015, 「행정자료를 활용한 '2014년 개인별 주택 소유통계' 결과」, 보도자료 2015. 12. 30; 통계청, 2016, 「행정자료를 활용한 '2015년 개인별 주택 소유통계' 결과」, 보도자료 2016. 12. 15.

의 약 5.3배, 서울은 약 9.6배에 달한다. 이는 평균소득인 가구가 소득의 50%를 저축한다고 하여도 전국 기준으로 10년 이상, 서울에서는 20년 이상을 저축해야 주택을 구매할 수 있다는 말이다. 결국, 주택구매 능력을 갖춘 유효수요층은 늘 제한된 소득계층에 불과했다. 역으로 말하자면, 사적 이전이나 신용을 통해 부족한 소득을 메우기 힘든 저소득층에게 내 집 마련은 거의 불가능에 가까웠다. 이러한 각도에서, 자가점유율 정체는 주택금융 개방에 따른 혜택이 저소득 무주택자에게로 확대되지 않았음을 가리킨다.

결국, 1980년대 후반 이후 차례로 진행된 공급과 신용의 팽창은 주택

소유의 확대를 가져오지 못했다. 열린 신용 기회를 활용해 새 분양주택을 구매할 수 있었던 것은 일정한 소득과 자산을 보유한 주택소유자가 대부분이었다. 이를 가장 명료하게 보여주는 것이 표 1-1의 주택소유통계다. 이 표는 소유통계가 제대로 공표되지 않아온 가운데 이따금 단발로 공개된 것을 모은 것이다. 이것은 재산세 과세자료와 건축물대장 등재 주택을 기준으로 각각 1990년대 초와 2000년대 초중반, 2010년대 초반으로 분리된 세 시점의 횡단면 자료일 뿐만 아니라, 개인과 세대를 단위로 한 집계방식 차이까지 더해져 시계열 비교의 소재로는 충분하지 않다.[27] 그렇지만 이러한 제한에도 불구하고 이것은 다주택 소유의 비중을 추정할 수 있는 유일한 자료이다. 여기서 일관되게 나타나는 것은 다주택 소유자(가구)와 그들이 보유한 주택 수의 비중이 일정하게 유지된다는 사실이다. 더욱이 그 비중은 점차 확대됐다. 다주택 소유자의 수는 1990년 전체 소유자의 6.8%에서 2015년 14.4%로 늘었고, 그들이 보유한 주택 역시 14.6%에서 21.1%로 증가했다. 가구 기준으로는 2015년 전체 소유 가구의 25.5%가 무려 43.6%의 주택을 소유하고 있는데, 이는 10년 전과 비교해 두배 이상 증가한 수치다. 따라서 표 1-1은 다주택자의 항상성과 그 비중의 점진적 확대를 뚜렷이 보여준다. 결국 이 자료는 새로 공급된 주택이 대개 다주택자의 손에 들어갔다는 결과를 나타낸다. 이로부터 우리는 자가소유 확대를 위한 정책(제도) 수단으로 인식되는 공급과 신용의 확대가 예기한 효과를 전혀 내지 못했다는 결론을 내릴 수 있다.

사회위기로서의 '주거문제'의 출현
주택체계가 겪은 진화의 방향과 대중들이 일상에서 체감하는 주거문제 해결의 거리는 멀었다. 구조의 변혁을 이끌 수 있었던 공급확대나 금융개방도 별다른 파장을 불러일으키지 못했다. 주택투자의 상대적 부족이나 신용 결핍 문세가 해소됐음에도 불구하고 주택체계의 근간은 그대로 유지됐다. 이러한 구조 아래서의 삶은 내 집 마련을 위한 치열한 사회 경쟁과 셋방살이와 이사의 설움으로 점철됐다. 주거문제는 우리 사회가 늘 안고 있던 사회문제였고, 대중들로서는 언제나 겪을 수밖에 없는 삶의 고통이었다.

그렇지만 주거문제를 으레 있던 일로 과소평가해서는 안 된다. 그것은 만연해 있는 사회문제들 가운데 하나에 그치지 않고, 한국 자본주의의 순환주기에 따라 되풀이되는 모습을 보인다. 그림 1-5는 한국경제의 순환과 부동산가격 주기 사이의 연관을 나타낸다. 그림은 경제성장률과 지가, 주택매매가격 사이의 연관을 보여주는데, 주택매매가격 증감률의 경우 가격 공표가 시작된 1986년 이후의 변화만을 제시했다. 이로부터 전체 경제와 부동산시장 사이에 존재하는 관계의 추세를 확인할수 있다. 첫째, 부동산가격의 순환주기는 경기순환의 주기에 뒤처져서 움직이는 경향을 보였다. 부동산시장의 활황은 경제의 활황이 지나간후에 뒤늦게 발생하여 경기둔화를 보완하는 역할을 했다. 이는 자본의과잉축적 문제 해소에 이바지하는 2차 순환으로 건조환경(built environment)의 생산을 바라본 하비의 지적과 일치한다.[28] 둘째, 1970~90년대 초반까지 부동산시장에서는 경제성장률을 크게 웃도는 가격상승이이어졌다. 고도 경제성장에 따른 가격폭등과 엄청난 규모의 자본이득으로 시장은 늘 북적였다. 셋째, 1970년대 말, 1980년대 말에서 1990년대 초, 2000년대에 걸쳐 세차례의 가격상승이 나타났다. 넷째, 이 중에서 주택가격조사가 시작된 1980년대 말 이후에는 두번의 가격폭등이

그림 1-5 경제성장률과 부동산 가격변동률, 1975~2015년 　　　　　　　　　　(단위: %)

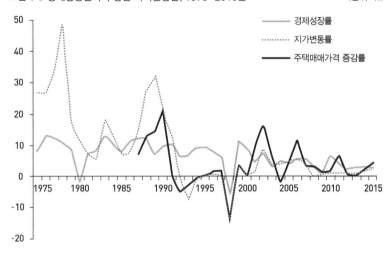

- 출처: 한국은행, 경제통계시스템(ECOS), http://ecos.bok.or.kr/; 한국감정원, 전국지가변동률 조사; 주택(국민)은행, 전국주택가격동향조사; 건설부, 1990b, 『건설통계편람』.

있었다. 그 첫번째는 1980년대 중후반 3저 호황의 뒤를 이어 1990년까지 계속된 상승곡선이었다. 이것은 장기 고도성장 국면의 끝자락에서 그러한 성장의 종식을 알리는 마지막 호황이었다. 이와 달리 두번째 상승기는 외환위기로 냉각된 시장이 활력을 되찾으면서 상승세가 이어진 2000년대 이후였다. 이때의 상승 추세는 고도성장을 마무리하는 성격을 지닌 앞선 호황과 달리, 저성장 국면에서 경제침체를 보완하는 2차 순환의 성격을 뚜렷하게 지닌 것이었다.

이 점에서 주거문제는 한국경제의 순환 궤적을 따라 우리 사회의 재생산 구조가 가진 결함을 압축해서 보여주는 징후였다. 바꾸어 말해, 주거문제는 공적 사회지출의 지체와 생활수단에 대한 상대적 저투자 아래서 팽창한 한국 자본주의 성장방식의 한계가 드러나는 분출구였다.

일상화된 생계위험에 대처할 흔치 않은 해결책이 바로 자가 주택이었기 때문이다. 그렇기에 이를 둘러싼 사적 경합과 갈등이 발생할 수밖에 없었다. 가격상승 국면에는 폭등이 니 지릴해 사회판세의 새편을 둘러싼 세력 투쟁이 펼쳐지기도 했다. 가격폭등의 시기가 바로 주거문제가 사회갈등으로 비화하는 도약의 순간이었다. 이렇게 출현한 갈등 양상에 주목하면서 한국사회의 주거문제가 가진 고유한 특색을 살펴보자.

첫째, 우리 사회의 주거문제는 확연한 분배갈등의 양상으로 전개됐다. 부동산을 통한 재산형성과 부의 재분배를 둘러싼 사회마찰이 빚어졌고, 계급 간 소득과 자산의 격차로 대변되는 경제적 불평등 문제가 주된 갈등의 쟁점이 되었다. 어느 나라에서든지 주택은 가족과 사회의 재생산을 둘러싼 첨예한 사회갈등의 현장이었다.[29] 그렇지만 우리처럼 자산소유자와 비소유자 사이의 정면 대결 구도로 갈등이 형성되는 경우는 흔치 않았다.

이와 관련하여, 둘째 한국의 주거문제는 단순한 생존위기를 넘어 사회위기의 성격을 가진 정치 현상이었다. 심지어 정치위기로 번지는 일도 있었다. 주거문제는 거처 마련에 어려움을 겪는 저소득층과 세입자의 생계난에 그치지 않고, 사회집단 사이에 반목과 불화를 만들어내는 현안이 되었다. 두차례의 가격상승기 동안 주거문제는 사회집단과 정치세력 사이의 극한 대립과 경쟁의 중심이 되었고, 집권세력의 정당성을 좌우할 정도의 정치적 파급력을 보이기도 했다. 이 사회위기를 처리하기 위해, 즉 이를 해결하거나 지연하든지 아니면 아예 회피하든 간에 정치세력들은 어떤 식으로든 대응해야만 했고, 이들이 내건 전략과 기획의 성패에 정치위기의 도래 여부가 갈리곤 했다. 이런 의미에서 주거문제는 통치세력의 정치적 헤게모니에 중대한 영향을 미치기에 세밀히

관리해야 하는 사회정치적 문제였다. 이런 식으로, 주거문제는 사회 재생산의 문제이자 소유구조 전반의 불평등 문제였고, 사회 성원 모두가 이해당사자가 되는 첨예한 대중정치의 쟁점이었다.

셋째, 두차례 가격상승기에 제기된 주거문제의 성격을 살펴보면, 중심 행위자와 갈등의 성격, 그 결과가 서로 반대의 양상으로 나타났다. 1980년대 후반, 극심한 가격상승과 도심 재개발로 생긴 주거난은 세입자와 철거민의 저항을 초래했고 극렬한 사회 대립으로 번졌다. 민주화에 따른 정치변화와 맞물려서 이 흐름은 '소유의 민주(화)'와 '주거생존(권)'을 향한 요구로 확대됐다. 소유 독점 해소와 투기억제, 공급확대에 대한 요구가 크게 일었고, 이는 대규모 공급계획과 규제 강화 정책, 토지 및 조세제도의 개혁이란 결실로 이어졌다. 가격상승과 도시재생사업 때문에 주거난이 고조된 것은 2000년대에도 마찬가지였다. 그렇지만 2000년대의 중심 행위자는 자가소유 가구였다. 자본이득의 환수와 재분배를 골자로 하는 세제개혁이 소유자들의 저항으로 물거품이 된 반면, 자본이득에 대한 이들의 갈망은 '뉴타운'에 대한 사회적 열풍을 낳았다. 이해의 결집을 통한 소유자들의 저항은 2006~2008년 사이에 치러진 여러 선거에서 보수정당이 압승을 거두는 결과도 만들어냈다. 이렇게 2000년대에 주거문제를 압도한 중심 행위자는 중간계급과 노동계급을 아우른 무주택 서민이 아니라 자가소유자였다. 이들이 제기한 핵심 요구 역시 사적 소유(권)의 옹호와 경제적 기회의 독점으로 제한됐다. 불과 10여년의 시차를 두고 나타난 소유관의 이런 변화는 주거문제에서 생겨나는 정치관계의 성격이 크게 달라졌음을 시사한다.

3. 주거문제의 정치 분석을 위한 시기 구분

이제껏 주택체계의 구조적 특징과 그 역사적 변화에서 보이는 역설을 함께 살펴봤다. 여기서 우리는 한국의 주택체계에서 유래하는 이율배반의 현실을 발견하게 된다. 한편에서, 주택체계의 가장 큰 특징은 주택의 상품화를 통해 부와 자산의 불균형과 계층 격차의 심화를 유발하는 강력한 계층화 효과였다. 그 결과 한국의 주택체계는 자가소유를 향한 사회 경쟁과 갈등을 증폭하면서, 사회를 불안정하게 하고 사회통합을 가로막는 바탕이 됐다. 이러한 시각에서, 주거문제는 주택체계에 내장된 구조적 모순에 대한 대중 불만(불안)의 표출이었다.

그런데 다른 한편에서, 주거문제의 반복된 출현에도 불구하고 주택체계의 구조적 틀은 유지돼왔다. 주거를 둘러싸고 극심한 사회 긴장과 불안이 조성되는데도, 그리하여 주택체계와 사회 재생산 구조에 대한 맹렬한 공격이 진행되는데도 불구하고, 주택체계는 그 근간을 고스란히 간직해왔다. 결국 우리는 주택체계가 만들어내는 사회의 탈안정화 효과와 주택체계의 구조적 안정성이 동시에 존재하는 역설적 상황을 마주한다. 달리 말하자면, 주거문제로 표현된 사회위기는 강렬한 상황에서 오는 극적 긴장감에도 불구하고 언제나 '(주택)체계 내 위기'에 그쳤다. 그것이 '체계의 혼돈'(systemic chaos)[30]을 낳는 상황은 결단코 일어나지 않았다.

역설적 현실은 정치 분석이 풀어야 할 고유한 문제가 된다. 이렇게 출현하는 정치문제를 세갈래로 정리할 수 있다.

첫째, 주거문제의 기원과 그것이 정치 쟁점으로 부상하는 경로에 대한 질문이다. 한국사회의 성장구조가 빚어낸 분배갈등은 어떻게 해서 주거문제의 형태로 분출하는가? 주거문제는 왜 대중정치의 가장 폭발력이 큰 쟁점이 되는가?

둘째, 주택체계의 중기 지속에 대한 물음이다. 주거문제로 불거진 사회위기와 대조적으로, 주택체계는 어떻게 그 구조의 안정을 오랫동안 유지할 수 있었는가? 주거갈등의 형태로 개혁 요구가 계속 분출했는데도 불구하고, 주택체계의 실질적인 변화는 왜 발생하지 않았는가?

셋째, 가족의 생계 형성에서 주택이 차지하는 역할과 그 사회적 효과에 대한 의문이다. 사회를 불안정하게 만드는 주택체계의 안정성이 유지된 역설적 상황, 이를테면 '불안정의 안정(화)'이라 부를 수 있는 모순된 현실에서 사람들은 어떻게 생계위험에 대처해왔는가? 주택체계 자체가 삶의 기회구조가 되는 현실은 어떤 생활전략과 기술을 배양했는가? 이러한 현실이 한국인들의 일상에서 만들어내는 정치 효과는 과연 무엇인가?

그림 1-6은 이러한 정치문제를 해명하기 위해 준비한 시기 구분의 준거를 나타낸다. 그림의 세 곡선은 주택체계의 변화 추세를, 음영은 주거문제가 부상한 시기를 각각 가리킨다. 동시에 이는 앞서 언급한 주택체계의 이율배반을 도면에 옮긴 것이기도 하다. 여기서 자가점유율의 변화 추세는 주택체계의 구조적 안정성을 상징한다. 곧 1980년대 후반에서 1990년대 초기의 전환점을 거치며 형성된 구조의 장기 지속을 나타낸다. 이에 반해, 주택공급량과 국내총생산 대비 주택담보대출 비중의 변화는 각각 공급과 수요 측면에서 체계의 변형을 초래할 수 있는 계기에 해당한다. 주거문제 또한 체계위기를 가져올 수 있는 정치 요인이다. 게다가 공급 팽창과 금융개방이 일어난 시점은 주거문제가 출현한

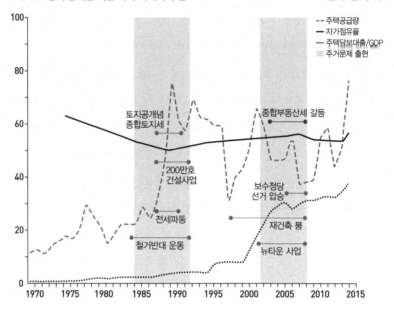

그림 1-6 정치 분석을 위한 역사 시기의 구분　　　　　　　　(단위: 만호, %)

주거문제를 잉태한 시기에 주택체계의
변형을 일으킬 만한 요소들 또한 집중됐음을 의미한다.

　따라서 우리는 음영으로 표시한 주거문제의 출현 시점, 곧 1984(88)~
92년과 2002~2008년을 주택체계의 변화를 이끌 만한 계기와 힘이 집중
된 만곡점으로 읽을 수 있다.[31] 가격상승과 합동재개발의 여파로 주거
난이 불거진 1차 주거문제에서, 갈등의 초점은 토지독점과 소유 불균형
의 해소와 같은 분배 개선 요구였다. 주거문제가 고조된 이러한 상황적
맥락에서 주택의 대량공급과 공급구조 및 과세제도의 개편과 같은 개
혁이 진행됐다. 이에 반해 2차 주거문제는 외환위기 이후의 규제 완화
와 저금리 기조, 주택금융의 개방으로 주택투자와 소비가 활성화된 시
점에 부상했다. 이렇게 형성된 가격상승장에서 자가소유자의 자산전략

과 세입자의 주거난이 교차하면서 극심한 갈등이 펼쳐졌다. 특히, 2차 주거문제를 지배한 중심 의제는 '소유의 민주(화)'보다는 자가소유권 획득(행사)과 관련된 마찰이었다. 점유형태의 장기 지속과 달리 정반대 양상으로 치달은 사회갈등에서 이러한 시기 구분의 적실성을 찾을 수 있다. 주거문제가 부상한 이 두 시점을 경계로 주택체계의 구조변동을 다음의 세 시기, 곧 1970년대에서 1980년대 중반에 이르는 초기 형성기, 1980년대 중반에서 1990년대 중반까지의 구조 완성기, 1990년대 말에서 현재에 이르는 구조 심화기(고착기)로 나누어 분석한다. 이러한 시기 구분을 토대로 앞서 제기한 정치 분석의 의제들을 차례차례 해명하자.

2장

민간자원을 동원한
주택공급연쇄의 형성과
도시가구의 적응

1. 수출주도형 성장의 뒤안길: 생계 불안과 주거난

자본주의 공업화를 겪는 동안 한국사회는 그 어떤 사회보다 빠르고 강렬한 프롤레타리아화를 체험했다.[1] 농민층 분해로 농촌을 떠난 거대한 노동인구는 한창 흥성하는 서울과 산업도시에 모여들었다. 농촌의 가난에 익숙한 그들이었지만 도시와 공장 생활이 가져다주는 충격과 위험은 전에 경험치 못한 일이었다. 거대도시 안에서 생계를 꾸리면서 그들은 수출주도형 공업화라는 거시 사회역사 변동과 바야흐로 마주했다. 산업사회가 창출한 현대성이 피부에 와 닿는 것처럼 익숙한 일상의 경험으로 다가오는 순간이었다.

주목할 것은 현대성 체험을 빚어낸 시공간적 맥락에 감춰진 긴장이다. 한편으로 산업화의 물결을 타고 도시, 특히 서울로 전입한 이주민들은 (청소년 노동자층과 학령인구를 제외하면) 대부분 20대 중후반에서 30대 초중반에 이르는 가족 형성(family formation)의 시간을 보내고 있었다. 이 생애사적 전환을 성공리에 치러내는 데는 임금노동의 강제에서 잠시 비켜날 피난처이면서, 거대도시에 도사린 위험에서 가족의 안전을 보장할 생활 장소인 가정의 확보(home-making)가 필요했다. 다른 한편으로 이들이 체험한 시공간은 수출주도형 공업화라는 특수한 시간 구조 안에서 만들어진 것이었다. 가정 형성이라는 가족 생애주기의 대사건에서 마주친 성장구조는, 한국의 도시(이주)민들이 산업화(또는 현대화)가 몰아온 격변에 어떻게 대처했는지를 보여줄 실마리를 제공한다. 가정 형성의 문제로 접근함으로써, 우리는 거시 사회변동의 분기점으로 수출주도형 성장을 취급하는 것을 넘어, 이를 그 시대를 살아간 미시 주체들, 곧 개별 가족과 개인의 생활기회와 생애전망을 조직한 전환점으로 바라본다. 한국의 도시민들은 수출주도형 성장이 조성한 기회구조와 제약 아래서 자신의 생계전략과 가족사적 열망을 내보일 구조의 틈새를 발견한다. 가족의 안전장치로서 주택소유를 택하게 하는 구조적 맥락이 이 긴장으로부터 형성된다.

서울로의 인구 집중을 만들어낸 것은 거대한 이주의 물결이었다. 서울 인구는 1960년 244만명에서 불과 30여년 만에 천만을 넘어섰고 전체 인구의 24.4%에 달할 만큼 성장했다. 출산율 증대와 사망률 저하 등 인구 환경에 따른 자연증가나 도시경계 확대의 영향도 있었지만, 인구의 급성장을 낳은 주된 요소는 무엇보다 농촌으로부터의 이동이었다.[2] 공업화의 진전과 함께 사람들은 홀몸 또는 가족 단위로 농촌을 떠났다. 촌민들은 주로 취업 기회를 찾아 홀로 도시로 나오다가 점차 가구 단위로 이주했고, 나중에는 농촌에 남은 가족들마저 합류하면서 완전한 도시민으로 탈바꿈했다.[3]

초거대도시 서울에서 살아간 주민의 대다수는 주로 외지에서 이주한 봉급생활자였다. 그중에서도 서울 주민의 전형이 된 이들은 10대 후반에서 30대에 이르는 청(소)년들이었다. 서울의 도시 성격상 학령인구의 교육 목적 이주가 상당한 비중을 차지했지만, 이주민의 대다수는 경제적 동기에서 농촌을 떠난 청년들이었다. 남성의 경우 20대 초반, 여성의 경우에는 20대를 기점으로 입대나 성혼에 따라 순이동률이 둔화하는 현상이 나타나기도 했지만, 이동 인구의 다수는 일자리와 성공 기회를 찾아 도시에 온 청(소)년 이주자였다. 홀로 이주한 10대 후반의 노동자를 빼면, 그들 대부분은 20대에서 30대 초중반에 이르는 결혼 적령기 혹은 이제 막 가정을 이뤄 육아에 여념이 없는 '가족 시간'(family time)[4]의 한철을 보내는 중이었다.

가족 형성기를 맞는 이주민에게 안정된 거처의 중요성은 더 말할 나위가 없다. 제대로 된 가정은 도시생활의 간난을 이기고 이뤄낸 성공적 정착, 달리 말해 이주라는 가족 기획의 완성을 뜻했다. 황량한 객지에 선 프롤레타리아로서 불안정한 삶을 체감하는 그들에게 가정은 꼭 필요했다. 고된 직장생활을 계속할 수 있게 해주는 노동력 재생산의 공간으로서 집이 필요한 것은 당연했다. 그렇지만 '가족의 시간'을 보낼 정주기반을 찾아야 할 그들에게 과밀화된 도시가 자아내는 위험은 더 위협적인 것이었다. 그리하여 도시문제(urban problem)로부터 가족의 삶을 격리하고 보호할 장소를 마련하는 일이 무엇보다 절실했다.[5] 하지만 그러한 필요와 다르게 집은 오히려 도시문제를 압축적으로 경험하게 하는 현장이 됐다.

일단 집 자체가 절대적으로 부족했을 뿐만 아니라 주거의 질도 현저히 떨어졌다. 표 2-1이 보여주듯이 폭증하는 가구 수와 비교해 주택의 공급은 매우 더뎠다. 1960년 당시 서울 가구 수의 약 60%에 달했던 재고 주택은 이후 30여 년 동안 그 절반을 웃도는 수준을 벗어나지 못했다.

표 2-1 서울의 주택 사정과 주거 질 변화, 1960~90년   (단위: 천 가구, 천호, %, m²)

	서울의 주택 사정			서울의 자가점유율	도시 가구 소비지출 중 주거비 비중²	1인당 주거면적 (도시)
	가구 수¹	재고 주택 수	불량주택 수			
1960	442.0	267.9(60.6)	-	-	-	-
1965³	713.1	369.1(51.8)	-	-	13.1	-
1970	1,094.6	583.6(53.3)	174.0(29.8)	-	19.8(18.9)	5.7
1975	1,407.0	744.2(52.9)	135.3(18.2)	45.2	17.5(18.0)	7.4
1980	1,836.9	968.1(52.7)	154.0(15.9)	44.5	24.2(27.6)	9.3
1985	2,324.2	1,176.2(50.6)	125.4(10.7)	40.8	28.0(31.9)	11.0
1990	2,817.3	1,463.1(51.9)	-	38.0	29.0(31.9)	13.0

- 1. 일반 가구 기준.
  2. 시계열 비교를 위해 1982년 도시가계조사 개편으로 주거비에서 제외된 전세금(보증금) 월세평가액, 자가 월세평가액, 수도료, 가구 집기와 가사용품 등을 합산 비교, ( ) 안은 서울에 해당함.
  3. 가구 수와 재고 주택 수는 인구주택총조사가 시행된 1966년 기준 자료.
- 출처: 경제기획원『한국통계편람』; 내무부『한국도시연감』; 통계청, 인구주택총조사; 통계청, 도시가계조사; 통계청『한국의 사회지표』; 건설부, 1991,『건설통계편람』; 대한주택공사, 1967, 『한국주택현황』; 대한주택공사, 1980·1992b,『주택통계편람』.

제대로 된 주거지로 적합하지 않은 불량주택은 1970년 내무부 집계로만 보아도 셋에 하나였다. 도시 단위의 가구 집계가 시작된 1975년 서울의 자가점유율은 45.2%로 상당히 낮은 편이었지만, 15년 후에는 38%로 더 낮아졌다. 불량주택과 함께 주거의 질을 보여주는 1인당 주거면적에서 도시민 개인은 1985년 이전까지 10m², 곧 3평 남짓한 곳마저 제대로 누리지 못했다. 주거의 질이 열악한 곳에 내부 편의시설이 제대로 갖춰져 있을 리 만무했다. 여기에 도시 기반시설과 편익시설의 결핍이 더해져 가정과 그 근린은 도시생활의 불편을 늘 일깨워줬다. 무엇보다 점점 감당하기 어려워지는 주거비가 주거난을 더욱 실감하게 했다. 주거비 부담은 1960년 소비지출의 13.1%에서 1990년 29.0%로 꾸준히 증가했다.

서울의 사정은 더 심각해 1980년대 이후 30%를 넘어섰다. 가족 형성과 함께 생계 부담이 늘고 (주거) 생활 안정을 향한 욕구가 점차 커지는 것과 정반대로, 주거난에 따른 가족의 생계 불안과 위험은 점점 더 증폭됐다.

주거난을 극복하고 안락한 가정을 꾸리는 일에 활용할 수 있는 생활 자원들로는 어떤 것이 있었을까? 가장 기본적인 생계수단에 속하는 노동소득과 사회임금을 중심으로 살펴보자.

먼저, 고용시장에 참여해 직접 얻을 수 있는 자원인 노동임금을 보자. 1960년대 초중반 수출주도형 전략으로의 전환 이후 계속된 고속 성장은 노동임금의 상승을 초래했다. 많은 연구자의 지적처럼 성장의 밑바탕에 장시간 저임금 노동이 있던 것은 맞지만, 성장은 실질임금의 상승이라는 부산물도 만들어냈다. 그렇다면 문제가 되는 것은 그러한 임금 몫이 안정된 생계를 보장하고 주택과 같은 소비재의 대중 소비를 감당하기에 충분했는지 여부다. 결론부터 말하자면 그러한 일은 발생하지 않았다. 고임금과 대중 소비는 수출주도형 성장의 흐름을 방해하는 위협요소였기 때문이었다. 사실 이같은 성장방식에서는 생산된 제품을 국내에서 소비하는 축적 기제가 그다지 중요하지 않았다.[6] 수출주도형 성장은 주로 해외 소비를 통한 이익 실현에 의존했고, 또 그렇게 벌어들인 수익을 최대한 재투자하는 일에 집중했다. 그렇기에 노동자에게 고임금을 지급하여 대중 소비를 고무하기보다는, 임금을 저축으로 회수하여 생산적으로 투자하는 일에 몰두했다.[7] 결국 성공적인 자본축적을 위한 관건은 수요가 아니라 공급에 영향을 미치는 변수들을 조정하는 데 있었다. 임금관계 또한 그러한 관리대상 중 하나였다.

유의할 것은 수출주도형 성장에 유리하게 임금관계를 관리하는 것이 임금억제를 뜻하지는 않는다는 사실이다. 노동집약적 산업을 중심으로 형성된 장시간 저임금 노동체제[8]가 국제 비교우위의 기반이 된 것은 사실이지만, 임금관리의 핵심은 경제성장이란 목표에 부합하는 방식으로 임금을 규제하는 데 있었다. 특히, 경제성장에 따른 실질임금 상승을 어느정도 용인하면서도, 임금상승으로 인한 소비 인플레이션을 막고 노동계급의 정치적 불만을 관리할 수 있는 수준으로 그 상승 폭을 통제하는 것이 중요했다. 그리하여 생산성 증대에 따른 보상을 노동자에게 약속하면서도, 그것이 임금생활자의 소비로 사라지지 않고 자본 투자로 돌아오도록 할 필요가 있었다.[9] 따라서 이러한 임금정책은 수출 경쟁력과 자본축적에 이바지하는 '근로자'로 노동을 규율하는 것을 지향했다. 그 결과 실질임금의 상승은 대개 경제성장률을 넘지 않는 수준으로 관리됐고, 늘어난 임금 몫 또한 대개 저축을 통해 생산적 투자로 돌아왔다.[10] 경제성장에 상응하는 수준의 가계소비 성장은 나타나지 않았다.[11]

이러한 논의들은 성장기 한국 도시 가구의 생계가 '제한된 실질임금 상승'과 '소비의 상대적 저성장'이라는 구조적 특징들에 배태되어 있었음을 시사한다. 경제성장으로 만들어진 완전고용에 가까운 고용상태와 꾸준한 실질임금 상승 덕분에 대중들의 생활수준은 분명 과거보다 나아졌다. 그렇지만 초기 임금 수준 자체가 워낙 낮았고 그 성장 또한 정부의 통제목표 아래서 관리되었기 때문에, 평범한 봉급생활자들이 안정된 생계를 꾸릴 만큼의 임금을 받기는 어려웠다. 게다가 성장의 수혜 또한 노동 연계주의(work-farism) 원리에 따라 기업 내부노동시장에 속하는 일부 임노동 집단에 편중됐다.[12] 결국 대부분의 도시 가구는 가족 생계와 소비생활을 지탱하기에 충분한 화폐 임금을 확보하지 못했다.

부족한 임금을 보충하면서 생계위험에 대비하게 해주는 대체 소득원

구실을 하는 것이 사회정책으로 마련한 간접임금이다. 잘 알려진 것처럼, 2차대전 이후 선진국들은 최소한의 사회 안전을 보장하는 수단으로 사회정책을 발전시켜왔다.[13] 반면, 수출주도형 성장은 이와 사뭇 다른 유형의 사회정책을 구조화했다. 여기서 사회정책은 경제성장이라는 국가 목표에 직접 예속된 채 경제정책의 하위 수단으로 발달했다. 생계 영역에 대한 국가재정 투자가 최소화된 가운데, 그나마 성장 프로젝트의 수행에 필요한 정치 정당성을 사전에 확보하거나, 자본이나 핵심 노동자층을 동원할 목적에서 이뤄졌다. 이에 공공복지의 '지체' 또는 '저발전' 상황이 만들어졌다.[14]

주목할 점은 이러한 지향 자체가 단순한 복지 지출의 억제를 넘어, 공급 중심의 성장 관리에 이바지했다는 사실이다. 복지 역시 앞서 논의한 임금과 마찬가지로 노동인구의 규율수단으로 활용됐다. 잘 알려진 것처럼 정부는 철저한 재정적 보수주의 원칙을 견지하면서, 기업주나 가입자의 기여도에 따라 복지 수급을 차등화했다. 이것이 복지제도가 사회보험 중심으로 발전하게 된 출발점이었다.[15] 비용 전가로 생긴 민간재정 부담을 완화하기 위해 저부담 저급여 형태의 수혜 방식을 만들고, 노동시장에서의 고용 지위에 따라 수급권을 차등적으로 배분했다.[16] 노동 연계성에 기초한 보험 설계는 고용과 근로에 대한 유인을 만들어내는 역할을 했다. 한편으로 (군인, 공무원, 교원, 핵심 노동자 집단 등) 특수계층에 복지 수혜를 한정하는 선별주의로 인해, 배제된 다수는 피고용 상태를 유지해야만 하는 구조적 압박 아래서 살아갔다. 사회적 보호의 결여를 경제성장에 따른 일자리 확대로 상쇄하는 정부 전략이 이에 맞물려, 강력한 노동시장 참여 압력이 만들어졌다.[17] 다른 한편으로 사회보험은 노동시장 분절을 따라 대기업 중화학공업 사업장에서부터 점진적으로 확대되는 기업복지의 양상으로 성장했다. 이러한 성장 경로는 복지비용을 기업에 전가하려는 국가 행동의 결과[18]이면서, 중화학공업화에 필요한 숙련 노동자를 포섭하려는 대기업의 필요에도 부합하는 것이었다.[19] 그런 식으로 사회보험은 기업에 대한 헌신과 충성을 생활 안전과 교환하는 노동자의 형성을 고무함으로써, 공공복지 확장을 위한 재분배 정치를 지연시키는 결과를 가져왔다.[20] 결국 초기 복지제도는 수출주도형 성장에 필요한 노동력 풀(pool)을 유지하는 동시에, 이들을 생산성 향상에 진력하는 '근로'자로 규율하는 데 이바지했다. 바꾸어 말해, 이 당시 사회정책에는 성장 프로젝트와 관련된 특정 집단의 헌신을 유도하고, 이들에 대한 선별적 보상을 통해 노동시장에서의 계층 격차를 강화하는 기능이 담겨 있었다. 따라서 간접임금은 가족의 생계 안전망 구실을 할 만큼의 대중적 자원이 되지 못했다.

수출주도형 성장이 만든 시간 구조는 생활자원 면에서 도시 가구의 삶에 부정적 영향을 미쳤다. 실질임금 성장의 지연으로 소비생활이 제약된 가운데 대중들은 생활수단의 마련에 필요한 경제적 능력을 충분히 갖출 수 없었다. 간접임금 역시 이러한 결핍을 메우는 안전망을 제공하지 못했다. 생활자원의 '공백'은 결국 대다수 도시 가구의 생계가 노동시장의 운명에 따라 좌우된다는 것을 뜻했다. 그렇기에 보통의 한국인들은 경제 여건의 변화로 노동시장에 가해지는 충격에 고스란히 노출된 채 생계를 꾸려나갈 수밖에 없었다. 가구의 삶 자체가 아무런 완충장치 없이 거시경제에 연결돼 경제성장률과 생산성이라는 경제지표의 변동에 따라 요동쳤다. 바로 그런 이유에서 지속적인 경제성장 자체가 생계의 안정성을 보장하는 가장 중요한 조건으로 부상했다. 이것이 바로 경제성장이라는 전사회적 발전 프로젝트에 대한 대중동원을 가능하게 만든 미시적 생활조건이었다.[21] 바꾸어 말하면, 수출주도형 성장이 가하는 구조적 제약 아래에서는 생계 불안 자체가 너무나도 일상적인 도시민의 생활 풍경이었다. 만성적 생계 불안으로 가족의 안전이 위협받는 현실에서 주택을 비롯하여 의료, 신용 등과 같은 생활자원들은 결국 시장이나 가족(개인)의 연결망을 통해 구해야 할 사적 대상에 지나지 않았다.[22] 무엇보다 '가족 시간'을 보내야 할 도시 가구 대다수가 그 보금자리를 제대로 마련하기 힘든 현실을 맞았다.

2. 유신정권의 주택정책

한국사회에서 주택은 단순한 사적 대상을 넘어 특별한 가치를 갖는 시장상품으로 존재해왔다. 주택이 거처에 그치지 않고 생계를 이루는 데 꼭 필요한 수단으로까지 확장된 것이다. 주택의 기능이 이렇게 확대된 이유를 그 희소성만으로 설명하기는 어렵다. 필요에 견줘 공급이 더딘 재화라는 사실만으로는 주택이 생계 안전의 보장수단으로 자리잡은 이유를 해명하지 못하기 때문이다. 주택이 핵심적인 생계수단이 되었다는 말은, 그것 자체가 가구의 생존과 분리될 수 없는 대상으로 존재함을 뜻한다. 내 집이 가족 생활전략의 중추에 자리잡을 만큼, 가구 그 자체와 거의 동일시되는 등가물로 받아들여지게 된 것이다. 그 배경이 된 것이 한국사회 고유의 자원동원형 주택공급연쇄였다. 1970년대 이후에 시작된 주거생활에 대한 정부 개입을 중심으로 그 형성과정을 탐색한다.

1970년대 미국 국제개발처(U.S. Agency for International Development, AID)의 보고에 따르면, 한국정부의 주택정책에는 저소득층이 감당하기 어려운 고급주택을 자금 허용범위 안에서 최대한 많이 짓는다는 목표밖에 없었다.[23] 주택시장에서 발생하는 문제를 단편적으로 해소하는 1960년대의 소극적 정책에서 다소 진전된 정책이었지만, 이로서 아직 뚜렷한 방향을 갖추지 못한 '실험'의 연속이었다.[24] 실제로 주택 정책의 발전은 더뎠다. 제2차 경제개발 5개년계획의 세부 정책 목표로 '민간 주도형' 건설 원칙이 제시된 1966년에야 비로소 그 정책 방향이 처음 표명됐다.[25] 종합계획으로는 유신 직후에 발표된 '250만호 주택건설 10개년계획'이 그 효시였다. 1970년대에 이르러서야 비록 초보적이지만 본격적인 형태를 갖춘 주택정책이 시작된 것이다.[26] 그러나 보잘 것없고 방향조차 불투명한 주택정책은 향후 주택공급 구조의 성격을 좌우할 결정적 시금석이 된다.

1970년대의 주택정책은 유신을 단행한 군사정권이 직면한 이중의 필요를 배경으로 만들어졌다. 한편으로 중화학공업화의 모험은 경제적 가용 자원을 크게 제약하면서 주택 부문에 대한 저투자를 지속해야 할 유인을 남겼다. 물론 이전까지도 주택은 성장자원을 잠식하는 소비재원으로 여겨졌고, 정부는 동원 가능한 자원 대부분을 생산 부문에 할당해왔다.[27] 중화학공업화는 이러한 투자의 불균형을 더 심화하는 계기를 제공했다. 정책금융의 대상이 경공업 수출산업에서 중간재와 생산재 산업으로 확대됨에 따라, 과거보다 더 큰 자본 수요가 생겼다.[28] 주택에 대한 저투자가 계속되어야 하는 것은 당연했다. 그렇다고 해서 도시 주거문제를 마냥 내버려둘 수는 없었다. 서울의 과밀화가 만들어내는 주거난은 광주대단지사건과 같은 도시봉기로 번질 만큼 심각한 것이었다. 특히 유신 개헌이라는 비정상적 수단을 통해 권력을 연장한 통치 집단으로서도 통치 정당성 관리를 위한 '사회안정' 조처는 필요했다. 그러한 이유에서 박정희정부는 '사회복지 균점과 생활수준의 향상'을 국가적 과제로 제시했고, 이를 위한 수단의 하나로 주택공급계획을 입안했다.[29] 유신 직후 비상국무회의에서 발표된 250만호 주택건설계획이 그 결과였다.

이처럼 서로 충돌하는 필요 때문에 독특한 타협점이 만들어졌다. 수출주도형 성장전략에 따른 공적 자원의 제약 탓에 정책의 기본노선은 민간자본의 동원에 의존한 주택건설이 될 수밖에 없었다. 그렇지만 주택공급을 시장주의 원리에 내맡길 수는 없었다. 주택의 공급과 배분이 만들어낼 사회적 효과를 통제하여 '사회안정'이라는 정치적 목표를 달성할 필요 때문이었다. 이렇게 양립하는 정책적 필요의 절충을 위해 1970년대의 주택정책은 '수요제한형' 정책이라는 특수한 양상으로 발전했다.

수요제한형 주택정책은 서구 자본주의 사회의 주택정책과는 사뭇 다른 논리로 작동했다. 서구 사회의 주택정책은 보통 (사회문제의 하나인) 주거문제에 대한 개입을 통해 사적 주체에 안전을 보장하기 위한 사회정책의 하위 정책으로 발전했다.[30] 하지만 우리의 경우에는 이러한 사회정책 목표 대신에 경제성장의 안정적 관리를 위한 세부 수단의 역할이 더 중요했다. 그리하여 거시경제의 성장 목표에 조응하는 형태로 주택산업의 성장을 관리하거나,[31] 경기순환의 조절을 위한 정책수단으로 부동산시장을 활용하는 것이 보통이었다. 따라서 정책관리의 중심은 주택의 수요와 공급에 영향을 미치는 지표들의 조정을 통해 경제 안정화와 활성화라는 이중적 경제목표를 실현하는 데 두어졌다.

수요제한형 정책은 주택정책이 경제정책에 예속된 상황에서 출현하는 여러 정책유형 가운데 하나이다. 주택정책은 그 개입 목표와 관리대상, 개입방식에 따라 두가지 이념형으로 구분된다. 먼저, 공급관리형(공급주의) 정책은 개별 성장산업으로서 주택산업을 육성하고자 한다. 주택산업을 경제성장에 이바지하는 독립된 산업으로 간주하면서, 주택공급량의 체계적 관리를 통해 지속적인 공급확대를 도모한다. 물론 경기여건에 따라 공급 억제가 필요한 시점도 있지만, 주택 재고가 절대적으로 부족하거나 국가가 산업의 이해를 주로 대변하는 경우에는 이러한 개입이 일관되게 계속되기 어렵다. 공급관리형 주택정책은 원활한 주택공급을 위해 택지공급과 건설과정에 영향을 미치는 일련의 규제수단과 생산자 금융 등을 정책도구로 활용한다. 그런데 여기서 주목할 것은 이 정책유형이 주거문제에 대한 대중의 요구를 독특한 정책전환을 거쳐 처리한다는 점이다. 공급관리형 정책은 주거문제를 유발하는 원인을 주로 공급 부족에서 찾으며, 공급확대를 통해 문제가 해결될 수 있다고 본다. 바꾸어 말해, 공급관리형 정책은 주거 불안이라는 사회정책 문제를 산업정책의 대상으로 치환한다. 이러한 인식에서 공급확대를 통해 이루어지는 소유의 낙수 효과(trickle-down effect)를 주거문제의 유일한 해법으로 강조한다.

이와 달리, 수요관리형 주택정책은 수요제한형과 수요진작형이라는 하위 유형으로 나누어진다. 이 구분은 경기 여건에 따라 주택정책이 경기 안정화와 활성화라는 상반된 경기정책의 수단으로 활용된다는 점에서 비롯된다. 이에 더하여 경제적 자원을 특정한 산업 부문에 집중하는 불균형 산업전략에 따라 수요를 한정하는 것도 수요제한형 정책의 일종으로 볼 수 있다. 이런 맥락에서 수요관리형 정책은 주택가격과 조세율같이 주택 수요에 영향을 미치는 요소들을 주된 관리대상으로 삼는다. 따라서 이 정책은 유효수요를 제한하거나 자극하는 이중의 양상으로 전개된다. 그렇기에 그 정책수단들 역시 상반된 기능을 동시에 수행한다. 공급관리형 정책과 마찬가지로 이 정책유형 역시 주거문제를 경제정책의 대상으로 바라본다. 다만 차이는 산업정책이 아닌 경기정책으로 치환한다는 점이다. 경기정책의 관점에서 주거문제를 취급하는 방법에 따라 수요제한형 개입과 수요진작형 개입이 갈린다. 먼저 수요제한형 정책에서 주거문제는 주거비 폭등으로 대변되는데, 이는 주거불평등과 주거난 심화를 초래하는 정책문제로 인식된다. 그렇지만 이 정책유형 역시 문제의 발본적인 해결을 추구하기보다, 그것이 경제성장을 위협하지 않도록 예방하는 데 주력한다. 경기정책의 차원에서 가격안정을 실현함으로써 정당성 위기를 사전에 봉쇄하는 것이 주된 관심사가 된다. 이와 비교해, 수요진작형 정책에서 주거문제는 주택구매를 유도하여 성장을 가속화할 수 있는 계기로 인식된다. 이에 자가소유 촉진수단을 마련하는 데 관심이 집중된다. 공급과 소비의 확대를 초래한다는 점에서 공급관리형 정책과 유사하지만, 소비자수요를 형성하는 수요 측면의 관리에 치중한다는 점에서 차별점이 있다.

이러한 이념형 분류에 따를 때 1980년대 중반까지 이어진 주택정책은 수요제한형 정책이었다. 공공자원 대부분이 정책금융 중심의 투·융자를 통해 성장산업에 집중된 까닭에, 주택산업에 대한 자원 배분은 크게 제한됐다. 그런 이유에서 민간자원을 동원하는 형태로 주택공급이 이뤄질 수밖에 없었다. 그렇지만 주택금융 제도가 발달하지 못한 상황에서 민간이 동원할 수 있는 자원 역시 적었고, 이는 결국 만성적인 주택공급 부족을 가져왔다. 1~5차 경제개발 5개년계획 기간 중의 주택건설과 투자의 현황을 정리한 표 2-2가 이러한 실정을 보여준다. 곧바로 알 수 있는 것은 2차 계획 기간을 제외한 전시기에 걸쳐 계획물량에 견

표 2-2 건설 주체별 주택건설 및 투자 현황, 1962~86년 (단위: 천호, 억원, %)

	건설계획			건설실적			주택건설 투자			주택금융에 대한 재정 투자	
	공공	민간	계	공공	민간	계	공공	민간	계	전체¹	간설 지원²
1962 ~66	60.0 (12.6)	415.0 (87.4)	475.0 (100)	41.0 (12.6)	285.0 (87.4)	326.0 (100)	4.6 (8.8)	47.6 (91.2)	52.2 (100)		
1967~71 (재정 투자: 1970~71)	30.0 (6.0)	470.0 (94.0)	500.0 (100)	70.0 (12.9)	471.0 (87.1)	541.0 (100)	38.4 (13.8)	240.8 (86.3)	279.2 (100)	38.3	19.0 (49.7)
1972 ~76	250.0 (30.0)	583.0 (70.0)	833.0 (100)	229.0 (30.1)	532.0 (69.9)	761.0 (100)	369.5 (24.7)	1,125.8 (75.3)	1,495.3 (100)	789.0	240.4 (30.5)
1977 ~81	477.0 (37.9)	783.0 (62.1)	1,260.0 (100)	497.0 (44.6)	618.0 (55.4)	1,115.0 (100)	2,973.3 (31.9)	6,340.9 (68.1)	9,314.2 (100)	4,966.7	2,782.3 (56.0)
1982 ~86	618.0 (43.2)	813.0 (56.8)	1,431.0 (100)	549.2 (47.5)	605.9 (52.5)	1,155.1 (100)	5,272.6 (30.5)	12,039.8 (69.5)	17,312.4 (100)	7,047.5	2,367.6 (33.6)
합계 (재정 투자: 1970~86)	1,435.0 (31.9)	3,064.0 (68.1)	4,499.0 (100)	1,386.2 (35.6)	2,511.9 (64.4)	3,898.1 (100)	8,658.4 (30.4)	19,795.0 (69.6)	28,453.3 (100)	12,841.4	5,409.3 (42.1)

- 1. 주택공사, 주택은행, 토지개발공사 등 출자금과 각종 주택건설 지원, 행정 비용 및 기타 투입액 포함.
  2. 농어촌주택/광부 주택/군인아파트/기타 정부 주택 등 특정 계층 대상 주택과 일반주택건설 지원액.
- 출처: 대한주택공사, 1987, 『주택통계편람』.

줘 공급실적이 훨씬 부족했다는 점이다. 이보다 더 명료하게 자원 배분의 특징을 보여주는 것이 주택건설과 투자에서 공공과 민간이 각각 차지하는 비중이다. 공공의 역할이 점차 증대하기는 했지만, 공공 부문과 민간 부문의 비중은 대체로 3:7에 그치거나 4:6에 채 미치지 못했다. 이른 시간대로 올라갈수록 공공의 비중은 더 적어져 10% 안팎에 그쳤다. 주택금융에서 재정 투자가 차지하는 몫은 기간 전체를 합쳐도 1.3조원에 불과했고, 그중에서도 실제 건설투자액은 42.1%에 그쳤다. 결국 할당된 자원은 몹시 적었다. 주택산업이 산업정책의 대상인 개별 성장산업의 위상을 갖지 못했음을 입증하는 증거다. 주택정책 역시 자원 배분의 선택적 집중이라는 성장정책상의 원칙에서 예외가 될 수 없었다.

오히려 개입의 초점은 경기순환에 맞춰 경기 활성화나 안정화를 추구하는 반순환적 경기정책(anti-cycle policy)에 있었고, 1980년대 중반까지 그 주된 흐름은 인플레이션 방지와 투기억제로 대변되는 안정화였다.[32] 제한적 규모로나마 이뤄지던 주택공급의 대상이 유효수요를 갖춘 중산층 이상의 계층으로 설정됐음[33]을 고려할 때, 안정화 정책은 결코 도시빈민을 비롯하여 노동대중이 겪는 주거난의 해결을 목표로 하지 않았다.[34] 오히려 '사회안정'을 위해 해결해야 할 문제는 가격상승과 함께 구매 전망을 잃게 되는 전문직과 중간계급 종사자들의 주거문제였다. 여기서 군사정부가 원했던 '사회안정'의 실체를 추론할 수 있다. '사회안정'의 차원에서 가격 안정화 정책은 국가 운영과 성장정책 수행에서 중차대한 역할을 맡은 이들의 주거난을 완화하여, 그들의 불안이 통치 정당성을 위협하는 갈등 요인으로 성장하지 않도록 봉쇄하는 것을 뜻했다. 결국 정부는 수요제한형 정책을 통해 주택 수요층을 중산층 이상 계층으로 제한하고 그들의 구매 전망을 유지함으로써, 거시경제의 안정화와 중간계급 주거 불만의 봉쇄라는 두가지 목표를 동시에 달성하려 했다.

3. 민간자원을 동원한 주택공급연쇄의 형성

민간자본과 기술력에 의존하는 공급 질서를 구축하고 심지어 그 결과까지 통제하기란 여간 어려운 일이 아니다. 더욱이 1970년대까지도

'집 장수'로 불리는 영세 건설업자가 물량 대부분을 공급할 만큼, 주택 건설업은 여전히 소상품 생산에 머물러 있었다.[35] 주택시장과 산업이 제 형성되지 않은 상황에서 민간 종심의 공급체도가 갖춰지는 데는 수많은 난관이 도사렸다. 소요 택지의 확보와 건설재원의 조달, 산업 성장에 필요한 적정 이윤과 수요의 확보 등의 문제에서 난항의 연속이었다. 이러한 현실 제약에 대처하면서 정부는 주택공급 제도의 기틀을 차례차례 마련해나갔고, 그러한 제도들의 결합으로 자원동원형 주택공급연쇄가 서서히 형성됐다.

건설자금 동원

민간이 주도하는 공급 질서를 형성하려는 기획은 우선 민간과 공공으로 분리된 이원적 공급제도를 만드는 일로부터 시작됐다. 1972년 12월 제정된 '주택건설촉진법'(약칭 주촉법)이 그 기점이었다. 이를 통해 주택건설 사업은 국민주택자금의 지원을 받는 국민주택 건설사업과 공공 주택자금의 지원을 받아 민간이 건설하는 민영주택 건설사업으로 분할됐다.[36] 하지만 이러한 이원적 공급제도를 반석 위에 올리기 위해서는 겹겹의 난관을 돌파해야만 했다. 그중 가장 큰 어려움은 주택건설을 위한 자원이 현저히 부족했다는 점이다. 공적 재원 지원이 결핍된 상황에서 민간자원을 흡수할 제도적 수단을 갖추지 못한다면 최소한의 주택공급마저 불가능하기 때문이다. 따라서 공적 지출에 의존하지 않고 주택공급을 확대할 수 있는 재무적 방법을 확보해야 했다.

그러한 재정적 경로는 다음의 네가지 역사적 계기를 거치며 마련됐다. 첫째, 주촉법 제정 직후 국민주택자금의 설치와 함께, 국민주택자금과 민영주택자금을 양대 축으로 하는 공공주택기금이 형성됐다. 먼저,

국민주택자금은 1종 국민주택채권과 주택복권, 재정 출연금 등을 그 재원으로 하여 주택은행에 설치된 공공주택 건설용 기금이었다. 국민주택자금의 지원 대상이 주로 공공사업자로 제한되었기에, 민간 건설업자는 주택부금이나 재형저축 등의 수신업무를 통해 주택은행이 조성한 민영주택자금(1967년 설치)을 이용했다. 여신규제로 다른 제도금융을 이용할 수 없었던 까닭에, 민간사업자들은 자기자본이나 사금융에 의존해 사업을 진행해야 했다.[37] 부족한 재원 탓에 견실한 주택공급을 충당할 만큼의 자금 확보는 어려웠다. 당연히 가계 수요에 맞는 안정적 공급 확대는 불가능했고 도시 가구의 주거난은 가중될 수밖에 없었다. 이러한 사정은 1970년대 후반 주택가격 폭등을 계기로 진행된 일련의 제도 정비 덕분에 다소 개선됐다.

이 점에서, 둘째 '주택공급에 관한 규칙'(이하 주택공급규칙)의 제정을 통해 입주자 저축제도가 도입되면서 주택 소비자의 여유자금을 동원할 길이 열렸다. 이에 따라 주택분양을 원하는 모든 가구는 국민주택청약부금이나 주택청약예금(훗날 청약적금과 청약예(부)금으로 정비됨)에 가입해야만 했다.[38] 이러한 변화는 당시 사채시장과 부동산시장에서 투기자금으로 쓰였던 가계의 유동자금을 주택 건설자금으로 동원하려는 기획의 산물이었다. 이를 위해 정부는 주택 수요에 관한 정보를 수집하여 공급자에게 제공하는 동시에, 주택 수요 자금을 흡수하여 건설자금으로 연결하는 '수요 정보 매개 기관'의 위상을 주택은행에 부여했다.[39] 주택 수요자의 청약상품 가입에서 시작하여 주택 수요 수집과 분양신청, 입주자 모집 및 선정, 마침내 분양 계약에 이르는 공급 관리체계가 본격적으로 등장한 것이다. 가계의 여유자금 대부분을 주택금융으로 전용하기에는 역부족이었지만, 그 전환의 계기는 확실히 마련됐다.

이와 동시에, 셋째 주택 구매자금의 선납을 통해 주택사업자의 자금 부담을 덜어주는 조치가 이루어졌다. 주택상환사채, 그리고 주택 선분양과 그에 따른 중도금 납부제였다. 특히, 주택공급규칙에 선분양 제도가 명문화됨으로써, 주택사업자는 분양가의 80%가량을 분양 이전에 먼저 확보할 수 있게 됐다.[40]

마지막으로, 넷째 신군부의 출범과 함께 '사회안정'을 위한 공공주택 건설 수요가 다시 생겨나면서, 기존의 국민주택자금이 국민주택기금(1981)으로 분리 격상됐다. 이와 더불어 그 재원 역시 국민주택채권과 청약저축, 주택복권, 차관자금, 재정 출연금과 각종 기금·연금의 예탁금으로 확대됐다.[41] 국민주택기금의 확대에는 1983년 투기(우려)지역 민영 아파트 분양방법으로 도입된 채권입찰제(2종 국민주택채권)도 한몫했다.[42] 결국 이러한 개혁들을 통해 한국사회는 공적 재정 투자와 금융기관을 통한 조달 모두가 결핍된 상황에서도 민간자원의 동원을 통해 주택을 건설하는 특수한 경로를 만들어냈다.

택지개발의 공영화

민간에 의존한 공급 질서가 제대로 작동하기 위해서는 택지를 대량으로 공급하는 개발체계가 뒷받침돼야 한다. 그런데 문제는 택지개발이 상당한 규모의 자본과 행정역량, 갈등처리 기술이 없이는 성공하기 힘든 사업이라는 것이다. 이런 견지에서, 이제 막 성장을 시작한 주택산업과 시장에 기대 택지를 확보하려는 애초의 정책 기조는 실현 가능성이 작았다.

1970년대에 택지개발 수단으로 주로 쓰인 것은 1930년대 이래로 이용돼온 토지구획정리사업이었다.[43] 이 사업은 기존 토지의 사전 매입

없이 소유자와의 합의로 개발을 진행하는 환지(換地) 방식의 택지조성 사업이다. 이 사업방식은 초기 개발비용이 절감되는 뚜렷한 장점에도 불구하고, 조성토지의 환지와 매입, 합필 등으로 이루어진 길고 어려운 개발절차 탓에 다량의 택지 확보에는 적합하지 않았다.[44] 무엇보다 사업 수익성 자체가 개발 후의 토지가격 상승에 따라 좌우될 수밖에 없는 사업구조는 개발이익의 사유화와 택지가격의 상승을 조장했다.[45] 그런 탓에 1970년대 중반을 거치며 사업 시행지구마다 토지소유자들의 집단행동이 불거졌고, 택지 매입을 둘러싼 지주와 개발자 사이의 마찰 역시 극심해졌다. 특히, 강남권 개발사업은 택지개발에 관한 충격적인 원시경험을 토지소유자들에게 제공했다.[46] 1970년대 후반, 다른 개발지구의 지주들이 이와 비슷한 수준의 보상을 기대하며 집단행동에 돌입하자, 택지가격이 연달아 상승하고 사업 진척도 늦어지는 결과가 빚어졌다.

사업이 계속될수록 지가는 상승했고, 토지소유자에게서 감보(減步)되는 토지 양과 매입가격을 둘러싼 갈등도 점점 커졌다. 구획정리사업 시행 후의 지가는 1970년대 서울을 기준으로 평균 7배가량이나 상승했고, 공공용지와 체비지를 더한 감보율도 평균 49%(10%가 체비지)에 달했다. 1980년에 이르면 감보율이 59.4%로 급증하는 등 갈등의 소지는 더욱 커졌다.[47] 특히, 주택공급계획의 중추였던 아파트 건설사업은 소단위 지주의 토지 매도 거부와 고가 요구로 사업추진에 큰 장애를 겪었다. 건설부 스스로 소단위 지주들의 저항이 택지 확보의 어려움을 가져온다고 우려할 정도였다. 문제 해결을 위해 정부는 두갈래의 대책을 마련했다. 그중 하나는 주택공사의 택지매입기금 확충과 체비지 등 집단화된 택지의 우선 분양, 아파트지구 지정제도를 활용한 환지처분 촉진 등과 같은 공급제도 개편방안이었다. 다른 하나는 (과천 신도시개발 이후

로 그 시행이 미뤄졌지만) 아파트 분양권을 제공해 지주를 회유하는 방법이었다.[48]

결국 정부는 토지구획사업의 한계를 우회할 목적에서 아파트지구개발사업(1977년 12월, 주촉법 전면 개정)을 도입했다.[49] 이에 따라 아파트지구로 지정한 지역에는 아파트만을 건설할 수밖에 없게 되었는데, 이 조치에는 토지소유자나 영세 개발업자가 주도하는 소규모 개발을 일축하는 효과가 있었다. 우량건설업체로 지정한 건설사업자(지정업자)를 개발사업을 대행할 시행자로 승인함으로써, 민간 건설업자의 사업 진입을 허용하는 조치도 포함됐다. 강력한 개발 촉진조항을 명기하여 시행 자격을 부여하는 한편, 실질적인 토지수용권마저 일부 제공하여 사업 진행을 앞당기는 방법이었다.[50] 이렇게 보면, 아파트지구개발사업은 택지 확보를 둘러싼 갈등을 가로지르기 위해 탄생한 예외수단이었다.

그러나 기대와 달리 효과는 적었다. 아파트지구로 지정된 택지는 금방 소진됐고, 지가 폭등에 뒤따라 일어난 지주들의 공한지 매입으로 대단위 택지를 값싸게 확보하는 것도 사실상 어려워졌다. 대지조성 사업이나 토지수용 제도와 같은 방법을 통해 택지를 확보하려는 시도 역시 대안이 되지는 못했다.[51] 결국 1970년대 말에 이르러 지가상승과 공급 부진, 주택가격 상승이 한데 엉킨 가운데, 도시민의 주거 불안은 더 심각해졌다. 또다시 쿠데타로 집권한 신군부의 관점에서 택지 부족에 따른 주거문제는 '사회불안'을 조성하는 위험천만한 일이었다. 그들의 눈에 비친 주거문제는 경제발전의 혜택을 누리지 못한 무주택자의 상대적 박탈감과 불평불만의 이유이자, "'집을 가진 자와 안 가진 자' 간의 위화감을 조성하여 국민총화를 저해"하는 사회분열 요인이었다. 심지어 주거비 부담 해소를 위한 노동자의 임금인상 요구는 수출 경쟁력을 잠식해 경제 불안을 일으키는 원인이었다. 이런 이유에서 전두환정권은 주거문제에 대한 선제적 개입을 통해 "정치 및 사회의 안정"을 도모하려는 의도에서 공공주택건설과 택지개발을 위한 계획을 검토했다.[52] 그 결과물이 주택 500만호 건설계획과 이 계획의 집행을 위한 택지개발촉진법(약칭 택촉법)이었다.[53]

택촉법의 가장 큰 혁신은 공공 개발기구에 의한 토지의 전면 매수와 수용에 있었다. 특히, 기준지가 고시(용도변경 전 지가+정상 상승률)나 토지수용권과 같은 제도적 강제를 통해 정부가 직접 토지 보상을 둘러싼 갈등 당사자가 됨으로써, 지주들의 집단행동을 어느정도 통제할 수 있게 됐다. 택지개발예정지구 지정을 통해 도시계획 수립과 용도 전환 등의 개발절차를 단축한 데 따른 이점도 컸다.[54] 전매 매수를 통해 토지를 취득하는 것에 따른 초기 비용 부담은 있지만, 토지 투기나 지주들의 단체행동을 통제할 수 있는 뚜렷한 장점이 있었다.

택촉법은 전면 매수를 통한 공영개발로의 택지 공급방법의 변화를 촉발했다. 주택공사의 택지취득 방식을 예로 들면, 1970년대 초중반까지 주택공사는 주로 일단의 주택지 조성사업과 토지구획정리사업을 통해 택지를 취득했지만, 토지수용권이 없어 개발에 어려움을 겪었다. 이 때문에 1970년대 후반에는 지방자치단체에 위탁하거나 대지조성 사업에 기대는 방식으로 택지를 확보했다. 택촉법은 주택공사가 자체 개발을 확대할 수 있는 전기를 제공했다. 1980년대 들어 주택공사는 택지를 직접 개발하거나 토지개발공사 등이 택지개발 사업으로 조성한 토지를 취득하여 주택용지를 확보했다. 개발방식의 전환과 함께 사업 주체의 변화도 나타났다. 1970년대 전반까지 개발사업의 95% 이상을 시행했던 지방정부의 비중이 줄고, 토지개발공사와 주택공사 같은 개발공사가 주된 개발자로 등장했다.[55] 개발 전과정을 공공개발자가 전담하는 공영개발체계가 전면화된 것이다.

택지개발의 공영화는 택지 조성과 그 가격 결정에 대한 정부의 직접적인 통제를 의미했고, 이를 통해 대규모 택지를 비교적 염가로 빠르게 공급할 길이 열렸다. 그렇지만 이러한 개입을 민간 의존적 공급 질서로부터의 이탈로 보기는 어렵다. 공영개발 역시 민간자본에 의존하는 개발방식이기 때문이다. 토지에 관한 모든 권한, 곧 개발권, 소유권, 처분권 등을 공공개발자가 보유하는 공공개발과 달리, 공영개발은 공공개발자가 개발권만 장악할 뿐 개발택지의 소유와 처분은 분양을 통해 민간에 이양한다.[56] 그렇기에 개발 초기에 필요한 막대한 용지매입비도 결국에는 택지 분양을 통해 민간 건설업자로부터 회수해야 했다. 지가 상승이 투자비용 회수의 필수조건인데다가 그 비용을 개발이익을 좇는 민간자본으로부터 조달한다는 점에서 이 역시 투기적 개발방식에 지나지 않았다.[57] 토지수용과 보상을 둘러싼 마찰이 완전히 사라진 것도 아니었다. 정부가 제도적 강제수단을 통해 민간 개발업자를 대신하는 갈등 당사자 구실을 했을 따름이었다. 그런 이유로 지주와의 갈등 역시 군부 권력의 강권이 약해진 1980년대 중반을 거치며 되살아났다.[58]

시장경쟁의 왜곡과 가격통제

마지막 난관은 불투명한 사업 전망이었다. 이제 막 형성되는 시장에서 활동을 시작한 영세 자본의 입장에서 주택건설은 자본 회임 기간이 긴 만큼 위험도 큰 사업이었다. 민간에 의존한 자금조달에다 투기적 개발이 더해진 사업방식 탓에 사업 자체가 경기에 민감했다. 불확실성과 위험이 큰 것은 당연했다. 높은 위험 못지않게 수익성도 문제였다. 소비

시장이 제대로 형성되지 않은 상황에서 이윤 전망은 불확실했다. 안정된 공급을 위해서는 '높은 위험'과 '불확실한 수익'이라는 양대 문제를 먼저 풀어야 했다.

이를 위해 정부가 마련한 방법 중 가장 강력한 것은 소수 사업자에게 압도적 지위를 보장하는 과점시장이었다. 시장경쟁에서 오는 불이익과 위험을 줄임으로써 더 큰 이윤 기회를 보장하는 방법이었다. 이같은 과점시장의 연원은 주택시장에 대한 기업 참여의 부진으로 거슬러 올라간다. 공급 부족을 해결하기 위해 정부는 이미 1970년대 초부터 고층 대단지 아파트 건설로 정책 방향을 전환했지만, 기대와 다르게 기존 건설업체의 참여는 적었다. 아파트 건설에 상당한 기술력과 자본동원 능력이 필요한데다가, 무엇보다 시장 전망 자체가 불확실했기 때문이었다. 특정 지구 개발사업법(1973)을 통해 여의도와 영동지구 개발 등에 참여한 기업에 세제 혜택을 비롯한 각종 유인책이 이어졌지만, 대형 건설업자의 참여는 1970년대 중반까지도 그다지 없었다.[59]

신규 사업자 육성의 전기가 된 것은 1977년에 도입된 주택건설업자 등록제도였다.[60] 이에 따라 주택사업자를 자본금 규모와 건축 실적, 기술인력 확보 정도 등에 따라 등록업자와 지정업자로 나누고, 이 중 지정업자에게 법과 제도의 지원을 집중했다. 대형 전문 사업자를 육성하겠다는 목적이었다. 이를테면, 지정업자는 아파트지구 개발 시행권과 단지 조성권, 토지수용권 등과 같은 제도적 특권을 비롯하여 주택자금과 세제 면에서 압도적 혜택을 누렸다.[61] 사실상 가장 큰 이익의 원천이었던 아파트지구 개발과 시공권 자체를 독점한 것이다. 개발이익에 따라 사업의 향배가 결정되는 투기 건설 위주의 공급구조를 생각하면, 이러한 지원이 얼마나 큰 이점을 제공했는지를 어렵지 않게 짐작할 수 있다.

그 결과 등록업체의 5% 정도에 불과했던 지정업자는 곧 주택건설 시장을 주름잡는 대형 사업자로 성장하여, 민간업체 건축 물량의 30%가량을 1985년까지 줄곧 공급하게 된다. 그중에서도 몇몇 대형 사업자가 '규모의 경제'를 통해 시장을 압도했다. 건설량 기준 상위 5개 사업자[62]가 지정업자 건설물량의 40%가량을 공급했고, 특히 전용면적 85m^2 이상 중·대형 주택의 경우에는 전체 물량의 절반을 공급했다.[63] 시장 장악은 매출 성장으로 이어졌다. 이들의 사업 매출액은 1978년 2961억원에서 1984년 1조 5070억원으로 불과 6년여 만에 5배나 성장했다.[64] 이렇게 진입장벽이 명확한 '비경쟁적 시장'[65] 덕분에 일부 대형 지정업자는 시장 이윤 대부분을 독점적으로 전유할 수 있었다.

사업 전망의 불확실성을 줄이는 다른 방법은 건설 주택의 유형과 규모를 특정화하는 것이었다. 이 점에서, 주택공급의 표준화·대형화를 목적으로 중·대형 아파트 위주의 공급정책이 이어졌다. 아파트라는 주택 유형 자체가 생산 공정의 표준화와 규격화를 통해 생산비용을 절감하는 이점을 제공했을 뿐만 아니라, 고층 고밀 개발로 단위주택당 토지면적을 줄여 토지 매입비용을 절감하는 효과도 냈다.[66] 입지와 근린환경, 층수, 건평과 주거면적 등과 같이 표준화된 평가와 비교에 더 적합한 성격을 지닌 까닭에 상품화에도 유리하고 수요를 찾기도 쉬웠다. 무엇보다 짧은 시간 안에 대량으로 주택을 공급해야 한다는 정책 강박으로 인해 아파트 건설에 제도적 지원이 집중됐다. 그 결과 아파트는 주택공급 계획의 중심이 됐다. 1970년대에 아파트건축이 본격화된 이후 1990년까지 전체 주택 공급물량의 60%를 차지할 정도로 가파른 성장세가 이어졌다(표 2-3). 바야흐로 '아파트 시대'가 열렸다.[67]

중·대형 아파트 중심의 공급계획은 자연스럽게 유효수요를 갖춘 계

표 2-3 주택유형별 건설량과 면적별 서울 아파트 현황, 1977~90년 　　　　(단위: 천호, %, 평)

	주택유형별 건설량			연면적별 서울 아파트 현황(마지막 해 기준)								신규주택평균규모
	단독	연립	아파트	~9	9~14	14~19	19~29	29~39	39~49	49~69	69~	
'77~'80	565.6 (58.5)	81.7 (8.5)	318.9 (33.0)	6.5 (3.5)	55.0 (29.9)	35.3 (19.2)	36.0 (19.6)	34.5 (18.8)	10.0 (5.4)	6.3 (3.4)	0.3 (0.2)	20.8 (1981)
'81~'85	322.7 (31.7)	159.9 (15.7)	534.0 (52.5)	3.2 (1.0)	66.0 (21.5)	66.5 (21.7)	69.3 (22.6)	62.0 (20.2)	23.5 (7.7)	15.2 (5.0)	0.7 (0.2)	27.4 (1985)
'86~'90	343.0 (16.6)	428.9 (20.8)	1,289.7 (62.6)	6.5 (1.3)	84.7 (16.9)	101.5 (20.2)	159.3 (31.7)	95.4 (19.0)	34.0 (6.8)	21.0 (4.2)	0.0 (0.0)	31.0 (1989)

• 연면적: 전용면적 기준.
• 출처: 통계청, 인구주택총조사; 대한주택공사, 1992a, 『주택통계편람』; 하성규 외, 1993, 『집: 기쁨과 고통의 뿌리』, 비봉출판사, 75면.

층으로 공급대상을 특정화하는 시도와 맞물렸다. 이들의 주거 요구에 맞는 아파트를 공급하기 위해 민간사업자뿐만 아니라 공공사업자까지도 85m^2(25.7평) 전·후방에 속하는 아파트 공급에 집중했다. 1970년대 말에서 1990년까지 서울시에 건축된 아파트 현황을 전용면적별로 분류한 표 2-3이 이러한 대형화 추세를 그대로 보여준다. 여기서 전용면적 85m^2에 얽힌 용어상의 혼동에 주의할 필요가 있다. 이 면적 기준은 공공이 건설하는 85m^2 이하 주택을 가리키는 '국민주택'의 잣대로 사용된다. 그런데 '국민'이란 이름에서 연상되는 의미와 달리, 사실 국민주택은 주거복지 차원에서 공급된 서민주택이 아니었다. 주촉법 제정 당시에 건축면적상의 기준으로 활용되던 말이 청약제도 도입과 더불어 이원적 공급체계가 정립된 후 변용된 것에 불과했다. 그렇기에 공공사업자의 대표 격인 주택공사조차 구매력이 없는 서민집단을 대상으로 집을 짓지는 않았다. 민영주택보다 규모가 작기는 했지만, 공사의 주력 평형 역시 전용면적 50~85m^2에 속하는 아파트였다.[68] 실제 주택공사는 아파트의 주요 수요층을 대졸 학력 이상의 고소득 화이트칼라 집단으로 가정하는 한편, 연 소득과 주택면적에 따른 유효수요의 변동을 여러모로 짐작하며 판촉계획을 구상해나갔다. 민간은 밀릴 것도 없고 공공사업자 또한 시장의 불확실성을 줄이기 위해 중·대형 아파트 건설에 치중한 것이었다. 1989년 평균 31평에 달할 정도로 커진 주택 규모가 그 결과를 보여준다.[69]

마지막으로, 유효수요층에 의존한 투기적 공급 방식이 부를 역효과인 가격상승을 통제하는 것도 중요했다. 가격안정은 주택가격을 유효수요 집단의 구매능력 이내로 묶어, 투기적 공급 질서가 산업 전체의 공멸로 연결되지 않도록 하기 위한 조건이었다. 이렇게 해서 등장한 것이 1978년 8·8 부동산투기억제대책을 필두로 시작된 일련의 투기억제 대책과 분양가격 통제제도였다.[70] 이로써 토지거래 규제 및 기준싯가 고시 같은 토지가 억제대책과 더불어, 주택 분양가격에 대한 직접적 통제 정책이 등장했다. 분양가 통제정책은 1977년 건설부의 가격승인을 통해 처음 도입된 후, 서울시 행정지도 가격체계로 개편되어 전용면적 규모별 상한규제의 형태로 1980년대 말까지 이어졌다.[71] 공급 부진을 초래한 주원인으로 가격 규제제도가 지목되기도 했지만, 그렇다고 해서 이것 자체가 분양과정에서 생겨나는 개발이익을 부정한 것은 아니었다. 부동산가격 상승에 따른 개발이익이 투기적 공급환경을 지탱하는 버팀목이었기 때문이다. 따라서 가격통제 정책의 실제 지향점은 잠재적 유효수요층의 구매력을 잠식하지 않을 정도로 가격상승 추세를 관리하여 '사회안정'을 실현하는 데 있었다.

이제껏 살핀 대로 민간 의존적 공급 질서를 구축하는 것은 여간 어려운 일이 아니었다. 이 난관에 대처하며 여러 해법을 변통해낸 결과 한

표 2-4 자원동원형 주택공급연쇄의 형성: 주택공급 관련 제도의 탄생

주택공급연쇄 구성 단계			
개발	건축		소비
	건축자금 동원	사업자 지원	
특별 개발지구의 지정 - 특정 지구 개발사업 (1972) - 아파트지구 개발(1976)	공공주택기금의 설치 - 국민주택기금(1973, 1981) - 민영주택기금(1967)	개발 참여에 따른 특혜 - 특정 지구 개발사업 (1972) - 아파트지구개발(1976)	주택가격 규제 - 분양가 통제제도(1977) - 투기억제 대책(1978)
택지개발의 공영화 - 토지구획정리 → 택지개발사업(택지개발촉진법, 1980)	가계저축의 동원 - 청약저축 제도(1977)	과점적 공급시장 형성 - 사업자 등록·지정제 (1977)	공급 우선순위의 규정 - 청약저축 제도(1977) - 주택공급규칙(1978) (비고, 채권입찰제, 1983)
	구입자금의 사전 조달 - 선분양제 및 중도금 납부제(1978 공식화) - 주택상환사채(1977)	건설 주택의 표준·대형화 - 아파트지구개발(1976) - 중·대형 아파트 중심의 공급 유도	
일반적 규제제도: 주택건설촉진법(1973년 시행)			

국 고유의 주택공급연쇄(the housing provision chains), 곧 주택 제품주기에 속하는 개발과 건축, 소비과정의 특수한 연결망이 탄생했다.[72] 표 2-4는 세 공급 마디를 관장하는 한국적 제도의 출현을 나타낸다. 우리는 이 제도결합에서 공급연쇄의 고유성을 해명할 단서를 찾고자 한다. 일단, 가장 역설적인 것은 공급주기 모두에 걸쳐 정부 개입이 나타나면서도 공급을 이루는 주된 기제가 시장이라는 사실이다. 정부 개입은 주로 시장 기제에 의존한 공급에 필요한 제반 조건을 마련하는 '규제자'로서의 역할, 이를테면 건축재원의 조달과 사업자 이윤 보장, 주택 분배 절차의 규정 등에 집중됐다. 압도적인 정부의 힘이 행사된 초점은 결국 민간재원의 동원과 주택공급에서 비롯된 편익의 분배에 관한 것이었다. 이를 기초로 형성된 한국 특유의 공급연쇄, 즉 사적 행위자들에 대한 재원 의존과 이로부터 유발되는 비용과 편익의 불균등 교환을 핵심 특징으로 하는 공급 연결망을 '자원동원형' 주택공급연쇄로 이름짓는다.

4. 민간자원을 동원한 주택공급연쇄의 제도적 선택성

자원동원형 연쇄는 특수한 재원조달 방식과 편익 배분 방식의 결합으로 작동한다. 이러한 관점에서, 공급연쇄의 조정에 필요한 관리 초점 역시 이 둘로 분해할 수 있다. 첫째, 주택생산에 필요한 자원의 조달과 관련하여 개별 행위자가 분담할 몫의 조정, 곧 생산비용을 분담하는 행위자들과 그 부담방식에 관한 사회적 결정이다. 둘째, 각자가 부담하는 비용에 대한 보상으로 제공될 편익의 조정이다. 이는 결국 주택의 소비 단계에서 생겨나는 여러 편익을 행위자들이 분담한 비용에 맞게 합리적으로 배분하는 문제를 뜻한다. 이 '비용-편익 구조'를 얼마나 안정적으로 조정할 수 있는가가 공급연쇄의 연속성을 보장하는 관건이 된다. 그런데 문제는 자원동원형 연쇄가 그 조직과정에서 상당한 편향을 만들어낸다는 사실이다. 이 연쇄가 가진 제도적 선택성을 비용 조달과 편익 할당, 이 편익에 대한 사회적 관리의 측면에서 살펴보자. 이 편향이 작동하는 가운데 형성되는 이해결합의 구조 또한 발견하겠다.

비용 전가: 기업과 가계로의 생산비용 이전

조성된 민간자원은 정부의 계획에 따라 공공과 민간사업자의 건설 재원으로 각기 할당된다. 공공사업자가 주로 국민주택기금에 의존하여 주택사업을 진행했던 반면에, 민간사업자는 민영주택자금과 자기 자금, 채권이나 사금융 시장을 통한 직·간접 조달분, 소비자가 낸 선납금 등을 조합하여 건설자금을 마련했다.[73] 여기에 남는 문제가 있다. 공공주택기금의 형태로 조성된 주택자금을 실제로 부담한 이는 누구였는가?

표 2-5 국민주택기금 조성 실적, 1981~90년   (단위: 억원, %)

	1981	1982	1983	1984	1985	1986	1987	1988	1989	1990	누적비중
1종 국민주택채권	4,949	1,795	2,232	1,786	1,400	1,323	1,449	2,144	3,593	5,848	31.5%
2종 국민주택채권			681	1,011	758	726	154	374	893	2,771	8.7%
청약저축	131	534	1,306	1,919	266	-461	-1251	1,633	6,936	8,017	22.6%
차관자금			8	57	412	173	636	183	-11	110	1.9%
복권자금	297	78	100	118	107	115	113	112	307	402	2.1%
예탁금	390	458	246	-121	-68	2	105	-215	-61	-45	0.8%
재정 출연금		390	440			1,000	1,000	300	300		4.1%
재특융자차입금								1,300	2,300	-27	4.2%
기타	1,281	1,126	1,062	1,095	988	1,541	3,447	2,318	3,686	3,822	24.2%
당해 조성	7,048	4,381	6,075	5,865	3,863	4,419	5,653	8,149	17,943	20,898	100
전년이월	164	179	1,989	4,215	3,420	1,293	261	380	2,219	8,423	
계	7,212	4,560	8,064	10,080	7,283	5,712	5,914	8,529	20,162	29,321	

• 출처: 한국주택은행, 1997, 『한국주택은행 30년사』.

    가장 중요한 공공 건설재원이었던 국민주택기금을 먼저 살펴보자. 표 2-5는 1980년대 국민주택기금의 조성에 쓰인 주요 재원을 나타낸다. 이들 중 가장 큰 비중을 차지했던 것은 국민주택채권과 청약저축으로 전체 조성액의 60%가량을 충당했다. 정부 일반회계에 속한 재정 출연금과 특수회계상 투·융자를 합쳐도 10%에 못 미쳤고, 그조차 대부분 1980년대 후반에 집중됐을 정도로 정부의 역할은 적었다. 따라서 국민주택채권과 청약저축의 재원을 살필 필요가 있다. 일단 청약저축은 무주택 가구의 저축에서 유래한다. 민영주택 채권입찰 대상자가 구매하는 2종 국민주택채권 역시 가계의 자금에서 비롯된다.

    남는 것은 1종 국민주택채권뿐이다. 1종 국민주택채권은 국가나 지자체 또는 정부 투자기관 등으로부터 면허·인가·허가를 받거나 등기·

등록을 신청하는 경우에 매입이 의무화된 채권이다. 그 매입대상의 경우는 매우 다양했지만, 이 역시 크게 보아 서너가지 범주로 갈렸다. 첫번째와 두번째는 건축허가와 부동산 등기도, 건축물의 신축 또는 수선, 그리고 소유권 이전이나 보존·상속·저당권 설정 등을 위해 허가나 등기를 신청하는 때에 각각 해당했다. 세번째는 특정한 영리사업을 벌이는 데 필요한 제반 행정절차에 부수된 매입의무였다. 이러한 부류도 크게 건설업과 그 전·후방에 있는 산업의 인허가와 관련된 경우와 유통업이나 서비스업 등 일반 사업의 승인에 관련된 경우로 나뉘었다. 마지막에는 매입 사유를 합리적으로 추정하기 어려울 정도로 불특정 다수에게 강제된 항목들, 예를 들어 전화 가설, 승용차 등록, 법인 설립 등기, 엽총 소지 허가 등에 수반된 매입의무가 있었다.[74]

이런 식으로 1종 국민주택채권은 주택건설과 연관된 사업자나 그 수익자뿐만 아니라, 직접적 관련이 없는 이들 모두에게 부담이 강제되는 준조세에 가까웠다. 주택은행에 따르면, 압도적으로 큰 비중을 점했던 매입대상은 부동산 등기와 건축허가였다. 1973년 최초 도입 당시 조성액의 80%에 조금 못 미쳤던 두 항목의 비중은 차차 늘어, 1990년에는 97.6%, 8556억원에 이를 정도로 확대됐다. 반대급부는 다른 항목의 축소였다. 전화 가설 허가와 영업 허가를 비롯한 나머지 항목의 비중은 제도 설립 당시 적지 않은 몫이었다가 차츰 그 크기가 줄었다.[75] 이처럼 1종 채권을 통한 자금 조달방법은 자원 제공 의무를 사회 전반에 할당하면서도, 부동산 (또는 그 권리) 소유자와 주택건설업자에게 부담을 집중시키는 경향을 보였다. 또다른 공공기금이었던 민영주택기금 또한 주택은행의 수신상품임을 고려하면, 주택 건설비용 대부분을 부담한 것은 결국 일반 가계였다.

민간에 의존한 주택건설의 필요는 건설업자와 일반 가계에 생산비용을 이전하는 특수한 재원동원 구조를 만들어냈다. 정부는 이렇게 조성된 주택기금을 대부분 주택사업자에게 할당했다. 물론 공식 주택금융을 통한 조달 몫은 여전히 적었기에, 민간사업자들은 선분양과 비공식 금융시장에서의 차입을 통해 이를 보충해야 했다.[76] 한편, 가계는 생산 자원 마련에 크게 이바지했음에도 불구하고 주택기금의 배분에서 그에 상응하는 혜택을 누리지 못했다.[77]

편익 할당: 주택 배분의 계층 선택성

생산비용을 부담한 행위자에게는 일정한 보상을 제공할 필요가 있었다. 하지만 투기적 공급에 의존한 과소 공급체계에서 생겨나는 편익은 제한돼 있었기에, 보상 또한 일부에 편중될 수밖에 없었다. 그런 식으로 대형 사업자와 주택소유자에게 소비 단계에서 형성된 편익이 집중됐다. 대형 사업자에게는 이윤, 주택소유자에게는 주거 필요의 충족과 함께 자본이득의 형태로 보상이 이뤄졌다.[78] 문제는 이렇게 공급 편익을 불균등하게 할당하는 배분 기제가 어떻게 제도화될 수 있었는가이다. 공급자 시장구조에 관한 앞선 논의로 충분히 미루어볼 수 있는 기업 부문을 빼고, 가계를 대상으로 진행된 편익 배분 과정을 살펴보자.

편익 배분의 불균형을 낳은 원인은 기본적으로 고도로 선별적인 주택 배분 방식에 있었다. 시장 기제에 의해 주택 소비가 이루어졌지만, 정부는 분배과정 전체를 주택공급규칙에 따라 통제했다. 이 규칙은 국민주택과 민영주택의 분양절차를 각각 일반분양과 특별분양으로 나눈 다음에, 이를 청약저축 제도와 연계하여 규제했다. 따라서 주택공급규칙이 정한 분양대상과 그 우선순위에서 주택 배분의 편향을 찾아낼 수 있다.

부록 가-①은 1980년대 중반까지 국민주택의 일반분양 대상과 공급 우선순위를 나타낸다. 얼핏 아주 복잡하게 보이는 이 분배방식의 요체는 무주택 세대주를 대상으로 하되, 청약저축 납입 회차를 시작으로 여러 단계로 구획된 서열에 따라 주택을 배분하는 점에 있었다. 주목할 만한 것은 분양모집 전 일정 기간의 무주택 여부를 빼고는 소득과 자산 같은 경제력 평가를 전혀 고려하지 않았다는 점이다.[79] 그 대신 눈에 띄는 것은 특정한 사회집단, 예를 들어 해외 취업 근로자, 영구불임 시술자, 무사고 운전자와 같은 사람들을 우대할 목적에서 고안된 특별한 배치다. 이러한 공급 방식은 경제발전 초기의 인구정책적 필요를 충족하거나 특정한 이해관계자 집단을 만족시키려는 시혜주의적 정책의 산물이었다.[80] 마찬가지로 중형 공공주택의 배분을 결정하는 최우선 기준이 저축총액의 크기, 곧 가구의 경제력이라는 사실도 인상 깊다.

특별분양은 일반분양에 감춰진 편향을 더 극대화했다. 본래 특별분양은 건설물량의 10% 범위에서 특수계층에 국민주택 분양권을 제공하는 적극적 정책 조치였다. 얼핏 주변 집단에 대한 주거복지 차원의 공급을 연상케 하지만, 실제 활용을 보면 다른 목적이 드러난다. 표 2-6에서 보는 것처럼 특별분양의 혜택이 집중된 대상은 국영 부문 종사자와 철거민이었다. 이 중 전자는 국가행정과 공무에 오랫동안 공헌한 장기 근속 공직자에 대한 정치적 보상의 의미를 다분히 지녔다. 박봉으로 인한 생활고를 무릅쓰고 '국가건설'과 '경제성장'에 이바지한 이들의 생활 조건을 개선하는 대표적 수단이 주택이었다. 통치 권력은 당시 빗발치던 공공 부문 종사자들의 주택난 해결 요구에 장기 근속자, 곧 상층엘리트 집단에 대한 특별분양으로 화답하며 이들의 체제결속을 도모했다.[81]

표 2-6 주택공사의 국민주택 분양실적, 1981~90년: 일반분양과 특별분양 　　　　(단위: 호, %)

	분양호수[1]	일반분양	특별분양							
			계	철거민	보훈	공단종업원	교원	공무원	군인	기타[2]
1981	24,728	19,018	5,710	441	1,322	1,132	-	1,969	810	36
1982	34,436	25,109	9,327	1,007	1,002	1,629	423	4,582	671	13
1983	31,460	25,214	6,246	928	635	1,279	361	2,689	338	16
1984	24,774	17,971	6,803	1,837	542	412	400	2,725	887	-
1985	33,973	26,337	7,636	1,829	681	741	541	2,609	1,152	83
1986	25,068	20,326	4,742	728	339	20	561	2,318	720	56
1987	26,169	22,006	4,163	631	690	-	162	1,917	756	7
1988	16,899	10,033	6,866	4,686	335	280	174	927	454	10
1989	12,398	6,590	5,808	4,334	466	79	116	394	333	86
1990	11,398	8,202	3,196	2,262	368	-	60	297	147	62
합계	241,303 100.0%	180,806 74.9%	60,497 25.1%	18,683 (30.9%)	6,380 (10.5%)	5,572 (9.2%)	2,798 (4.6%)	20,427 (33.8%)	6,268 (10.4%)	369 (0.6%)

- 1. 전년도 미분양분 및 수탁 제외.
  2. 국가시책으로 유치해 영구 귀국한 전문가, 공공(공영) 주택사업 토지 양도자, 우수 체육선수, 장애인 등.
- 출처: 대한주택공사, 1992b, 『주택통계편람』.

한편, 이 표에서는 특별분양의 30.9%가 도시재개발로 살 곳을 잃은 철거민의 주거대책으로 제공된 것으로 보인다. 그러나 여기에는 커다란 착시가 숨어 있다. 철거민 중 일부에게 신규주택 입주 신청권이 제공되기도 했지만, 사실 그에 걸맞은 경제능력을 갖춘 이들은 극히 적었다. 그렇기에 입주권의 부당 전매가 빈번했고, 종국에는 중·상층 소득집단이 이를 전유하는 일이 허다했다.[82] 이를 종합할 때 특별분양의 혜택은 결국 국영 부문의 엘리트에게 집중됐다. 10%를 넘어 국민주택 분양물량의 25.1%까지 치솟을 정도로 과다 집행된 특별분양 실적이 이같은 정책적 고려를 보여준다.

민영주택의 공급절차(부록 나-① 참조)는 구매력 격차에 따른 소비 원칙에 바탕을 뒀다. 평형에 따라 일정 금액을 특정 기간 이상 예치할 때 1순위 자격이 부여됐고, 순위 자격자에 대한 추첨으로 분양이 이뤄졌다.[83] 결국 민영주택의 분양을 결정했던 기준은 경제력과 '행운'이었다.[84] 이러한 배분 방식은 싯가와 분양가의 격차에 따른 이득(분양 프리미엄)을 중·상층 소득집단에 집중시키는 결과를 낳았다.[85] 왜곡된 분양제도는 극심한 분양 경쟁과 투기를 유발했고, 이는 채권입찰제(1983)라는 또다른 분양 방식이 출현하는 빌미가 됐다. 문제는 분양가 실세화(實勢化)의 수단으로 도입된 이 제도가 경제력에 기초한 배분을 더 심화시켰다는 점이다.[86] 최고가 낙찰제에서는 남들보다 더 큰 채권 매입을 약정하면 그만이기 때문이었다. 예를 들어, 1983~87년 7월 채권입찰제로 주택을 분양받은 가구는 세대별로 평균 931만원(평당 22.7만원)을 분양조건으로 약정했다. 당시 최고 평형대(135㎡ 초과) 민영주택의 청약 1순위 조건이었던 예치금 500만원보다 훨씬 더 큰 금액이 채권 매입비용으로 쓰인 것이다.[87] 이런 식으로, 채권입찰제는 경제능력이 없는 청약 대기자를 분양 경쟁에서 도태시키는 효과를 냈다.

이처럼 주택공급규칙은 주택 소비에서 생겨나는 편익의 배분에서 강력한 편향을 만들어냈다. 그로 인해 주택시장에서는 가구의 구매력 격차에 따른 소비가 이루어졌고, 경제자원을 보유한 중·상층 소득집단에 소비 편익이 집중됐다. 이에 이들은 주택가격 상승을 통해 경제성장의 혜택을 입었고, 부동산 주도의 자산 축적으로 나아가는 특혜적 접근권을 얻었다.[88] 하지만 이러한 선택성은 비단 소득계층에 따른 편향으로 국한되지 않았다. 앞서 살펴본 것처럼 여기에는 특수 이해관계자 집단에 대한 시혜주의가 포함됐다. 특히, 국가 프로젝트나 경제성장에 이바지하는 공무원 집단과 국영 부문 엘리트에 대한 보상이 그것이었다.[89] 이러한 편익은 국가 프로젝트에 진력한 공헌의 댓가로 지급된 물질적 보상이자, 자본이득을 통해 이들의 생계조건을 거시경제의 성장에 연계하는 체제결속의 수단이었다. 따라서 이러한 편익 배분 방식에는 단순한 경제력의 차이로 환원할 수 없는 심각한 불균형이 숨어 있었다. 내집이 필요한 수많은 가구로부터 생산비용을 각추렴한 것과는 반대로, 주택 소비로 생겨나는 편익은 그들 중 일부에게, 그것도 받아들이기 어려운 방식으로 배분됐다.

정치거래: 과소 과세를 통한 이익 교환

편익 수혜에서 나타난 이 편차를 심화시켰던 것은 한국사회 특유의 세제구조였다. 자산소유자들은 과세 면제를 비롯해 다양한 조세감면 수단이 발달한 과소 과세형 세제구조 덕분에, 지가상승으로 생긴 자본이득을 고스란히 지킬 수 있었다. 표 2-7에서 볼 수 있는 것처럼, 고도성장기 내내 계속된 지가상승으로 해마다 국민총생산(GNP)을 웃도는 수준의 자본이득이 대개 생겨났다. 자본이득 규모는 1975년 24조 9천여억원에서 1989년에는 299조 4천여억원으로 성장했다. 그런데 과세로 환수되는 규모는 1975년에는 1400억원에도 못 미쳤고, 1989년에도 3조원 정도에 그쳤다.[90] 낮은 환수율을 만들어낸 일차적 원인은 보유 과세의 저발전에 있었다. 표에서 드러나듯, 한국의 재산 과세는 낮은 보유 과세의 비중을 취득 과세와 이전 과세로 메우는 불균형 구조를 특징으로 했다. 가장 기본적인 부동산 세목인 보유 과세의 비중이 이렇게 작은 이유는 무엇보다 낮은 과표 현실화율 때문이었다. 과세싯가표준액(곧, 과표)을 전국 총지가(개별 공시지가 기준)와 비교한 이 비율은 1980년

표 2-7 토지에서 유래한 자본이득과 부동산 과세부담, 1975~89년 (단위: %, 천억원, 배)

	지가 상승률 (전국)	자본이득[1] (GNP 배율)	부동산 재산 과세 부과액[2]			과세부담		
			취득 과세	보유 과세	양도 소득세	과표현실화율[3]	보유세 부담[1]	토지조세 비중 (시가총액 대비)
1975	27.0	249(2.5)	0.80	0.54	0.03	-	0.54	-
1980	11.7	403(1.1)	2.75	2.12	0.53	20.17	0.58	0.41
1985	7.0	410(0.5)	6.26	4.46	3.19	14.31	0.57	0.30
1989	30.5	2,994(2.2)	15.75	7.40	7.24	9.23(1990년)	0.50	0.32(1990년)

- 1. 토지개발공사의 거래대상 토지 가액과 지가상승률을 이용하여 추정.
  2. 취득 과세: 취득세, 등록세, 방위세/보유 과세: 재산세, 토지과다보유세, 도시계획세, 공동시설세, 방위세.
  3. 전국토면적으로 환산한 지가에 대비한 재산세(종합토지세)상 토지 과표의 비중.
  4. 국민총생산에 대비한 보유 과세의 비중.
- 출처: 이진순, 1991, 「조세정책」, 한국재정40년사편찬위원회 엮음 『한국재정 40년사』, 제7권: 『재정운용의 주요과제별 분석』, 한국개발연구원; 노영훈, 1997, 「재산과세」, 최광·현진권 엮음 『한국 조세정책 50년』, 제1권: 『조세정책의 평가』, 한국조세연구원; 정희남·김승종·박동길·周藤利一·W. McCluskey·O. Connellan, 2003, 『토지에 대한 개발이익환수제도의 개편방안』, 국토연구원; 한국조세정책연구원, 2002, 『한국조세정책 50년(전자자료)』.

20.17%에서 1990년 9.23%로 오히려 하락했다. 여기에 각종 비과세와 감면 규정이 더해져 실제 보유세 부담은 1980년대까지 GNP 대비 0.5% 수준으로 떨어졌다. 이렇게 역진성이 짙은 조세 구조에서 부동산 과세는 결국 자산 소유계층의 조세 부담을 덜어주는 방식으로 작동했다.

이처럼 불균형적인 과세체계는 1970년대 조세정책을 지배했던 감세 기조와 일맥상통한다. 1971년 조세개편에 따라 내자 동원에서 민간투자 촉진과 자본축적 지원으로 정책 기조가 전환되면서, 비과세와 세액공제, 과세 유예 등으로 대표되는 '조세지출'(tax expenditure)이 새로운 세제수단으로 부상한다. 이에 따라 소득세 감면과 재산에 대한 과소 과세가 이어졌고, 세수 결손을 메우기 위한 간접세 중심의 조세 구조로의 개편도 함께 진행됐다. '낮은 조세 수준'과 '낮은 직접세(높은 간접세) 비중'의 결합으로 이뤄진 역진적 조세 구조가 이렇게 탄생했다.[91] 물론 감세 정책에 따라 근로소득에 대한 면세점이 점진적으로 인상된 것에 주목하여, 조세정책이 저소득 노동계급에 대한 소득보장 정책으로 기능했다고 여길 수도 있다. 하지만 생산성 상승과 견줘 하향 평준화된 임금 구조를 고려하면, 소득세 인상은 사실 임금소득자의 반발 가능성 때문에 선택하기 어려운 결정이었다. 게다가 실제 소득공제 효과가 집중된 계층 또한 중간층과 고소득층이었다.[92] 여기에 자본소득에 대한 비과세와 감면 조치, 매우 낮은 재산 과세의 실효 수준 등을 보태면, 감세 정책의 주된 수혜자는 결국 중·상층 소득집단일 수밖에 없었다. 간접세 중심의 조세 구조 역시 일반 대중에게 조세 부담을 지우는 제도에 해당한다. 역진적 과세 구조 아래에서는 부동산 재산 과세의 주된 기능도 결국 자산 소유계층의 조세 부담을 덜어주는 데 있었다.

한편, 재산 과세에는 주기적 가격상승과 투기에 대처할 목적에서 만들어진 제도적 고려의 측면도 있었다. 이러한 맥락에서 이상 발달한 대표적 세목이 양도소득세였다. 양도소득세는 재산의 양도에서 발생하는 자본소득에 대한 과세로서, 소득 과세와 재산 과세의 면모를 함께 지닌 세제다. 그런데 이 세제는 세법상 소득세 체계에 속하지만, 세수확충이나 재분배 기능보다 투기억제를 위한 정책수단으로 주로 활용됐다.[93] 부동산 경기에 따라 강온을 오가긴 했지만, 양도소득세의 주목적은 높은 세율을 통해 자본이득을 환수하고 가격상승을 억제하는 데 있었다. 하지만 투기억제 정책의 상징으로 여겨지는 이 세제에는 숨은 기능도 있었다. 역설로 들리겠지만 재산권 제약으로부터 광범한 예외지대를 보장하는 것이었다.

실제로, 1976~90년 부동산 양도에서 발생한 자본이득 112조원 가운데, 양도소득세로 환수된 금액은 4조원뿐이었다. 부동산대책이 강화되면서 중과조치가 이어졌지만, 양도소득세의 실효세율은 도입 당시(1976년 7.9%)와 비교해 절반 이하(1990년 3.7%)로 떨어졌다.[94] 앞선 보유과세의 사례와 마찬가지로, 조세 마찰을 방지한다는 명목으로 양도소득세의 과표가 계속 낮춰져 실효세율이 떨어졌기 때문이다.[95] 하지만더 큰 이유는 조세 행정 자체가 전체 양도소득의 일부만을 과세대상으로 삼았던 데 있었다. 국세청의 과세자료를 보면, 같은 기간 총 1만여건의 요 처리 사례 중 실제 과세로 이어진 것은 2405건(22.5%)에 지나지않는다.[96] 1세대 1주택에 대한 비과세를 포함한 각종 과세 면제나 유예조치로 인해 대다수 주택소유자가 과세에서 제외됐기 때문이다. 부동산실명제가 없던 당시 상황에서는 차명 거래와 2주택 보유에 대한 한시허용 기간을 이용하여 과세대상에서 벗어나는 것도 가능했다. 겉보기에는 강력할지 모르겠지만 실제로는 광범한 예외지대를 만들어내는 세제가 바로 양도소득세였다.

결국, 재산세 제약이라는 형식적 기능의 이면에는 자본이득의 양허라는 특별한 역할이 감춰져 있었다. 재산 과세는 자산가치에 대한 과소평가와 조세지출을 통해 자가소유 가구와 정부 사이에 특별한 이해 교환을 빚어냈다. 자산가치 일부에 과세하는 이 '부분평가'(fractional assessment) 관행에서 납세 대상자에게 비공식적인 조세특권을 부여하는적극적 의미의 조세실천이 비롯됐다.[97] 이런 식으로 정부와 소유자 가구 사이에 일종의 조세정치적 '계약' 관계가 맺어졌고, 그 매개는 정부가 자산소유자에게 공식 또는 비공식적으로 제공한 '재산권을 침해하지 않겠다는 약속'이었다. 이를 통해 소유자들은 주택 배분에서 받은 선택적 특혜를 매개로 확고한 재산형성상의 우위를 확보했다.

제도적 편향과 내부 긴장

자원동원형 연쇄에 서린 제도적 편향 때문에 공급연쇄에 참여하는 주요 행위자들 사이에는 특별한 이해결합의 관계가 구조화됐다. 그림 2-1은 그렇게 형성된 이해 동맹을 도면에 옮긴 것이다. 이 그림은 삼각형 내부의 비용-편익 구조와 세 빗변 사이의 이해 교환 구조를 중심으로 자원동원형 공급연쇄의 특성을 나타낸다. 먼저 자원동원형 연쇄는 재원조달에서 행위자 사이의 재원 의존관계, 곧 취약한 재정 기여를 가계와 기업의 자금으로 메우는 특수한 재무구조에 바탕을 둔다. 이러한 자금 제공의 댓가로 대형 사업자와 자가소유 가구는 각각 이윤과 자본이득의 형태로 소비 단계에서 조성된 편익을 배분받는다. 이를 통해 정부는 주택서비스 공급에 필요한 공공자원을 크게 절약하고 이를 성장재원으로 전용할 수 있게 된다.

그림 2-1 자원동원형 공급연쇄와 행위자 간 이해 결속

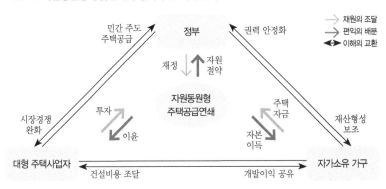

이와 같은 비용-편익 구조를 바탕으로 이들 3자 사이에는 특별한 이해 교환의 관계가 형성됐다. 그 첫번째는 정부와 대형 사업자 사이의 이해 교환이다. 정부는 시장경쟁에서 오는 위험을 감축하고 독점 이윤을 획득할 수 있는 시장구조를 대형 사업자에게 보장했다. 그렇게 해서 주택산업의 대형화가 가능해졌고, 또 이를 통해 민간이 공급을 주도하는 시장질서가 마련됐다. 두번째, 삼각형의 아랫변은 대형 주택사업자와 자가소유 가구 사이의 관계를 나타낸다. 자원동원형 연쇄는 기업이 홀로 감당하기 어려운 건설비용을 가구로부터 조달할 수 있는 통로를 마련해줬다. 이에 따라 비용 조달에 동참한 가구들은 소비자이자 일종의 투자자로서 자본이득을 향한 동기를 내면화했다. 내 집 마련에 성공한 때에는 자본이득을 통해 투자의 보상을 받았고, 그런 식으로 자가소유 가구와 주택사업자는 개발이익을 공유하는 관계로 서로 맺어졌다. 마지막 세번째로는 권위주의 정부와 자가소유 가구 사이에 형성된 정치적 교환관계를 들 수 있다. 선택적 주택 배분제도와 부분평가 관행을 비롯하여 공급연쇄에 수반된 여러 제도를 통해 정부는 재산형성을 위한 특혜적 기회와 권리를 자가소유 가구에 제공했다. 그리하여 자가소유 가구는 거시적 성장 프로젝트와 일상의 생계기반을 잇는 이해관계의 일치를 자가 주택에서 발견했다. 권위주의 정부의 시각에서는 이 연결이 권력 안정과 성장 프로젝트의 추진을 뒷받침할 사회집단의 형성기반으로 비쳤다.

하지만 이처럼 강력한 구조적 결속은 오히려 반대 방향의 원심력을 만들어내는 요소로도 기능했다. 우선, 개발이익의 배분을 통해 사적 행위자들의 기여에 보상하는 주택 공급 방식은 주거비용의 상승을 부추기는 구조적 원인이 됐다. 이 때문에 정부는 개발이익의 창출과 주택가격의 억제라는 상충적 목표를 동시에 달성해야 하는 이율배반에 직면하곤 했다. 물론 이때의 가격억제는 주로 최소주의적 목표, 곧 중간계급과 전문직 종사자와 같은 핵심 집단의 이반을 막는 조치에 국한됐다. 하지만 자원동원형 연쇄가 투기적 공급에 의존하는 한, 이같은 제한된 목표조차 제대로 달성되기는 어려웠다. 공급 부족에 따른 주택난 아래에서 가격상승은 최소한의 '사회안정'마저 위협하는 긴장을 조성할 수 있었다. 앞선 세 행위자 사이의 이익 동맹과 타협도 따지고 보면 가격상승과 시장확대를 조건으로 맺어진 소수 동맹에 불과했다. 이런 의미에서 자원동원형 공급연쇄는 비용과 편익의 교환을 둘러싼 사회갈등의 가능성을 내포했다.

그러한 위험은 기본적으로 비용 부담과 편익 수혜 사이에 존재하는 불일치에서 생겨났다. 먼저, 주택사업자의 시각으로 보면 대형 사업자에게 이윤 기회를 편중시킨 불공정한 공급자 시장구조가 문제였다. 중소 사업자의 시장 진출을 막는 진입장벽 덕분에 대형 사업자들은 시장 이윤의 대부분을 독차지할 수 있었다. 하지만 그러한 이윤에도 구조적 압박은 존재했다. 택지 및 분양가격에 대한 정부 통제나 지가 변동 추세에 의해 기업들의 이윤 수준이 제한됐기 때문이다. 결국 대형 사업자가 누리는 시장 이윤을 조건지었던 것이 정부 규제였다. 그런 까닭에 지가 폭등이나 주택시장 침체 등으로 이윤 규모 자체가 급격히 축소된 때에는 사업자 사이의 시장경쟁이 쉽게 고조됐고, 시장규제를 둘러싼 정책 갈등도 펼쳐졌다.

하지만 이보다 더 중요한 것이 주거계층 사이에 존재하는 불균형이었다. 대다수의 가계가 생산비용을 분담했던 것과 달리, 주택 마련에 성공해 자본이득을 나눠 받을 수 있었던 가구는 일부에 불과했다. 이런 면에서 선별적 주택 배분제도는 비용 부담과 편익 수혜 사이의 불균형을 증폭하는 역할을 했다. 유효수요를 가진 중·상층 소득집단에 소유 기회가 편중되기는 했지만, 경제적 능력에 따른 구매력 격차가 소유를 가름하는 유일한 기준도 아니었다. 앞서 살펴본 대로 주택 배분은 성장정책이나 정치적 필요에 따라 특수 이해관계자 집단을 우대하는 시혜주의 노선에 기초하여 이뤄지기도 했다. 때로는 경제력이나 국가정책에 대한 기여도로도 환원할 수 없는 시장 '운명'에 따라 좌우됐다. 결국, 이처럼 비합리적인 배분 방식 아래에서는 노동계급뿐만 아니라 경제 능력을 갖춘 중간계급조차 주택 마련에 성공하기가 힘겨웠다. 그렇게 자원동원형 연쇄는 자가소유권이 주는 편익의 수혜에서 배제된 수많은 외부자를 양산했다. 편익 수혜의 회로에 올라타지 못한 이들은 주택소유를 통한 사적 재생산 경로에 진입하지 못했을 뿐만 아니라, 기본적인 주거생활의 안정마저 확보하기 어려운 현실을 살아갔다.

5. 가족들의 적응: 주택소유와 '중산층화'

사적 위험회피 수단으로서의 자가소유권

자원동원형 연쇄가 가족의 경제적 생존을 좌우하는 기회구조가 된 현실에서, 주택은 단순한 생활공간을 넘어 가족의 물질적 안전을 뒷받침하는 생계수단으로 부상했다. 사적 자기 구제 수단으로서의 주택의 가치가 어느 정도였는지를 간단히만 확인해보자. 1970~80년대 가족의 재산형성 수단들 가운데 물가상승률을 웃도는 수익을 주었던 것은 사채와 주택이었다. 반면 금융기관의 수신상품이나 증권의 매력은 당시까지만 해도 적었다. 1970년대는 인플레이션과 금리억압에 따른 마이너스 금리의 시대였던데다가, 1980년대 초반까지도 금리통제가 계속 이어졌기 때문이다. 증권시장의 수익률도 낮은 편이었고 경기에 따라 부침도 컸다. 사채시장이 가장 매력적인 투자처이긴 했지만, '사채놀이'는 현금 자산을 가진 일부 집단의 일이었다. 상대적으로 더 많은 가족에게 열린 재산형성 수단이 주택을 비롯한 부동산이었다. 주택가격은 짧은 침체기를 빼고는 물가보다 훨씬 큰 폭으로 올랐고, 특히 1970년대 말에는 그 상승세가 매우 가팔랐다. 실질임금이 물가수준 아래에서 대개 관리되었던 당시 상황을 고려하면, 가장 확실하고도 빠른 재산형성 방법은 결국 주택소유였다.[98] 그 결과 자가소유권은 공적 사회보장이 결핍된 조건에서 삶의 위험에 맞설 수 있는 가장 효과적인 대비책이 됐다. 주택소유 자체가 도시 가족들의 삶의 염원이자 이들의 생활전략의 중심이 된 것이다.

자연스럽게 가족들은 봉급을 모아 주택자금을 만들려 애썼다. 도시 가구들의 주된 저축 목적 가운데 하나도 주거비 마련이었다. '가계금융이용실태조사'를 통해 1980년대 가족들의 저축 동기를 보면, 주거비 마련은 위험대비를 위한 유보금, 후속세대를 위한 준비금(결혼, 교육 등)과 거의 엇비슷한 비중으로 3대 저축 항목을 구성했다. 그러나 가용 소득 모두를 동원하더라도 내 집 마련에 성공할 수 있는 가구는 그리 많지 않았다. 이는 표 2-8에서 확인된다. 이 표는 공급주택 모두를 포괄하는 자금 원천자료가 없는 현실에서 민영주택의 소유 경로를 보여주고 있다.[99] 이를 보면, 민영주택 소유자들은 저축과 기존 가옥 매각금, 임대보증금 등으로 조성한 자기 자금에 금융대출 등을 더해 주택자금을 마련하고 있다. 금융대출의 비중이 30% 전후에 지나지 않을 정도로 주택

표 2-8 민영주택 소유자의 내 집 마련 재원 구성, 1982~85년 　　　　　　　　　　　(단위: %)

	자기 자금					타인 자금			
	저축	주택 매각금	전·월세 환급금	보조금	소계	주택은행	타 은행/직장	기타	소계
1982	24.5	25.5	10.8	2.9	63.7	30.4	1.6	4.3	36.3
1983	24.3	24.2	11.5	2.3	62.3	31.9	1.4	4.4	37.7
1984	24.0	32.8	8.8	3.5	69.1	26.2	1.3	3.4	30.9
1985	24.9	34.4	8.1	3.2	70.6	23.6	2.0	3.8	29.4

• 조사대상: 주택은행의 민영주택자금을 지원받아 주택을 마련한 가구.
• 출처: 한국주택은행, 융자주택실태조사.

금융의 발전은 더뎠다. 이 조사의 표본이 당시 유일한 소비자 대출상품이었던 민영주택자금의 수혜자였음을 고려하면, 실제 소유자들에게 지원된 주택금융의 비중은 훨씬 더 작았을 것이다. 한편 자기 자금을 보면 그 대부분이 예·적금 등의 유동성보다 주택 매각금과 임대보증금처럼 주택자산으로 축적된 자금으로 이루어져 있다. 민영주택 대부분이 기존 소유자들에게 돌아갔고, 금융 혜택 역시 이들에게 집중됐음을 추론할 수 있다.

　이러한 분석을 토대로 당시 도시 가구의 내 집 마련 경로를 추정할 수 있다. 주택금융의 저발달로 인해 대부분의 도시 가구는 노동임금을 절약해 마련한 저축과 사적 이전을 통해 확보한 자기 자금에 기대 주택자금을 확보했다. 주택금융과 사금융을 통해 조달한 부채의 기여는 작았고 그나마 일부 집단에 편중됐다. 결국 '소득형성'이 가장 일반적인 주택 마련 방법이었다. 주택금융의 결핍은 자기 자금에 대한 높은 의존을 불러왔지만, 이로 인해 소유자들은 매우 안정적인 재무구조를 유지할 수 있었다. 가족의 정상적인 미래 소득으로 채무를 충분히 갚을 수 있을 만큼 금융조달의 비중이 작았기 때문이다. 이처럼 건전한 재무상태에 내 집에서 오는 자산소득이 더해지니 금상첨화였다. 따라서 소유자들은 상당히 안정적인 재무조건을 바탕으로 생계위험에 대응할 수 있는 사적 재생산수단을 확보했다.

민스키(Hyman P. Minsky)의 용법을 빌려 말한다면, 이들의 재무상태는 정상적인 소득 활동으로 외부 차입을 충분히 감당할 수 있는 '위험회피' 금융(hedge-financing)을 유지했다. 민스키는 경제주체의 재무상태를 부채에 대한 상환 약속과 장래 현금흐름 간의 관계에 따라 헤지(hedge), 투기(speculation), 폰지(ponzi) 금융으로 구분한 바 있다. 이중 헤지 금융은 정상적인 소득확보 활동을 통해 충분히 감당할 수 있을만큼 외부 차입을 끌어온 상태, 곧 가장 안정된 재무구조를 가리킨다. 반면 폰지 금융은 정상적인 소득 활동을 통해서는 차입한 신용의 이자도 제때 갚지 못하는 금융잠식 상태를 말한다. 투기는 이 둘의 중간 범주로, 차입 신용의 이자를 갚을 순 있지만, 상환 약속을 이행하기에는 현금소득이 불충분한 경우를 뜻한다.[100] 여기서 사용한 '위험회피'란 규정은 소득형성에 입각한 소유 경로에서 오는 재무적 안정성, 곧 민스키가 말하는 헤지 금융을 표현하는 동시에, 가족 생애주기에 출현하는 생계위험에 대한 경제적 안전망으로서의 자가소유권의 역할을 가리키는 이중의 용법이다. 달리 말해, 가정경제의 위기를 가져올 가능성이 거의 없을 뿐만 아니라, 생존단위로서의 가족을 괴롭히는 사회경제적 위험에도 대처할 수 있는 수정주의(또는 현상타파)적 재생산수단으로서의 자가소유권의 위상에 대한 표현이다.

그렇다면 자가 주택은 어떻게 이러한 위험회피 수단의 역할을 맡을 수 있었는가? 축재수단으로서 주택이 가진 가치라고 답할 순 있겠지만 그 이유를 충분히 되물을 수 있다. 여기서는 주택이 자가소유권을 통해

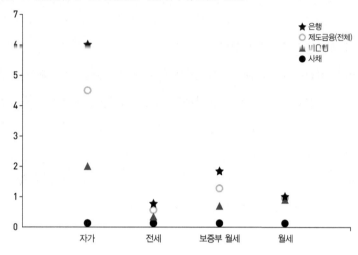

그림 2-2 점유형태에 따른 신용형성 역량의 격차, 1980~89년

- 부채 조달액 중 부동산담보대출, 무담보대출이 차지하는 평균 몫의 상대비.
- 출처: 국민은행, 가계금융이용실태조사.

일종의 재무 지위를 그 소유자에게 제공했다는 점에 주목한다. 주택이 사적 재무전략의 핵심에 위치할 수 있었던 것도 이 지위를 바탕으로 두 가지 종류의 재무관계를 자가소유 가구가 형성할 수 있었기 때문이다.

첫째, 자가소유권을 매개로 소유자 가구는 금융 신용에 접근할 수 있는 권리를 보장받았다. 1970~80년대 가족들이 겪은 경제적 불안에는 임금소득 부족과 공적 지출의 결핍뿐만 아니라, 부채 조달을 통해 생활자원을 확보할 길이 막힌 것에도 이유가 있었다. 가계금융이 억압된 상황에서 대부분의 가계는 소비자신용 확보에 어려움을 겪었다. 일상의 소비지출을 위한 자금을 국민은행과 상호신용금고 같은 몇몇 서민금융 전담기관이나 사금융 시장에서 조달할 수 있었을 뿐이었다.[101] 게다가 은행을 비롯한 공금융 대출은 대개 부동산 담보를 조건으로 제공

그림 2-3 소득계층에 따른 평균 주택자금 대출액, 1980~89년　　　　　　(단위: 천원)

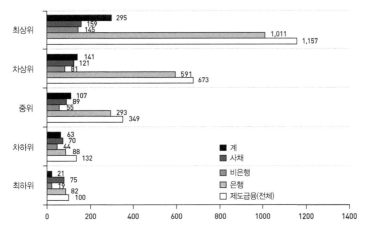

• 출처: 국민은행, 가계금융이용실태조사.

되고 있었다. 주택소유 여부가 신용형성을 가르는 지표였던 셈이다. 그림 2-2는 점유형태에 따라 현격히 달라지는 신용형성 역량의 차이를 보여준다. 도면에 옮긴 표식들은 전체 가계부채 가운데 부동산담보대출과 무담보대출이 차지하는 상대비를 금융기관별로 나타낸 것이다. 이를 보면 제도금융, 특히 그중에서도 은행신용에 대한 접근성에서의 차이가 두드러진다. 자가소유 가구가 은행으로부터 조달한 부동산담보대출의 크기는 신용대출의 5.9배에 달했고, 비은행 금융기관의 경우에도 2배가 넘었다. 이와 달리, 임차 가구가 부동산 담보와 신용을 바탕으로 형성한 부채의 크기는 서로 엇비슷했다. 사실 이들에게는 금융 유형과 관계없이 신용 조달 자체가 매우 힘겨웠다.

　문제는 신용형성 능력의 차이가 소득형성 역량의 격차로 그대로 이어졌다는 점이다. 특히 주택구입 능력의 차등화가 나타났다. '가계금융이용실태조사'를 통해 볼 때, 1980년대 한국 가계는 주로 주거비용을 마런하기 위해 부채를 조달했다. 전체 부채의 70%가량이 주거 관련 자금일 정도로 그 비중은 컸다. 게다가 주거 관련 부채는 1980년 가구 평균 19만원에서 1989년 114만원으로 가파르게 상승하고 있었다.[102] 이렇게 창출된 부채 대부분은 상층 소득계층에 돌아갔다. 그림 2-3에서 보는 것처럼 고소득층일수록 주택자금 대출, 특히 은행 대출의 혜택을 크게 받았다. 이렇듯 소득계층에 따라 주택금융에 대한 접근성의 차이가 컸다. 보유주택을 담보로 창출된 금융 신용은 상층 소득계층에 집중되어 새로운 소유와 축재의 기회를 제공했다.

둘째, 자가소유권은 주택거래를 통해 타인의 소득을 전유할 수 있는 재무 지위 또한 제공했다. 주택거래로 생기는 재산상의 이득도 따지고 보면 미래 소유자나 세입자와의 거래에서 실현되는 것이다. 이렇게 볼 때, 소유자들은 자가소유권을 통해 타인의 소득을 전유함으로써 재산(권)을 형성하며, 그 부를 자신의 경제적 안전을 책임지는 기반으로 삼게 된다.

그렇지만, 자가소유자에게 이전된 소득의 실제 크기를 정확히 측정하기는 어렵다. 당시의 주택거래 상황과 가격정보를 상세히 보여주는 자료가 없기 때문이다. 하지만 확인 가능한 일부 자료를 종합하여 소유자에게 이전된 소득의 최대치가 얼마였는지를 제한적으로나마 추정할 수는 있다. 여기에서는 1974~87년 강남과 여의도에서 분양된 아파트의 분양가격과 지가에 대한 임서환의 정리를 원천자료로 활용한다.[103] 다만 여기에는 싯가 정보가 빠져 있는데, 이는 부동산뱅크의 싯가 자료로 보충할 수 있다. 이 둘을 통합하여 1989년 3월 현재 싯가가 확인되는 아파트 2만 3천여호의 가격변동 추세를 정리한 것이 그림 2-4다. 그림에서 점선과 파선은 각각 평당 토지가격과 분양가격의 추세를 나타낸다.

그림 2-4 강남과 여의도 아파트의 가격변동 추세 (1989년 현재, 단위: 원/평)

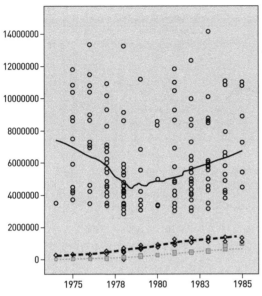

* 모집단: 1987년까지 강남(서초구, 강남구)지역에 건립된 아파트 87%, 여의도 전체.
표본: 싯가 정보 확인이 가능한 아파트 2만 3273호
지가: 분양 1년 전 한국감정원 고시 지가.
* 출처: Seo Hwan Lim, 1994, *Landowners, Developers and the Rising Land Cost for Housing, the Case of Seoul, 1970-1990*, PhD Thesis, University of London; 부동산뱅크, http://www.neonet. co.kr/.

이 둘의 차이에서 건축비를 제하면 그것이 건설사의 이윤이 된다. 한편, 개개의 원은 분양연도에 따른 평당 시장가격의 분포(실선이 그 추세)를 가리킨다.[104] 개별 원과 마름모 사이의 거리가 바로 우리가 찾는 1989년까지 개별 아파트에서 형성된 자본이득이 된다. 따라서 실선과 파선 사이의 거리가 아파트 분양연도를 기준으로 같은 기간 동안 발생한 자본이득의 평균치를 의미한다.

　그림 2-5는 이러한 가격변동에 따라 소유자에게 귀속된 자본이득의

그림 2-5 아파트 소유자에게 귀속된 자본이득 (1989년 현재, 단위: 원/평)

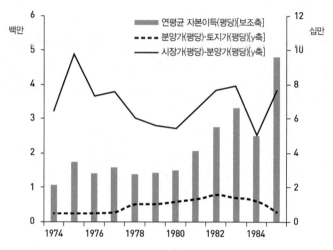

• 출처: 그림 2-4와 같음.

크기를 좀더 구체적으로 나타낸다. 여기서 점선은 분양가와 지가 사이의 차이로, 분양 시점에 주택사업자에게 돌아간 이윤의 최대치를 가리킨다. 물론 그 대부분이 건축비로 실제 이윤은 그리 많지 않다. 반면, 실선은 소유자에게 귀속된 자본이득을 가리킨다. 이를 통해 주택소유자가 사업자 이윤보다 훨씬 더 큰 이득을 주택보유로부터 얻었음을 알 수 있다. 표본에 속한 아파트는 처음 분양 당시보다 평균 5.1배나 가격이 뛰었다. 1974년 분양된 아파트의 경우 무려 12.7배의 자산증식이 있었고, 1985년에 분양된 아파트의 가격조차 4년 만에 4.1배 올랐다. 보유 기간에 따른 차이를 통제하기 위해 자본이득 총액을 그 기간으로 나눠 연간 발생한 자본이득을 구한 것이 막대그래프이다. 이를 통해 분양일이 가까울수록 연간 자본이득 발생액이 점증했음이 확인된다. 1974년에 분양된 아파트가 연평균 21만 5천여원의 자본이득을 평당 생성한 것과 비교해, 1985년 분양 아파트 1평은 95만 8천여원을 만들어냈다. 기간 전체를 포괄할 경우 분양면적 1평에서 해마다 약 37만원의 자본이득이 생겼는데, 이를 32평 아파트로 환산하면 연평균 1188만원 규모다.

가격상승으로 부풀려진 부는 결국 주택매매를 통해 신규 구매자로부터 소유자에게로 소득이 이전되면서 실현된다. 자가 주택을 가운데 두고 미래 구매자가 자본이득에 상응하는 만큼의 소득을 소유자에게 양도하는 거래관계가 맺어진 것이다. 타인의 소득을 이전받을 수 있는 재무 지위로서의 힘이 매매거래에 그치지는 않는다. 임대차 거래를 맺는 과정에서 세입자가 임대인에게 제공하는 사금융(보증금) 역시 이로부터 유래한다. 이렇게 볼 때 재산형성 수단으로서 자가 주택이 가진 힘도 결국 이 재무 지위로부터 비롯된다. 자가소유권에 내포된 이 재무 지위가 바로, 가계 신용을 창출할 뿐만 아니라 타인 소득의 이전을 통해 자본이득을 실현하는 토대가 된다. 이를 통해 자가소유 가구는 다른 주거 계층의 소득을 합법적으로 전유하는 한편, 이렇게 형성한 재산권을 가족의 생계자원으로 활용할 수 있는 역량을 갖추게 된다. 그런 식으로, 한국의 도시 가구는 주택소유를 통해 가족의 생애주기에 도사린 위험을 회피할 수 있는 물질적 토대를 구축했다.

소유 경쟁과 '중산층화'

이제 주택소유를 둘러싼 경쟁의 의미를 달리 이해하는 것이 가능해졌다. 그것은 단순히 거주 장소를 마련하기 위한 경합만이 아니다. 거기에는 자가 주택을 통해 확보할 수 있는 위험회피적 재무 지위를 둘러싼 재생산 경합이 짙게 배어 있다. 이렇게 보자면, 주택소유를 둘러싼 경합은 결국 자가소유의 '좁은 문'을 통과할 때 주어지는 보상을 둘러싼 다틈이다.

이 경쟁의 일단은 청약저축 가입을 조건으로 진행되는 분양 경쟁에서 우위를 확보하기 위한 합법적 경합에 있다. 이 경쟁의 강렬함은 빠르게 증가했던 청약 대기자의 숫자에서 드러난다. 청약저축과 예금을 포함한 입주자 저축상품의 가입자는 1981년 5만 3900명에서 1985년 26만 4787명으로 네배 이상 폭증한다.[105] 더딘 공급과 왜곡된 분양제도로 인해 분양현장은 늘 집을 구하지 못한 수요자들로 붐볐다. 이러한 합법 경쟁 뒤에서 벌어진 더 격렬한 경쟁의 표현은 이른바 '투기'다. 우리 사회의 통념에 따르자면 투기는 사욕에 사로잡혀 생산적 활동의 결과물을 앗아가는 행동이다. 하지만 이러한 도덕주의적 평가를 잠시 유보할 때, 우리는 주택소유를 둘러싼 가구 간 경합의 방식과 그 성격을 여기서 포착할 수 있다. 이리 본다면 투기는 '비정상' 가구가 벌이는 예외 사건이 아니게 된다. 오히려 그것은 자원동원형 연쇄의 기회구조에 편승하려는 미시 실천들이 겹쳐지면서 생겨나는 소유 독점을 향한 경쟁을 뜻한다.

장 뒤편에서의 경쟁은 주택 배분제도가 성립된 1978년을 경계로 크게 두갈래로 전개됐다. 먼저, 그 이전까지 소유 경쟁의 주된 목표는 주택 전매를 위한 분양권 독점이었다. 여기서 일차 과제는 분양신청을 최대로 늘려 분양 가능성을 높이는 것이었다. 추첨이나 선착순으로 분양권을 배정하는 선정 방식의 한계나 분양신청 자격을 제한하는 규제가 아직 마련되지 않은 제도의 공백을 노린 가수요가 그것이었다. 예를 들어, 1977년 여의도 목화아파트의 분양에는 312세대 분양에 1만 3925세대가 몰려 분양 경쟁률이 45:1까지 치솟았다. 이렇게 높은 경쟁률을 만든 주원인은 중복신청에 있었는데, 전체 신청자의 50% 이상이 2건 이상을 신청하는 등 그 대부분이 사실 가수요였다. 1명이 60건 이상 신청한

표 2-9 여의도 아파트의 분양권 전매 현황, 1977년 (단위: 가구, %, 백만원)

	전매 가구의 비중			양도소득			불법증여 현황				
	표본 (A)	전매 (B)	B/A	양도 가액	취득 가액	양도 차익	증여사례		증여대상(사례 수/가액)		
							가구수/가액	비율	부녀자	미성년 자녀	기타
삼부	210	177	84.3	1,705	1,565	140	115/1,033	54.8	73/610	19/157	23/266
목화	264	101	38.3	248	188	60	61/387	23.1	44/265	17/122	
화랑	160	62	38.8	295	223	72	20/257	12.5	18/231	2/26	
수정	89	32	36.0	412	323	89	45/461	50.6	30/311	15/150	
공작	173	52	30.1	581	456	125	70/661	40.5	45/410	25/251	
미주	178	23	12.9	283	260	23	72/737	40.4	54/552	18/185	
합계	1,074	447	41.6	3,524	3,015	509	383/3,536	35.7	264/2,379	96/891	23/266

• 출처: 국세청, 1977, 「제1차 아파트 표본조사현황」, 국가기록원 기록물철(DA0224894, 6. 24).

극단적 사례도 있었다.[106]

이렇게 확보한 분양주택은 대개 전매를 통해 높은 가격에 되팔렸다. 국세청이 작성한 여의도 아파트의 분양권 전매 조사자료(표 2-9)는 이러한 치부방법이 얼마나 광범하게 행해졌는지를 보여준다. 이를 보면 전체 표본의 41.6%인 447가구가 분양주택의 전매를 통해 총 5억원 규모에 이르는 양도차익을 얻었다. 이는 1977년 당시 여의도 아파트의 평균 분양가격인 1742만원[107]을 기준으로 29.2채에 해당하는 규모다. 더욱이 그 취득과정에는 부녀자와 미성년자녀 등에 대한 불법증여 또한 다반사로 이루어졌다. 표본의 셋 중 하나(35.7%)가 불법증여 거래였고 그 증여가액은 무려 35억여원에 달했다. 따라서 분양권 독점과 전매는 결코 예외적 수단이 아니었다. 오히려 그것은 소유권의 형성과 확대를 위해 빈번히 사용됐던 일상적 수단에 가까웠다.

경쟁의 양상을 바꾼 것은 주택공급규칙이었다. 청약저축 제도를 중심으로 분양자격과 공급 우선순위가 규정되면서 이전과 같은 독점 방식이 성공할 여지는 사라져갔다. 이에 새 공급제도의 맹점과 사각을 이용해 분양확률을 최대화하는 방법이 등장했다. 물론 그렇다고 해서 분양 부정이 근절된 것은 아니었다. 오히려 전매의 초점을 분양 이전 단계로 앞당기는 대응이 나타났다. 특히 그 중심 수단이 청약통장 거래였다.[108] 이러한 방식으로 1982년 서울 개포 지구와 과천 지구에서 분양된 국민주택의 절반가량이 통장 명의자가 아닌 이들의 손에 돌아갔다.[109]

불법 통장 거래가 더 극심했던 곳은 민영주택이었다. 특히, 장기 낙찰자에 대한 구제 조치로 등장한 '0순위' 통장이 불법 거래의 온상이었다. 1983년 경제기획원의 조사에 따르면, '0순위' 통장은 이미 청약예금 예치금의 수배에 달하는 가격으로 음성 거래되고 있었다. 예를 들어, 40평 이상의 대형주택을 분양받을 수 있는 청약통장의 장외 가격은 예치금의 8배에 달하는 4000만원까지 치솟았다. 다시 말해, 청약 예치금에 이 비용을 보탤 능력이 있는 가구만이 '0순위' 통장 매입으로 분양권을 확보할 수 있었다. 이 투자액이 사실 그리 비싼 것은 아니었다. 아파트를 분양받기만 하면 분양가와 싯가의 차이로 인해 이를 만회하고도 남을 수익을 낼 수 있었기 때문이다. 실제 당시 아파트 분양자들은 아주 짧은 기간에 상당한 분양 프리미엄을 얻고 있었다.[110] 이렇게 보면 통장 매입에 쓰인 자금은 기실 더 큰 이득을 위한 기회비용이었다. 이 비용을 기꺼이 치를 의사와 여력을 갖춘 가족에게 '0순위' 통장은 소유로 이어지는 확실한 통로였다.

편법적 수단을 동원한 경쟁 탓에 '0순위' 통장은 곧 폐지됐다. 그러나 분양구조에 숨은 허점을 파고들면 제도의 틀을 벗어나지 않고도 소유 기회를 늘릴 수 있었다. 이를테면 분양 프리미엄의 해소방안으로 도입된 채권입찰제가 새로운 경쟁의 무대가 됐다. 이로써 분양 전쟁은 채권

그림 2-6 민영아파트 채권입찰 경쟁의 지리적 편중, 1983~87년 (단위: 만원)

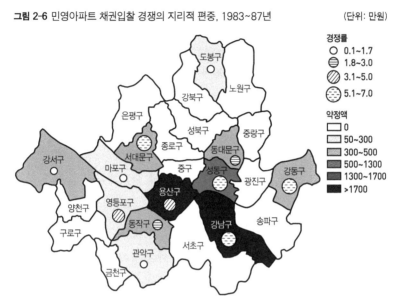

경쟁률
○ 0.1~1.7
◉ 1.8~3.0
◍ 3.1~5.0
⦿ 5.1~7.0

약정액
☐ 0
☐ 50~300
☐ 300~500
☐ 500~1300
☐ 1300~1700
■ >1700

• 약정액: 세대별 평균 채권 약정액.
• 출처: 국토개발연구원, 1987, 『주택분양제도에 관한 연구: 채권입찰제도를 중심으로』에서 재구성.

입찰 경쟁으로 돌변했다. 1983~87년 사이에 치러진 채권입찰에는 평균 4.8:1에 달할 정도로 경쟁이 몰렸다. 수요가 더 많았던 국민주택 규모 이하 주택의 경우 8.1:1(초과 주택 3.3:1)까지 치솟았다.[111] 하지만 치열한 경쟁 양상과 달리 기회구조는 의외로 단순했다. 최고가 낙찰제에서는 남들보다 더 많은 입찰액을 적어내면 그만이었다. 따라서 중·상층 소득집단의 시각에서는 이곳이 저소득층을 배제하면서 주택을 매입하는 '경매장'이었다. 건설지역과 주택 평형, 주택사업자를 달리하는 집들이 차례차례 경매에 부쳐지는 다채로운 무대였다. 이런 견지에서, 채권입찰제는 주거공간에 대한 선택과 집중을 실현하는 장치였다. 이를 통해 도시공간의 불균등 발전에서 비롯된 공간적 이점을 집적하고 있는 특정 주거지를 효과적으로 선점할 길이 열렸다.

了 대.1.게를 힘현 이 경생은 분명이 지디적 불고등 빌신에 따른 자별화된 공간전략의 양상을 내포했다. 특히 강남권 대단지 아파트는 녹지와 편의시설, 교육환경, 주변과 격리된 자족적 거주환경 등의 측면에서 구도심과 확연히 구별되는 공간적 이점을 제공했다.[112] 단지 중심의 주택개발계획, 이른바 '단지화' 전략에서 한국 주택계획의 골자를 찾는 논의가 주목한 것도 이 점이다. 아파트가 가진 환금성이 아닌 '단지'라는 공간소를 아파트 선호 현상의 원인으로 이해하는 시각이다.[113] 그런데 주의해야 할 것은 공간환경 면에서의 우월성이 주택의 자산가치와 위험회피 수단으로서의 효과를 극대화한다는 사실이다. 도시 가구의 눈에 쾌적한 주거지는 바로 높은 가치를 지닌 생계자원으로 비친다. 이런 의미에서, 내 집 마련을 위한 공간전략은 가계의 재생산전략과 고도로 중첩되면서 표현된다.[114] 주택에 담긴 자가소유권이 이 두 전략의 상호 강화적 결합을 가능하게 하는 매체가 된다.

이제껏 논의한 것처럼 한국의 도시 가구는 주택의 소유에 이르기까지 합법과 불법의 경계를 넘나드는 치열한 경쟁을 치러왔다. 사회 경합을 이겨내고 주택소유에 성공할 때 이들은 안정된 삶을 위한 물적 기반을 획득했다. 가족의 생계 안전망이자 재산형성 수단으로 자가소유권을 활용할 수 있는 지위에 비로소 이른 것이다. 이런 식으로 주택소유가 '중산층'이란 사회 범주를 가리키는 특성적 기표로 자리잡게 된다.[115] 한국사회에서 통용되는 중산층은 대개 일정 수준의 학력과 소득, 재산을 바탕으로 안정된 생활수준을 누리는 지위 집단을 뜻한다. 중산층 범주 자체가 그 구획이 명확하지 않은 통념적 명목 집단이란 점을 고려할 때, 이러한 변화는 결국 생활수준의 안정이라는 중산층의 '문턱'을 넘었음을 보증하는 관건으로 주택소유가 부상했음을 가리킨다.[116] 달리 말해, 자가소유는 도시 중산층의 입구(threshold)로서 중산층을 향한 '사회이동의 멜로드라마'[117]가 성공리에 끝났음을 보여주는 결정적 계기가 됐다.

유념할 것은 중산층이 누리는 생활의 안정이 상당 부분 자가소유권이 주는 재무 지위에서 비롯된다는 사실이다. 이를 통해 다른 주거계층과 맺는 소득 이전 관계를 바탕으로 '중산층화'가 바야흐로 진행된다. 이 점에서 중산층화는 주거계층 간의 사회적 관계를 기반으로 형성되는 동태적 과정을 내포한다. 자가 주택을 중심으로 형성된 경제적 관계가 어떤 가구를 중산층에 이르게 하는 경제적 기반이 된 것이다. 이런 식으로 도시 중산층은 자가소유권을 통해 현대도시에 도사린 위험을 통제하고, 생계 단위로서의 가족의 안전을 지탱하는 물질적 보루를 갖춘다. 이를 통해 중산층은 민족경제의 성장과 함께 가족의 경제적 토대를 키울 수 있는 물적 기반 또한 구축하게 된다. 경제성장에 대한 '지분' (stake)을 갖고 국가 공동체와 운명을 함께하는 사회 '주류'가 탄생한 것이다.

3장

내 집 마련을 통한 타협과
주거문제의 순치

"광란적인 살상극, 처절한 저항, 지역 탈환, 대치, 바리케이드, 규찰, 집회". 사당2동 세입자대책위원회는 1988년 11월 5일부터 9일까지 이어진 유혈 사태에 "사당동 전투"라는 이름을 붙였다. 공권력의 비호 아래 자행된 철거폭력과 이에 맞선 저항으로 생긴 이때의 충돌을 이들은 "또 하나의 광주사태"로 고발했다.[1] 상계동, 동소문·돈암동, 양평동, 신림동 등 서울 곳곳의 철거지역에서도 '내전'을 방불하게 하는 충돌이 매일같이 벌어졌다. 철거민들만이 아니었다. 청약저축 가입자들이 '분양 약속 이행'을 요구하며 거리행진을 했고, 분양현장에선 분양신청서를 탈취하고 연좌시위를 하는 소동도 벌어졌다. 토지공개념 관련 법안의 입법을 둘러싼 정책 마찰에서, 분양가 통제와 아파트 시공권을 둘러싼 사회적 갈등과 긴장에 이르기까지, 주거문제는 1980년대 말의 한국사회를 그야말로 들끓게 했다.

자원동원형 주택공급연쇄에 내장된 모순과 긴장이 폭발한 결과였다.[2] 민간 행위자에 대한 보상 기제로 활용됐던 투기적 공급 방식이 오히려 주거비용의 상승을 유발함으로써, 행위자들 사이의 마찰을 반대

로 고조시켰다. 공급연쇄를 결속하는 유기적 인자인 줄만 알았던 가격
상승에 숨겨진 역효과, 주거위기를 조성함으로써 사회적 갈등을 부추
기는 기능이 현실로 나타난 것이다. 그러한 불화는 공급연쇄에 참여하
는 주요 수혜자들 사이의 (비용 부담과 편익 몫을 둘러싼) 이해갈등으
로, 편익 수혜에서 배제된 외부자들의 불만으로, 무엇보다 사적 재생산
기회와 부의 재분배를 둘러싼 주거계층 간의 분쟁으로 치달았다. 공급
규제자로서 정부 역시 개발이익의 형성과 주택가격의 억제라는 상충된
목표를 함께 달성해야 하는 모순적 책무를 떠맡아야 했다. 자원동원형
연쇄를 떠받치는 비용–편익 구조를 둘러싼 거대한 조정위기가 도래한
것이다. 자원동원형 연쇄의 해체를 가져올 수도 있을 대사건이었다. 하
지만 주거문제에서 비롯된 분배갈등과 극심한 사회쟁투에도 불구하고,
그러한 결과는 나타나지 않았다. 외려 자원동원형 연쇄는 이 위기를 겪
으며 더 굳건한 형태로 사회에 뿌리내리게 된다. 주거정치적 각축이 빚
어낸 결과, '소유를 통한 타협'으로 부를 수 있는 이 예기치 않은 과정이
어떻게 이러한 역설적 결말을 만들어냈는지를 검토한다.

1. 1980년대 말의 주거문제와 분배갈등

공급연쇄에 내장된 모순은 1980년대 후반의 가격상승을 계기로 폭발
했다. 3저 호황으로 생긴 거대한 유동성은 부동산시장에 흘러들어 투기
거래의 붐을 가져왔다. 소비자물가 상승세보다 훨씬 더 큰 수준의 지가
폭등이 여러해 동안 계속됐다. 토지시장의 활황은 주택시장으로도 번
졌다. 서울권 택지 고갈과 분양가 통제에 따른 사업 악화가 이에 맞물

려, 주택공급 부진과 가격 폭등이 이어졌다. 주택난에 도심 재개발이 더해져 도시 서민의 전세난은 더욱 심화됐다. 공급연쇄에 잠재된 긴장이 고조되는 시점이었다.

발현된 갈등은 공급연쇄의 세 구성 마디를 흔들었다. 첫째, 지가상승은 개발 단계에서 토지소유자와 공공 개발업자 사이의 마찰을 증폭시켰다. 택지가격 인상을 통제했던 신군부의 강권은 1983년 목동개발 이후 점차 약해졌다. 토지의 강제매수를 일방적으로 강제하기가 어려워지자, 토지와 건물에 대한 직접보상만이 아니라 분양권 제공 등의 간접보상 등을 둘러싼 실랑이가 벌어졌다. 보상 결정의 정치화가 진행된 것이다. 이는 결국 보상비용의 점진적 상승을 낳았고, 가격상승은 이를 더욱 부추겼다. 개발이익을 노린 토지거래가 확대됨에 따라 수도권 택지의 대부분이 투기 목적을 지닌 소유자들의 손에 집중됐다. 무허가 건물 신축이나 주택과 필지의 분할, 주민등록 위장과 같은 각종 불법, 편법 수단을 활용한 토지 투기가 성행했다. 보상가를 높이기 위한 집단행동이 여기에 더해졌다. 그렇게 부상한 토지소유자의 이해는 민주화에 따른 정부의 가격통제 능력의 약화와 대조를 이루었다. 개발업자와 지주 간의 힘 관계의 역전이 마침내 일어난 것이었다.[3] 그 귀결이 바로 공공택지 취득가격의 인상이었다. m^2당 3만원 수준(1986년)이었던 공공택지 취득비용이 16만원대(1992년)로 치솟았을 정도였다.[4]

둘째, 토지가격 상승은 생산단계에서 주택산업의 이윤을 압박하는 동시에, 사업자 간 경쟁도 격화시켰다. 지가 급등에 따른 대지비 부담 확대에 노무비, 자재비 등 건축비의 연이은 상승이 더해져, 주택사업자의 건축원가 상승을 부추겼다.[5] 그러나 점증하는 생산비용과 달리 분양가격은 여전히 분양가상한제에 묶여 있었다. 결국 주택산업 전체가 수익성 위기에 내몰렸고, 줄어든 이윤 기회를 둘러싼 시장경쟁도 격화됐다.[6] 이에 주택사업자들은 정부의 택지개발 독점과 분양가규제 같은 시장규제의 완화를 요구했다. 신도시지구개발사업 시행과 신도시 시장에 관한 사업권을 지정업자에게 독점 할당하는 과점적 공급자시장 구조를 둘러싼 산업 내부의 갈등 또한 불거졌다.

이와 함께, 셋째 기층 대중 전반의 주거 불만이 증폭된데다가 주거계층 사이의 갈등도 커졌다. 주거비 상승이 가속화되면서 이미 열악할 대로 열악해져 있던 도시민의 주거 사정은 더욱 나빠졌다.[7] 특히 서울의 주거환경이 극적으로 추락했다. 신규분양 부진과 임대주택 부족, 도시 재개발로 인한 주택 멸실이 겹친 가운데, 서울의 자가점유율은 1990년 38%까지 떨어졌다. 서울의 주택보급률(광의)이 1980년 56.1%에서 1990년 65.5%로 증가하기는 했지만, 새로 공급된 주택이 무주택자의 손에 돌아갈 확률은 오히려 떨어졌다. 게다가 1990년 서울의 주택 매매가격과 전세가격은 '전국주택가격동향조사'의 시작점인 1986년과 견주어 각각 61.3%, 82.1%나 급등했다. 아파트 전세가는 112.9%나 올랐다.[8] 다주택자가 지배하는 사적 임대시장으론 급증하는 임차수요를 감당할 수 없었기에, 도시민 대다수가 부평초 같은 신세를 면치 못했다.

주거난의 성격은 물론 사회계층에 따라 달랐다. 산업화의 진전과 함께 확대된 전문직 종사자와 중간계급에게 주거비 상승은 점점 작아지는 주택소유 기회를 의미했다. 1990년 25~30평 미만 주택의 중위가격이 중위가구 소득의 무려 9배에 달할 정도로, 가구 경제력과 주택가격의 격차는 컸다.[9] 이는 단지 내 집 마련의 어려움만이 아니라, 주택자산을 생계 안전망으로 활용할 수 없는 현실을 의미했다. 안정된 직업과 소득을 갖췄고 주택 생산비용 역시 분담해왔음에도 불구하고, 소유의 장

표 3-1 노동자 가구의 주택 소유실태, 1989/1990년　　　　　　　　　　　　　　　(단위: %)

조사대상	전산업			제조업			생산직	사무직
	전국 도시 노동자	10인 이상 사업체 기혼노동자	전국 30인 이상 사업체 노동자	전국 기혼 노동자	18개 도시 10인 이상 제조업 종사자		전국 30인 이상 사업체 종사자	
무주택 비중	60	57.1[1]	63.2	50	74.9		70.4	53.2
조사기관 (시기)	통계청	상공부·노동부 (1990년 1~2월)	한국노동연구원 (1989년 9월)	건설부 (1989년 4월)	국토개발연구원 (1990년 5월)		한국노동연구원 (1989년 9월)	

- 1. 공단 지역: 64.5%/비 공단 지역: 55.1%
- 출처: 건설부, 1990, 「노동자 주택 건설 시행 계획·지침」(전인우, 1991, 「노동자 주택」, 현대 경제사회연구원 엮음 『주택문제 해소 대책』318~20면에서 재인용); 한국노동연구원, 1990a, 『노동문제 및 노사관계에 대한 근로자의식 조사 연구』; 통계청, 도시가계조사.

벽을 넘기란 여전히 힘겨웠다. 무엇보다 가격상승의 과실을 독차지하는 기존 소유자와의 거리가 더욱 커졌다. 그렇게 그들은 안정된 생계기반은 고사하고, 변변한 생활 장소를 마련하기조차 버거워지는 현실을 감내해야 했다.

평범한 임금생활자와 도시하층민은 실존의 위기에 내몰렸다. 임차비 부담이 커지는 상황에서 그나마 있던 불량주택도 재개발로 사라져 갔다. 이러한 변화는 하층민의 생활 근거지를 앗아가는 데 그치지 않고, 철거폭력을 비롯한 온갖 도시의 위험에 그들을 노출시켰다.[10] 최하위 빈곤층보다 낫기야 하겠지만, 무주택 노동계급의 형편도 그리 다르지 않았다. 조사에 따른 편차는 있지만, 당시 노동자 가구의 자가소유율은 대체로 30%대 안팎에 그쳤다. 노동계급 안에서도 제조업 부문과 생산직, 공단 지역 노동자들의 주거상황이 더 열악했던 반면, 사무직과 조직 노동자들의 사정은 좀더 나았던 것으로 보인다(표 3-1).[11] 이렇게 노동자들의 주택 구매능력이 저하되는 가운데[12] 임차조건 역시 나빠짐에 따라, '노동계급 주택문제'[13]가 본격적으로 등장했다. 노동대중의 주거난이 노동력 재생산과 물질적 생존을 둘러싼 계급정치의 쟁점으로 부상한 것이었다. 이런 각도에서 생계비 측정과 관련된 노자 사이의 임금 분쟁뿐만 아니라, 산업자본의 생산성 저하를 둘러싼 자본집단 간 갈등 역시 불거졌다.[14]

이렇듯, 가격상승은 자원동원형 연쇄의 안팎에서 다양한 양상의 분배갈등을 고조시켰다. 한편으로 주택의 생산과정에 참여한 자본집단 사이에서 개발이익의 배분을 둘러싼 갈등이 형성됐다. 지대와 이윤으로 개발이익을 각기 수취하는 토지소유자와 개발업자, 주택사업자 간의 마찰과 함께, 시장 이윤을 둘러싼 주택사업자 내부의 경쟁도 커졌다. 다른 한편으로 주택 소비에서 생겨난 자본이득의 배분과 관련된 갈등, 특히 소유 편중과 부의 이전을 둘러싼 (다)주택소유자와 무주택자 사이의 대립도 증폭됐다. 기본적 주거 필요를 충족하기조차 어려워진 기층 대중의 불만도 여러 방향으로 표현됐다. 그 표적 역시 부동산 소유자나 개발업자, 자신을 고용한 기업집단, 정부 등으로 다양했다. 이런 식으로, 주거문제는 공급연쇄 안팎의 사회 행위자 대다수를 이해당사자로 끌어들이는 첨예한 분배갈등의 장을 빚어냈다. 그런 식으로 이 위기는 자원동원형 연쇄 특유의 비용-편익 구조의 재편을 놓고 여러 사회 행위자들의 전략과 실천이 마주치는 정치공간을 조형했다. 이렇게 조성된 '주거정치'의 현장에서 펼쳐진 사회적 각축을 중심으로, 당대의 주거문제가 어떻게 처리됐는지를 살펴보자.

2. 주거공간 형성을 둘러싼 사회쟁투

주택의 대량생산과 주거공간의 상품화

주거문제에서 비롯된 갈등에 대처하는 과정에서 주택정책의 전환이 나타났다. 불균형 성장전략이나 경기정책에 딸린 보조 수단으로 주택정책을 이용하는 소극적 개입에서, 주택의 대량공급을 지탱하기 위한 적극적 개입으로 정책의 전환이 이루어졌다.

정책전환을 이끈 것은 주거문제로부터 조성된 이중의 사회 압력이었다. 먼저 분배갈등이 쟁점이 됨으로써 주거문제의 성격은 선제적 대응이 필요한 정치적 문제로 바뀌었다. 무주택 세입자들은 자신이 겪는 주거 불안의 원인을 소유 편중에서 찾았고, 그러한 불만은 도심 재개발로 인한 철거 투쟁과 맞물려 거대한 사회위기로 확대됐다. 저소득층의 주거 불만은 정부 스스로 "국가안보와 자유민주체제에 도전하는 세력들의 온상"으로 평가할 만큼 "안보적 차원"의 문제로 인식됐다.[15] 노태우는 대선 캠페인부터 200만호 건설계획을 선거공약으로 제시했고, '집대통령'으로 남겠다는 말을 되풀이했다. 주택공급 계획을 입안했던 핵심 정책 참모들 또한 비슷한 위기감을 공유했다. 토지공개념 관련 법안의 도입과 신도시 건설 등을 주도했던 문희갑 경제수석이 대표적인데, 그는 주거문제를 해결하지 못하면 혁명이 올 수 있다고 우려했다.[16] 민주화로 대중봉기의 위력을 실감했던 당국에 더 큰 정치위기에 대한 경각심을 불러일으키는 상황이었다. 이를 사전에 봉쇄하기 위한 수단으로 주택정책의 개편이 뒤따랐다.

또다른 계기는 1980년대 중반 들어 나타난 건설업 전반의 위기였다.

해외 건설산업 침체로 국내에 돌아온 건설자본은 주택경기 둔화와 더불어 급격히 유휴화됐다. 이에 따른 공급 부진을 해소하는 한편, 대형 스포츠이벤트에 앞서 도시경관을 정비할 의도에서, 도시 외곽지역과 불량주택 지구에 대한 대대적인 정비계획이 마련됐다. 목동과 철산 지구에 대한 공영개발과 상계동, 사당동을 비롯해 수많은 불량주택 지구에서 진행된 합동재개발사업이 그 사례였다.[17] 이러한 변화를 뒷받침한 것은 주택산업의 경제적 가치에 관한 정부의 인식 변화였다. 이제 주택산업은 경제성장을 방해하는 소비재산업으로 취급받지 않고, 자본 스톡을 구성하는 독립된 산업으로 재평가됐다. 이에 성장산업으로서 주택산업을 육성하는 한편, 중간계급의 주택 수요를 충당할 대안으로 공급을 중요시하기 시작했다.[18]

이에 따라 1980년대 중후반을 거치며 공급관리형 정책에 입각한 개입이 본격적으로 등장했다. 공급확대는 자원동원형 연쇄의 기본 골격을 해치지 않고 주거문제에 대처할 방안으로서 정부가 찾아낸 대안이었다. 이제 주거문제는 공급의 문제로 재규정됐다. 주택가격 상승과 투기 같은 문제 현상을 불러온 근본 원인이 주택 부족에 있고, 공급확대로 이를 해결할 수 있다는 판단이었다.[19] 이제껏 표면적 수사에 그쳤던 공급확대 정책이, 실제 그것의 실현을 위한 정책수단과 재원, 제도적 기반을 갖춘 채 제 궤도로 오른 최초의 시간이었다.

전격적인 공급확대에 이바지한 정책수단들 가운데 으뜸은 택지공급의 재개를 가져온 개발수단이었다. 공급확대를 위해 풀어야 할 급선무가 택지 매점 탓에 생긴 도심 내 택지 고갈 문제였던 까닭이었다. 주목할 것은 이때의 택지 고갈이 이른바 '강남 수요', 즉 중간계급의 주택 수요에 맞는 중대형아파트 건설용 토지의 부족 문제였다는 사실이다. 주택가격의 상승과 함께 확연하게 드러난 강남권 중대형아파트에 대한 수요와 공급의 불일치, 그것이 바로 정책 시야에 잡힌 주거문제의 실체였다. 건축업자의 시각에서 보면, 지가상승과 부동산투기, 분양가규제 등이 맞물려 사업성을 갖춘 택지가 대부분 사라진 상황이었다. 그런 이유로 그들은 아파트건축을 피했고 특히 대형 사업자들의 건축 '사보타주'가 이어졌다.[20] 이와 반대로 강남의 중대형아파트를 향한 중간계급의 수요는 오히려 점증했다. 산업화와 함께 성장한 중간계급들로선 높은 자산가치와 쾌적한 생활조건, 탁월한 교육입지를 지닌 이곳을 마다할 이유가 없었다. 그렇게 생긴 수급 불균형이 치솟는 아파트가격을 지탱했지만, 오히려 부풀려진 아파트값이 반대로 중간계급의 구매능력을 잠식하는 상황이 빚어졌다. 따라서 관건은 적체된 중간계급의 구매 열기를 충족할 수 있는 값싼 택지를 개발하는 데 있었다.

정부는 서울 인근 교외 지역의 신규 개발과 기존 도심의 재개발을 통해 이 문제에 대처했다. 전자로는 신도시 건설사업이, 후자로는 합동재개발사업이 결정적 전기를 제공했다. 1989년부터 시작된 신도시 건설사업, 특히 그 핵심인 분당과 일산의 주택도시 건설계획이 바로 강남 수요를 정확히 겨눈 것이었다. 애초부터 두 도시는 강남으로 몰리는 주택 수요를 대체하고 중간계급을 유인할 목적에서 설계됐다. 이런 목적에서 중간계급의 주택 수요에 부합할 만한 건축계획과 공간배치안이 마련됐다. 중형 이상의 대단위 아파트 중심으로 충분한 녹지와 금융·업무지구, 상업공간 등의 도시기반을 완비한 자족적 도시환경을 설계하는 한편, 강남 8학군에 맞먹는 독립 학군을 편성해 고급 학원가를 설치하는 계획이었다.[21] 이를 시작으로 서울 외곽 5개 신도시를 통해 30만여호 이상의 아파트를 지을 수 있는 대단위 택지가 조성됐다.

택지가 고갈된 도시 권역 안에서 대규모 택지를 조성할 방법은 기성 불량주택 지구를 아파트건축에 적합한 택지로 전환하는 것뿐이었다.[22] 1980년대 중반에 들어 본격화된 합동재개발사업이 이를 위한 획기적 수단이 되었다. 본래 이 사업은 불량주택지 정비에 필요한 재정비용과 행정 부담을 줄이는 한편, 민간자원에 의존한 개발을 촉진할 목적에서 도입됐다.[23] 불량주택 철거 후 지은 고층 아파트의 분양 수익으로 개발 비용을 충당하는 합동재개발의 사업구조에는, 재무적 손실 없이 주택 개량 효과와 개발이익을 동시에 얻을 수 있는 이점이 있었다. 그리하여 이 사업을 통해 사업 기회가 부족한 개발업자의 이해관계와 지주(가옥주)의 개발이익 기대, 재정지출 없는 정비를 원하는 서울시의 입장이 서로 맞아떨어졌다. 이렇게 형성된 이해관계의 일치로 불량주택지에 대한 대대적인 철거와 재정비 붐이 일어났다.[24] 저밀도 불량주택 밀집 지역을 고밀도 아파트지구로 바꾸는 공간전환이 대대적으로 펼쳐졌다.

공급확대에 이바지한 또다른 요인은 정부 주도의 종합공급계획이었다. 1988년 노태우정부가 제6차 경제개발 5개년계획을 수정하여 마련한 '주택 200만호 건설계획'이었다. 1992년까지 200만호의 주택을 공급해 주택보급률 73%를 달성하겠다는 야심 찬 계획이었다. 물론 이전에도 '주택 250만호 건설계획'(1972)이나 '주택 500만호 건설계획'(1980) 등이 있긴 했다. 200만호 건설계획이 이것들과 다른 점은 정치적 수사를 넘어, 정책 실행에 필요한 제도수단과 행정력, 정책 의지를 갖춘 최초의 공급계획이란 데 있다. 이를 통해 소득계층에 따른 공급체계 형성이나 영구임대주택 도입과 같은 진전이 이루어졌지만, 계획의 중점은 엄연히 민간 부문의 주택공급을 촉진하는 데 있었다.[25] 이러한 맥락에서 계획이 소기의 성과를 거둘 수 있었던 것은, 민간의 주택공급을 늘리기 위한 정책수단을 다양하게 갖췄기 때문이었다. 먼저 재정 면에서, 이제까지의 저투자를 극복한 만큼 재정조달 기제가 확충됐다. 재정 투자의 팽창뿐만 아니라 공영주택기금의 확대 또한 나타났다. 사업심의와 승인, 택지개발과 관련된 정책 규제 역시 대폭 완화됐다. 지가상승에 따른 공급 부진에 대처하기 위한 용적률 규제의 완화나 주상복합건물의 허용 확대 등도 이어졌다. 중소 규모 사업자의 아파트 공급 참여를 촉진하기 위한 시공범위의 조정 역시 이루어졌다.[26] 민간 건설산업 주도의 공급시장을 활성화함으로써, 공급량의 안정적 확대를 가져올 기반이 이렇게 마련됐다.

공급확대 정책에 담긴 정부 계획의 요체는 주택의 대량공급을 통해 주거문제에 대처하는 것이었다. 중간계급 가구의 소비 수요에 맞는 표준 주택상품, 곧 아파트건축에 적합한 대단위 택지를 대량공급하는 한편, 대량생산체계를 지탱하는 데 필요한 공급계획과 재정, 행정 지원체계를 구축하는 것이 그 중심이었다. 그렇기에 이 개입은 아파트 중심의 1차 주택시장에 연계되지 않았던 비상업적(또는 반半상업적) 토지공간을 추상공간으로 전환하는 자본주의적 공간계획을 수반했다. 이에 따라 교외의 농촌 공동체나 도심 내외곽에 형성된 정착지들이 대량생산에 적합한 추상공간으로 차츰 바뀌어갔다. 그러나 일방적인 '공간상품화'는 도시공간의 불(편)법 점유와 자력 건설로 주거난에 대처해온 거주민들의 필요와 배치되는 것이었다.[27] 주거공간을 지키려는 거주민들과 공간재편을 주도하는 당국 및 산업의 이해관계가 정면으로 충돌하는 형국이 빚어졌다.

장소-공간 긴장의 외파(外破)와 거주민 저항의 분기

상업주의적 공간전환으로 생겨난 '장소-공간 긴장'(place-space tensions)이 수많은 (재)개발지구에서 펼쳐졌다.[28] 초기에 거주민들의 투쟁은 제대로 된 보상절차와 이주대책 없이 강제된 공간계획에 대한 자연발생적 저항에 가까웠지만, 충돌이 반복되면서 조직적 결사를 통한 집단행동으로 성장했다. '저항사건 분석'(protest event analysis)의 방법을 통해 저항 양상의 변화를 포착한다. 분석에 활용한 자료는 수도권 (재)개발지역 주민 저항사건 데이터세트로, 1984~92년 (재)개발지역 주민과 관련 주거운동 단체가 발행한 소식지, 유인물, 성명서, 자료집 등의 1차 자료를 사전 설계된 범주에 따라 양적 자료로 변환한 것이다.[29]

그림 3-1은 거주민 저항운동의 전반적 변화상을 보여준다. 이를 보면 저항 사건의 빈도와 참여 연인원은 강한 상관성을 보이며 같은 방향으로 변화했다. 변화의 파고로 미루어보아 저항운동은 1984~86년의 준비기를 거친 후, 1987~89년에 가장 크게 고조(폭발기)되었다가, 곧 가파른 하강 국면(쇠퇴기)에 들어섰다. 1986년 3829명에 그쳤던 참여 연인원은 1988~89년에 2만~4만여명으로 확대되었다가, 1992년에는 불과 1320명 규모로 떨어졌다.[30] 이렇게 급격한 퇴조는 어떻게 일어난 것일까? 쇠락의 1차 원인은 1980년대 중후반에 철거 및 보상절차가 집중된 사업주기 자체에 있을 것이다. 그렇지만, 1990년대 중반까지도 여전히 개발사업이 성황을 이뤘다는 점에서, 다른 원인을 찾을 필요가 있다. 이에 주민 저항운동의 내적 요소, 이를테면 행위자의 성격과 저항방식, 이들이 제기한 요구, 그리고 이와 관련된 정치적 역학관계로 관심을 돌린다.

이를 위해 먼저 저항사건의 주도적 행위자가 누구였는지를 살펴보자. 개발사업과 관련된 주민집단들 가운데 가장 강력한 저항 주체는 세

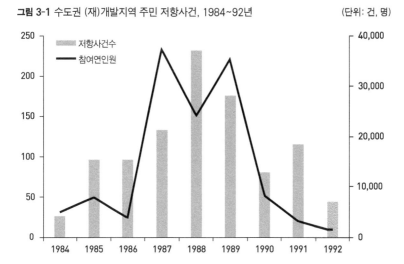

그림 3-1 수도권 (재)개발지역 주민 저항사건, 1984~92년 (단위: 건, 명)

입자였다. 세입자들은 1985년 이래 저항행동 대부분을 주도하는 투쟁의 주역이 된다. 한편, 1984~85년과 1989~91년의 두 시기에는 연합 결사체가 집합행동에 참여했으며, 예외적으로 1985년에는 가옥주 결사체가 일선에 등장하기도 했다. 저항 행위자를 주요 사업지구별로 살펴보면, 이 두 예외 군이 목동(1984~85년)과 분당, 일산 등 신도시 개발지구(1989~92년)의 특수성을 반영한 것임을 알 수 있다. 전자에서는, 정부가 주도하는 공영개발의 특성과 가옥주에 대한 보상 및 이주대책조차 마련되지 않은 보상제도의 미숙으로 인해, 주민운동 내부의 이해 분리가 명확하지 않았다.[31] 후자는 농촌 공동체에 속했던 지역적 특색으로 인해 반(反)개발주의적 성격의 공동투쟁이 전개된 예외적 사례였다.[32] 이와 달리 합동재개발에 따른 저항이 고조된 중기 이후에는 세입자와 가옥주 사이의 이해 분리가 뚜렷하게 나타났다. 가옥주(지주)-개발업자 간 이해 공조를 통해 수익을 추구하는 사업방식으로 인해, 갈등의 주축

표 3-2 수도권 (재)개발지역 주민운동의 저항대상, 1984~92년　　　　　　　　　　　　(단위: %)

	1984	1985	1986	1987	1988	1989	1990	1991	1992
재개발조합	-	1.2	12.6	10.4	17.0	2.1	6.3	5.7	-
공공 개발기구	-	6.2	-	4.7	0.5	2.8	12.5	16.1	-
개발업자/철거용역업체	-	-	9.2	16.0	14.2	5.6	4.7	5.7	13.5
경찰/공안기구	13.0	7.4	18.4	15.1	7.3	11.2	4.7	6.9	-
지방정부	52.2	42.0	19.5	11.3	24.3	16.8	23.4	35.6	40.5
중앙정부	34.8	42.0	34.5	41.5	35.3	60.1	48.4	28.7	45.9
기타	-	1.2	5.7	0.9	1.4	1.4	-	1.1	-

이 세입자와 가옥주(재개발조합)의 대립으로 옮아갔기 때문이다.[33] 그 결과, 합동재개발 지구에 속했던 상계동, 사당동, 동소문·돈암동 등지에서는 세입자 결사체가 저항의 주체로 등장했다.

　그렇다면 이들은 과연 누구를 상대로, 어떻게 싸웠던 것일까? 표 3-2에서 보듯 집단행동이 저항 표적으로 삼았던 대상은 시기별로 달랐다. 먼저 재개발조합, 개발업자와 철거용역업체, 경찰을 비롯한 공안기구 등에 저항이 집중된 시기는 1986~88(89)년으로 대체로 같다. 이들은 재개발사업의 주체이거나 철거 집행자, 또는 주민을 상대로 물리적 폭력을 직접 사용한 당사자에 해당한다. 따라서 이들이 주된 저항대상으로 부상한 시기는 합동재개발에 따른 세입자 투쟁의 폭발기와 거의 일치한다. 이와 반대로 공공 개발기구는 좀처럼 저항의 표적이 되지 않았다. 신도시 건설 이전까지 주택공사와 토지공사 등의 개발기구가 개발사업의 전면에 등장하지 않았기 때문이다. 마지막으로 흥미로운 것은, 사업방식과 상관없이 주민들이 줄곧 지자체와 중앙정부, 곧 국가를 주된 저항대상으로 규정해왔다는 점이다. 공영개발이 진행된 시기에 지자체에 대한 저항이 고조되는 등의 차이는 있지만, 주민들은 대개 중앙

정부를 개발사업과 관련 절차를 사실상 주재하는 규제자로 여기고 싸웠다.

이런 식으로, (재)개발지 주민투쟁은 운동의 폭발기를 거치며 점차 반(反)정부 색채를 띤 급진적 사회운동으로 변모해갔다. 이러한 변화는 크게 두가지 측면에서 확인된다. 첫째, 공동 행위자의 확대다. 개발지 주민투쟁이 해당 지구에 머물지 않고 지역 간 조직화를 통해 도시빈민·철거민 운동으로, 나아가 '종교의 사회운동'과 학생운동과의 연계를 통해 사회연대 운동으로서 민주화운동에 접근하였다. 변화의 출발점은 종교단체의 사회운동이었다. 1984년 목동 투쟁을 계기로 진보적 교회와 민주화운동단체들은 강제 철거의 실상을 폭로하며 슬럼 지역의 빈민들을 조직하는 길로 나섰다.[34] 이들의 지원에 힘입어 철거민들의 조직화도 점차 진전되었다. 철대위나 세대위를 통한 지구 단위의 결집을 토대로 인접 지역 철거민단체 사이의 연대투쟁이 벌어졌고, 1987년 서울시철거민협의회(서철협)의 결성 이후에는 투쟁 전술을 공유하는 조직적 집단투쟁도 등장했다. 민중운동의 부문 운동인 도시빈민·철거민 운동으로의 전환이었다. 대규모 철거지구에서는 인근 대학의 학생단체가 조직적으로 개입하는 일도 잦았다. 사회운동 진영 대부분이 망라된 최대주의 동원을 통해 뒷받침받는 거대 사회운동으로의 재편이었다.

둘째, 저항의 급진화·과격화가 진행됐다. 이 무렵에 이르러 저항행동 역시 강제 철거와 퇴거에 수반된 공적·사적 폭력에 대한 방어수단으로 저항폭력을 빈번하게 사용하기 시작했다. 저항의 급진화 추세는 저항 레퍼토리(répertoire)의 변화를 통해 확인할 수 있다. 집합행동의 유형을 그 온건도를 기준으로 관습적, 시위성, 대결적, 폭력적 저항으로 나눌 경우,[35] 가장 빈번히 활용된 저항방식은 관습적 저항이었다. 온건한

표 3-3 사업지구별 주민저항 행동의 주요 요구사항[1]　　　　　　(단위: 건, %)

	사업지구							합계
	목동 ('84~'85)	상계동 ('86~'88)	사당동 ('85~'89)	동소문 돈암동 ('88~'91)	부당 ('89~'92)	일산 ('89~'90)	기타[2]	
강제 철거 중단 (철거 폭력 비판)	11 (16.7)	30 (32.6)	57 (41.9)	19 (32.2)	12 (21.4)	-	235 (33.5)	364 (30.7)
주거생존권 보장	14 (21.2)	20 (21.7)	39 (28.7)	11 (18.6)	11 (19.6)	5 (6.7)	159 (22.6)	259 (21.8)
임대주택 임시주거지 제공	11 (16.7)	1 (1.1)	13 (9.6)	15 (25.4)	8 (14.3)	-	152 (21.7)	200 (16.9)
정권규탄 재개발정책 비판	-	8 (8.7)	5 (3.7)	7 (11.9)	4 (7.1)	7 (9.3)	50 (7.1)	81 (6.8)
개발사업 반대	2 (3.0)	8 (8.7)	13 (9.6)	-	8 (14.3)	48 (64.0)	8 (1.1)	87 (7.3)
법적 제재 해소	15 (22.7)	12 (13.0)	6 (4.4)	4 (6.8)	3 (5.4)	-	38 (5.4)	78 (6.6)
기타[2]	13 (19.7)	13 (14.1)	3 (2.2)	3 (5.1)	10 (17.9)	15 (20.0)	60 (8.5)	117 (9.9)
합계	66 (100.0)	92 (100.0)	136 (100.0)	59 (100.0)	56 (100.0)	75 (100.0)	702 (100.0)	1,186 (100.0)

• 1. 개별 저항 사건의 1순위, 2순위 요구를 합산하여 계산.
　2. 개발업체·자본의 토지독점 비판, 이주대책 요구, 분양권 요구, 수용/철거에 대한 보상요구 등.

저항방식이 주를 이뤘다고 생각할 수도 있겠지만, 그 전후 맥락이 반드시 온건한 것만은 아니었다. 저항의 상당수가 강제 철거와 공권력 오·남용, 폭력 행위에 대한 규탄과 고발의 내용을 담고 있기 때문이다. 이런 의미에서, 운동 초기부터 '시위' '대결' '폭력' 등의 방식으로 저항자의 신체를 직접 동원하는 행동이 중요한 저항수단으로 쓰였다. 특히, 운동이 고조된 시기에는 관습적 저항의 비중이 감소하는 대신, 이러한 수단들의 활용도가 더욱 높아졌다. 이를테면, 대결적·폭력적 저항의 비중은 1985년 31.3%에서 1986~89년에는 40~50% 수준으로 증가했다. 무엇보다 사당동, 양평동, 상계동을 비롯해 철거지역 곳곳에서 시가전과 다를 바 없는 전면적 유혈 충돌이 벌어졌다. 전투적 저항의 확산과 사회연대의 성장에서 확인할 수 있는 것처럼 장소-공간전환에 따른 긴장은 격렬한 사회갈등으로 치닫고 있었다.

저항운동의 성격 변화는 주민 요구의 변화에서도 목격된다. 표 3-3은 6대 사업지구에서 제기된 주요 요구사항을 정리한 것이다. 음영은 20% 이상을 차지하는 것들이다. 주민투쟁의 양대 요구사항은 '강제 철거 중단'과 '주거생존권 보장'이며, 이 둘은 오랜 기간 주민 요구의 핵심이었다. 개발정책에 대한 전면 반대는 오히려 예외여서 신도시 지역에서만 중심 의제가 됐다. 요구사항의 변화 추이를 살펴보면, 동소문·돈암동 주민투쟁의 승리 이후 '임대주택 및 가이주단지 제공'이 새로운 의제로 부상했음을 알 수 있다. 거대 철거민단체를 중심으로 운동 역량과 저항 의제의 집중이 일어난 결과였다.[36] 이에 대한 정부의 승인은 격렬한 투쟁 끝에 주민 요구 중 일부가 주거권으로 제도화됐음을 의미한다. 하지만 반대로 말한다면, 이것은 상업적 개발이 일방적으로 관철되는 가운데, 일부 잔존집단에 제한된 보상을 제공하는 형태로 투쟁의 종착점이 마련됐음을 뜻한다.

실제로 주민들의 저항은 정부의 이중적 대응에 따라 점차 위축돼갔다. 정부는 목동 투쟁 이후 지주와 가옥주의 소유권 주장을 경제적 보상, 곧 싯가(감정가) 보상과 분양권 제공을 통해 승인했다.[37] 반면 세입자들의 저항에 관해서는 추방과 보상을 병행하는 양면 전술을 택했다. 한편으로 정부는 공권력과 사적 폭력을 동원한 철거와 퇴거, 진압 조치를 통해 철거민 운동을 분쇄했다. 그렇지만 급진적 사회연대 투쟁으로 성장한 주민운동을 물리력만으로 제압하기는 어려웠다. 그리하여, 재개발사업에 대한 규제·관리의 강화와 세입자보상의 제도화와 같은 유화책도 준비했다. 1987년 '도시재개발 업무지침'을 통해 인구 100만 이상 대도시에 재개발 기본계획을 세울 의무를 부과하는 한편, 사업계획과 시행절차를 감독할 규제 근거도 마련했다.[38] 같은 해 서울시는 주민저항을 완화하는 차원에서 소형아파트 방 한칸 입주권과 2개월분 주거대책비 중 하나를 선택하는 방식으로 세입자보상을 공식화했다.[39] 이는 동소문·돈암동 지구 세입자들의 투쟁 이후 영구임대주택 입주권과 3개월분 주거대책비로 상향 조정됐다.[40] 하지만 이러한 보상수준을 세입자 주거권의 광범한 승인으로 볼 수는 없다. 영구임대주택이 사실상 극빈층 영세철거민에 한정된 잔여적 정책이었기 때문이다. 따라서 세입자 주거권의 부분적 인정에도 불구하고, 주거생존권 요구는 기본적으로 유혈 진압과 강제 추방의 철칙 아래 억압당했다.

정부의 화전 양면 전술과 맞물려, 집단행동의 양상은 1989년을 기점으로 크게 변화했다. 최대주의적 사회연대를 통한 저항이 퇴조하는 대신 부문 운동으로의 고립화가 진행됐다. 이 변화는 종교단체의 운동노선 전환과 철거민 운동의 조직 개편이 맞물린 결과였다. 기독교도시빈민선교협의회(기빈협)과 천주교도시빈민회(천도빈) 등의 종교운동단체는 이때에 이르러 철거 투쟁 중심의 저항에서 지역운동으로 운동노선을 전환했다.[41] 종교 계열 운동의 퇴조와 때를 같이하여, 철거민단체 내부의 분열도 나타났다. 투쟁 전술과 운동노선의 차이에 따라 실리적 개혁운동과 사회변혁운동 사이의 분화가 진행됐다.[42] 주거운동의 내부 분화와 정부의 이중적 대응이 동시 작용한 결과, (재)개발지 주민운동은 점차 고립된 채 소멸해갔다.

공간상품화에서 비롯된 사회 긴장은 폭력 '추방'과 선별적 '보상', 주거생존권의 '부정'과 재산권의 '승인'이라는 상반된 처리 끝에 사라져 갔다. 이러한 정치적 역학은 토지점유와 자력 주택건설 등으로 대표되는 자조적 주거 경로의 부상을 봉쇄하는 효과를 냈다. 공공주택을 비롯한 사회주택에 대한 요구가 개혁 의제로 등장하는 것 역시 가로막혔다.

3. 주택공급연쇄의 재편

주거위기는 공급연쇄의 편익 배분 구조를 둘러싼 분배갈등도 빚어 냈다. 먼저, 줄어든 이윤 기회를 만회하기 위한 새로운 산업전략이 등장했다. 생산비용을 부담했음에도 소비에서 배제되어온 무주택 가구들의 집단적 도전 또한 생겨났다. 비용-편익 교환의 불균형에서 생겨난 이 긴장이 어떠한 방식으로 조정됐는지를 살펴본다.

산업 이해의 부상과 공급제도의 재편

자원동원형 연쇄는 주택건축과 소비를 시장에 위임하면서도 공급과정 전반을 규율하는 다양한 개입장치들을 만들어냈다. 공영 택지개발, 민간재원의 동원과 불균형 할당 기제, 과점적 공급자 시장제도, 가격통제와 편향적 분양제도 등이었다. 이 제도들은 주택금융의 결핍이라는 악조건에서 산업발전을 돕는 버팀목이 되었다. 그런데 1980년대 중후반에 들어 이것들이 오히려 성장을 방해하는 '족쇄'로 인식되기 시작했다. 바야흐로 주택산업은 자원동원형 연쇄 고유의 공급제도들을 문제 삼기 시작했다. 공격은 두 방향으로 전개됐다. 한편으로, 자신들이 가질 개발이익의 몫을 제약했던 공급제도, 특히 택지개발 제도와 가격통제

정책에 대한 산업 전체의 압력이 등장했다. 다른 한편으로, 이윤 기회의 편중을 만들어냈던 분절적 공급자 시장구조의 해체를 둘러싼 산업 내부의 경쟁 또한 펼쳐졌다.

사업자들의 불만이 집중된 것 가운데 하나가 택지개발 제도였다. 앞 장에서 논의한 것처럼 1980년대의 대표적인 택지개발 방법은 택촉법에 따른 공영개발이었다. 공영개발은 택지개발 과정에 대한 전면적 정부 통제를 바탕으로 대량 택지를 값싸게 조성하는 방법이었다. 거꾸로 볼 때, 이것은 택지개발에 대한 민간의 진입 제한을 의미했다. 조성택지의 분양으로 투자비용을 회수하는 사업방식상, 이같은 역할 분리는 꼭 필요했다. 하지만 공영개발 역시 개발이익의 창출을 통해 사업비를 조달한다는 점에서 투기적 개발에 속했고, 그 비용은 결국 용지매입비 등을 통해 민간업체에 전가되었다. 무엇보다, 토지가격 상승으로 부풀려진 개발비용이 주택사업자의 부담으로 그대로 이전되었다. 사업성 있는 택지가 사실상 증발한 상황에 이르자 사업자들은 공영개발 제도의 개편을 요구하기 시작했다.

택지난의 해법으로 사업자들이 제시한 대안이 바로 '합동개발'이었다. 지정사업자들은 자신들의 결사체였던 한국주택사업협회[43]를 통해 1984년부터 이 제도의 도입을 줄기차게 건의한다. 정부가 주택경기 부진을 극복할 대안으로 이를 받아들인 후, 1986년 상계·중계 지구 개발 사업부터 이 제도가 본격적으로 활용되기 시작한다.[44] 그런데 엄밀히 말해, 택지 합동개발은 공영개발의 전면적인 해체보다, 민영주택용 택지의 사전분양을 통해 그 운용을 달리하는 것에 가까웠다. 사실상 그것은 공공 부문의 이해관계와도 일치하는 것이었다. 정부와 개발기구는 택지 분양대금의 사전 납부(곧, 민자 참여)를 통해 초기 비용 부담을 더는 방안으로 합동개발을 수용했다. 그리하여 이들은 개발과 건축을 분리하는 공급구조의 기틀을 유지하는 조건에서, 민영주택용 택지의 선분양을 통해 민간이 개발에 참여하는 방안을 허용했다. 단독사업자의 지위를 민간업체에 부여할 경우 개발이익이 그들에게 돌아갈 것을 우려한 까닭이었다.[45] 그런 이유에서 택지 조성 초기에 택지를 먼저 분양한 다음, 그 위에 민간사업자들이 단지 조성 공사와 주택건축 공사를 병행하는 형태로 사업방식을 결정했다.

하지만 세부 시행방식을 놓고 주택사업자와 개발기구의 이해는 엇갈렸다. 이에 최초 실행방안의 협의에서 양자가 서로 충돌했다. 분양가격을 두고 감정평가액 요구(주택공사)와 택지조성원가[46]의 일괄 적용 주장(주택사업협회)이, 공급 규모를 놓고는 국민주택 규모 이상 적용 안(주택공사)과 혼합 적용 안(주택사업협회)이, 분양대금 납부방식에서도 일괄 납부 안(주택공사)과 분할 납부 안(주택사업협회)이 서로 대립했다. 건설부는 사업협회의 견해를 대체로 수용하되, 국민주택 규모 이상의 택지를 감정평가액으로 하는 차등가격 체제로 양자의 요구를 어느정도 절충했다.[47]

이같은 조정을 고려하더라도 합동개발은 주택사업자들의 이해에 부합하는 것이었다. 단독시행자로서 개발이익을 독차지할 수는 없었지만, 과거와 견줘 훨씬 큰 재무적 이익을 얻은 것만은 분명했다. 단지 조성 공사와 건축공사의 일원화로 중복공사에 따른 비용손실을 줄였을 뿐만 아니라, 사업 기간 단축으로 금융비용을 아낄 수도 있었다. 무엇보다 상대적으로 값싼 택지를 대량으로 확보할 길이 열렸다. 분양대금의 분할 납부와 택지공급 가격체계의 조정[48]에 따라 택지비 부담 역시 이전보다 크게 줄었다. 결국 주택사업자들은 국민주택 규모를 초과한 주택용지(감정원가 적용)를 제외한 모든 택지를 조성원가 이하의 가격으로 분양받게 된다. 이에 따라 사업자들은 1986년 이후 합동개발사업의 확대를 폭넓게 요구했다.[49] 서울 상계·중계 지구를 시작으로 대진 도신, 부산 개금 지구를 거쳐 5개 신도시 사업지구 등지로 합동개발이 확대되었다. 200만호 건설계획과 신도시개발에 필요한 막대한 개발비용을 조달하려는 정부의 필요 역시 이러한 확산에 이바지했다.

택지비 절감을 위한 모색과 함께, 주택의 판매가격을 높여 이윤을 확대하려는 실천도 이어졌다. 분양가상한제를 철폐 또는 완화하기 위한 행동이었다. 분양가규제는 투기적 공급구조가 만들어낸 가격상승을 통제하기 위한 정치적 고려의 산물이었지만, 문제는 그것이 의도치 않은 시장 편익과 불이익을 제공함으로써 행위자들의 적응 행동을 유발한다는 점에 있었다. 대표적인 시장 편익이 '프리미엄'이란 이름으로 불린 시세차익이었다. 청약당첨자들은 인근 재고 주택보다 훨씬 낮게 책정된 분양가격으로 인해 막대한 분양차익을 얻었다. 반면 불이익은 주로 건설사에 돌아갔다. 1981년 이후 10년 가까이 가격 상한선이 고정됨에 따라, 인플레이션으로 인한 비용 상승분이 그대로 건설사의 부담으로 돌아갔다. 그 결과, 사업성 자체가 나빠지면서 건축업자 대부분이 주택건축을 기피하는 상황이 빚어졌다. 문제를 더 부풀린 것은 사적 주체들의 적응 행동이었다. 분양시장에는 자산효과에 대한 기대심리로 부푼 투기적 수요가 몰렸고, 그렇게 형성된 치열한 분양 경쟁이 오히려 가격상승을 더욱 조장했다. 사업자들 또한 부족한 사업성을 보충하는 차원에서 두가지 대안을 고안해냈다. 그 가운데 하나는 분양가상한제하에서 가장 높은 단위 면적당 상대가격을 주는 대형주택 건축에 집중하는 방법이었다.[50] 다른 하나는 분양가상한제가 적용되지 않는 조합주택을 건설하여 가격통제를 회피하는 방법이었다.[51] 이러한 연쇄 행동으로 인해 분양가상한제는 도입 취지와 상반된 결과를 만들어냈다. 공급 측면에서 사업성 악화에 따른 공급 감퇴, 수요 측면에서는 투기적 가수요와 분양 경쟁을 유발함으로써, 가격상승을 오히려 부추기는 역효과를 냈다.

영업위기에 내몰린 사업자들은 분양가 조정을 위한 행동에 본격적으로 나섰다. 1989년 이후 주택사업협회는 민영주택 분양가격 상한규제의 폐지와 가격 현실화에 온 힘을 기울이기 시작했다. 생산가격의 상승이 분양가에 반영되지 않아 주택건축이 불가능한 실정이라는 입장이었다. 이에 국민주택 규모 초과 주택에 대해 가격규제를 폐지하고, 그 이하에 대해서는 원가 분양제를 도입할 것을 제안했다.[52] 요구가 수용되지 않을 경우를 대비하여 가격 상한의 조정을 위한 연구 작업도 진행했다. 협회 내에 주택분양가격조정위원회를 구성하여 공사비 산정에 돌입하는 한편, 회원사들의 공동 검증을 통해 분당 시범단지의 적정 분양가를 건의하기도 했다.[53]

이같은 움직임에 대한 대응으로 정부는 원가연동제의 도입(1989. 11)을 선언했다. 사업자 측이 밝힌 개혁 명분을 전면적으로 수용한 결과였다.[54] 하지만 원가연동제도 가격규제의 끝은 아니었다. 포괄적 상한규제에서 생산비에 연동한 규제로 통제 방식을 전환한 것일 따름이었다. 새 제도에서 분양가격은 택지비와 건축비의 합으로 결정되었다. 이 중 택지비의 경우 공영개발 택지는 토지공사의 공급가격, 건설사 보유 택지는 감정평가액에 따라 산정됐다. 건축비는 생산요소의 가격을 합산하여 표준 가격으로 고시(건설부 장관)하였는데, 적정 수준의 이윤이 여기에 포함되었다. 이렇게 생산비에 맞춰 분양가가 조정되기는 했지만, 인상 시기나 폭, 그 대상에 대한 결정권은 여전히 정부에 있었다. 제도 변형에도 불구하고 가격통제 정책의 근간은 줄곧 유지된 것이다.[55]

따라서 원가연동제로의 전환도 분양가 그간 요구를 수면히기는 못했다. 오히려 주택사업자들은 이중전략을 통해 가격통제에 계속 맞섰다. 먼저 원가연동제로 인하여 분양가 산정의 합리성을 둘러싼 논리적 '협상'의 장이 생겨났다. 주택사업자들은 정부가 제시한 분양가격과 그 산정기준을 논박하며 원가를 높이는 데 주력했다. 이를테면 연약지반에 대한 보강공사비, 택지비 선납금에 대한 금융이자, 표준건축비 책정 방식 등을 둘러싸고 지루한 줄다리기가 매년 이어졌다.[56] 결국 표준건축비는 연동제 도입 이후 매년 인상됐다.[57] 업계가 바랐던 가격 현실화는 점진적이지만 분명히 이루어지고 있었다. 이와 동시에, 분양가 자율화를 향한 노력도 계속했다. 특히, 1991년 중반 이후 가격하락이 이어지자 사업자들은 가격 자율화를 위한 공론 형성에 적극적으로 나섰다. 이해 들어 주택사업협회는 정책 토론회를 개최하고 분양가격 제도 개선안을 제출하는 등 분양가 자율화를 위해 총력을 기울였다.[58] 이같은 움직임은 관련 전문가들과 사회단체가 합류하는 가운데, 분양가 자율화를 둘러싼 시사 논쟁으로 확대됐다. 자율화의 당위를 설파하는 시각과 단계적 자율화론 사이의 대립이 진행됐지만, 그 필요성에 대해서는 상당한 공감대가 형성됐다. 동조는 정부 내부에서도 이루어졌다. 이즈음 정부는 제7차 경제·사회발전 5개년계획의 실행을 위한 정책구상을 밝혔는데, 중대형 주택 분양가격의 단계적 자율화 방침이 여기에 포함되어 있었다.[59] 업계의 기대와 시차는 있었지만, 분양가격 자율화 정책은 차례차례 실천에 옮겨지고 있었다.[60]

이처럼 주택산업은 1980년대 말 수익성 위기에 대면하여 가격통제

제도에 도전했다. 주택가격 형성에 결정적 영향을 미치는 두가지 가격 요소, 곧 택지가격과 분양가격의 재조정을 통해 이윤 몫을 확대하려는 시도였다. 달리 말해, 이것은 공공개발자와 주택사업자, 주택사업자와 소비자 간 개발이익 배분에서 자신들의 몫을 늘리려는 기도였다. 결과적으로 주택산업은 이러한 목표를 어느정도 달성할 수 있었다. 공영개발과 분양가 규제정책을 완전히 해체할 수는 없었지만, 이를 산업의 요구에 부응하는 형태로 개조하는 데는 성공했다.

산업위기는 대형 사업자에게 압도적으로 유리한 과점적 공급자시장 구조에도 균열을 남겼다. 시장 이윤을 확보하기 위한 경쟁이 더욱 치열해졌을 뿐만 아니라, 이윤 기회의 불균형을 빚어낸 분절 시장, 특히 그 핵심 요소인 시공권의 확대를 둘러싼 사업자 내부의 분쟁도 펼쳐졌다.

시공권은 말 그대로 건축물 공사를 진행할 수 있는 권리다. 건설업법상 20호 이상 또는 연면적 $661m^2$를 초과하는 주택의 시공권은 건설업자에게만 허용되었는데, 이는 자원동원형 연쇄가 지정업자에게 제공하는 여러 혜택 가운데 대표적인 것이었다. 반면 사업자의 다수를 이루는 등록업자는 건설업 면허가 없어 아파트를 비롯한 공동주택을 시공할 수 없었다. 심지어 1974년 이후 건설업 면허의 신규 발급도 중단된 상황이라 시공권을 새로 취득할 수도 없었다. 그런데 현실에서는 이 '불가능한 일'이 예사로 일어났다. 표 3-4에 정리한 것처럼, 등록업자들이 대다수 주택을 도맡아 짓고 있었고, 여기에는 당연히 공동주택이나 아파트도 포함되어 있었다. 이를 가능하게 한 것이 '위장도급'이었다. 도급의 형식을 취하지만 실제 시공은 등록업자가 했고, 일반건설업체는 면허 대여료만 챙기는 위법 관행이었다.[61] 등록업자로선 집을 지으면 지을수

표 3-4 건설업 면허 보유업체와 주택사업자, 1981~90년 (단위: 업체 수, 호)

		1981	1982	1983	1984	1985	1986	1987	1988	1989	1990
건설업 면허업체		498	495	494	492	481	473	471	460	905	899
주택 사업자	지정업자	68	66	61	58	55	52	72	71	71	117
	등록업자	860	1,016	1,539	2,077	2,079	2,373	2,318	2,610	4,043	6,260
주택 건설량	지정업자	9,884	22,603	25,039	19,256	19,377	28,708	36,427	37,862	69,322	146,468
	등록업자	14,679	24,388	42,873	43,888	57,078	52,797	82,876	98,188	157,191	219,086

- 지정업자는 전원이 건설업 면허 보유업체임.
- 출처: 건설부, 1991, 『건설통계편람』; 대한주택공사, 1992b, 『주택통계편람』.

록 범법자가 되는 형편이었다.

불합리한 현실에 대한 불만은 1985년부터 터져 나왔다. 시공권 문제
는 등록업자의 결사체인 한국중소사업자협회 창립의 실질적인 계기였
고, 이 단체는 결성 직후부터 건설부와 국회(건설위원회), 민주정의당
(약칭 민정당) 등에 대한 전방위적 건의를 통해 문제 해결을 촉구했다.[62]
건설업 면허제도의 불합리성과 위장도급에 따른 불법 행위와 공사 부
조리, 건축단가의 상승, 주택산업 전문화의 필요성 등이 주된 논거였
다.[63] 이러한 문제 제기에 건설부는 등록업자의 시공권을 제한적으로
허용하는 내용의 정책안을 1987년 5월 확정했다.[64]

반발은 주택사업협회를 넘어 대한건설협회에서 왔다. 건설업 전반을
아우르는 거대단체인 대한건설협회는 잇따른 건의와 탄원, 집단행동
엄포 등을 총동원하여 실력 행사에 나섰다. 이를테면 그들은 국회 건설
위원회에 보낸 탄원서에서, 등록업자에 대한 시공권 부여가 "부실 공사
를 제도적으로 방치하게 될 뿐만 아니라", 기존 "건설업 면허체제를 와
해시키는 결과"를 낳는다고 주장했다. 사실 정부는 독립기념관 화재사
건(1986. 8. 4)을 계기로 1987년 2월에 건설업 면허의 재개 방침을 발표했

는데, 여기서는 시장의 적응을 이유로 1988년까지의 정책 유예기간을 설정한 바 있었다.[65] 계획된 정책 일정에 맞춰 시공권 문제를 처리하는 게 정당하다는 주장이었다. 또한 건설협회는 정부가 시공권 부여 방침을 고수할 경우 정책 사보타주와 정치적 불신임으로 대응하겠다고 선언했다.[66] 강력한 압박은 등록업자들의 반작용을 불러왔고, 이내 양측 모두에서 집단행동에 대한 엄포가 잇따랐다.[67]

정부는 등록업자의 시공을 제한적으로 인정하되, 그 부여 기준을 주택법 시행령에 위임하는 형태로 갈등을 봉합하려 했다. 시공권 부여 여부를 둘러싼 갈등이 이렇게 일단락되었지만, 분쟁은 곧 재연됐다. 시행령에 맡긴 시공자격과 범위의 결정 문제 때문이었다. 결과로 말한다면 시공권은 2단계, 곧 1988년 6월과 1989년 6월을 거쳐 확대되었다. 그리고 이때마다 등록업자와 일반건설업체 및 지정업자 간의 갈등이 불거졌다. 등록업자의 목표가 시공권 부여 범위를 최대로 확장하는 것이었다면 건설협회는 그 반대였다. 한편 정부는 시공능력이 입증된 등록업자로 그 범위를 제한하려 했다.[68] 이에 "능력 있는 등록업자"(1987년 기준 116개 사, 등록업자의 약 13%)에 5층 이하의 저층 아파트 시공권을 부여하는 형태로 규제를 먼저 완화했다.

하지만 이 조치가 실행된 지 불과 4개월여 만에 정부는 시공권의 재확대 방침을 굳혔다. 6층 이상의 아파트를 지은 적이 있거나 3년간 500세대 이상을 건설한 실적이 있는 업체에 한정해 층수 제한을 푼다는 계획이었다. 일반 등록업자가 고층 아파트 대부분을 시공할 정도로 역량을 갖췄고, 부실공사와 입주자 보호책임도 이들이 지고 있다는 것이 이유였다. 그런데 사실 이 결정을 이끈 결정적 원인은 다른 데 있었다. 200만호 건설사업의 성공을 위해 등록업자의 참여가 절실히 필요했기 때문이다.[69] 주택건설로 이들을 이끌 유인책이 바로 시공권이었던 셈이다. 대형 사업자들이 다시금 반발할 것은 뻔했다.[70] 이번에는 등록업자 주도의 하도급 관행에 대한 보호 징치가 없다는 이유로, 전문건설업자들까지 반대진영에 합류했다.[71] 하지만 공급확대라는 당위를 거스를 수는 없었다. 마침내 87개 등록업체가 고층 아파트 시공권을 획득했다. 건설업 면허 발급의 재개가 여기에 맞물려, 점점 더 많은 수의 등록업자가 시공권을 얻어나갔다. 이제 시공권은 과거와 같은 시장 분절 요인으로 기능하지 못했다. 주택사업자들을 갈라놓았던 시장 분절은 점차 흐릿해지다가, 1999년 지정업자 제도의 폐지와 함께 소멸했다.

　주택산업은 생산과정 내부에서 작동하는 편익 배분의 불합리성을 문제삼으면서, 자신들이 직면한 산업위기를 극복하려 했다. 그 초점이 바로 앞서 살펴본 가격통제 제도와 분절적 공급자 시장구조였다. 사업자들의 공동행동이 가격통제의 균열을 만들어낸 것과 달리, 그들 간의 경쟁은 분절 시장의 해체를 촉발했다. 이러한 조정을 통해 한국의 공급연쇄는 자원동원형 관계의 성격을 유지하면서도, 주택산업의 공통 이해를 증진하는 방향으로 진화했다.

모두를 위한 자본이득? 토지공개념과 반독점 규제

　주거문제는 공급구조 전반에 대한 도시민의 불만을 고양하는 계기로도 작용했다. 주거비용의 상승으로 수많은 가족이 가정생활의 위기를 겪었던 것과 달리, 소유자들은 자산효과를 통해 압도적으로 우월한 재생산 회로에 올라탈 수 있었다. 그렇게 주택 영역은 자산 소유의 불평등에 따른 계층 간 격차를 보여주는 대표적 현장으로 부각됐다. 연구자들에 따르면, 이 당시 부동산을 비롯한 자산 불평등은 소득 분배의 상대적 개선을 상쇄하고도 남을 만큼의 커다란 분배악화 요인으로 기능하고 있었다.[72] 상위 5%의 토지소유자가 전국 사유지의 65.2%를 차지하고 있으며, 토지 소유 분포의 지니(GINI) 계수는 무려 0.85에 달한다는 토지공개념연구위원회의 보고 역시 세간에 큰 충격을 안겼다.[73] 가격상승의 '원흉'으로 지목된 대토지·다주택 소유자와 기업집단, 이를 묵인하거나 조장한 정부에 비판이 집중된 것도 어쩌면 당연했다.

이러한 맥락에서 부동산 영역은 민주화 이후 제기된 '경제민주화' 요구의 성패를 가늠하는 시험장으로 부상했다. 특히, 경제 불평등의 해소를 과업으로 지고 출범한 노태우정부로서는 여기가 자신들의 정치적 운명을 가를 분수령이었다. 주거위기가 체제위기와 혁명으로 연결될 수 있다는 우려에 통치 권력이 택한 해결책은 물론 공급관리형 정책을 통한 대량공급이었다. 하지만 이것만으로는 당면한 지가상승과 투기문제에 대한 해법이 되지 못했다. 공급관리형 정책을 보조할 정책수단으로 강력한 투기억제책을 모색할 수밖에 없었다.

토지공개념이 바로 이러한 배경에서 추진된 정책이었다. 정부는 가격급등을 막는 투기억제 대책이자, 토지공개념과 금융실명제를 양대 축으로 하는 경제민주화 공약 실현의 방법으로서 토지공개념 확대 도입 방침('부동산 종합대책', 1988. 8. 10)을 천명했다.[74] 이 대책에서 정부는 투기와 지가급등으로 대표되는 토지문제의 근본 원인을 개발이익에서 찾았다. 부동산대책의 기본 목표를 개발이익 차단에 두고, 이를 공공자원으로 환수하는 방안을 모색했다.

이같은 문제 인식에 기초하여 마련된 공개념 확대방안의 골격을 다음과 같이 요약할 수 있다.[75] 첫째, 정책의 기본 목표는 토지세제 강화를 위한 세제 기반 구축에 두어졌다. 과세표준의 정확한 산정을 위한 공시지가 체계의 정비와 과표의 실효성 확대, 토지과다보유세와 재산세로 분할된 보유 과세의 일원화와 인(人)별 합산방식으로의 전환(종합토지세)을 통해 보유 과세를 강화화할 것을 계획했다. 하지만 토지세제의 개편이 공개념 확대방안의 주된 정책 방향이었다고 보기는 어렵다. 보유 과세의 정상화를 투기억제 수단으로 활용할 경우, 급격한 세율 인상과 세 부담 증가에 따른 중산층 이반과 조세저항으로 정치적 위기를 맞을 수 있다는 정치적 우려 때문이었다.[76] 그러한 이유에서, 둘째 토지공개념 강화의 핵심 방향은 통상적 세제수단이 아니라, 택지보유의 제한과 개발이익 환수를 위한 예외주의적 입법의 형태로 정해졌다. 이른바 토지공개념 3법이었다. 택지보유상한제가 소유 상한 설정을 통해 주거용 토지의 과다보유를 막는 직접규제였던 데 비해, 개발부담금제와 토지초과이득세는 개발사업으로 생긴 자본이득을 사업시행자와 주변 지역 토지소유자로부터 각각 환수하는 방식이었다. 셋째, 소유 집중을 가져온 장본인으로 지목된 기업집단의 비업무용 토지보유를 제한하는 방안도 있었다. 비업무용 토지의 판정 기준을 강화하는 한편, 세제와 금융 양측의 규제를 통해 토지 처분을 유도하고 신규 취득을 막는 계획이었다.[77] 요컨대 계획의 핵심은 보유 과세의 강화라는 장기대책과 준조세 수단의 도입이라는 단기대책을 조합하여, 투기 목적의 토지보유와 개발이익의 사유화를 막는 데 있었다. 투기수요 억제와 택지공급 확대라는 정책효과를 유발함으로써 가격안정을 실현할 수 있다는 판단이었다.

이러한 결정은 대토지 소유자와 대기업 집단의 이해관계와 정면으로 배치되는 것이었다. 그런데 흥미로운 점은 이처럼 이해 충돌의 계기가 다분했는데도 불구하고, 정부가 입법안을 마련하기 전까지 집단적 이견이 제기되지 않았다는 사실이다. 개혁에 대한 여론의 지지 때문에 그

누구도 쉽게 반론을 표면화하지 못하는 상황이었다. 재계조차 경제 6단체가 함께 '경제난국 타개를 위한 기업인 다짐 대회'(1989. 7. 11)를 열어, 정책 개혁에 협력하겠다는 의사를 표현했을 정도였다.[78] 국회가 법안 심의에 착수한 다음에야 비로소 개혁에 대한 반발이 나타나기 시작했다.

정부안에 대한 견제가 야당이 아닌 집권 여당에서 왔다는 사실도 흥미롭다. 민정당은 개혁방침을 정면으로 배격하지 않으면서도, 입법안의 보완과 완화를 줄곧 요구했다. 택지 소유상한 책정의 불합리성 문제, 재산권 침해 및 위헌 논란, 미실현이익에 대한 과세 적합성 문제, 토지초과이득세의 이중과세 논란을 먼저 제기한 것 역시 민정당이었다.[79] 당정책위원회에서는 중산층 및 부유층의 불만과 개혁에 따른 계층갈등, 임박한 정치일정 등을 거론하며, 법안의 수정 보완, 나아가 시행 연기까지도 요구했다.[80]

집권 여당의 이러한 태도는 전국경제인연합회와 대한상공회의소를 중심으로 한 재계의 이해관계를 대변한 것이었다. 이 무렵부터 재계는 겉으로 지지 의사를 밝히면서도 뒤편에서는 실질적 반대입장을 전달하기 시작했다. 미실현이익에 대한 과세의 부당성을 제기하는 한편, 소유 제한이나 거래 허가제와 같은 직접적 규제정책이 그 부작용과 달리 실효성이 적다고 비판했다. 당시의 지가상승은 공급 부족에서 왔고, 투기 역시 가격상승에 대한 기대심리의 반영이기 때문에, 궁극적인 가격안정 대책은 토지공급 확대에 있다고 지적했다. 이에 반해, 토지공개념 법령은 거래를 동결하고 토지개발·공급을 제한하는 정책이기 때문에, 결국 공급 부족에 따른 지가상승 압력을 조장할 뿐이라고 주장했다. 기업의 부동산 소유 또한 투기이익을 좇은 결과가 아니라, 지가상승으로 기업용지 확보가 어렵고, 기업 신용 또한 부동산 담보로 제공되는 현실에서 비롯된 불가피한 선택이라고 반박했다. 이러한 관점에서, 재계는 소유제한 위주의 신규 입법보다 보유세와 양도소득세의 보완을 통한 시가 할성회기 비람직힌 데안임을 주깅갰다.[81] 인른적 지지 뒤에시 닐효성을 문제삼고, 각론에서 법안의 수정 보완 또한 시기상조론을 제기하는 것이 재계의 전략이었다.[82] 재계와 민정당의 이같은 공세는 결국 당정 협의에서 정부 원안의 후퇴를 가져왔다.

위기에 처한 공개념을 구하는 데 큰 역할을 한 것이 경제정의실천시민연합(1989년 7월 창립, 약칭 경실련)이었다. 경실련은 한국사회를 "경제적 불의"가 만연한 곳으로 규정하면서, 경제정의의 실현을 위해 해결할 급선무로 부동산문제를 들었다.[83] 그에 따르면, 문제의 근본 원인은 토지소유의 편중과 투기로 인한 불로소득에 있는데, 이것이 바로 갖가지 사회문제, 짧게 요약한다면 "계급 양극화"로 대표되는 사회불안과 부정의의 원천이었다.[84] 이런 시각에서 경실련은, 부동산문제를 통해 한국 자본주의의 갈등이 노자 간 계급대결에서 "주택소유자와 무주택자의 문제로 확대"되고 있다고 진단했다. 그런 다음, "노동자와 기업가로 구성되는 생산자층의 편에 서서 불로소득층을 공격하는" 시민의 분배 정의 실현 운동을 선언했다.[85]

분배 정의 실현의 수단으로 내세운 것이 바로 토지공개념을 비롯한 부동산 과세였다. 토지공개념 법안과 관련하여 경실련은 택지소유상한제 확대와 초과택지 처분의 의무화, 개발부담금 산정기준의 실효화, 토지초과이득세 지가 산정기준의 명문화와 주거용 택지로의 과세대상의 확대 등을 주장했다. 종합토지세 세율 인상과 과표 현실화, 양도소득세 비과세·감면의 축소 등의 토지 과세 강화론도 경실련의 주요 요구였다.[86] 경실련의 정책 기조는 결국 조세정책을 통한 토지독점과 투기 근절로 요약할 수 있는데, 이는 사실 정부의 정책 방향과 일맥상통하는 것이었다. 달리 말해, 경실련은 무주택 세입자의 주택구매 능력을 되살릴 방법으로 '조세주의'적 해법을 제안했다. 그 핵심은 토지소유자와 개발업자에게 향하는 자본이득을 제한하여 주택가격을 안정시킴으로써 주택 배분의 형평을 도모하는 것이었다. 부동산 불로소득의 **환수**를 통해 소득능력을 갖춘 중산층 실수요자의 주택구매를 활성화할 수 있다는 판단이었다.[87]

이러한 인식에서 경실련은 반대세력의 저항이 본격화된 그 시점에 공개념법 원안을 지키는 데 온 힘을 집중했다. 연이은 성명과 입장 발표, 여야 대표와 경제부총리 등 고위 정책담당자를 통한 면담과 진정, 정책 공청회 개최 등의 방법을 총동원했다. 입법 심의가 한창이던 1989년 9~12월에는 수천명이 운집하는 시민대회를 잇달아 열어 정책 압력을 행사했다.[88]

반면 의회 내 야당들은 입법을 둘러싼 정치 지형에서 별다른 역할을 하지 않았다. 민주화 이후 형성된 여소야대 정국에서 연상되는 야당의 위력은 이 문제에서만큼은 사실과 다르다. 실제로 건설위원회 소속 야당 의원 대부분은 법안 도입에 반대의견을 갖고 있었다. 평화민주당(약칭 평민당)과 통일민주당(약칭 민주당) 역시 대체로 상황의 변화를 관망하다, 여론의 확고한 지지를 확인한 여름 이후에야 뒤늦게 당론을 정했다.[89] 원안 지지에 일부 쟁점에 대한 강화의견을 포함한 안이었다. 한편 신민주공화당(약칭 공화당)은 소극적 반대로 일관했다. 이런 맥락에서 야당들은 법안수정을 위해 그다지 노력하지 않았다.[90]

결국 이같은 세력지형을 따라 당정이 마련한 수정안은 별다른 수정 없이 거의 그대로 통과됐다. 종합토지세 신설(1989. 5)에 이어 공개념 3법 통과(1989. 12), '부동산투기억제와 물가안정을 위한 특별보완대책'(1990년 5·8대책)에 따른 비업무용 기업부동산의 처분 조치 등을 통해, '공개념 확대방안'에 담긴 정책수단들도 차례차례 제도화되있다. 1995년 부동산 실소유자 명의 등기제도(부동산실명제)의 도입을 끝으로 토지정책의 개혁은 일단락됐다.

이러한 개혁이 가격안정과 투기억제에 얼마나 효과가 있었는지는 논쟁의 여지가 있다. 과표 현실화와 비과세·감면 제도의 축소를 통해 과세율을 높이려던 계획에도 불구하고, 토지 과세의 실효성이나 재분배 효과는 1990년대 말까지도 매우 낮은 편이었다.[91] 저 발달한 세제구조를 벌충하는 수단으로 채택한 토지공개념 3법 역시 그 적용 범위를 한정하는 예외조치인 까닭에 과세 실효성에 대한 비판이 끊이지 않았다.[92] 더구나 직접적 소유제한을 비롯한 '준조세적 규제' 방식은 과세 정당성과 과표 평가와 관련된 소유자들의 반발을 불러왔고, 그나마 있던 과세 효력조차 1990년대 내내 계속된 조세 마찰과 위헌 시비로 점차 훼손된다.[93]

그러나 주목해야 할 것은 공개념을 둘러싼 정치과정의 향배를 좌우한 것이 도시 가구, 그중에서도 중간계급의 압력이었다는 점이다. 생산비용의 공여에도 주택 소비(를 통한 자산축적)에서 소외된 이들의 불만에 선제적으로 대응한 결과가 바로 공개념법이다. 이런 관점에서, 토지공개념의 입법에는 토지소유자와 개발자에게 돌아가는 자본이득을 제한하여 도시 가구의 주택구매 가능성을 높이고, 이를 통해 소비자들의 편익 몫을 늘리려는 분배 투쟁의 성격이 포함되어 있다. 이에 우리는 공개념 확대를 둘러싼 정치적 파동을, 자원동원형 연쇄 특유의 불공정한 비용-편익 구조로부터 잉태된 또 하나의 조정 갈등으로 해석한다.

소비자 저항: 주택 배분의 합리화 요구

주택소유 기회를 제한하는 왜곡된 배분제도, 특히 청약제도를 중심으로 짜인 분양제도에 대한 개혁 요구도 제기됐다. 분양제도의 문제점은 무엇보다 적체된 청약 대기자의 숫자에서 압축적으로 드러난다. 1987년 19만 4천여명이었던 청약가입자의 수는 1991년 288만 6천여명으로 급증했다.[94] 그렇지만 폭증하는 수요에 견줘 공급물량은 크게 부족했다. 200만호 건설계획과 같은 대규모 공급계획이 진행됐지만, 실제 분양까지는 시차가 있었다. 1988년의 주택공급량은 25만 1천여호로 청약가입자의 30% 수준에 불과했는데, 1991년에는 46만 8천여호, 16.2%로 수급 불일치가 오히려 확대되는 상황이었다.[95]

주택 수요와 공급의 불일치는 주택 규모 면에서 더 두드러졌다. 대다수의 청약저축 가입자들(1991년 기준 122만여명, 92.8%)이 $40m^2$ 초과 $85m^2$ 이하 중(소)형 주택을 분양받기 위해 청약상품에 가입했지만, 실제 공급은 훨씬 못 미쳤던 것으로 추정된다. 규모별 공급량을 그나마 확인할 수 있는 주택공사의 건축 비율(국민주택)과 동률로 가정할 경우, 공공 부문의 해당 평형대 공급량은 9만 8천여호 정도로 추산된다. 4~5인 규모의 '정상' 가족이 필요로 하는 중형주택(60~$85m^2$)의 경우는 주택공사 건축량의 15.5%였는데, 그조차 200만호 건설계획이 소형 공공주택 건설에 치중함에 따라 점점 줄고 있었다. 청약예금 가입자의 경우에는 $85m^2$ 이하와 초과 주택의 비중이 엇비슷했는데, 공급은 오히려 중(소)형 주택에 몰려 있었다. 대형 민영주택의 공급이 상대적으로 부족했지만, 이 부문 가입자들이 대개 경제적 여력이 있는 주택소유자였기 때문에 문제의 소지는 적었다. 간추리자면, 청약 수요와 비교해 절대적으로 공급이 부족했을 뿐만 아니라, 실제 공급된 물량조차 중(소)형 주택을 원하는 가족들의 평균적 요구와 달랐다.[96]

절대적·상대적 공급 부족의 결과는 청약 대기자의 적제로 이어졌다. 서울지역 1순위 가입자 수는 1992년 3월을 기준으로 총 62만여명에 달했고, 그들 대부분이 장기 대기자에 속했다. 그런데 이들이 장기 대기자가 된 이유는 과소 공급이나 공급-수요의 불일치, 낙첨과 같은 불운 때문만이 아니었다. 그것은 주거의 필요보다 가구의 경제적 능력을, 정책이나 정치적 필요를 우선시하는 왜곡된 배분 방식의 문제이기도 했다. 이런 관점에서, 청약가입자들이 주택분양에 실패했던 것은 정부의 무능력이나 시장실패 때문이 아니었다. 오히려 그것이 다분히 의도된 결과였기에, 청약제도에 대한 깊은 불신과 반발이 싹틀 수밖에 없었다.

이러한 맥락에서, 1990~92년에 이르면 청약가입자들의 불만이 갑작스레 주요 일간지 지면에 오르내리기 시작한다. 내 집의 필요가 절실해짐에도 불구하고, 분양에서 번번이 낙방한 이들이 공급규칙 자체를 문제삼기 시작한 것이다. 이러한 상황은 급기야 사상 초유의 집단행동을 낳는다. 특히 중형주택 분양을 전제로 개설된 선매청약저축 가입자들이 그 중심에 섰다. 공공주택 건설계획이 소형주택 중심으로 전환되면서 공급 우선순위에서 밀려난 이들은, 1990년부터 건설부와 국회에 주택공급 정책의 전환을 요구했다.

첫째, 청약가입자들의 주택 수요에 부합하지 않는 공급정책을 꼬집었다. 대다수 청약가입자가 중형주택을 선호하는데도 불구하고, 공급정책은 늘 이를 공급 우선순위에서 배제해왔다는 주장이었다. 이들이 문제의 원인으로 제기한 것은 크게 둘인데, 하나는 근본 원인, 다른 하나는 정세적 원인이었다. 먼저, 중형 공공주택의 부족을 초래한 근본 원인으로서 대형 민영주택 건설 중심의 공급정책을 문제삼았다. 정세적 원인은 당시 진행되고 있던 200만호 건설계획과 관련된 것이었다. 영세민을 위한 소형주택이나 임대주택 건설에 치중하는 정책 방향으로 인해, 대다수 수요자를 위한 중형주택 건설이 오히려 크게 위축됐다는 주장이다.[97]

둘째, 공급규칙을 향해서도 비판의 화살을 돌렸다. 이들은 먼저, 국가시책과 연관된 특정 집단을 우대하는 특별분양 제도의 폐지를 주장했다. 일정 횟수를 납입한 가입자 모두에게 같은 순위를 부여하는 분양 방식을 개정하여, 납부횟수가 많은 장기 가입자에게 우선권을 줄 것을 요구했다. 당시의 분양절차 자체가 청약가입자의 재정적 기여도나 무주택 기간 등을 제대로 고려하지 않는 불합리한 제도라는 인식이었다. 셋째, 국민주택 배분상의 이 모순을 완화할 대안으로 국민주택과 민영주택 사이의 청약 경계를 완화할 것을 제안했다. 이는 청약저축 가입자가 중형주택을 분양받을 가능성이 거의 사라진 것과 달리, 청약예금 가입자들은 상대적으로 손쉽게 중형주택을 분양받는 현실을 반영한 것이었다. 이에 청약저축을 청약예금으로 전환하는 방향의 기존 정책방침을 폐기하고, 청약저축 가입자들에게도 민영주택 분양 권리를 제공할 것을 요구했다.[98] 한마디로 말해, 중형주택의 공급확대와 공급규칙 재편을 통해 비용 부담에 맞는 보상을 실현하라는 주장이었다.

하지만 기대한 정책전환은 없었다. 일부 요구에 대한 제한적 수용이 전부였다.[99] 그러자 청약가입자들은 '(선매)청약저축가입자협의회'를 결성한 후 집단행동에 나섰다. 장기 가입자들을 중심으로 한 청약 대기자들의 분노는 수서 등 4개 지구의 시영아파트 분양접수 현장(1991. 12. 3)에서 가장 극적으로 폭발했다. 이날 청약가입자 천여명은 분양신청

자격 제한에 항의하며 분양신청서를 빼앗아 찢은 후, 잠실종합운동장 앞 도로에서 연좌시위를 벌였다.[100] 이 사건이 사전에 조직되지 않은 우발적 고발 행동이라는 점에서, 무주택 청약 내지사들의 불만이 얼마나 누적되어 있었는지를 짐작할 수 있다. 여론조차 이들의 행동이 정당한 이유에서 비롯됐다고 생각했다. 주택 배분의 불합리에 대한 광범한 대중적 공감이 형성되어 있었다고 평가할 수 있는 대목이다.[101]

제도 불만에 정부는 주택공급규칙의 점진적 개정으로 대응했다. 물론 공급계획의 급격한 전환이나 분양제도의 기본 골격을 허무는 변화는 없었다. 그렇지만 장기 무주택자의 배분 순위를 상향 조정하거나, 영구불임 시술자와 같은 특정 인구집단에 대한 선택적 특혜를 철폐하는 방식으로, 배분의 불합리성을 어느정도 개선했다. 공급규칙의 맹점을 다주택 소유 또는 투기의 수단으로 악용하는 행위에 대한 규제, 예를 들어 기존 당첨자나 다주택 소유자, 대형주택 소유자 등을 1순위 대상에서 배제하는 조치 등도 나타났다(이상 부록 '가-2'와 '나-2' 참조). 분양권 전매 조치와 더불어, 대표적인 다주택 소유 억제수단으로 기능하게 될 분양 당첨자 배제 조치가 이렇게 마련됐다.

이로써 주택 생산비용을 계속 분담해왔음에도 불구하고, 분양에 실패함으로써 생긴 불균등한 교환관계가 상당 부분 제거됐다. 하지만 이러한 변화에도 불구하고 배분제도 특유의 관성은 계속 유지됐다. 자산이나 소득 규모와 같은 경제력 평가는 개혁 의제로 고려되지 않았고, 주거의 필요보다 경제적 능력을 우선하는 시장주의적 배분의 기본 속성도 지켜졌다. 변한 점은 생산비용을 똑같이 분담한 수많은 가구 중 일부에, 그것도 이해하기 어려운 정치적 이유로 분양 특혜를 제공하는 왜곡된 분양절차가 사라진 것이다. 이렇게 볼 때 1990년대에 접어들며 진행된 분양제도의 개선을 시혜주의 정책의 산물로 보기는 어렵다. 그것은, 기존 소유자들과 꼭 같은, 심지어 그 이상의 재정적 기여를 해왔음에도 주택 배분에서 소외당한 청약가입자들의 압력이 만들어낸 결실이다. 그들의 시선에서 보자면 부담과 보상의 일치라는 교환적 정의의 원칙에 부합하는 조치다. 이런 식으로, 자원동원형 연쇄 속 도시 가구들은 자신의 재정 기여에 맞는 정당한 보상을 자연스럽게 갈구했다. 하지만 다른 한편에서 이들은, 이러한 배분 원리로는 충족되기 힘든 거주의 필요를 추가적 배분 원칙으로 삼길 바라는 다른 생각 또한 가졌다.[102]

4. '내 집 마련의 민주(화)'를 위한 투쟁과 성공의 역설

'소유의 민주화'를 위한 투쟁

주거지 형성과 주택공급을 중심으로 펼쳐진 경합의 결말을 도시 가구의 관점에서 성찰해보자. 앞서 살펴본 것처럼, 주거 장소의 대대적인 상품화로 촉발된 긴장은 주거생존권 요구의 '부정'과 소유(재산)권의 '승인'이라는 상반된 과정을 거치며 처리됐다. 이같은 이중적 결말은 토지점유와 자력 건설에 기초한 주거지 형성 경로를 철저히 부정하는 한편, 사회주택에 관한 공론의 형성 역시 가로막는 계기가 됐다.[103]

대안적 출구가 모두 봉쇄된 상황에서 남은 선택지는 결국, 공급연쇄의 기회구조에 순응해 소유자가 되는 방법이었다. 그런 식으로, 자가 주택을 확보하기 위한 투쟁에 예비 소비자들의 요구가 집중되기 시작했다. 중간계급과 노동계급이라는 두 집단 행위자들과 연관된 주거운동의 흐름 역시 이러한 변화를 더욱 북돋우는 가속 인자 역할을 했다.

먼저, 경실련으로 대표되는 중간계급 시민단체는 자가 접근권을 확장하기 위한 제도개혁에 주력했다. 물론, 당시 경실련이 주장했던 부동산 개혁 요구가 비단 자가 접근권 문제에 국한된 것은 아니었며. 경실련이 제기한 개혁 의제는 크게 셋으로 나눌 수 있는데, 그 첫번째는 조세 수단을 통한 토지독점과 투기의 근절이었다. 토지소유자와 개발자에게 향하는 자본이득을 제한하고 가격을 안정시킴으로써, 중간계급 실수요자들의 주택구매를 활성화활 수 있다는 판단이었다. 둘째, 임대차보호의 강화와 임대료규제였다. 임대료 통제위원회를 설치하여 전월세가 상승 폭을 통제하는 한편, 임차인의 권리를 크게 강화하는 방향의 법적 장치를 마련하자는 주장이었다.[104] 마지막 세번째가 강제 철거 중단과 철거민 주거대책에 대한 요구였다.[105]

하지만 경실련이 문제 해결 수단으로 강조한 것은 주로 조세주의적 개혁이었다. 출범 2년 동안 이 단체가 발표한 성명서를 분석한 결과, 경실련의 노력이 압도적으로 집중된 곳이 조세개혁 운동이었다. 부동산 세제와 토지공개념 강화정책이 주된 요구였고, 토지공개념 논쟁의 한 축이었던 재벌의 토지독점 비판 역시 중요한 의제였다. 이와 대조적으로, 임대차제도 개선이나 철거정책의 개혁 같은 의제들은 주변적 위치에 그쳤다. 임대차 관계의 보호와 관련된 의제는 '경실련 세입자협의회' 결성 전후에 산발적으로 등장했을 뿐이었다. 철거정책과 관련된 요구가 여러차례 등장하기도 했지만, 이 역시 착시에 가깝다. 철거민 운동을 적극적으로 지원한 사회운동세력은 경실련과 같은 시민단체가 아니라 기존 민중운동 진영이었다. 실제 경실련이 지원한 재개발 지구는 서초동 대법원 부지 일대 비닐하우스촌(꽃마을)뿐이었고, 여기 보이는 요구들도 대부분 꽃마을 투쟁과 관련된 것이었다.[106]

이렇듯 경실련은 대중의 주택구매 능력을 신장하고 소유의 형평성을 높이는 방안으로 조세개혁에 집중했다. 앞서 살펴본 것처럼, 그러한 노력은 토지공개념 관련 법령의 입법이라는 결실로 이어졌다. 이런 식으로, 경실련 운동은 중간계급을 포함하여 소득능력이 있는 예비 소유자들의 이해관계를 규합하는 역할을 했다.

노동계급 주택문제의 해법 역시 집단주택의 형성이 아닌, 임금인상과 기업복지를 통한 내 집 마련으로 고착됐다. 주거비 급증에서 비롯된 노동력 재생산의 위기는 대체로 두가지 경로의 계급정치를 거치며 처리됐다. 먼저 노동계급 주택문제는 생계비 책정에 관한 임금교섭의 하위 쟁점으로 수용되어 임금인상 압력을 빚어냈다. 민주화는 임금교섭을 통한 임금 결정의 정례화·제도화를 가져왔고, 노동자의 생활임금에 해당하는 생계비의 계측을 둘러싼 협상의 장을 만들어냈다. 양대 노동자단체는 최저생계비의 상승을 근거로 매년 20% 안팎의 임금상승을 요구했고, 개별 노동조합들 역시 상급단체의 모형을 바탕으로 산출한 조합원 생계비를 임금교섭에 활용했다. 노동자단체가 작성한 임금협상 자료에 의거할 때, 생계비 상승을 추동한 주된 요소 중 하나가 주거비였다. 주거비 폭증은 그간의 임금억압과 소비자물가 상승과 더불어, 임금인상의 당위성을 뒷받침하는 논거로 쓰였다. 노동 측의 요구는 작업장별 노사교섭을 거쳐 명목임금의 상대적 증가를 가져왔다.[107] 이런 식으로 노동계급 주택문제는 임금교섭의 하위 쟁점으로 포섭되어, 개별 기업별 노조의 '임금인상 정치'[108]에 흡수됐다. 이를 통해 노동계급 주택문제는 노조의 교섭력과 자원동원 능력에 기초한 경제적 차등 보상의 문제로 전환됐다.

또다른 문제 해결 통로가 된 것은 기업복지를 통한 자가보유 경로였

표 3-5 단체협약에 따른 노동자 주거 지원의 제도화, 1990~91년　　　(단위: 개 사/노조, %)

	1990	1991
사원주택 건설계획	-	25(14.0)
주택자금 대출	35(25.2) [요구 노조: 36/수용률: 97.2]	65(36.3)
주택수당	13(9.4) [요구 노조: 52/수용률: 25.0]	27(15.1) [통상임금 포함: 13]
사내복지기금	-	37(20.7) [주거 지원 용도 명문: 9]
조사기관(표본)	경제단체협의회(139)	전국노동조합협의회(179)

• 출처: 경제단체협의회, 1990, 「정부의 노동자 주택 25만호 건설계획에 관한 건의」(전인우, 앞의 글에서 재인용); 전국노동조합협의회, 1992b, 『임금투쟁·단체협약 분석: 임금인상투쟁 분석·단체협약 분석·임금체계 분석』, 돌베개.

다. 이는 노조 요구로 시작된 단체교섭 결과가 정부의 '근로자주택' 정책과 맞물리면서 조형됐다. 그 발단이 된 것은 노동 측이 단체교섭 의제로 제기한 사내복지를 통한 주거대책이었다.[109] 이러한 교섭전략에 따라 노동자 주거 지원 문제가 1990년 이후 단체교섭의 중요 쟁점으로 부상했다. 표 3-5에서 보는 것처럼, 이때를 거치며 주거 지원 대책이 단체협약 규정에 본격적으로 명문화되기 시작한다. 이 표는 경제단체협의회와 전노협 산하 사업장에서 1990년과 1991년에 체결된 단체교섭 결과를 나타낸다. 이를 보면, 주택자금 대출과 주택수당, 사내복지기금 등이 주된 기업복지 수단으로 도입되고 있다. 1990년 한국노총 산하 노조가 체결한 단체협약 중 주택자금 대출을 규정한 것이 3.4%에 그친 것과 비교하면 놀라운 진전이 아닐 수 없다.[110] 주택자금 대출이 고용주 수용률이 가장 높은 지원형태였던 것과 달리, 주택수당의 도입은 상대적으로 적었다. 주택수당이 임금인상 요인으로 기능하는 것을 기업주들이 우려했기 때문이다. 아울러 사내복지기금이나 사원주택 건설에 합의한

146

사례도 적잖이 등장했다.

이 가운데 사원주택 건설계획은 정부의 '근로자주택' 정책에 기반을 두고 있었다. 다시 말해, '근로 복지주택'(분양주택)과 '사원임대주택'으로 구성된 근로자주택의 공급을 통해 노동자 주거문제에 대응하려던 정부의 계획이 그 밑바탕이 되었다. 이는 노동자 주거안정의 책임을 기업주에게 이전하는 한편, 국민주택기금의 지원과 금융, 세제 혜택을 통해 이를 보조하는 방식의 정책설계였다. 하지만 근로자주택의 실제 운용 방향은 달랐다. 그렇게 된 가장 큰 이유는 노동자들의 일반 분양주택 선호와 임대주택 입주 기피로 미분양이 속출했던 데 있었다. 이에 정부는 최종 미분양된 근로자주택을 일반 분양주택으로 전환하거나, 입주자격 완화나 임대 의무기간 단축, 전용면적 확대, 전매 제한 완화 등의 제도개편을 통해 입주자 수요를 확보하려 했다.[111] 하지만 이로 인해 근로자주택의 의미는 오히려 퇴색했다. 근로 복지주택이 일반 분양주택의 대체물이 됐고, 사원임대주택 또한 분양전환을 통해 소유의 대상으로 전락했다. 결국 근로자주택은 '저소득 노동계급'의 주거안정책이 아니라, 노동자의 자가보유 수단으로 변질됐다. 노동계급 주택문제로 불거진 계급갈등이 경제적 보상을 통한 자가보유의 추구를 통해 순치됐다고 평가할 수 있는 대목이다. 노동자 주거의 집단적 모색은 퇴색하고, 자가소유에 기초한 개별적 문제 해결의 출구가 마련된 것이다.

집단적 세력의 지향조차 자가점유로 점철된 마당에 소유의 형평을 향한 무주택 가구의 도전은 더욱 강렬해질 수밖에 없었다. 자가 주택에 대한 접근권을 확보하기 위한 이중의 분배 투쟁, 즉 한편에서는 소유 독점에 대한 규제와 자본이득 제한을 통해 주택소유 확률을 높이기 위한 실천이, 다른 한편에서는 주택 배분의 합리화를 위한 실천이 이러한 맥락 위에서 펼쳐졌다. 이러한 관점에서, 민주화 이행기 주거정치의 향배를 좌우했던 대중 실천의 특성을 '소유의 민주(화)'로 규정할 수 있다. 소유의 민주(화)는 주택의 대중 소비를 통한 전사회적 병제등과 공급 대를 가리킨다. 지배적 소유관으로서의 소유의 민주(화)는 주거정치의 쟁점과 관련된 특정한 실천적 정향이라고 말할 수도 있다. 이를테면 주거공간의 형성과 관련하여 소유의 민주(화)는 동등한 주거 장소 소유의 권리를 주장한다. 택지 소유나 개발에 대한 규제 문제에서 확인했듯이 이 규범은 반(反)독점주의의 입장을 가진다. 공간상품화 자체를 부정하지는 않지만, 개발주의의 횡행을 막고 개발이익의 독점적 향유를 제한하기 위해 사회적 규제를 강조한다.

주택 배분의 측면에서는 자가 주택에 대한 포괄적 접근을 지향한다. 공급연쇄에 재정적으로 이바지한 가구들 모두에 상응하는 보상(소비편익)을 제공할 수 있는 합리적 배분제도를 갖추는 것, 그것이 바로 소유의 민주(화)의 기본 요건에 해당한다. 이러한 시각은 주택가격에 대한 인식과도 겹친다. 평등한 소유가 가능하기 위해서는 주택가격 역시 구매 가능한 적정 수준으로 관리되어야 한다. 투기에 대한 공분에서 우러나오는 가격안정 요구도 이러한 인식에서 자라난다. 투기세력이나 개발업자, 대토지 소유자에게 돌아가는 자본이득에 대한 규제 역시 마찬가지다. 독점적 소수가 아니라, 미래 소비자를 포함한 다수의 소유자가 자본이득을 누릴 수 있어야 한다는 생각이 이에 뒤따른다.

소유의 민주(화)를 향한 평등주의적 정서는 민주화 이행기 주거정치를 지배하는 원동력으로 작용했다. 하지만 긍정적 변화의 뒤편에는 숨은 역설도 존재한다. 첫째, 소유의 민주(화)는 평등한 소유를 지향했던 것이지, 소유권 자체를 부정한 것이 아니었다. 달리 말해, 이 운동은 소유의 확대를 위한 수단으로 소유 독점 해소와 자본이득 규제, 공급제도 개혁과 같은 의제를 제기한 것이었다. 따라서 반시장적 논리에 입각한 주택의 탈상품화나 보편적 주거권의 실현 등은 이 운동의 목표가 될 수 없었다. 같은 맥락에서, 둘째 소유(권)에서 비롯되는 자산 혜택, 즉 주택 거래에서 생기는 자본이득 역시 배격하지 않았다. 다만 그 수혜자를 일부의 독점적 소유자에서, 다수의 평범한 가계로 넓힐 것을 제안한 것뿐이었다. 자가보유에서 생기는 혜택을 소수가 독점하는 상황이 문제이지, 다수가 경제적 안전망으로 이를 활용하는 것은 문제가 아니라고 본 것이다. 그러한 까닭에 이 운동은 소유의 확대 이후에도 계속될 주거계층 간의 소득 이전을 문제삼지 않았다. 이러한 측면에서, 셋째 소유의 민주(화)가 문제삼는 현실은 결국 경제능력을 갖춘 가구에조차 끊긴 소유의 사다리였다. 반대로 보면, 소득능력이 부족한 인구집단에 소유의 가능성을 여는 변화는 운동의 관심사가 아니었다. 안정된 주거와 사적 재생산 지위를 동시에 확보하는 길이 자가소유였지만, 소비자금융을 열어 소유의 범위를 넓히자는 주장은 소유의 민주(화)의 의제가 되지 못했다.

위험회피적 가계 지위의 확산

소유의 민주(화)를 향한 투쟁은 정부의 대량공급 정책과 맞물려 주택소유의 확대라는 결실을 낳았다. 1990년 역대 최저치인 49.9%까지 떨어졌던 자가점유율은 1995년에는 1985년 수준으로 돌아갔다. 161만 4195세대에 이르는 가구 수 증가분을 웃돌 만큼 주택 수(204만 5543호)가 증가한 결과였다. 자가점유의 급격한 확대가 일어난 것은 아니었지만, 다주택 소유의 확대에 더해 실소유자의 증가가 있던 것도 분명했다.[112] 게다가 이러한 확산 현상은 거의 모든 연령 집단에서 나타났는데, 무엇보다 '가족의 시간'을 보내는 청·장년 가구주가 속한 집단에서 그 증가세가 뚜렷했다.[113]

소유의 양적 확대라는 이 현상 안에 두가지 의미가 포함돼 있었다. 먼저, 그것은 곧 '위험회피적 가계재무 지위'의 확산이었다. 앞서 2장에서 우리는 자가소유권을 통해 얻는 이 재무 지위가 가정경제의 안녕을 떠받치는 재생산 기반임을 주장했다. 이때 '위험회피'란 말은 소득형성에 입각한 소유 경로에서 오는 가계의 재무적 안정성을 표현하는 동시에, 생애주기에 출현하는 생계위험에 대한 경제적 안전망으로서의 자가소유권 역할을 뜻하는 이중의 용법이었다. '위험회피적 재무 지위'가 확산하였다는 말은 자가소유권을 매개로 이 재무 지위를 얻는 현실이 바뀌지 않았음을 가리킨다.

이는 첫번째로, 재무적 건전성의 조건이 됐던 소득 의존적 소유 경로의 계속을 뜻한다. 주택금융의 결핍은 여전했다. 물론 1980년대 후반 이후 주택 소비금융이 과거보다 팽창한 것은 사실이다. 민영 집단주택 분양자금과 단독주택 구입자금에 대한 융자가 늘었고, 근로자주택과 사원주택 마련을 위한 대출제도도 신설됐다. 전세 파동을 계기로 임차 가구에도 금융대출의 혜택이 제공되기 시작했다.[114] 그렇지만 소비자금융의 본격적인 개방이 일어나지는 않았다. 1980년대 후반의 급성장에도 불구하고, 주택담보대출의 크기는 1992년까지도 명목 GDP의 0.7%, 개인 부문 처분가능소득의 1.1%에 불과했다(그림 3-2). 사실상 수요자 대출 자체가 없는 것과 다름없었다. 장기상환 제도나 유동화 대출처럼 그 성숙을 나타내는 지표는 더 말할 나위조차 없었다.

여전히 한국의 도시민들은 저축과 사적 이전, 곧 소득형성에 기댄 내

그림 3-2 주택담보대출의 상대적 비중, 1980~95년 (단위: 백억원, %)

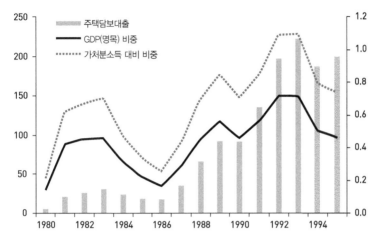

• 출처: 국토교통부『국민주택기금 업무편람』; 한국주택은행, 1997,『한국주택은행 30년사』; 한국은행, 경제통계시스템.

집 마련 방법에 의존하고 있었다. 그림 3-3에서 볼 수 있는 것처럼, 주택 구입자금을 마련하는 데 쓰인 주요 재원들의 구성 몫은 1990년대까지 거의 일정하게 유지되고 있다. 주택 구입 전에 보유 또는 임차 중인 주택에 축적된 자산이 가장 크고, 그 뒤를 차입금과 저축, 사적 이전 등이 잇고 있다. 제도금융과 사내 대출 등을 통한 차입금은 전기간에 걸쳐 30% 안팎의 수준으로, 주택금융에 대한 낮은 의존도를 보여준다. 그런데 이 그림을 보면 저축의 역할이 크지 않다고 여길 수도 있다. 그러나 이는 전세금과 주택 매각금 등으로 이루어진 기존 주택자산이 과거 저축이나 세습(이전)된 부의 축적이라는 사실을 간과한 생각이다. 따라서 저축이 결국 가장 중요한 재원이 된다. 가족이 벌어들인 소득을 전세금으로 보존한 다음, 여기에 추가 소득과 차입금을 보태 집을 마련하는 게 여전히 가장 주된 소유의 경로였다.

그림 3-3 내 집 마련 자금의 조달¹, 1982~97년 (단위: %)

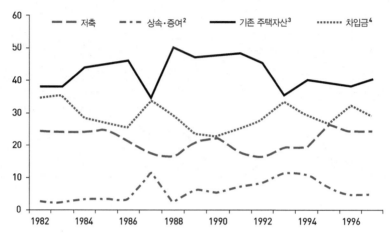

- 1. 대상: 민영주택기금 대출 가구('82~'87), 일반 가구('88~'95), 주택기금 대출 가구('96~'97).
  2. 1996~97년 상속·증여액에 기타자금 포함.
  3. 기존 주택자산: 주택 매각금, 전세금/월세 보증금, 보유주택 임대료 수입 포함.
  4. 차입금: 은행, 보험 등 금융기관 대출, 기업 내 주택자금 대출, 기타 차입금 포함.
- 출처: 한국주택은행, 주택금융수요실태조사(구 융자주택실태조사).

이는 동시에, 둘째 금융신용 획득과 타인 소득의 이전을 가능하게 하는 재무 지위로서 자가소유권의 위상이 계속됐음을 의미한다. 우선, 점유형태에 따른 신용형성 역량의 격차는 여전했고, 특히 자가와 임차 가구 사이에는 현격한 차이가 존재했다. 이 차가 가장 컸던 1991년, 자가소유 가구가 제도금융으로부터 조달한 부채가 평균 320만원이었던 데비해, 전세가구와 월세가구가 조달한 빚은 각각 152만원과 51만원이었다. 이 격차도 1980년대 중후반 이후 소비자신용의 확대로 그나마 좁아진 것이었다. 국민은행과 주택은행이 전담한 서민금융 시장에 상호신용금고로 대표되는 비은행 금융기관이 진입하고, 신용부금과 같은 대출연계 저축상품이 등장하면서 신용대출의 확대가 가능해졌기 때문이다.[115] 반면에 사금융을 통해 조달한 신용의 경우에는 점유형태에 따른 차이가 별로 없다. 1980년대 중후반 이후 월세가구의 사금융 의존도가 높아지긴 했지만, 점유형태와 사금융을 통한 부채 취득액 사이에서 뚜렷한 상관관계를 발견하기는 어렵다. 이 차이는 결국, 부동산 담보를 요구하는 대출 관행에서 비롯된 것이다. 1990년대 들어 그 비중이 줄긴 했지만, 부동산담보대출은 은행이 공급한 전체 가계신용의 60% 이상을 줄곧 차지했다. 가구당 평균 부동산담보대출 총액 역시 1980년 9만원에서 1993년에는 124만원으로 크게 상승했다.[116] 공금융이 사금융을 대체하고 신용대출의 비중이 차츰 느는 변화가 있었던 것은 사실이다. 하지만 주택을 비롯한 자산의 소유 여부는 공금융, 그중에서도 은행권 대출을 중심으로 재산형성용 신용에 대한 접근을 가르는 장벽으로 남아 있었다.

주택거래를 통해 타인의 소득을 수취할 수 있는 재무역량 역시 마찬가지였다. 주택 실거래가격에 대한 신고와 집계가 2006년에야 이루어졌기에, 소유자가 주택거래로 얻은 자본이득의 크기를 정확히 측정할 방법은 없다. 하지만 앞서 그림 2-4와 그림 2-5에서 살펴본 것처럼, 그러한 부도 결국은 신규 구매자와의 거래를 통해 실현된다. 가격상승세가 극심했던 당시의 상황에서 그같은 흐름은 더 강렬해질 수밖에 없었다. 더불어 임대차 거래를 통해서도 엄청난 규모의 소득 이전이 발생했다. 1992~93년 무렵의 전세금 추정액은 서울을 기준으로 약 30조원, 전국 기준으로 무려 50조원 안팎에 달한다.[117] 이는 주택은행과 국민주택기금을 통해 제공되던 전체 주택자금대출의 2배, 주택 수요자 대출에 한정하면 무려 18.9배에 이르는 금액이었다. 그처럼 큰 자금이 세입자로부터 소유자에게로 이전된 것이다. 소유자들은 이 자금을 다주택구매를 비롯한 신규 투자자금이나 생계자금으로 활용할 수 있었다. 전세 (보증)금은 금융비용 없이 구할 수 있는 일종의 사금융으로서, 주택소유자의 재산증식과 생활 안정을 위한 기초자금으로 쓰였다. '위험회피적 재무 지위'의 확산은 이같은 소득 이전 관계를 맺을 수 있는 가구가 늘었다는 것을 의미한다.

다음으로 주택소유의 확대는 또한 위험회피적 재무 지위의 '계급적 확대'를 가리킨다. 왜곡된 배분체계의 합리화가 어느정도 진행되면서, 주택 소비에서 배제됐던 대다수 중간계급과 노동계급의 상층이 자가소유자의 지위를 얻게 됐다. 특히 중간계급에 그 수혜가 집중됐다.[118] 중간계급의 주택소유를 증대시킨 두 사례를 예로 들어 변화의 양상을 확인하자.

먼저 조합주택을 들 수 있다. 조합주택은 주택의 자력 건축 촉진을 위해 주촉법 제정 당시부터 마련된 오래된 제도다. 그러나 실제 주택조합에 의한 건축은 활성화되지 못하다, 1980년대 중반부터 새로운 내 집 마련 수단으로 부각된다. 조합주택이 분양가 통제와 채권입찰제의 대상이 아닌데다가, 청약 경쟁 없이 주택을 마련할 수 있었던 방법인 까닭이었다.[119] 그렇게 분양 경쟁이 극심해진 1980년대 말 이후 고소득 중간계급 직군을 중심으로 조합주택 건축 붐이 일었다. 실제로 주택조합 대다수가 직장조합이었다. 1986~90년까지 서울시가 사업계획을 승인했던 총 639개 조합 가운데 87.5%인 559개가 직장조합이었고, 그렇게 분양된 주택은 7만여채에 조금 모자랐다.[120] 그런데 더 흥미로운 점은 직장조합을 구성한 직군들의 면면이다. 그 설립 주체는 크게 세 유형으로 나누어지는데, 첫째가 공공 부문으로 중앙정부와 자치단체의 여러 부처, 군부, 정부 공사 및 투자기관, 정당 등이었다. 둘째가 대기업을 위시한 일반

사기업, 셋째가 은행 등의 금융기관이었다. 국영 부문의 관료와 공직자, 민간기업체의 고소득 화이트칼라층이 조합주택 건립을 주도한 장본인이었다.[121]

사업지의 지리적 배치에서도 이러한 특색은 고스란히 드러난다. 조합주택 사업은 서울의 강북 구도심을 둘러싼 고리 모양으로 성황을 이루었다. 택지의 사전 확보가 사업 승인의 조건이었기에, 나대지 확보가 쉬운 비도심 지역에 사업이 집중됐다. 비도심 중에서도 서부권역보다는 동부권역에서 주로 사업이 이루어졌다. 신시가지 개발이 이미 완료된 강남 3구나 노원구 인근 지역이 투자전망이 더 밝은 곳이었기 때문으로 보인다. 특히 강남 3구에는 주요 권력 부처와 대기업 조합의 신청이 몰렸다. 조합주택의 지리적 입지 자체가 중앙권력과의 접근성이나 소득수준과 관련되어 있음을 알 수 있다.[122] 이런 측면에서, 조합주택 열풍 자체가 국영 부문과 민간 고소득 중간계급 직군들이 주도한 내 집 마련 기획이었다.

신도시개발 역시 적체된 중간계급 무주택자들의 아파트 수요를 해결하는 출구가 됐다. 실제로 신도시 입주자는 그 대부분이 소득 6분위 이상의 대졸 이상 학력자인 예외적 인구집단이었다. 그 절대다수 또한 중간계급이었다. 국토연구원이 1999년 수행한 조사에 따르면, 신도시 거주자의 직업은 자영업이 34.2%, 사무기술직이 43.2%로, 전체 표본의 77.4%가 신·구 중간계급에 속했다.[123] 게다가 그들 대부분이 주거의 상향이동을 체험했다(표 3-6). 전(월)셋집을 전전하다 내 집을 갖거나, 넓고 쾌적한 집으로 이주한 것이다. 세입자가 자가거주자로 거듭난 경우가 대다수였던 데 비해, 주거의 하락을 경험한 경우는 소수였다. 특히 서울에서 온 이주민에게서 자가소유를 포함한 상향이동이 가장 많이

표 3-6 신도시 이주자의 주거이동 유형 (단위: %)

| | | 이주 전 거주 지역 | | | | 전체 |
		서울	신도시·모도시	경기·인천	기타	
점유형태별 이동 유형	자가거주	66.0	42.4	57.2	59.2	57.4
	자가 → 자가	31.5	16.0	28.6	28.2	26.2
	차가 → 자가	34.5	26.4	28.6	61.0	31.2
	차가 거주	34.0	57.7	42.9	40.9	42.7
	자가 → 차가	6.8	15.3	14.3	12.7	10.7
	차가 → 차가	27.2	42.4	28.6	28.2	32.0
이동 양상	상향 이동	66.8	57.6	67.9	36.6	58.6
	수평 이동	10.2	11.1	14.3	14.0	11.4
	하향 이동	23.0	31.3	17.9	49.5	30.0

• 출처: 국토연구원, 1999, '주거만족도 및 주택 수요조사'(천현숙, 2004, 「수도권 신도시 거주자 들의 주거이동 동기와 유형」, 『경기논단』 6권 1호에서 재인용·수정).

일어났다. 신도시개발은 중간계급의 내 집 마련 열망을 실현한 획기적 사건이었다.

이처럼 소유의 확대는 위험회피적 재무 지위에 기댄 생애 경로를 중간계급에까지 확장하는 결과를 만들어냈다. 많은 중간계급 가족이 자신의 '계급 지위'에 맞는 '주거 지위'를 마침내 취득했고, 자가보유를 바탕으로 생활(생계)의 안전을 비로소 확보했다. 소유의 민주(화)를 꿈꾸었던 그들의 염원이 비로소 실현된 것이었다. 하지만 이 안전도 결국, 앞으로 있을 자산가격 상승과 타인 소득에 대한 전유를 통해 지탱되는 것이었다.

5. 내 집 마련을 통한 타협과 공급연쇄의 안정화

주거문제로 폭발한 거대한 사회위기는 공급연쇄의 재조직을 거치며 나름대로는 해결됐다. 그러한 조정의 특징은 불공정하고 편향된 비용－편익 구조의 제한적 합리화로 요약할 수 있다. 첫째, 공급연쇄의 조직 전반을 규율하던 정부의 가격통제가 이완됐다. 분양가와 택지가격에 대한 통제제도의 완화가 그 내용이었다. 산업이윤을 구조적으로 압박했던 가격통제가 완화됨으로써, 주택사업자들은 과거보다 더 큰 몫의 편익을 나눠 받게 되었다. 둘째, 지정업자에게 우월한 영업 기회를 제공하던 분절적 과점시장 또한 점진적으로 해체됐다. 이를 통해 대형 주택 사업자와 정부 사이의 이해 동맹은 적어도 공식적 시장제도의 차원에서는 끊어졌다. 이러한 변화가 주택산업의 부상을 보여주는 지표이기는 하지만, 그렇다고 해서 산업의 이해가 일방적으로 관철된 것은 아니었다. 이 개편이 자원동원형 관계의 기틀을 유지하는 조건에서, 산업 성장과 공급확대를 꾀할 수 있는 정책수단을 정부에 제공했기 때문이다.

이같은 조정에는 주택 배분에서 소외되어온 도시 가구의 요구 또한 어느정도 담겼다. 이 점에서, 셋째 개발이익 환수를 바탕으로 대중들의 주택구매 가능성을 높이는 수단으로, 토지공개념 법안의 입법을 비롯한 과세개혁이 진행됐다. 소유 독점에 대한 반발이 가진 정치적 영향력을 염려한 집권세력의 기획과 중간계급의 정책 압력이 맞물린 결과였다. 넷째, 주택소유 기회를 정치(정책)적 고려에 따라 특정 인구집단에 집중시켰던 분양제도의 왜곡 또한 상당 부분 해소됐다. 비용 부담과 편익 수혜의 일치를 바라는 예비 소유자들의 집단행동이 주택공급규칙의 개정을 통해 결실을 본 것이다. 이 역시 생산비용을 사전 부담한 댓가로 소비 편익을 소비자가 얻는 기본구조를 유지하는 가운데, 분양의 합리화를 통해 편익 배분의 불공정을 교정하는 방향의 변화였다. 간추려 말해, 자원동원형 관계에 기초한 비용과 편익의 교환관계를 유지하는 대신, 대형 사업자나 특정 인구집단에 그 편익을 편중 할당하던 선별적 배분 방식을 대폭 개선한 것이었다.

이같은 조정은 주거위기로 들끓었던 사회의 불만을 상당 부분 체제 내로 흡수하는 효과를 냈다. 무엇보다, 주거 불만을 표시하던 무주택 가구들로 하여금 '소유를 통한 타협'을 문제의 해법으로 받아들이도록 만들었다. 개발지 주민투쟁의 '비극'은 자조주의 전략이 성장하는 것을 봉쇄했고, 주택점유 형태의 사회적 선택 문제 또한 제기될 수 없게 했다. 계급역량에 기초한 집단 주거의 모색은 더더욱 불가능했다. 결국 도시민들은 자가 주택에 대한 접근권을 확장하기 위한 제도개혁에 매달릴 수밖에 없었다. 자가소유권에 담긴 위험회피적 지위를 생계의 안전망이자 생활자원으로 활용하는 것이 그나마 남은 선택지였다. 이렇게 형성된 대중 실천은 정부의 공급확대 정책과 맞물려 자가소유의 확대라는 결실을 만들어냈다. 주택 소비에서 배제되었던 중간계급과 상층 노동자계급의 일부가 자가소유자로 대거 진입하는 결과가 만들어졌다.

그간 여러 연구는 중간계급 자가소유자의 확대를 정부의 중산층 육성(포섭)전략의 맥락에서 해석한 바 있다. 주식과 부동산 등의 재산형성 수단을 통해 중산층을 탈정치화하려는 정치기획을 강조하는 시각이다.[124] 경제적 부와 계층상승을 향한 욕망을 충동질함으로써 체제안정을 뒷받침하는 사회세력을 형성하려던 기획이 존재했던 것은 분명하다. 그렇지만 이러한 기획은 치밀한 계획과 계산을 수반하지도 못했고,

그러한 목표를 실현할 만한 정책수단을 충분히 갖춘 것도 아니었다. 이들 연구가 지적하는 것처럼 실상 그것은 중산층 '신화'에 가까웠다. 그런데 여기서 지적할 점은, 이 '신화'의 날조를 통해 중산층 포섭전략이 '성공'했다는 추측이 자라난다는 사실이다. 결과론으로 본다면 그리 해석할 여지도 있겠다. 하지만 대중들은 결코 이 전략에 수동적 대상으로 포섭되지 않았다. 정치전략의 주체나 대상으로 투사된 정부나 대중의 행동 또한, 사실 알고 보면 자원동원형 연쇄의 구조적 관성과 그 기회구조를 배경으로 일어난 것이었다. 정부의 공급확대 전략은 수요제한형 정책과의 단절이긴 했지만, 여전히 자가소유 촉진책의 제공 없이 구매력을 가진 중간계급의 재원 부담을 전제로 설계된 것이었다. 달리 말한다면, 중산층 육성이라는 일관된 목표의 산물이라기보다, 전형적인 자원동원형 연쇄식 방법으로 주거문제에 대처하려 했던 모색의 결과였다. 중간계급이 택한 자가보유라는 해법 역시 그들로서는 어쩔 수 없이 선택할 수밖에 없는 유일한 문제 해결책이었다. 그런 측면에서, 그들은 공급확대와 분양제도 개편, 투기 규제를 통해 내 집 마련 기회를 확대할 것을 줄곧 요구했다. 결단코 날조된 '신화'를 믿어서가 아니다. 이처럼 '소유를 통한 타협'은 일방적인 기획의 산물이 아니었다. 오히려 그것은 자원동원형 연쇄와 그 기회구조 아래에서 행위자들의 행동과 전략이 서로 마주치면서 만들어진 결과였다.

주거문제로 폭발한 거대한 사회불화와 비교할 때, 이는 매우 온건한 결과였다. 공급연쇄의 비용-편익 구조에 상당한 변화가 생겨나기는 했지만, 자원동원형 연쇄의 기본 골격은 전혀 손상되지 않았다. 무주택 도시 가구가 제기한 도전 역시 자가보유를 통한 위험회피적 재무 지위의 확보라는 체제 순응적 해결책으로 순치됐다. 자원동원형 연쇄가 직면했던 최대 위기는, 역설적으로 그것의 구조적 완성과 (비용-편익 교환의) 합리화를 가져오는 계기로 작용했다. 그 결과, 1990년대 초반에 이르디 현새까지도 내려오는 점유구조의 고착이 비로소 일이있다. 지배적 점유형태로서 자가소유의 지위가 공고해지는 이 변화와 나란히, 소유에 기댄 삶에 대한 중산층 도시 가구의 의존 역시 깊어졌다.

4장

생존주의 주거전략의
사회적 확산

타협에 숨겨진 역효과는 금세 나타났다. 역설로 들리겠지만, 소유의 평등을 향한 사회적 '연대'의 성공이 오히려 사인(私人)주의적 삶의 도구로 자가소유권을 좇는 생활방식이 번창할 조건을 만들어냈다. 외환위기를 겪으며 주거문제를 둘러싼 사회연대가 급격히 약해진 것과 대조적으로, 계층 간 경쟁과 사회선택의 추세는 오히려 맹렬해졌다. 연대의 자리를 대체한 것은 사적 소유권의 옹호와 경제적 기회의 독점을 위한 소유자들의 운동이었다. 자신의 계층(계급) 지위를 과시하거나, 편협한 경제적 이해관계를 보호하기 위한 수단으로 자가소유권을 이용하는 소유자 행동 또한 확대됐다. '곡예'에 가까운 아슬아슬한 주택시장 거래에서, 재건축과 '뉴타운'개발로 대변되는 공격적인 도시개발 전략에 이르기까지, 중산층 자가소유자들 스스로가 주거문제를 되살려낼 불씨를 만들어냈다. 자가소유권의 획득과 보전, 증식을 위해서라면 갖은 편법과 위법, 실력 행사도 마다치 않았다. 자산적 이익을 위협하는 정책에 대해서는 완강한 저항이 뒤따랐다. 2000년대 중후반 보수정당의 선거 승리에 이바지하고 조세개혁의 좌절을 이끌 만큼, 소유자들의 결사가 지닌 위력은 대단했다. 강력한 이익집단 운동의 출현이었다.

그동안 우리 사회는 외환위기 이후의 경제적 전환을 자가소유권에 집착하는 중산층 소유자들의 부상을 기제로 민감히 제기로 인식해있다. 그와 달리 이 책은 이전 시기에 진행된 구조변동의 연장에 있는 '심화'과정으로 그러한 전개를 바라본다. 다시 말해, 2000년대 도시 중산층 가구의 주거 행동을 과거로부터의 완전한 이탈이 아닌, 그 구조적 유산에 뿌리를 둔 주거실천의 고착과 확산으로 파악한다. 따라서 자가 주택에 응축된 물질적 이해관계에 몰두하는 '이기적' 소유자 행동은 위기 이후에 갑자기 출현하지 않았다. 오히려 그것은 앞선 시대에 만들어진 사적 생계 방식이 변화된 환경 아래에서 더 강화된 형태로 표출된 것이다. 경쟁적 생계수단으로 자가소유권을 이용하는 생계 방식, 뒤에서 '생존주의 주거전략'으로 이름 붙일 이 생활전략의 사회적 확산을 탐구하겠다.

1. 외환위기와 부채 의존적 수요관리의 등장

1997년 말 정부가 국제통화기금(IMF)에 긴급 자금지원을 요청하며 시작된 외환위기로 주택과 부동산 부문은 깊은 충격에 빠졌다. 위기에 따른 금융경색과 실물경제의 침체는 부동산시장의 붕괴로 이어졌다. 1998년 한해에만 땅값은 13.5%, 집값은 12.4%나 폭락했다. 문제는 가격폭락에 따른 일시적인 시장 마비만이 아니었다. 만성적인 초과수요와 가격상승 상황에서 굳어진 사업 관행이 무너지면서, 시장은 더 깊은 침체에 빠져들었다. 토지만을 확보해 공사를 진행한 다음, 선분양으로 사업자금을 충당하던 사업자들의 영업 관행은 더는 계속될 수 없었다. 앞에서 살펴보았듯, 선분양은 분양이익에 대한 기대로 예비 분양자가 시행자에게 건축자금을 제공하는 교환관계에 기초를 둔다. 사업 전망이 불투명해지면서 중도금 납부를 꺼리는 등의 분양 포기가 잇따랐고, 이는 결국 주택사업자의 자금난으로 연결됐다. 신용경색 속에 자금조달에 실패한 사업자들이 끝내 부도를 맞는 사태 또한 속출했다.[1] 한편, 가계를 가장 고통스럽게 만든 것은 이른바 '전세대란'이었다. 주택시장 붕괴로 주택 매매가와 전세가가 한꺼번에 폭락하자, 집주인인 다주택자들이 전세 보증금을 반환하지 못하는 상황이 잇따랐다. 가격상승에 대한 기대를 전제로 이루어지던 임대차 관행이 무너지면서, 보증금 반환을 둘러싼 세입자와 집주인 사이의 마찰도 생겨났다.[2]

긴급상황에 직면한 정부는 '규제 완화'와 '수요 진작'을 두 축으로 하는 정책개입을 시작했다. 위축된 주택 수요를 창출하고 토지와 주택 거래를 활성화함으로써, 주택산업과 건설업을 구제하는 것이 개입의 기본 목표였다.[3] 그런데 이러한 개입이 비단 한 산업의 위기극복만을 지향했던 것은 아니었다. 오히려 정부는 주택건설업을 비롯해 광의의 부동산 산업이 가진 전·후방 연관 효과에 착안하여, 실물경제의 위기극복을 돕는 전략적 부문으로 이를 활용하려 했다. 주택과 건설 부문에 대한 대대적인 자본 투자를 바탕으로 고용과 소득을 늘려 경제회복을 촉진하려는 의도였다.[4] 게다가 이전까지 없었던 특별한 전략적 역할까지 부동산 부문에 부여했다. 부족한 외환을 확보할 뿐만 아니라, 기업과 은행의 재무 건전성을 높여 구조조정을 촉진하는 수단으로 부동산 자산 매각을 활용한 것이었다.[5]

달리 보아 이것은 산업 붕괴의 위기를 기화로 숙원을 이루려던 주택산업의 요구를 정부가 전폭적으로 수용한 결과이기도 했다. 양대 사업자단체는 1996년에 벌써 분양가 자율화와 소형주택 건설 의무 폐지, 여신규제 완화, 분양주택 재당첨 제한 및 청약 1순위 사택 제한 철폐 등을 함께 건의한 바 있다. 부동산경기 침체가 그 이유였다.[6] IMF 구제금융 발표가 있던 직후 이들 단체는 '주택건설 관련 규제 완화책'(1997. 12. 9)을 다시 발표했는데, 분양가 자율화와 단기 운전자금 지원을 포함한 기업 자금난 해소 대책 등이 주된 요구였다. 이들은 주택경기 활성화 방안을 잇달아 정관계에 건의했고, 그 대부분이 정부의 부동산대책에 수용됐다.[7] 비업무용 부동산 보유에 대한 규제 완화 역시 구조조정과 자산 매각의 지연을 이유로 든 대한상공회의소의 정책 건의가 반영된 결과였다.[8] 위기극복의 절박함을 앞세운 산업 요구가 과거 투기억제 수단으로 도입(강화)된 규제장치들의 완화나 해체를 가져온 것이다.

　이런 식으로 진행된 정책개입의 주요 내용과 수단을 표 4-1에 담았다. 첫째, 주택의 생산단계에서는 토지거래에 대한 규제, 소비단계에서는 분양가격 통제를 비롯한 분양규제가 대거 축소되는 등 공급규제의 완화가 나타났다. 토지투기에 대한 억제수단으로 활용되어온 토지거래 신고 및 허가제도를 폐지해 개발사업의 확대를 도모하는 한편, 외자 유치와 기업 구조조정을 촉진하기 위해 부동산시장의 개방과 기업부동산 규제의 완화를 단행하였다. 소비단계에서 가장 두드러진 변화는 민영 주택 분양가격의 전면 자율화와 청약 규제의 완화에 있었다. 주택경기 침체에 따른 사업자의 수익성 악화를 막거나(전자), 기존 소유자의 주택 구매를 통해 미분양 문제를 해결하려는 의도(후자)에서 시행된 조치였다. 둘째, 공급과정 전반에 걸쳐 대대적인 조세 감면 조치가 이루어졌다. 토지공개념 3법이 폐지되거나 중단되었고, 양도소득세와 거래세의

표 4-1 외환위기 이후 부동산대책의 주요 내용과 정책수단, 1998~2000년

	개발·건설	소비
공급제도 완화	토지거래 신고·허가제 폐지	분양가 자율화
	부동산 거래 및 취득 자유화(시장 개방) 기업부동산 매각 활성화	분양규제 완화: - 청약자격 완화: 민영주택 1순위 자격 완화 [기당첨자 및 2주택 이내 소유자 포함] - 재당첨 제한 기간 축소 [국민주택 10년→5년, 민영주택 5년→2년] - 주택조합 가입자격 완화 - 분양권 전매 허용: [중도금 2회 이상 납부 시 준공 전 허용]
조세 감면	양도소득세/법인세 특별부가세 세율 인하	양도소득세 면제 범위 확대/세율 인하: -미분양주택/기존 주택 구입 시도 포함 [기존 면제 대상: 1가구 1주택]
	택지소유상한제, 토지초과이득세 폐지 개발부담금제 완화: - 1999년까지 한시 면제, 이후 부과율 인하	취·등록세 감면(25%)
금융지원	국민주택기금 지원범위 확대/금리 인하 재개발·재건축 자금지원 분양주택 중도금대출	미분양주택 구입자금 대출 전세금 반환 대출 서민 주택자금지원 확대
	자산 유동화제 도입	주택저당채권 도입

면제 또는 경감도 이어졌다. 양도소득세 면제 대상이 미분양주택 및 기존 주택 구매자로 확대된 데서 볼 수 있는 것처럼, 미분양 해결이라는 명목으로 다주택구매를 사실상 묵인하는 조치였다. 셋째, 주택생산자와 소비자를 대상으로 하는 주택금융 또한 크게 확충됐다. 주택자금의 지원을 통해 공급위축을 막고 얼어붙은 시장거래를 복원하려는 조치였다. 먼저 눈에 띄는 것은 분양주택 중도금대출과 전세금 반환 대출이다. 미분양으로 생긴 사업자의 자금난을 해소하기 위한 대책이 중도금 대출이었다면, 전세금 반환 대출은 보증금 반환을 둘러싼 임대차 분쟁을 해결하기 위한 지원책이었다. 재개발·재건축사업에 대한 금융지원을 포함해 공공주택기금의 지원범위 역시 크게 확대됐고, 주택구매와

임차에 대한 금융지원 역시 극적인 변화를 겪었다. 자산 유동화 제도와 주택저당채권의 도입을 계기로 2차 주택금융 시장 역시 출현하기 시작했다.

정부 개입이 잇따른 가운데 주택정책의 기조 역시 변화했다. 공급관리형 정책의 부상으로 뒤편에 물러났던 경기정책적 측면이 다시 고려되기 시작했다. 침체에 빠진 경제를 부양할 필요가 제기됐기 때문이다. 그 결과, 주거문제를 경기정책의 문제로 다루려는 수요관리형 정책이 재등장했다. 그러나 개입의 성격은 이전과 달랐다. 자원 배분의 선택적 집중이나 경제 안정화를 위해 유효수요 집단을 한정하는 '수요제한형' 정책이 어제의 개입이었다면, 오늘의 개입은 주택경기와 실물경제를 부양할 목적에서 유효수요를 형성하고 확대하는 '수요진작형' 정책이었다. 그렇다고 해서 수요진작형 정책으로의 전면적인 전환은 없었다. 1980년대 말부터 본격화된 공급확대 전략은 여전히 계속됐다. 1990년대 초반에 견줘 달라진 것은 정책 역효과를 완화하기 위한 보조 수단으로 활용되던 가격통제 정책이나 투기억제 정책이 대폭 축소된 점이었다. 바로 이런 상황에서 수요진작형 정책이 도입되기 시작했다. 공급확대 기조를 유지하고 확장하는 조건에서 이루어진 유효수요 형성 정책, 달리 말해 공급 관리와 수요 진작의 혼종적 성격을 지닌 개입이 주택정책의 주축을 이루었다.[9]

수요 진작 정책을 뒷받침한 대표적인 정책수단이 주택금융이었다. 외환위기 전후로 진행된 금융 자유화를 계기로 주택금융의 대전환이 나타났다. 그 출발점이 한국은행 여신관리 규정의 폐지였다. 부동산개발과 투자 관련 업종 대부분을 여신 금지 업종으로 지정하여 자원 배분을 통제하던 규제가 풀리면서, 은행을 비롯한 금융기관이 주택금융시장에 진출할 수 있는 통로가 비로소 마련됐다. 시장 행위자들의 관점에서 보자면, 주택건설과 소비에 필요한 자금을 금융시장에서 조달할 길이 드디어 열린 것이었다. 먼저 공급자금융 측면에서, 부동산개발과 주택생산에 필요한 자금을 제공할 금융수단이 새로 마련됐다. '자산 유동화에 관한 법률'을 필두로 '부동산투자회사법'과 '간접투자자산 운용업법' 등의 입법을 통해, 프로젝트 금융(Project Financing), 자산 유동화 증권(Asset Backed Securities)과 자산 유동화 기업어음(Asset Backed Commercial Paper), 리츠(Real Estate Investment Trusts, 부동산 투자회사)와 부동산펀드 등과 같은 개발금융수단이 도입됐다. 한편 소비자금융 측면에서는, 시장 개방에 따른 경쟁이 본격화됐다. 주택은행의 민영화(1997년, 2001년 국민은행과 합병)와 함께 주택금융에 대한 진입 규제가 풀리자, 대다수 금융기관이 새로 생긴 시장에 뛰어들었다. 마지막 4단계 금리자유화 정책 시행으로 여·수신 금리 제한이 풀리면서, 업체 간 금리전쟁 또한 달아올랐다.[10] 이렇게 시작된 금융 '빅뱅'은 국민주택기금의 역할 전환과 맞물려 주택소비자금융의 대변혁을 초래했다.

표 4-2가 소비자금융에서 일어난 변화의 핵심을 요약하고 있다. 먼저 가장 두드러진 것은 주택담보대출의 폭발적인 증가다. 1996년 36.4조원에 불과했던 주택담보대출은 위기 이후 급격히 늘어 2015년 594조원까지 이르렀다. 국내총생산의 7.6%에 그쳤던 비중 역시 38.1%까지 증가해, 이제는 한국을 주택금융이 저발달한 사회로 분류할 수 없게 되었다. 주택담보대출은 또한 가계대출의 팽창을 이끈 중심 요소였다. 이 표는 한국경제의 위험요소로 거론되곤 하는 가계부채의 절반가량이 주택담보대출에서 생겨나고 있음을 보여준다. 외환위기 이후 불과 3~4년 만에 만들어진 만큼 가파른 변화였다.[11] 중심 행위자 역시 국민주택기금

단위: 조원, %

표 4-2 공급 주체별 주택담보대출의 구성 추이, 1996~2015년

	1996	1997	1998	2000	2001	2004	2006	2007	2008	2009	2010	2011	2012	2013	2014	2015
A. 주택담보대출	36.4 (100.0)	43.3 (100.0)	44.2 (100.0)	51.5 (100.0)	93.9 (100.0)	240.2 (100.0)	298.8 (100.0)	293.5 (100.0)	327.4 (100.0)	363.5 (100.0)	396.0 (100.0)	431.6 (100.0)	453.5 (100.0)	463.1 (100.0)	511.4 (100.0)	594.2 (100.0)
민간 주택담보대출	18.2 (50.0)	22.7 (52.4)	20.8 (47.1)	22.3 (43.3)	86.4 (92.0)	222.6 (92.7)	276.7 (92.6)	267.6 (91.2)	296.0 (90.4)	328.6 (90.4)	358.1 (90.4)	389.1 (90.2)	402.8 (88.8)	418.1 (90.3)	460.6 (90.1)	501.2 (84.3)
예금은행	14.9 (40.9)	16.7 (38.6)	16.4 (37.1)	20.3 (39.4)	86.4 (92.0)	169.7 (70.6)	217.0 (72.6)	221.0 (75.3)	240.0 (73.3)	264.0 (72.6)	285.0 (72.0)	306.0 (70.9)	316.9 (69.9)	328.9 (71.0)	365.6 (71.5)	401.7 (67.6)
비은행 금융기관[1]	3.3 (9.1)	6.0 (13.9)	4.4 (10.0)	2.0 (3.9)	-	52.9 (22.0)	59.7 (20.0)	46.6 (15.9)	56.0 (17.1)	64.6 (17.8)	73.1 (18.5)	83.1 (19.3)	85.9 (18.9)	89.2 (19.3)	95.0 (18.6)	99.5 (16.7)
공공주택담보대출	18.2 (50.0)	20.6 (47.6)	23.4 (52.9)	29.2 (56.7)	7.5 (8.0)	17.6 (7.3)	22.1 (7.4)	25.9 (8.8)	31.4 (9.6)	34.9 (9.6)	37.9 (9.6)	42.5 (9.8)	50.7 (11.2)	45.0 (9.7)	50.8 (9.9)	93.0 (15.7)
국민주택(주택도시)기금[2]	18.2 (50.0)	20.6 (47.6)	23.4 (52.9)	29.2 (56.7)	7.5 (8.0)	14.7 (6.1)	15.7 (5.3)	17.7 (6.0)	20.7 (6.3)	21.8 (6.0)	21.9 (5.5)	23.1 (5.4)	25.3 (5.6)	28.2 (6.1)	32.5 (6.4)	35.6 (6.0)
한국주택금융공사						2.9 (1.2)	6.4 (2.1)	8.2 (2.8)	10.7 (3.3)	13.1 (3.6)	16.0 (4.0)	19.4 (4.5)	25.4 (5.6)	16.8 (3.6)	18.3 (3.6)	57.4 (9.7)
B. 가계대출	151.0	185.0	165.8	241.1	303.5	468.9	575.6	630.1	683.6	734.3	793.8	861.4	905.9	962.9	1,029.0	1,138.0
C. 국내총생산	481.1	530.3	524.5	635.2	688.2	876.0	966.1	1,043.3	1,104.5	1,151.7	1,265.3	1,332.7	1,377.5	1,429.4	1,486.1	1,558.6
A/B	24.1	23.4	26.7	21.4	30.9	51.2	51.9	46.6	47.9	49.5	49.9	50.1	50.1	48.1	49.7	52.2
A/C	7.6	8.2	8.4	8.1	13.6	27.4	30.9	28.1	29.6	31.6	31.3	32.4	32.9	32.4	34.4	38.1
B/C	31.4	34.9	31.6	38.0	44.1	53.5	59.6	60.4	61.9	63.8	62.7	64.6	65.8	67.4	59.2	73.0

• 1. 농협 등 신용협동조합, 보험사, 저축은행 포함.

• 2. 수요자 융자와 매입임대 지원을 합산, 수요자 융자: 근로자/서민 구입, 최초주택 구입, 공유형 모기지, 저소득가구전세, 근로자/서민 전세, 전세금 반환자금, 개발이주자 전세 대출 등.

• 출처: Man Cho, 2008, *Subprime Mortgage Market: Rise, Fall, and Lessons for Korea*, KDI School of Pub Policy & Management Paper No. 08-08; 순제영 이순홍, 2012, 「우리나라 부동산금융의 현황과 과제」, 순제영 엮음 「부동산 금융의 현황과 과제」, 한국개발연구원; 한국주택금융공사 「주택금융월보」; 국토교통부 (해상)부 「국민주택(주택도시)기금 업무편람」에서 재구성.

에서 민간 금융기관으로 바뀌었다. 외환위기 직전까지 절반 남짓이나 되었던 국민주택기금의 비중이 겨우 6%대로 줄어든 반면, 민간 금융기관의 점유율은 85% 수준까지 커졌다. 한편, 주택저당채권의 증권화를 통해 주택자금을 조달하는 2차 금융시장 역시 한국주택금융공사의 설립으로 생겨났다. 다만 2000년대 내내 비중이 3~4%에 그칠 정도로 그 성장은 더뎠다.

소비자금융의 팽창을 이끈 중심 행위자는 무엇보다 예금은행이었다. 은행이 가계대출의 비중을 늘린 데에는 기업대출의 대손 위험이 커진 것뿐만 아니라, 부채를 줄이고 자기자본을 늘리는 방식으로 진행된 기업 재무구조 개선이 배경으로 작용했다. 이에 외국계 금융회사를 시작으로 은행권 전체가 가계대출에 대한 자산 운용을 늘리는 방식으로 대응했다.[12] 하지만, 이것이 단지 기업대출 위축의 부산물만은 아니었다. 오히려 그러한 변화가 가능했던 것은 가계대출이 금융시장 논리에 부합하는 수익성과 안정성을 제공했기 때문이었다. 실제로 당시 가계대출은 이자율과 연체율 모두에서 기업대출보다 더 우월한 상품이었다.[13] 다만 금융기관의 시각에서도 미지의 업무영역인 가계대출 시장에 도사린 불확실성과 위험을 통제할 방법은 필요했다. 가계신용에 대한 관리(평가)체계를 구축하지 못한 상황에서 대안이 된 것은 담보를 최대로 확보하는 전략이었다. 담보 제공에 가장 유리한 자산이 바로 주택을 포함한 부동산인데다가, 때마침 불기 시작한 가격 활황이 그러한 영업 관행을 더 조장하는 역할을 했다.[14]

주택담보대출로 대표되는 소비자금융의 개방과 확대를 가져온 주체는 결국, 국가와 은행을 비롯한 금융 부문이었다. 달리 말해, 주택금융의 팽창은 자원동원형 연쇄 특유의 금융억압에 대항하는 소비자 행동

그림 4-1 국민주택(주택도시)기금 대출자금 운용 추이, 1986~2015년　　　　　(단위: %)

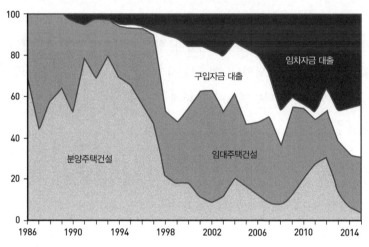

- 주택개량사업 자금 및 기타자금 제외.
- 출처: 국토교통부(국토해양부·건설교통부)『국민주택(주택도시)기금 업무편람』에서 재구성.

이 성공한 결과는 아니었다. 한국의 도시민들은 소비자금융의 억압으로 고통받았지만, 정작 주택금융을 저소득 가구에까지 확대하는 변화에 대해서는 소극적인 태도를 보여왔다. 이런 의미에서, 금융자본의 주도 아래 금융개방의 경로가 형성되었다고 말 수 있다. 그 결과, 주택금융의 혜택이 절실한 하층민들에게 신용을 충분히 배분하지 않는 금융구조 역시 유지됐다.

공공주택금융 역시 같은 방향으로 변화했다. 민간 금융의 놀라운 변신에는 못 미쳤지만, 국민주택기금 또한 이전과는 전혀 다른 방식으로 자금을 운용하기 시작했다. 자원동원형 연쇄의 초창기부터 국민주택기금은 기금 대부분을 주택건설, 특히 그중에서도 분양주택 건설을 위한 재원으로 제공해왔다. 그러나 외환위기를 기점으로 이같은 운용방식은 완전히 바뀌었다. 건설자금 융자액의 비중이 전체 대출자금의 절반 이하로 떨어진데다가, 그 대부분도 임대주택 건설자금으로 활용되기 시작한다. 반면, 주택 소비자 대출의 몫은 계속 늘어 2015년에는 전체 대출의 69.3%에까지 이르렀다. 그 안에도 임차자금 대출이 구입자금 대출을 압도하는 변화가 나타났다. 주택공급에서 공공 부문의 역할이 임대주택 건설로 전환된 것과 맞물려, 공공주택금융의 역할 또한 소비자금융, 특히 임차자금 공급으로 변모했다(그림 4-1). 물론 앞서 확인한 것처럼 국민주택기금이 취급한 수요자 대출상품의 성장세는 민간대출의 폭발적 증가와 견주면 상대적으로 완만한 것이었다. 이러한 사실에서 공공주택기금의 변화된 역할을 추론할 수 있다. 주택금융시장 전체가 민간 금융이 주도하는 구입자금 대출 중심의 시장으로 재편됨에 따라, 공공주택기금의 기능 또한 민간 금융에서 배제된 세입자들의 임차비용을 보조하는 방식으로 전환된 것이다.

수요의 팽창을 뒷받침할 금융적 기반이 이렇게 마련됐다. 이는 단순히 가계에 대한 신용공급의 확대에 그치지 않고, 가족의 삶에서 주택이 갖는 역할과 위상에도 큰 변화를 만들어냈다.

2. 자가소유 가구의 재무 지위 전환

금융 연계와 주택의 성격 변화

이제 주택은 금융과 분리된 실물이 아니라, 금융시장의 영향을 크게 받는 대상으로 변했다. 금융과의 결합은 주택의 생산과 소비단계 모두에 일어났다.

먼저 생산단계에서 새로 도입된 금융기법들로 인해 자본시장을 통한 자금조달이 가능해졌다. 이를 프로젝트 금융에 기초한 직접금융과 간접투자상품으로 나눌 수 있다. 프로젝트 금융은 사업자의 신용도나 담보력에 의존해 개발자금을 조달하는 일반 기업금융과 달리, 개발사업으로 예상되는 미래 수입을 바탕으로 자금을 조달하는 금융기법을 뜻한다. 외환위기 이전까지 이 기법은 주로 사회기반시설 건설에 적용되었는데, 이후 민간 부동산 개발사업의 자금 조달방법으로 널리 활용된다. 특히 유동성 위기를 겪는 시공사의 자금난 해소방안으로서 주택 개발사업에도 확대된다. 주택건설의 시행과 시공을 분리하는 사업방식의 변화와 함께, 빈약한 시행사의 자본력을 책임준공·분양, 지급보증, 채무 인수나 연대보증과 같은 시공사의 신용(력)으로 보강하는 사업구조가 출현한다. 바로 여기서 PF 대출채권을 모체로 ABS나 ABCP와 같은 유동화 상품을 발행하여 자금을 조달하는 기법이 생겨난다.[15] 부동산투자회사나 부동산펀드처럼 다수 투자자에게서 자금을 조달하는 집합투자기구 또한 2004년부터 도입된다.

다양한 개발금융 기법 중 가장 활용도가 높았던 것은 PF 대출이었다. 그 규모는 2005년 24.8조원에서 2007년 82.4조원으로 급상승했다가, 세계 금융위기 이후 개발사업 위축과 저축은행 부실대출 사태 등으로 축소되었다. 이와 달리, 유동화 시장(2차 시장)을 통한 자금조달의 비중은 1차 시장의 경우에 비해 훨씬 작은 편이었고, 조달되는 것도 단기 운전자금 조달 목적의 기업어음이 대부분이었다. 간접투자상품이나 유동화 대출상품의 성장이 완만히 이어졌지만, 사실 PF 대출을 뺀 나머지 자본시장에서의 조달은 그리 큰 역할을 하지 않았다.[16] 알고 보면 PF 대출 역시 전통적인 기업금융의 변형에 가까웠다. 엄정한 사업성 평가에 기초한 대출심사가 제대로 이루어지지 않은데다가, 시공사의 신용보강 여부가 대출 성사를 좌우하는 요소로 기능한 점 역시 기업금융에서 담보의 역할과 같았다.[17]

외려 금융시장과의 연계가 더 깊어진 곳은 소비과정이었다. 주택금융의 개방을 계기로 주택의 소비과정 전반을 '금융'이 매개하는 변화가 일어났기 때문이다. 그런데, 과연 금융과의 연계는 어느 정도까지 이루어졌을까? 주택금융의 개방을 넘어, 주택이 마치 금융자산처럼 자본시장에 통합되는 일이 벌어졌는가? 2007~2008년 '서브프라임 모기지 위기'(sub-prime mortgage crisis)의 원인이 되었던 '주택의 금융화' (financialization of housing) 현상이 진전되었는가?

알베르(Manuel B. Aalbers)에 따르면, 현대 자본주의의 금융화란 다른 산업(시장)의 성장을 위해 자금을 중개하는 전통적 역할을 넘어, 화폐와 신용 같은 금융상품을 주축으로 하는 금융시장이 부상하는 것을 가리킨다. 제조업에서 금융으로의 권력 이동이 아니라, 금융과 비금융산업 모두가 금융시장에 연계되는 것이 금융화의 본질이라는 것이다.[18] 이러한 맥락에서, 주택의 금융화는 주택담보대출 시장의 구조 전환을 수반한다. 자가소유를 촉진하기 위한 금융 중계가 아니라, 금융시장 본연의 상품으로서 주택을 금융 회로에 통합시키는 현상이 주택 금융화의 요체가 된다. 따라서 주택 금융화의 결정적 관건은 주택담보대출 채권의 증권화를 통해 (실물자산으로 분류되던) 주택을 금융상품으로 전환하는 기술에 있다.[19] 한국사회에서도 유동화 전담회사인 한국주택금융공사의 출범을 계기로 이러한 시장이 형성된 것은 사실이다. 하지만 유동화 대출의 규모는 2014년에도 연간 10조원대, 전체 대출 시장의 5% 수준에 그칠 정도로 그 성장이 더뎠다(표 4-2). 유동화 대출 시장 전체가 아직 잔여 시장의 위상을 벗지 못했을 뿐만 아니라, 대출채권의 증권화를 거쳐 조성한 2차 상품의 거래 역시 그리 활발하지 못했다. 이 점에서, 2000년대 주택금융의 팽창은 주로 전통적인 주택금융의 개방에 의해 이루어졌다.

억눌려왔던 주택금융이 개방됐다고 해서, 이를 자가보유 촉진 목적의 장기 주택자금 지원이라고 보면 오산이다. 한국 주택담보대출 시장의 주된 특징은 변동금리 위주의 단기 대출과 원금 일시상환 구조의 조합으로 요약할 수 있다.[20] 2000년대 내내 3~5년의 만기를 지닌 단기 변동금리 상품이 주력 대출상품이었고, 그 대부분은 일정 기간 거치 후에 원금을 한꺼번에 갚아야 하는 일시상환 상품이었다. 물론, 2000년대 중후반 이후에는 규제 당국의 개입으로 중·장기, 분할상환 상품으로 전환이 진행되기도 했다.[21] 하지만 실질적인 변화가 진행된 것은 가계부채의 위험성이 부각된 2011년 이후였고, 변동금리 일시상환 중심의 대출 구성은 아직도 유지되고 있다.[22] 한마디로 말해, 한국의 주택담보대출 시장은 주로 투기적 목적에 부합하는 단기 고위험 상품 중심으로 유지되어왔으며, 그러한 경향은 2008년 금융위기 이전 시기에 특히 강했다.

대출 심사체계 면에서도, 차주의 상환능력 평가에 입각한 여신 건전성 평가 대신, 주택의 담보대출 가치평가에 기초한 대출 결정이 주로 이루어졌다.[23] 신용카드 위기를 겪고 난 2000년대 중반, 신용위험 평가체계에 대한 대대적인 정비가 진행되었지만, 대출 심사 요건으로 활용된 것은 주로 담보가치인정비율(Loan To Value ratio, LTV)이었다.[24] 당국은 금융 건전성의 유지보다는 단기 주택가격 억제를 위한 수단으로 금융규제를 활용했는데, 그 핵심 도구가 담보물건의 시장가격에 견줘 대출 규모를 제한하는 LTV 규제였다. 반면, 차주의 상환능력에 따라 대출액을 제한하는 총부채상환비율(Debt to Income ratio, DTI)이나 총부채원리금상환비율(Debt Service Ratio) 규제는 예외로만 행해졌다.[25] 채권 회수를 목적으로 설계된 이와 같은 심사체계는 영업 일선의 재량적 심사 관행과 더해져 부실·부당 대출과 과잉 대출이라는 문제를 낳았고, 투기적 주택거래 붐을 조장하는 요인이 되기도 했다.[26]

이렇게 볼 때, 한국의 주택담보대출 시장은 유동화 시장이 충분히 발달하지 않았으면서도, 부채상환에 수반된 위험은 매우 큰 구조로 되어 있다. 이는 세계에서도 유래를 찾기 힘든 이질적인 시장이라고 볼 수 있다. 무엇보다 가장 충격적인 것은, 이러한 시장구조를 움직이는 기본 동인이 주택시장에서 형성된 자본이득이라는 사실이다. 대출 수요자의 상당수가 자본이득을 좇아 주택을 구매한 이들이고, 금융기관 또한 이들의 선호에 맞춘 대출상품을 설계하여 이익을 얻는다. 따라서 주택가격의 상승이 이러한 대출구조를 지탱하는 버팀목이 된다. 금융기관은 투기적 목적에 부합하는 단기 고위험 상품을 통해 주택소유자가 얻을 자본이득을 이전받는 한편, 거기서 자라나는 위험, 금리변동이나 가격하락으로 생길 수 있는 위험은 소비자에게 전가한다.[27] 결국, 이러한 '탄환형' 대출(bullet mortgage loan) 구조는 원금을 상환하지 못하거나 추가 대출을 받지 못할 차환위험(refinancing risk)에 소비자를 노출한다.[28] 흥미롭게도 소비자들 또한 주택가격 상승으로 예상되는 자본이득에 대한 일종의 기회비용으로 이를 받아들인다. 그러고는 다시 그 위험을 다른 시장 행위자, 예컨대 세입자나 미래 소비자에게 이전한다. 금융산업과 소비자 사이에 형성되는 고위험 불균등 관계가 자본이득이라는 공통 이해 앞에 해소되는 것이 우리 사회의 가장 주목할 만한 특징이었다.[29]

투기적 가계금융 지위의 부상과 사적 재생산 경로의 분기

주택금융과의 조우를 통해 한국인들의 내 집 마련 방법은 크게 변했다. '소득 기반' 모형을 '부채 기반' 모형이 대체하는 변화가 나타났다. 소득 기반 모형에서 주된 자금원은 임금소득과 사적 이전 등으로 확보한 자기 자금이었다. 반면 주택금융의 역할은 제한적이었는데, 사실 그것조차도 사금융에 속하는 전세(보증)금이 대신했다. 전세금으로 축적해놓은 소득에 추가 자금을 보태 집을 마련하는 방식, 그렇게 '월세→전세→자가'로 올라가는 상향 주거이동이 가장 일반적인 소유방법이었다. 주택금융의 개방은 억눌려 있던 차입의 역할을 극적으로 확대하는 한편, 소득의 역할을 부차적인 것으로 만들었다. 주택을 보유하기에 충분한 소득을 갖추지 못한 상태에서도 차입을 통해 구매자금을 조달할 길이 열렸기 때문이다. 주택 취득에 절대적 조건으로 기능했던 현재 소득의 위상이 이렇게 줄어든 것과 달리, 미래 소득의 가치는 오히려 커졌다. 이제 중요해진 것은 부채상환에 필요한 소득(신용)을 계속해서 창출할 수 있는 능력이었다. 소득의 중요성이 사라진 것이 아니라 그 용도가 변한 것이었다.[30]

모아둔 소득에 육박하거나 그보다 더 큰 규모의 차입이 가능해지면서, 이전까지와 같은 재무적 안정성은 더는 유지될 수 없었다. 정상적인 소득확보 활동으로는 부채를 감당하기 힘들어진 가족들 또한 속속 생겨났다. 차입 신용의 이자를 갚을 순 있으나 상환 약속을 이행하기에 현금소득이 불충분한 상태, 앞서 2장에서 말한 투기적 가계금융으로의 변화가 진행됐다. 1996년 36조원에 불과했던 주택담보대출은 2015년 594조원 규모까지 성장했다. 가계부채의 급격한 팽창(같은 기간 151조원→1138조원)을 이끈 주된 요소였다. 부채의 성장세는 소득의

증가 추세보다 더 빨라, 가계부채가 처분가능소득을 크게 웃도는 상황
(2015년 142.9%)이 만들어졌다. 주택담보대출로 본다면 처분가능소득의
11.9%(1996년)에서 70.6%(2015년)까지 상승했다.[31]

　이러한 조건에서 자가소유권의 위상은 경제적 안전망에 그치지 않는
다. 투기적 가계금융에 이르러 자가소유권은 금융관계를 형성하는 수
단으로 확장된다. 자가소유권을 통해 형성한 금융관계는 이제 가구 안
전을 보장하는 담보물을 넘어, 채무 위기에서 가정경제를 보전하고 가
족의 생활수준을 유지(증진)할 수 있게 하는 기반이 된다. 자산가치 상
승 국면에서 주택거래로 얻는 자본이득이나, 보유주택을 담보로 조달
한 신용 자체가 가족의 생계기반을 지키기 위한 필수조건이 된 것이다.
이런 각도에서, 자가 주택은 가족 생계에 필요한 소득을 획득하고 신용
을 형성(유통)하는 기초자산으로 재규정된다. 투기적 가계금융 지위에
서 자가 주택은 금융관계 그 자체를 형성하는 수단이 된다. 자산증식을
꾀하든 아니면 생활양식의 존속을 도모하든 간에, 금융관계 자체가 그
러한 목표를 달성하는 데 꼭 필요한 조건으로 고양된다. 자가소유권의
가치 또한 위험으로 가득 찬 산업 세계에서 가족의 안전을 확보할 현실
타개책, 곧 수정주의(현상타파)적 재생산수단에서, 가족의 생활양식과
경제적 존립을 지탱하는 현상 유지적 재생산수단으로 변모한다.

　투기적 가계금융 지위의 부상으로 도시가계의 살림살이에는 어떤 변
화가 생겼을까?[32] 먼저, 우리는 부동산의 보유에서 얻을 수 있는 소득의
격차가 얼마나 커졌는지를 살펴볼 것이다. 부동산소득은 크게 임대소
득과 자본이득으로 나누어지는데, 이 중 전자에는 임대차 거래에서 발
생하는 실제 임대소득과 부동산의 소유로부터 얻는 무상의 사용 편익
인 귀속 임대소득이 속한다. 후자에는 보유 이후의 자산가치 상승분인

그림 4-2 점유형태에 따른 월평균 부동산 관련 소득 (단위: 만원)

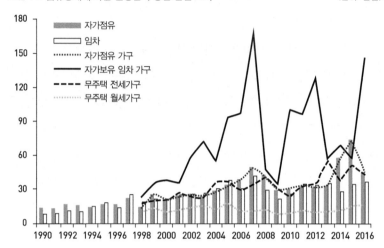

- 부동산 관련 소득＝실제 임대소득+귀속 임대소득(월세평가액)+자산변동수입.
- 출처: 통계청, 가계동향조사(1990~2016).

잠재 자본이득과 보유 부동산의 매각을 통해 현금화한 소득인 실현 자본이득이 포함된다. 다만 문제는 부동산소득을 정확히 보여주는 미시 시계열 자료가 없다는 점이다. 오직 추세적 변화를 읽는 것만이 가능한데, 여기서는 '가계동향조사(1990~2016)'[33]를 바탕으로 이러한 작업을 진행한다. 이 조사에 수집된 유관 지표들, 곧 '주택 등 임대소득'과 '월세평가액', '자산변동수입' 등을 더하여 부동산 관련 소득의 변화를 추정한 것이 그림 4-2이다.

그림의 막대그래프는 부동산 관련 소득이 지난 27년에 걸쳐 꾸준히 증가했음을 보여준다. 자가점유 가구와 임차 가구 사이의 소득 격차가 눈에 띄지만, 자가점유 가구가 늘 더 많은 소득을 얻은 것만은 아니었다. 일반화하기는 어려우나 시장 활황기에는 자가점유 가구의 소득 증가가 두드러져 격차가 커진 것과 달리, 불황기에는 임차 가구의 소득 증가에 따라 격차가 축소(때에 따라서는 역전)되는 경향이 있다. 그렇지만 이러한 현상에 지나치게 큰 의미를 둘 필요는 없다. 1990~97년까지의 응답 값에는 주택소유에 관한 정보가 포함되지 않았기 때문이다.

이와 달리, 소유유형과 점유형태를 교차해서 그린 1998년 이후의 선형도표를 보면 점유형태에 따른 격차가 분명히 드러난다. 이를 보면, 첫째 자가보유 임차 가구의 부동산 관련 소득이 IMF 경제위기 이후 가파르게 증가했다. 1998년 월평균 24만여원에 그쳤던 이들 가구의 소득은 2016년 146만여원(최정점 2007년 169만여원)까지 급증했다. 이와 견주어, 둘째 자가거주자와 무주택 전세가구의 부동산 관련 소득은 상대적으로 완만하게 그리고 서로 엇비슷하게 성장했다. 부동산경기에 따른 소득역전 현상 역시 눈에 띈다. 이와 반대로, 셋째 무주택 월세가구의 부동산 관련 소득은 거의 증가하지 않았다. 여기서 흥미로운 것은, 자가보유 임차 가구와 자가거주자 사이의 소득 격차가 확대되었다는 점이다. 이러한 차이를 유발한 것은 주로 자산변동수입과 임대소득이었다. 자가보유 임차 가구의 자산변동수입은 조사 기간 내내 자가거주자보다 압도적으로 많았는데, 그 대부분이 주택과 부동산의 매각에서 생긴 것으로 보인다. 임대소득의 경우는 특히 2007년 이후부터 격차가 벌어지기 시작했다. 금융위기 이후 전·월세 가격이 폭등함에 따라, 투기적 목적에서 주거와 소유를 분리한 소유자 가구의 임대소득이 크게 늘었기 때문이다. 이로부터 우리는 부동산시장을 통한 소득 분배의 분절성이 공고해졌음을 확인할 수 있다. (다주택 소유자 및) 주거와 소유를 분리한 소유자 가구, 자가거주자와 무주택 전세가구, 마지막으로 무주택 월세가구 사이에 형성된 구조적 장벽 말이다. 달리 말해, 무주택 월세가구에

그림 4-3 점유형태에 따른 (월평균) 신규 부채형성 　　　　　　　(단위: 만원)

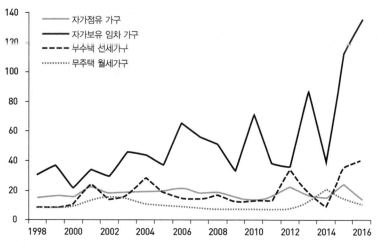

• 출처: 통계청, 가계동향조사(1998~2016).

서 상위 점유형태로의 소득 이전, 특히 실거주 목적 이외의 주택 소유자
로의 강한 소득 집중 현상이 나타났다.

　부동산 관련 소득의 편중은 부채형성 능력의 격차에 의해 보강된다.
그림 4-3은 주택금융의 개방 이후 점유형태에 따른 부채 조달의 차등화
가 훨씬 더 심해졌음을 보여준다. 그런데 흥미로운 것은 소득 부문에서
확인한 세 군집 사이의 분할과 달리, 사실상 두 집단, 곧 자가보유 임차
가구와 나머지 점유집단 간의 분절이 강화됐다는 점이다. 가계동향조
사를 기준으로 자가보유 임차 가구의 월평균 신규 부채액이 30만여원
에서 136만여원으로 급증하는 동안, 나머지 점유집단의 부채액은 10만
~40만원대에 머물렀다. 물론 이 안에서도 자가거주 가구와 무주택 임
차 가구 사이의 구분이 희미해지는 동시에, 무주택 임차 가구의 부채가
상당히 증가하는 변화가 있었다. 전·월세 가구에 대한 금융대출이 대폭

증가한 데 따른 결과로 여겨진다. 이같은 현실은 주택대출의 목적 자체가 자산증식과 임차비용 마련이라는 대조적 용도로 분리되는 가운데, 차입투자로 얻은 자산 혜택 또한 다주택 가구나 주거-소유 분리 가구에 집중되고 있음을 시사한다.

이런 식으로, 자가소유권을 통해 획득할 수 있는 경제적 자원의 격차는 현저히 커졌다. 차이는 부동산소득과 신용형성 역량 외에, 금융비용에 대한 부담능력에서도 확인된다. 일단, 도시 자가소유 가구의 월평균 부채 원리금 상환액은 노동소득[34]의 32.8%(1998년)에서 56.3%(2016년)로 커졌다. 자가소유 가구의 부채 부담이 전반적으로 증가한 것이다. 하지만 이보다 더 주목할 점은, 소득분위가 낮을수록 상환 부담이 상대적으로 더 크다는 것이다. 예를 들어 하위 30% 이하 계층의 원리금 상환액은 노동소득의 46.4%(1998년)에서 74.9%(2016년, 최정점 2014년 82.3%)로 늘었다. 상층 소득집단들과 비슷한 수준이었던 중하위 소득집단(30~50%)의 비중값은 2005년 이후 빠르게 늘어 최하위층에 근접했다. 하층 소득집단의 부채 부담이 대폭 증가한 가운데, 부채 상환능력에 따른 소유자 가구 내부의 분화가 또렷해진 것이다.

그 결과, 자가소유 가구를 공통으로 묶을 수 있었던 재무적 측면의 동질성은 크게 훼손되었다. 낮은 외부 차입과 안정된 소득 기반에 의존해 만들어진 건전한 재무구조라는 토대는 사실상 붕괴했다. 이로써 중산층 지위의 확인과 경제적 안전의 획득이라는 이중의 가족 사업을 뒷받침하는 재무적 기반으로서의 자가소유권의 위상 역시 크게 흔들렸다. 그림 4-4의 상단과 같이 끝을 맺는 선순환 경로, 자가소유권을 통한 순조로운 생계 재생산의 사이클은 이제 당연한 것이 아니게 되었다.

반면, 늘어가는 부채 부담과 금융 의존으로 인해 채무 위기의 가능

그림 4-4 자가소유권을 통한 사적 재생산 경로

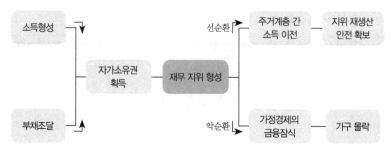

성은 오히려 커졌다. 표 4-3은 빚이 있는 수도권 자가소유 가구의 재무 상황을 소득 5분위로 나눠 살펴본 것이다. 이를 보면, 2010년대 수도권 자가소유 가구의 재무 여건은 대체로 나빠져 있다.[35] 자산 부채 비율과 처분가능소득 대비 부채 비율이 늘어났으며, 평균소비성향 또한 상당히 높은 편이다. 자산 성장 역시 담보 상태에 있다. 하지만 이러한 전반적 변화보다 더 주목해야 할 것은 자가소유 가구 내부의 이질성이 눈에 띄게 커지고 있다는 사실이다. 최하위 소득계층의 경우 처분가능소득 대비 부채 비중이 957%(2016년)에 이를 정도로 채무위험도가 몹시 높다. 그들이 보유한 순자산은 이미 절반가량이나 줄었고, 부채로 생활자금을 마련해야 할 형편(평균소비성향>100%) 또한 계속되고 있다. 한편, 2~4분위 소득계층의 재무 상황은 다소 나빠지거나(2분위) 나아지는(3, 4분위) 등의 횡보 추세를 보였다. 반대로, 최상위 소득계층의 경우에는 순자산의 증가 추세가 뚜렷하다. 가계의 저축성향(1-소비성향)이 여전히 높은 것으로 보아 조달한 부채가 주로 자산증식 용도로 활용됐고, 또 기대했던 결과를 만들어낸 것으로 보인다.

이런 각도에서, 투기적 가계금융의 부상은 자가소유 가구의 생계 재

표 4-3 수도권 부채보유 자가소유 가구의 재무 상황   (단위: %, 천만원)

	부채/자산	부채/처분 가능소득	순자산	평균 소비성향	부채/자산	부채/처분 가능소득	순자산	평균 소비성향
	1분위				2분위			
2010	16.7	586.2	48.6	133.9	21.4	552.1	35.1	86.0
2012	22.7	884.8	25.1	129.4	27.2	541.9	28.9	83.7
2014	23.9	925.9	24.1	124.2	29.1	645.9	30.0	83.6
2016	24.9	957.3	27.5	122.8	27.5	565.9	32.7	77.4
	3분위				4분위			
2010	25.1	471.8	32.4	78.6	20.9	348.8	42.4	73.4
2012	23.9	379.3	33.1	76.8	22.7	337.2	45.3	71.4
2014	27.7	383.4	35.4	76.7	25.9	362.3	44.4	69.7
2016	28.1	363.9	35.0	72.1	26.9	334.9	45.6	68.1
	5분위				전체			
2010	21.9	414.9	88.0	59.9	21.9	295.8	56.7	94.3
2012	22.6	400.1	99.7	59.2	23.5	301.4	58.9	91.5
2014	24.1	428.7	94.9	61.7	26.0	326.0	55.3	89.9
2016	25.0	421.6	100.8	57.1	26.5	322.9	57.2	86.3

• 평균 소비성향은 가계동향조사에 따라 도시 자가점유 가구 전체를 대상으로 측정.
  평균 소비성향 = (소비지출) × 100/처분가능소득.
• 출처: 통계청, 가계금융복지조사(2010~16); 가계동향조사(2010~16).

생산 회로에 커다란 분기를 만들어냈다. 그림 4-4 오른편 하단에 정리한 바와 같은 악순환의 가능성이 현실적 위협으로 등장했다. 주택시장 침체나 금융비용 증가로 예기한 자본이득을 실현하지 못하거나 차환대출을 받지 못할 경우, 자가소유권을 통해 맺은 금융관계는 외려 가정경제의 잠식을 부를 위기를 낳는다. 하지만 이렇게 재무적 불안이 커지는 가운데에서도, 부족한 노동소득을 보충하는 소득(신용)원으로서의 자가소유권에 의존해야 하는 역설적인 상황은 계속되고 있다. 자가소유권을 매개로 형성된 경제적 관계가 가족 생계에 꼭 필요한 것은 과거와 같지만, 그 관계가 만들어내는 결과가 가계가 처한 상황에 따라 크게 차등화된 것이다.

주택소유자 내부의 이 분화와 함께 자가소유권을 이용하는 생활전략의 양상 역시 크게 차별화된다. 고급 주거지에 밀집한 중상층 이상의 소득집단에 자가소유권은 금융과의 제휴를 통해 자산 극대화를 추구하는 수단이 된다. 이들에게 주택은 '금융 차입'과 '부동산 매입', '재담보'를 통한 재대출로 이어지는 자산증식의 출발점을 의미한다. 그 결과가 앞서 확인한 부동산소득과 신용의 집중이고 또 자산의 순증이다. 노동소득만으로는 상환하기 어려운 수준의 차입이 이루어졌다 하더라도, 이들은 재산소득과 추가차입을 통해 재무적 위험을 해결할 수 있는 자원을 손쉽게 획득한다. (주택시장의 급격한 붕괴가 일어나지 않는 한) 중상층 소유자 가계는 현재의 투기적 재무환경을 이용하여 자산 확대를 꾀할 기회를 얻는다. 그런 식으로, 공격적인 자산배치와 시장 행동은 변화된 재무 상황이 가하는 압력에 대한 적응이자, 그러한 기회구조에 편승하려는 전략적 행동이 된다.

반면 하층 소득집단에 자가소유권은 생활양식을 보존하기 위한 방어전략을 의미한다.[36] 이들에게는 소유주택이 자산증식을 위한 투자수단이 아니라, 생계비용을 충당하기 위한 신용형성의 (마지막) 보루다.[37] 특히, 시중은행에서 신용획득이 어려운 저신용-저소득 가구는 이러한 신용을 주로 제2금융권과 소매금융업체, 심지어 사금융에서 받은 고금리 (악성) 대출에 의존하고 있다. 같은 주택소유자 안에서도 우량 차주와 비우량 저신용 차주 사이에는 대출 가능한 주택금융시장의 분할, 달리 말해 담보대출 접근권의 구조적 격차가 뚜렷이 존재하고 있다.[38] 특히, 저신용-저소득 가계는 주로 종전의 생활수준을 유지할 목적에서

(소유주택을 담보로) 신용을 조달하고 있다. 그렇게 형성한 고위험대출로 인해 자가소유권이 가계 몰락의 단초가 되는 역설적 상황이 빚어지고 있다.

결국 자가소유권에 수반된 재무 지위의 변형과 함께 자가소유 가구의 경제적 운명은 크게 차등화됐다. 주택시장의 동학에 포섭된 주거계층(또는 이를 전략적으로 활용하는 집단)과 여기에서 배제된 주거계층(또는 그렇게 할 수 없는 집단) 사이의 현실적 분할[39]이 자가소유 가구 내부에서 공고해졌다. 이로써 자가소유가 '생활의 안정', 곧 '중산층 지위'를 상징하던 이전 시대의 의미 연쇄는 사실상 끊어졌다. 생활의 안정을 이룬 사회 범주로서의 중산층 또한 상층 자가소유 가구로 축소됐다. 자가소유권을 통해 확보한 재무 지위가 그 소유자들을 서로 다른 재생산의 회로에 밀어넣음에 따라, 과거 '중산층'으로 분류되었던 가족들 내부에서 소득능력(채무 상환능력)과 신용 접근의 격차, 소유주택의 공간적 입지에 따른 분화[40]가 본격화됐다. 이러한 변화는 자가소유권을 향한 도시 가구의 열망을 더욱 부추겼고, 주택소유를 둘러싼 사회 경쟁의 성격 또한 크게 뒤바꿔놓았다.

3. 주택소유자들의 주거지 형성 행동과
주거문제의 귀환

외환위기 이후의 변화로 도시 가구의 새로운 적응 행동을 유발할 만한 기회구조가 만들어졌다. 중산층 자가소유자들은 이렇게 형성된 기회구조 안에서 보유 자산의 가치를 극대화하는 주거지 형성전략에 매달렸다. 주택 재건축과 뉴타운개발을 중심으로 표출된 이같은 공간형성 행동이 주거문제와 주거갈등의 '귀환'을 부른 촉매가 되었다.

재건축을 통한 자산증식 전략과 가격상승의 재개

2000년대에 부상한 주거지 형성전략을 이해하기에 앞서, 그러한 전략이 이전 시대의 역사적 유산을 배경으로 출현했음을 짚어둘 필요가 있다. 앞서 3장에서 논의했던 것처럼, 주거를 둘러싼 거대한 사회갈등은 자가보유를 통한 타협의 형태로 봉합됐다. 이러한 역사적 경험은 도시민들의 주거선택과 행동의 범위를 제한하는 배경적 맥락이 되었다. 자가소유권의 획득만이 유일한 선택지로 남은 현실에서, 상업적 공간 재편에 대한 저항은 이제 의미있는 행동 전략이 아니었다. 수동적이고 방어적인 저항 대신에, 더 능동적이고 공격적인 형태로 공간상품화에 편승하거나, 나아가 이를 먼저 주도하는 것이 더 영민한 방법이 되었다.

이런 점에서, 공간갈등을 새롭게 주조한 장본인이 바로 주택소유자 자신이었다. 주택의 재건축을 통한 자산증식 전략이 그 시작점이었다. 재건축은 노후·불량주택의 소유자들이 조합을 만들어 기존 가옥을 허문 다음 새집을 짓는 민간 주도의 정비사업이다. 글자 그대로의 뜻이라면 주거의 질이나 안전성이 떨어지는 주택의 신축으로 주거수준을 높이려는 건축 행동이 연상되겠지만, 실제 재건축사업의 활황을 이끈 기본 동기는 따로 있었다. 경제적 이익을 향한 소유자들의 이해관계였다. 무엇보다 저층 저밀도주택을 고층 고밀도건물로 바꾸는 과정에서 생기는 건축 연면적의 증가가 그러한 이익의 원천이었다.[41] 게다가, 지구 단위 정비사업으로서 공공사업의 성격을 가진 재개발사업이나 주거환경개선과 달리, 재건축사업에는 도시 정비로 생겨나는 개발이익 일부를

표 4-4 5대 저밀도 아파트지구 현황

	면적(천㎡)	단지 수	동수	세대수	세대밀도(세대/㏊)	용적률(%)	건축 연도
잠실	1,379	5	497	21,250	154.0	84.5	'75~'76
반포	1,123	8	243	9,020	80.3	85.5	'73~'84
청담·도곡	619	13	200	9,342	150.9	117.0	'74~'78
화곡	368	13	144	5,620	152.7	104.2	'78~'81
암사·명일	304	4	96	4,920	161.8	97.2	'79~'82
합계	3,793	43	1,180	50,152	132.2	93.1	'73~'84

• 출처: 서울특별시, 2000, 「청담·도곡 및 잠실 저밀도아파트지구개발기본계획(변경)고시」, 국가기록원 기록물철(DA0533371, 9. 8)에서 수정.

세입자 주거대책으로 제공할 의무조차 없었다. 세입자와의 분쟁 또한 사적 임대차 관계의 청산이라는 개별적 과정으로 해결할 수 있었기에 마찰이 불거질 확률도 낮았다. 이러한 관점에서, 2000년대 한국사회를 휩쓴 '재건축 신드롬'은 외환위기 전후로 진행된 규제 완화 정책의 단순한 부산물이 아니었다.[42] 오히려 규제 완화 자체가 재건축 확대를 바라는 소유자들의 요구를 전격적으로 수용한 결과였다.

사실 재건축 붐이 가능했던 것은 1990년대 후반에 고조된 주택소유자 운동의 성공 때문이었다. 표 4-4는 재건축이 집중된 5대 아파트지구를 나타낸 것이다. 이들 지구는 대개 1970년대 중후반에서 1980년대 초반에 지어진 6층 이하의 저층 단지들로, 80~120%의 용적률이 적용된 저밀도 주택지였다.[43] 주택소유자들은 이미 1985년부터 뒤떨어진 난방 방식과 공간 부족 등을 이유로 재건축 민원을 제기해왔고, 1993년부터는 재건축계획의 수립을 놓고 시 당국과 마찰을 빚었다. 서울시는 용적률 270%, 12층 이하 재건축 허용 방침을 담은 밀도변경 계획안(1995. 9. 23)을 마련했지만, 소유자들은 계획이 자신들의 요구에 못 미친다며 반발했다.[44] 이들의 요구는 장장 8시간에 걸쳐 진행된 서울시의회 공청회 (1996. 1. 31)에서 전형적으로 드러나는데, 서울지역 아파트재건축추진연 합회장의 아닐 발언에서 그 내용을 살펴보자.

땅이 없는 곳에 집은 많이 지어야 된다고 했을 때 아파트지구에 대 해서는 물론 재개발도 그렇거니와 특히 **저밀도**에 묶여 있는 아파트지구 의 **토지이용도** 극대화하기 위해서는 여기에 대한 용적률과 층고 문제 는 우리 민원인 측이 제시하고 있는 20층 기준 300~350% 범위 내에 서 허용을 해주십시오,라고 이 건의서를 갖고 상당 기간 관계 당국 과 협의한 바 있습니다. (…) 지금 재개량과 재개발사업은 사실 시 측 에서 상당히 장려하고 간선시설 설치, 도시기반시설 설치까지를 전 부 해주고 있습니다. 그리고 거기에 용적률은 약 428개 지구의 재개 발 지구가 지정이 되어 있습니다만 그 지구들의 평균 개발 용적률은 300~400%로 알고 있습니다. (…) 재건축에 있어서 아파트지구 개발 기본계획에 묶여 있는 것이 전부 저밀도인데, 일반 주거지역으로서 아파트지구가 되어 있는 것은 용적률 400%의 적용을 받고 있습니다. (…) 지금 강남 5개 약 18개 단지를 대표해서 제안하는 것은 **용적률**은 300에서 350% 사이에서, 그리고 아파트 층고는 평균 20층 기준으로 해서 선처해주시기를 바라고, 또 평형에 있어서 18평 이하에 관한 1.5배 문제 는 1996년 1월 6일자 서울시에서 소형국민주택의 건설지침에 의해서 해주 시면 되겠고, (…) 18평이라는 것은 주거환경이 다시 열악화되게 하는 현상 입니다. 그리고 이 점에 대해서는 배제해주시면 고맙겠습니다.[45] (강조는 인 용자)

반발의 실제 이유였던 숨은 이해가 여기서 드러난다. 첫째, 소유자들의 주된 목적은 고층 고밀 개발을 통해 용적률을 최대로 확보하는 것이었다. 재건축조합은 증축으로 확보한 추가면적분 주택의 일반분양으로 건축비용을 회수하고 개발이익도 얻는다. 용적률 확대가 자본이득 획득에 꼭 필요한 전제조건이었기 때문에, 이들은 택지 부족에 따른 토지 이용 극대화를 구실로 고밀도 개발을 요구했다. 재건축사업의 용적률 기준이 다른 개발사업보다 낮은데다가, 도시기반시설의 설치비 역시 조합이 부담한다는 이유로, 고밀 개발을 통해 보상받아야 한다는 주장이었다.[46] 둘째, 소형주택 의무건설 비중을 축소하거나 폐지하기를 바랐다. 이에 전용면적 18평(60㎡)이라는 건축 상한을 해제할 것과 일반 민영주택과 똑같은 평형 규제를 적용할 것을 요구했다. 이는 소형주택지로서의 지구 성격을 유지하려는 정책방침에 대한 반대였다. 앞서 시 당국은 18평을 넘지 않는 조건에서 기존 면적의 1.5배 건축을 허용하겠다는 방침을 밝혔다.[47] 소형주택 100%가 아니라, 일반 민영주택과 마찬가지인 30% 이하로만 설정해달라는 주장이었다. 세입자를 위한 소형아파트 공급 비중을 줄여서, 분양 수익이 큰 중대형아파트 건축을 늘리게 해달라는 요구였다. 이렇게 볼 때, 소유자들은 단순히 좀더 나은 주거 질을 확보하려는 목적에서 재건축을 시도한 것이 아니었다.[48] 주된 동기는 외려 용적률의 확대를 통해 주택의 의제자본적 가치를 극대화하는 데 있었다.

소유자들의 집단 반발과 시의회를 통한 압력 행사로 애초의 계획은 틀어진다. 1996년 11월 서울시는 소유자 대표와의 협상 끝에 용적률을 최고 285%(270%+공공시설 용지 확보에 따른 보상 15%)까지 완화하고, 층수 제한 역시 경관 심의에 따라 최고 25층까지로 늘렸다. 소형아파트

건축 비율 역시 연합회 의견을 수용하여 30%로 고쳤다. 합의안을 토대로 화곡 지구를 시작으로 청담·도곡 지구, 잠실 지구 등의 순으로 사업계획 승인이 이루어진다. 재건축 붐의 시발점이었다.[49]

사업 시행의 선행단계인 조합구성과 사업계획 승인의 면에서 볼 때, 재건축사업의 폭발기는 1999~2003년이었다. 1990년대까지 부진했던 이들 지표는 1998년을 기점으로 폭발했다가 2004년 이후에는 점차 소강 국면에 접어든다. 저밀도 지구의 재건축사업계획 승인과 더불어, 재건축 규제 완화를 비롯한 공급제도 전반의 탈규제 추세를 반영하는 변화였다. 특히, 재건축 부문에서는 1993년 이래의 규제 완화 흐름에, 재건축 결의 요건과 조합구성 요건, 사업동의 요건 등의 완화와 주택자금 지원 확대 조치 등이 더해졌다. 이와 같은 추세를 따라 재건축 공급주택의 수가 1990년대 말부터 2008년까지 꾸준히 늘었다.[50] 기존 주택보다 더 많은 수의 주택이 지어지기는 했지만, 실제 거주 인원을 놓고 보면 이전과 별로 다를 바가 없었다. 신축 주택 대부분이 고가의 중대형 주택이었기 때문이다. 실제로 재건축 지역의 원주민 재정착률은 5%에도 미치지 못했다. 원주민 세입자들을 내쫓는 결과가 만들어진 것이다.[51]

주목할 것은 당시의 재건축 열풍이 재고 주택시장 일부에 국한된 예외현상이 아니었다는 점이다. 재건축아파트는 2000년대 전반기 동안 서울의 아파트 분양시장 전체를 주도하는 역할을 했다. 1990년대 내내 신축아파트 공급량의 2~3%에 그쳤던 재건축아파트의 비중은 2002년 이후 20~30% 수준까지 확대됐다. 그런데 이같은 양적 성장보다 더 중요한 것은 재건축아파트의 공급이 특정 지역에 집중됐다는 점이다. 사업 시행 인가를 기준으로 서울의 재건축아파트 공급량은 2003년 2만 4883호 규모까지 늘었는데, 그 대부분이 강남 4구에 밀집되어 있었다.[52]

따지고 보면, 재건축 열풍도 사실 강남지역이라는 공간 스케일 안에서 일어난 '강남 현상'이었다.

재건축아파트 건립이 이렇게 팽창한 데에는 사업 요구에 제동을 걸 공적 장치가 제대로 작동하지 않았던 것이 주효했다. 이를테면, 재건축 추진 요건을 충족하는 '노후·불량주택'의 판별 절차인 안전진단 과정은 거의 작동하지 않았다. 1988~2001년에 걸쳐 총 1068건의 안전진단이 서울시 아파트를 대상으로 진행되었지만, 반려 판정을 받은 건 겨우 4건뿐이었다. 안전 문제가 전혀 없는데도 경제성을 이유로 합격 판정을 받은 경우가 외려 대다수였다.[53] 조합 구성 요건만 충족하면 재건축사업을 진행할 수 있는 상황이었다. 이와 반대로, 소유자들의 염원을 실현할 강력한 지렛대는 새로이 등장했다. 금융과 건설산업이었다. 한편에서는, 저금리 상황에서 형성된 엄청난 유동성이 (주택금융을 통해) 재건축 시장에 흘러 들어와 사업 활황을 북돋웠다. 다른 한편에서는, 재건축사업 참여를 꺼려왔던 대형 건설업자들이 앞다투어 시장에 뛰어드는 변화가 생겨났다. 이들이 주도한 새로운 건축 혁신들, 이를테면 브랜드마케팅 기술[54]과 주택관리 기법, 지분형 건설방식 등에 의해 재건축아파트의 상품화가 더욱 진전됐다.[55] 금융과 건설업이 각각 자금조달과 수익성 면에서 재건축 활황을 고취하는 역할을 했다. 금융업과 건설업, 중산층 소유자 사이의 '삼위일체의 신성동맹 체제'[56]가 구축된 것이었다.

주택의 교환가치를 좇는 소유자들의 갈망은 주택시장 전체를 압도하는 힘으로 변했다. 주택투자로 가산을 축적해온 소유자 자신의 '역사적 원체험'[57]에 관한 기억과 이들에 대한 사회적 질시를 바탕으로, 재건축 시장에 진입하려는 가구들의 일대 경주가 펼쳐졌다.[58] 강남 재건축단지 4곳의 자가거주 현황을 정리한 표 4-5가 경합에 참여한 이들의 얼굴

표 4-5 강남지역 주요 재건축아파트 자가거주 비율(2005년 8월 기준)

단지명 (추진단계)	세대수	자가거주	여타 지역 소유					평형 분포 [평형(세대)]
			계	강남 4구	기타 서울	경기	기타	
청담 삼익 (조합인가)	888	595 (67%)	293 (33%)	119 (13%)	79 (9%)	71 (8%)	24 (3%)	35(576)/46(168) /54(144)
대치 청실 (조합인가)	1,378	733 (53%)	645 (47%)	307 (22%)	113 (8%)	176 (13%)	49 (4%)	31(336)/35(800) 43(146)/46(96)
반포 주공2 (사업인가)	1,720	884 (51%)	836 (49%)	242 (14%)	208 (12%)	181 (11%)	205 (12%)	18(1,230)/25(490)
개포 주공1 (조합설립)	5,211	1,643 (32%)	3,568 (68%)	2,218 (42%)		740 (14%)	610 (12%)	11(530)/13(1,530) /15(1,795)/16(65) /17(1,055)/18(65)
합계	9,197	3,855 (42%)	5,342 (58%)	3,286 (36%)		1,168 (13%)	888 (10%)	

• 출처: 국무조정실 부동산정책 T/F, 2005, 「참고자료」, 제7차 부동산정책 당정협의회 회의참고 자료, 국가기록원 기록물철(DA0533297, 8. 24).

을 보여준다. 이를 보면, 전체 소유세대 가운데 42%(3855세대)만이 해당 아파트에 거주하는 반면, 나머지 과반은 대개 강남 4구와 서울 시내 다른 자치구에 있는 보유주택에 산다. 경기도를 비롯한 다른 지역 소유자도 상당한 편이다. 자가거주자를 뺀 이 58%의 소유자가 바로 다주택자인 셈이다. 자가거주자 가운데에서도 타지에 집을 가진 사례가 있기에, 실제 다주택 소유자 규모는 더 클 것으로 추정된다. 여기서 발견되는 또다른 사실은 대형 평형 중심의 단지일수록 자가거주율이 높게 나타난다는 점이다. 가장 넓은 청담 삼익아파트의 자가거주 비율이 67%인 데 비해, 가장 작은 개포 주공 1단지는 32%에 그친다. 여기서 나머지 다수는 좁은 주택면적 탓에 거주용 주택을 따로 구해 살거나, 아니면 투기 목적에서 아파트를 구매한 것으로 미루어볼 수 있다.[59] 이를 통해, 소형아파트일수록 개발이익을 목적으로 유입된 인구가 소유자의 상당수를 차지했음을 알 수 있다. 그렇게 재건축 시장은 저밀도단지의 원주민들뿐만 아니라, 강남지역의 다주택 소유자들, 강남 시장에 늦게나마 들어가려는 타지의 소유자들과 세입자들로 복마전을 이루었다. 이 가운데 개발이익의 혜택을 가장 많이 받은 이는 다주택 소유자를 비롯한 기존 강남권 소유자였다. 하지만 신규 진입자, 나아가 일반분양을 통해 재건축아파트를 갖게 될 가구들 역시 가격상승에 따른 혜택을 나눠 가질 수 있었다.[60]

시장 행위자들의 연쇄 행동은 2000년대 이후 주택가격의 상승을 견인하는 역할을 했다. 강남지역 주요 재건축아파트 단지의 매매가격은 1999년 평당 1288만원에서 2004년 3872만원으로 5년 만에 3배로 올랐다.[61] 사실상 강남지역의 재건축 열풍은 2000년대 내내 계속된 가격상승 추세의 서곡이었다. 아파트 실질 매매가격 변동을 기준으로 볼 때, 지난 20여년의 가격상승세는 대체로 세 국면을 거치며 진행되었다.[62] 첫번째 시기는 1998년부터 2005년(2006년)까지로, 재건축을 중심으로 한 강남의 아파트 시장이 상승 추세를 주도했다. 두번째와 세번째는 2009년을 경계로 갈리는데, 이때는 가격상승의 진원지가 각기 서울의 강북지역과 전국으로 옮겨갔다. 이런 맥락에서, 강남 재건축 시장의 과열은 2000년경부터 진행된 거대한 아파트 투기 현상의 출발점이었다.[63] 여러 경제학자가 국지적 수요-공급 괴리의 결과로 읽는 가격상승[64]의 배후에는, 재건축 초과이익을 좇는 소유자들의 군집 행동이 도사리고 있었다. 달리 말해, 산업경기 침체나 저금리·저환율 구조와 같은 거시경제 요인, 주택금융의 개방으로 대표되는 금융시장 요인뿐만 아니라, 투자 수익을 노린 소유자 가구의 집단행동이 주택가격의 상승을 불러온 미시적 원인이었다.

이렇듯, 중산층 주택소유자들의 공간형성 행동이 새롭게 부상한 주거문제의 시초가 되었다. 주택의 자산가치를 극대화할 재무수단으로 재건축을 이용하려는 가구전략 자체가 기나긴 가격상승의 서막을 연 깃이다. 택지기리 싱봉파 민흑겅기 침세도 엥민 윅기를 극복이더는 깅부와 산업의 대응이 주거난을 고조시켰던 1980년대 말과 달리, 2000년 대에 주거문제의 문을 연 이는 재건축을 통해 자본이득을 좇는 소유자 자신이었다. 이렇게 시작된 가격 폭등으로 세입자들의 주택 구입능력은 크게 위축[65]됐고, 재건축으로 인한 소형주택 멸실과 함께 서민들의 임대난은 더욱 심해졌다. 가격상승을 부른 '원흉'으로 강남 재건축을 지목하는 목소리가 높아지자, 사적 이익추구를 그다지 제한하지 않았던 기존의 정책방침에도 변화가 생겼다. 이에 따라 2000년대 중반부터는 재건축 시장에서의 투기적 행동을 제한하고 개발이익을 환수하기 위한 여러 종류의 재건축 규제가 도입되기 시작했다. 전자의 측면에서 조합원 지위 양도금지 조치나 후분양제가, 후자의 측면에서는 기반시설부담금과 개발부담금, 임대주택과 소형주택의 건설 의무화 등이 제도화됐다. 무분별한 사업 추진을 막기 위해 안전진단 절차가 강화됐고, 건축 연한 규제 역시 다시 확대됐다.[66] 규제정책의 제도화로 재건축사업이 점차 위축되기 시작했고, 이에 따라 자산증식 전략으로서의 이점 또한 점진적으로 소진해갔다.

상업주의적 공간형성 전략의 확산: 뉴타운사업

위축된 재건축을 대체하는 출구는 뉴타운사업이었다. 용적률 확대를 통해 주택의 의제자본적 가치를 최대화하려는 기획이 재건축이었다면, 뉴타운개발은 고밀화에 주택 유형과 경관 교체까지를 더한 다각적인 형태의 공간형성 통로였다. 물론 이 사업은 당시 시정을 책임진 이명박 서울시장과 한나라당의 공약으로 시작된 정치 프로젝트였다. 제대로 된 공론화 과정 없이 일방적으로 추진된 것도 사실이었다.[67] 그런데 주목할 것은 이 사업의 전개와 확산 과정에서 주택소유자들의 호응과 지지가 뒤따랐다는 점이다. 이러한 측면에서, 가격상승의 수혜에서 비켜나 있던 이들이 표출한 공간전략으로서 뉴타운사업을 조명할 수 있다.

뉴타운사업의 직접적인 배경이 된 것은 재건축 시장의 과열로 시작된 강남지역의 가격 폭등이었다. 재산가치와 교육환경, 재정 수준에서 강남·강북 간 격차가 확대되면서, 이러한 불균형의 해소가 중대한 도시 현안으로 부상한다. 강남·북 지역 간 격차 해소와 균형발전을 목적으로 도입된 정비계획이 바로 뉴타운사업이었다.[68] 달리 말하면, 강남발 주택가격 폭등 문제의 해법으로 서울시가 택한 대안이 강북 개발이었다.[69] 강남에 몰린 주택 수요를 잠재우는 동시에 지역 격차를 줄일 방안으로 강북의 노후 시가지 재개발을 추진한 것이었다. 강남의 폭발적인 가격상승과 지역 간 격차 확대로 박탈감을 느끼던 강북 주민에게도 이 계획은 매력적인 것으로 비쳤다.[70]

다만, 합동재개발의 기억, 즉 종래의 민간 주도 정비사업이 유발한 문제들이 재연되리라는 우려를 지울 필요가 있었다. 뉴타운사업은 광역 생활권 단위 개발과 공공의 역할을 강조함으로써, 기존 정비사업의 한계를 넘어섰다는 인식을 주려 했다. 첫째, 소규모 정비구역 단위로 추진되던 기존 사업과 달리, 생활권을 단위로 한 광역 개발을 꾀했다. 소규모 개발에 따른 난개발이나 사업 비리 문제, 세입자(원주민) 대책의 불충분을 공공의 개입으로 돌파하겠다는 표명이었다. 둘째, 민간 사업시행자가 도시기반시설을 확보해야만 했던 이전의 사업방식과 달리, 서울시가 직접 재정 투자를 통해 이를 마련할 것을 약속했다. 마지막으로 셋째, 과거의 재개발방식으로는 주거와 상업, 문화, 업무 등 도심 기능을 계획적으로 정비할 수 없음을 지적하며, 도시개발사업과 시장재개발사업, 도시계획시설사업 등의 여러 개발방식을 혼용하려 했다.[71]

하지만 겉으로 보이는 공익사업적 성격과 달리, 실제 뉴타운사업은 광역 단위의 공공정비와 개별 구역 단위로 진행된 민간 개발의 절충에 지나지 않았다. 도시기반시설 건설이 지구 단위로 이루어지기는 했지만, 재정비사업 자체는 여전히 개별 사업구역 단위로 진행되었다. 따라서 도시계획 차원의 고려가 아니라 개별 구역들의 사업성이 실제 사업 추진 여부와 그 우선순위, 사업 속도를 결정했다.[72] 개발 이후에 형성될 자본이득에 따라 재정비사업이 좌우된다는 점에서, 뉴타운사업은 기존 민간 주도 재개발사업의 연속선에 있었다. 사업의 방점은 여전히 부동산 소유자의 사유재산권 보장에 두어져 있었고, 저소득 세입자나 자영업자의 주거권, 생활권, 영업권 따위는 그 초점에서 비켜나 있었다. 사업 당국의 정책적 시각 또한 고급주택의 대량공급으로 생기는 주택의 여과 과정(housing filtering process)을 통해 주거의 질이 개선된다는 논리에 갇혀 있었다.[73] 이렇게 보면, 뉴타운사업 역시 값싼 소형 단독 또는 다세대(가구)주택 지구를 고급주택지, 특히 중대형 아파트단지로 바꾸는 상업주의적 정비사업에 속했다.

여기서 제기할 수 있는 의문은 '왜 이러한 한계에도 불구하고 도시민 대다수가 사업에 찬동했는가?'이다. 시범사업의 '성공'이 불러온 절반의 착시와 나머지 절반에 해당하는 개발이익에 대한 기대에서 그 이유를 찾을 수 있다. 뉴타운 시범지구로 지정된 은평, 길음, 왕십리 지역에서는 사업 선정 2년 만인 2004년 11월에 이미 개발 기본계획이 고시됐고, 은평뉴타운의 경우는 2005년 1월부터 기반시설 건설이 시작됐다.[74]

이처럼 빠른 진행에 힘입어 집값 역시 짧은 기간에 가파르게 상승했다. 도시기반시설 건설비용을 짊어지지 않는데다가, 커다란 자본이득까지 안기는 '초고속' 개발사업으로서 강력한 전시효과가 발휘된 것이었다. 그런데 엄격히 보면 이들 지역은 시범지구 선정으로 막 개발이 시작된 신규 사업지가 아니었다. 사실 이 지구는 국민주택 건설을 위해 개발제한구역에서 해제된 나대지(은평)이거나, 지구지정 전부터 재개발사업이 추진 또는 진행되던 지역들(길음, 왕십리)이었다. 따라서 빠른 사업 진행도 실상은 이미 진행되던 개발과정에 서울시의 재정 투자 효과가 더해진 결과였다.[75] 시범사업 지구의 예외적 조건이 뉴타운사업 전체의 일반적 성격으로 확대·해석된 것이다.

착시보다 더 중요한 것은 뉴타운 지구 주민들이 자본이득을 기대하며 개발사업에 호응했다는 사실이다. 시범사업 기간을 비롯해 추가 지구지정이 있던 시기 내내 주민들은 사업계획에 전폭적인 지지를 보냈다. 시범사업 발표 직후 반발의 목소리가 일부 있긴 했지만, 그조차 대개 사업의 타당성이나 적합성을 문제삼기보다 당면한 경제적 이익을 극대화하는 것을 목표로 했다. 당시 제시된 반대조차 대부분 토지수용이 전제된 공영개발로 이를 오인한 나머지, 주민 주도의 자력 재개발을 요구한 것에 불과했다.[76] 구역조정과 용도변경을 통한 최대 용적률 보장 요구나 임대아파트 건립 반대처럼, 개발이익 극대화와 관련된 내용이 거주민들의 주된 요구였다.[77]

이렇게 보면, 개별 사업단위 중심의 재정비 방식은 거주지 소유자들의 이해관계에 철저히 부합하는 것이었고, 이들 또한 사업이 그렇게 진행될 수 있도록 지속적인 압력을 행사했다. 뉴타운사업으로 이루어진 용도지역 변경을 기준으로 볼 때, 이 사업은 결국 단독, 다세대(가구)주택 중심의 재래식 저층 주거지역을 철거한 다음, 이를 중·고층 아파트 단지와 주상복합주택, 상가 등을 포괄하는 복합 공간으로 전환하는 개발사업이었다. 7층 이하의 제2종 주거지역과 녹지공간의 비중을 크게 줄이는 대신, 중·고층 주택 건립이 가능한 12층 이하의 제2종 주거지역과 제3종 주거지역을 확대하는 계획이었다.[78] 용도변경으로 인해 주거지역의 용적률과 건폐율이 크게 상승했을 뿐만 아니라,[79] 주택 유형이나 주변 경관, 기반시설 면에서 주거환경 전체가 완전히 탈바꿈하는 변화가 생겨났다. 상업주의적 개발방식은 자본이득에 대한 소유자의 갈망과 정확히 일치하는 것이었고, 이들의 열망은 점차 사업 확산을 촉진하는 사회적 힘으로 번졌다.

압도적인 주민 찬성은 세계 금융위기 이전까지 계속됐다. 2006년 7~9월 서울시가 사업지구 중 4곳을 선정하여 시행한 설문 조사에 따르면, 전체 표본(3100가구) 가운데 84.0%가 이 사업을 지지했다. 개발 방식에서도 전면철거를 통한 재개발(38.6%)을 점진적 기반시설 정비(25.0%)나 순환 재개발(15.7%)보다 선호할 만큼 사업에 대한 호감은 강했다. 지지 의사에는 점유형태나 소득수준, 거주기간에 따른 통계적 차이도 그다지 나타나지 않았다. 흥미롭게도 거주민의 대다수(1, 2차 지구의 경우 72.5%)를 차지하는, 개발사업으로 피해를 볼지 모르는 세입자들 또한 높은 찬성의견(81.5%)을 표시하고 있었다. 개발 이후 공공임대주택에 입주(31.9%)하거나 주거환경이 양호한 지역으로 이주(20.9%)할 수 있겠다고 여겼고, 주거환경 개선(30.9%)이나 기반시설 확충(15.3%)의 필요에도 공감하는 모습을 보였다. '도시 및 주거환경 정비법'에 따라 건립주택의 17%만이 임대주택으로 공급될 계획이었던 데다가, 임대료 상승으로 더 열악한 주거지로 내쫓길 가능성이 점차 짙어

지는 상황인데도, 세입자들 대다수는 여전히 재정비 효과에 대해 낙관하고 있었다.[80]

　주민들의 열띤 호응에 힘입어 뉴타운사업은 서울시 전역으로 확대됐다. 시범사업의 '성공' 이후 지구지정을 바라는 주민들의 요구가 빗발쳤고, 민선 자치단체장들 또한 사업 추진에 발 벗고 나섰다. 그 결과 지구 추천권이 자치구별로 배당되어 진행된 2, 3차 지정 때는 전체 사업지구가 26개 지역(+균형발전촉진지구 8개소)으로 늘어났다. 대대적인 사업 확산은 지역균형발전조례에 따른 행정력·재정력만으로 사업을 감당하기 어려운 상황을 빚어냈다. 재정 조달방법과 투자근거를 비롯해 용도변경과 용적률 조정, 부담금 감면, 구역조정 등에 관한 특례조치가 필요했다. 이에 서울시는 2004년부터 중앙정부에 '뉴타운 특별법' 제정을 요구했다.[81] 그 대답이 바로 '도시재정비 촉진을 위한 특별법'(2005. 12. 31. 제정)이었다. 집권 여당(열린우리당)과 중앙정부 역시 뉴타운사업에 만큼은 체계적인 지원을 아끼지 않았다. 노무현정부는 이 사업의 대외적 목적이 자신들의 지역균형발전 정책에 부합한다고 판단했기에, 당·정의 협조 아래 관련 법령의 입법을 추진했다.[82] 법안의 입법으로 종래의 생활권 단위의 계획 범위를 넘어서는 광범한 재정비촉진구역 지정이 가능해졌다. 용도지역과 용적률, 소형주택 의무건설 비율 등의 건축 규제를 대폭 완화할 수 있는 법적 근거 또한 마련됐다. 도시계획 기반이 불충분한 상태에서 강행돼왔던 뉴타운사업을 안정적으로 뒷받침할 제도적 기반이 비로소 마련된 것이었다.[83]

　뉴타운 '열풍'으로 불릴 정도의 거대한 팽창은 서울시 당국의 일방적인 사업 추진의 결과가 아니었다. 서울시의 선도가 있던 것은 사실이지만, 사업의 확대는 정치권 전반을 비롯해 대다수 주민의 정책적 지지가

표 4-6 뉴타운 공약의 정치적 위력: 18대 총선(서울 지역, 2008. 4. 9)

	의석수 (강북)	뉴타운 공약 제시자		
		전체(강북)	기존 사업 지원	사업 확대·추가 지정
전체	48(26)	28(18)	16	13
한나라당	40(22)	23(16)	13	11
통합민주당	7(3)	5(2)	3	2
창조한국당	1(1)	0(0)	0	0

• 중앙선거관리위원회에 제출한 선거공보 기준, 기존 사업 지원 공약과 사업 확대·추가 지정 공약을 함께 제기한 경우 각각을 따로 셈했음.
• 출처: 중앙선거관리위원회 선거정보도서관(http://elecinfo.nec.go.kr).

뒷받침되었기에 가능했다. 새로운 공간전략으로서 뉴타운사업에 열광하는 소유자들과 주거환경 개선을 바라는 세입자들의 호응, 그리고 이를 보조하는 중앙정부의 제도적 지원이 없었다면 뉴타운사업의 확산은 일어날 수 없었다. 무엇보다 개발이익을 향한 도시주민들의 갈망이 개발주의의 횡행을 부추기는 동력이 되었다.

　이러한 염원은 급기야 뉴타운개발에 관련된 의제가 선거 정국을 압도하는 상황까지 빚어냈다. 가장 극적인 순간은 2008년 제18대 국회의원선거였다. 뉴타운사업에 관한 태도는 유권자의 정치적 선호에 결정적인 영향을 미치는 변수로 부상했다. 그 결과 한나라당은 서울시 의석인 48석(강북 26석) 가운데 절대다수인 40석(강북 22석)을 차지하는 압승을 거둘 수 있었다. 선거공보를 분석한 표 4-6에 따르면, 뉴타운 지구지정을 정치적 치적으로 홍보하며 사업 완성의 적격자로 자신을 내세우거나, 기존 사업지구의 확대나 추가 지정을 약속했던 후보들이 대거 승리하는 결과가 만들어졌다. 특히 뉴타운사업이 핵심 쟁점으로 떠오른 동북부 선거구에서 한나라당은 1석을 뺀 나머지 전부를 차지했다.

득표율 5% 이내로 당락이 갈린 7곳 또한 한나라당 후보들이 뉴타운 의제를 중점적으로 제기한 선거구였다.[84] 민주당 당적의 몇 안 되는 당선자들 역시 대개 뉴타운 공약을 주된 선거전략으로 활용한 이들이었다. 지역 유권자 대다수가 후보자 선택에 뉴타운 공약의 영향이 있었다고 평가할 정도로, 뉴타운사업은 정치세력의 선택까지도 좌우하는 강력한 정치 의제로 부상했다.[85]

이처럼 강했던 주민들의 지지가 불과 몇년 만에 극심한 회의와 반발로 변한 것은 이상한 일이 아닐 수 없다. 일각에서 바라보듯, 뉴타운사업이 만들어낸 '환상'이 깨진 탓에 변화가 가능했던 것일까? 뉴타운사업의 쇠락은 역설적으로 소유자들의 이익추구 동기가 사업을 이끈 원동력이었음을 반증해준다. 이러한 맥락에서, 사업의 퇴조는 기본적으로 2008년 세계 금융위기 이후의 주택경기 침체와 가격 정체로 재정비사업의 수익성이 급감한 데서 비롯된다. 사업 장기화로 금융비용을 포함한 사업비용이 계속 늘어나는 가운데, 개발이익은 고사하고 투자비용 회수마저도 확신하기 어려운 상황이 만들어졌기 때문이었다. 일반분양자들에게 개발비용을 이전하기가 어렵게 되면서, 조합원들 자신이 개발비용을 떠맡아야 하는 상황이 벌어졌다. 소유자들이 원했던 '민간주도' 개발에 내포된 위험이었다.

이러한 현실은 재정비사업에 만연한 불(탈)법 행위와 부패의 구조와 맞물려, 개발비용 부담을 둘러싼 극심한 분쟁과 갈등을 낳았다. 특히, 늘어난 개발비용이 조합원들에게 이전되는 일이 자주 발생했다. 일반조합원들의 눈으로 보면, 사업시행자(추진위원회나 조합)의 폐쇄적 조합운영과 정보 은폐, 시공사나 철거업체의 폭리 추구, 관할 행정관청의 위법 행정 등으로 인해 입주 분담금이 급증하는 상황이 벌어진 것이었다. 이에 뉴타운 지구 가옥주들은 2008년부터 '전국뉴타운재개발비대위연합'이라는 단체를 만들고 사업 중단을 위한 집단행동에 돌입했다. 이들이 밀하는 부당함은 한마디로 다음과 같있다.

우리 주민의 순자산과 주택분양가의 차이(추가 분담금)는 시공사 등의 참여업체의 폭리와 숨겨진 기타 사업비를 반영한 터무니없이 비싼 새 아파트의 분양가격에 기인하는 것으로 서울시 뉴타운재개발사업은 가난한 서민인 우리 주민들을 대상으로 "벼룩의 간을 빼먹는" 비열하고 파렴치한 사기인 것이다.[86]

자산 이익에 대한 기대는 온데간데없이 재산권 손실 확률마저 커진 상황, 게다가 사업이 진행되지 않으면서도 건축행위 제한에 따라 재산권도 행사할 수 없는 마당에 불거진 '원성'이었다.[87] 결국 사업성이 낮은 지구의 조합원들을 중심으로 사업 중단을 요구하는 직접행동이 이어졌고, 법적 수단을 통해 문제 해결을 촉구하는 움직임도 거세게 나타났다.[88] 조합설립 인가 결정과 관련된 무효확인 소송을 비롯하여 지구별로 진행되던 사업절차에 따라 다각적인 사법적 저항이 전국적으로 펼쳐졌다. 특히 뉴타운사업에 대한 재검토나 구역·지구지정 해제, 조합설립 무효 등을 주장하는 요구가 도시 곳곳에서 분출했다.[89] 이른바 뉴타운 '출구 전략'에 대한 요구였다. 이는 결국 서울시 당국의 개입을 불러왔고, 지구별 차이를 반영한 다양한 출구의 형성으로 귀결됐다. 서울시는 사업지구 전체에 대한 전면적인 실태조사를 거쳐 사업 중단 또는 속행 여부를 결정했다. 절반이 넘는 165개(50.9%) 구역에 대해 사업 계속 결정을 내린 데 반해, 나머지 148개 구역(45.7%)에는 사업 중단 방침을 정했다. 주민들이 먼저 지정 해제를 신청한 곳이 61개, 주민 의견 청취를 거쳐 지정 해제 결정을 내린 곳이 68개 구역이었다. 사업성 검토나 사업시행자에 대한 점검 끝에 조합 해산 결정을 내린 곳도 19개 구역이나 되었다.[90] 10여년에 걸친 긴 파동의 일단락이었다.

뉴타운사업의 쇠락은 주민들을 사로잡았던 '환상'이 걷힘으로써 생긴 결과가 결코 아니었다. 오히려 그것은 사업을 추동하던 주된 동력이었던 자본이득의 획득 가능성 자체가 사라졌기 때문에 벌어진 일이었다. 자산증식에 대한 기대가 재산 손실의 위험으로 변하게 되면서, 소유자들 스스로가 이러한 공간전략에 대한 지지를 거둔 것이었다. (사업성을 여전히 바라볼 수 있는 지구에는 해당하지 않는 일이다.)

주거지 형성을 둘러싼 긴장의 양상은 이전 시대와 확연히 달라졌다. 공간상품화에 맞선 세입자 저항이 아니라, 의제자본으로서의 주택의 특성을 극대화하려는 소유자들의 재무전략이 긴장의 출발점이 되었다. 특히 이러한 형태의 공간전략은 2000년대 전반기 강남 저밀도 아파트의 재건축과 2000년대 중후반기 주거지 재정비사업(뉴타운개발)을 통해 전형적으로 표현됐다. 용도변경과 주택 밀도의 상향조정, 주택 유형과 주거지 경관의 교체를 통해 추상공간으로서 지니는 보유주택의 교환가치를 증식하고자 하는 소유자 행동이 맹렬하게 분출했다. 소유자들의 이같은 행동은 2000년대 내내 계속된 가격상승을 촉발한 미시적 원인으로 작용했다. 이렇듯 2000년대 주거문제의 발생계통은 앞에서 본 첫번째 주거문제와 사뭇 달랐다. 그렇다 하더라도, 온 사회를 뒤흔들 갈등의 씨앗을 품고 있던 것만은 같았다.

4. 자가소유권 정치와 분배갈등의 역전

가격상승을 계기로 주택의 분배를 둘러싼 갈등이 재발했다. 특히, 자가 부문으로의 진입장벽 상승과 임차비 부담 증가로 이중고를 겪는 무주택 가구, 그중에서도 청년층 가구가 투기적 공급구조에 반감을 품기 시작했다. 자가 주택이 가진 재무적 가치가 점점 커졌던 것과는 정반대로, 이들의 주택구입 능력은 갈수록 떨어졌다. 주택금융의 개방으로 중하위 소득층 일부가 소유자로 편입할 수는 있었지만, 담보능력이 없는 이들은 세입자의 신세에서 벗어나지는 못했다. 대다수의 무주택 세입자들은 자신들의 경제적 능력으로 감당키 어려운 주택가격 탓에 (주거) 생활의 안전을 위협받는 처지였다. 이렇게 형성된 주거 불만을 바탕으로 주택공급 편익의 배분을 둘러싼 새로운 갈등국면이 연출됐다. 갈등은 두가지 양상으로 펼쳐졌다. 그 하나는 분양가 산정을 비롯하여 주택 분양제도를 둘러싼 공급자와 소비자 사이의 대립이었다. 다른 하나는 자본이득에 대한 과세를 둘러싼 소유자와 소비자(정부) 간의 대결이었다. 이렇게 불거진 분배 각축이 어떤 식으로 해소됐는지를 살펴보자.

소비자 행동과 가격통제의 재개

무주택 가구들의 눈에 가격상승은 자신의 소득능력과 괴리된 분양가격의 문제로 비친다. 2000년대에도 다를 바 없었는데, 특히나 이번에는 이같은 심리적 반응을 확산하기에 충분한 실체적 변화가 뒤따랐다. 서울의 아파트 분양가격은 1999년 이후 불과 5년 남짓한 기간 만에 두배 이상 치솟았다. 1999년에 평당 626만원 정도 하던 분양가격은 2005년에

1300만원대로 올랐고, 특히 재건축 열풍이 휩쓴 강남 3구에서는 평당 2000만원에 육박할 정도로 급상승했다. 같은 기간 동안 소비자물가가 20%, 임금생활자의 월평균 소득이 40%가량 오른 것과 달리 아주 큰 폭의 상승이었다.[91] 이같은 급변에 도시민들은 내 집 마련 기회의 좌절에 따른 상실감과 주거 불안으로 인한 생활고를 동시에 맛봐야만 했다. 이에 이들은 분양가격 상승을 주거 불안의 주원인으로 지목하며 이에 대한 불만족을 강하게 표현했다.

그런데, 주목할 점은 이때의 반발이 으레 있었던 가격 불만의 수위를 훨씬 넘어섰다는 사실이다. 치솟는 분양가격에 대한 대중의 반감은 주택 소비자 운동의 새로운 국면을 만들어냈다. 앞 장에서 살펴본 것처럼, 첫번째 주거문제가 부상했을 당시의 소비자 행동은 공급연쇄의 처음과 마지막 단계에 형성된 독점(구조)에 대한 반발이었다. 이를테면 토지 소유 독점의 해소(개발단계)와 분양주택의 합리적 배분(소비단계)을 주장함으로써, 자가 주택과 이에 수반된 소비 편익에 대한 소비자 개개인의 정당한 접근을 요구하는 행동이었다. 이와 달리, 2000년대의 소비자 행동은 주택의 분양가격 그 자체를 문제삼았다.

새로운 소비자 운동은 '소비자 문제를 연구하는 시민의 모임'(약칭 소시모)의 분양가격 감시 활동에서 발원했다. 이 단체는 2002~2003년 서울시에서 아파트를 분양한 103개 사업자 가운데 98개 업체가 분양가격을 과대 책정했다는 충격적인 분석 결과를 발표했다.[92] 소시모는 이 결과를 서울시에 통보하여 분양가 자율조정 권고에 협력[93]하는 한편, 분양제도 개선을 위한 논거로 이를 활용했다. 곧이어 발표한 단체 성명(2003. 3. 13)을 보면, 분양시장에서 "소비자의 절망과 분노"는 "정부의 무책임, 건설사들의 횡포, 국세청의 방관"에서 비롯됐다. 이에 단체는 "시장의 투명성과 소비자의 알 권리가 보장되는 방향으로" 제도를 개선할 것, 구체적으로 말하자면, 분양원가 공개 제도와 후분양제를 도입하는 한편, 세무조사를 통해 건실사를 직접 제재할 것을 요구했다.[94]

이런 식으로 소비자 운동은 가격 투명성이 부족한 분양제도와 이를 악용한 부당이익 추구 행위를 문제삼았다. 비판은 자연스럽게 분양가 규제에 대한 요구로 이어졌다. 분양가격 책정 권한이 사업자에게 부여된 것 자체가 분양가 자율화 조치의 결과였기 때문이었다. 분양가규제 철폐로 얻은 가격책정 권한을 바탕으로 건설사들이 정상이윤을 넘는 폭리를 추구했고, 그것이 바로 분양가격 폭등의 이유라는 인식이었다. 분양가를 다시 규제함으로써 무분별한 이익추구 행위를 제한해야 한다는 목소리가 이렇게 등장했다. 결국, 2000년대의 소비자 운동은 가격규제 철폐에 대한 일종의 반작용이었다. 개발이익 배분을 둘러싼 각축에서 사업자들이 얻었던 지난 승리에 대한 반발이었다.

원가공개와 가격규제를 요구하는 소비자 운동의 등장에 건설업계는 바로 반응했다. 특히 원가공개의 제도화 방안을 담은 주택법 개정안이 의원입법의 형태로 제출되면서, 양대 사업자단체를 비롯한 건설업계는 입법안 철회를 한목소리로 요구했다.[95] 반론의 요지는 다음과 같았다. 첫째, 분양가격 상승은 주로 재고 아파트의 가격상승과 주택 생산비용의 증대에서 기인한 것으로, 분양가격 규제의 완화는 가격상승과 아무런 관련이 없다. 건설업계 또한 인위적인 가격상승을 조장해 폭리를 취하지 않았다. 둘째, 분양가격 규제의 재도입은 분양 프리미엄을 노린 투기를 재연시킬 뿐만 아니라, 주택공급의 채산성을 악화시켜 결국 공급 위축을 초래할 것이다. 셋째, 분양원가 공개 조치는 시장원리와 기업 활동의 자유를 침해하는 시장억압 조치로서 주택산업의 발전을 저해한다. 그리하여 넷째, 분양가격 상승에 따른 문제를 해소하기 위해서는 가격규제 대신에 택지공급 확대를 포함한 공급확대가 필요하다.

이같은 입장은 사실 정부 내에서도 널리 퍼져 있었다. 무엇보다도 건설교통부가 원가공개를 비롯한 가격 규제정책에 회의적이었다. 먼저 법리적 측면에서, 건설교통부는 이 조치가 기업의 영업권을 침해함으로써, '과잉금지의 원칙'(헌법 37조 2항)을 위배할 수 있다고 여겼다. 아울러 분양원가의 적정성을 감정하는 것이 어렵기에, 가격책정의 적합성을 둘러싼 집단민원과 사회적 마찰이 불거지리라고 판단했다. 분양가 규제정책에 관한 입장 역시 업계와 같았다. 직접적인 가격 규제정책이 분양 프리미엄의 독점을 가져올 것이기에, 가격안정에는 도움이 되지 않는다는 견해였다.[96] 이런 식으로, (소시모와 경실련, 참여연대를 위시한) 소비자 운동 진영과 (산업계와 정부를 아우르는) 반대진영은 한치의 양보도 없는 대립을 지속했다.

힘의 균형은 2004년에 들어서며 깨졌다. 그 발단이 된 것은 서울시의 분양원가 공개 결정이었다. 서울시는 도시개발공사가 분양한 상암 7단지 아파트(2003년 12월 분양)의 분양가를 두고 논란이 일자, 그 원가를 공개하기로 결정을 내렸다. 하지만 외려 논란은 더 커졌다. 원가공개 결과에 따르면, 상암 7단지 아파트의 분양원가는 평당 736만원으로 분양가격인 1210만원과 견줘 473만원이나 적었다. 원가 대비 39.2%, 분양세대 전체를 더하면 총 310억원의 분양 수익이 발생한 것이었다.[97] 이러한 공개 결과는 원가공개 요구의 정당성을 뒷받침하는 효과를 냈다. 소비자 운동의 대대적인 확산이 일어났고, 소비자와 공급자 간의 대립 지형 또한 요동쳤다.

첫째, 소비자 행동이 확대됐을 뿐만 아니라 운동의 성격 또한 달라졌다. 우선, 소비자 행동의 중심이 소시모와 같은 소비자 운동단체에서 경실련으로 대표되는 대형 시민단체로 옮겨갔다. 경실련은 서울시의 원가공개 직후 '아파트값 거품 빼기 운동본부'를 결성하고, 분양원가 공개와 택지공급제도의 재검토를 요구하는 행동에 들어갔다. 경실련은 이를 "제2의 토지공개념 운동"에 비유하면서, 원가공개 요구와 검증, 행정소송, 온·오프라인 직접행동, 지역 시민사회와의 연대를 통한 전국 단위의 캠페인으로 확장했다. 인터넷 공간에서 결성된 '아파트값 내리기 시민모임'과 함께 온라인시위를 연달아 개최하는 등 여론 확산에도 나섰다.[98] 다음으로, 운동의 중심 표적도 민간 건설업체에서 공공(개발)사업자로 바뀌었다. 서울시의 원가공개는 분양가 상승을 가져온 중심 행위자인 공공개발기구의 역할을 부각했다. 여러 개발공사가 택지개발 공사에서 조성한 택지와 주택의 분양을 통해 상당한 개발이익을 누리고 있음이 적나라하게 드러난 것이었다. 이에 따라 왜곡된 택지공급체계 자체가 분양가 상승을 일으키는 기저 요인이라는 비판이 자라났다. 분양가 책정의 타당성에 대한 문제 제기나 민간 건설사의 폭리 추구 비판에 초점을 맞췄던 운동 또한 택지공급제도 전반의 개혁을 주장하는 운동으로 전환되기 시작했다.

둘째, 이를 계기로 공급자와 소비자 간의 대립을 넘어, 공공 개발업자와 민간 건설업자 사이의 공급자 내부 갈등도 부상했다. 민간사업자에게 상암 단지의 원가공개는 그들 자신에게 쏟아지던 공격의 방향을 돌릴 기회가 되었다. 택지개발 시행자인 공기업이 택지가격을 일방적으로 책정하는데다가, 택지 분양에 따른 개발이익마저 이들에게 편중되는 상황인데도 불구하고, 분양가 상승의 책임을 주택건설업체에만 돌리고 있다는 반론이었다. 따라서 택지개발의 정부 독점 해소를 포함한 택지 공급체계의 개편 없이, 가격규제나 원가공개를 단행하는 것은 정부의 부당한 횡포라는 입장이었다.[99] 이런 식으로 건설업계는 택지 공급체계의 개편을 규제정책 도입의 선행조건으로 제기했다. 이로써 논쟁의 구도에 공공 개발업자와 민간 주택사업자 사이의 대립이 추가되었고, 분양가격의 적정성에 대한 문제 제기에서 시작된 원가공개 논쟁은 택지 공급체계 전반을 둘러싼 갈등으로 확대됐다.

이렇게 두 방향에서 일어난 변화는 결국 공공택지 공급체계의 개편 문제, 곧 공공택지에서 발생한 개발이익의 귀속 문제로 모일 수밖에 없었다. 정부 역시 원가공개의 부작용을 우려한 나머지, 공공택지 공급가격의 공개나 공급 방식의 개편을 통한 제한적 수용으로 정책 방향을 틀었다.[100] 이에 정부는 관련 전문가와 이해당사자로 구성된 '주택 공급제도 검토위원회'를 설치하고, 공공택지 내 주택 공급제도의 개편방안을 검토하기 시작했다.[101]

논의과정에서 행위자들이 마찰을 빚은 쟁점은 크게 두가지였다. 첫째, 주택공사는 국민주택 규모 이하 주택에 대한 가격규제를 수용하면서도, 건축비와 택지조성원가의 공개에 대해서는 강하게 저항했다. 지구별로 이해관계가 다른 분양계약자를 상대로 사업을 하는 공사의 입장상, 원가의 적정성 확인 요구나 형평성 논란, 가격 인하 요구 등의 민원에 시달리게 된다는 주장이었다. 게다가 영리성이 나은 지역에서 얻은 분양이익을 임대주택 건설이나 관리재원으로 활용하는 '교차 보조 형식'의 사업구조가 불가능하게 되어, 공공주택사업 진행에 차질이 생긴다는 반론도 제기했다. 특히 주택공사는 택지조성원가의 공개에 강력히 반대했다. 택지조성원가가 주택용지 공급 시점에 아직 확정되지 않은 추정 원가일 뿐만 아니라, 이를 공개할 경우 토지수용자나 지자체,

표 4-7 분양가상한제의 재도입과 분양원가 공시 범위의 변동

택지·주택 유형			분양가격 제한방식의 변동
공공택지	공공주택	85㎡ 이하	분양가상한제['05. 3]
			5개['05. 3]→7개['06. 2]→61개['07. 9]→12개['12. 3]→62개['19. 3]
		85㎡ 초과	자율결정+택지채권/분양가·택지 병행 입찰(투기우려지역)['05. 3]→분양가상한제+주택채권 입찰['06. 2]
			5개['05. 3]→7개['06. 2]→61개['07. 9]→12개['12. 3]→62개['19. 3]
	민영주택	85㎡ 이하	공공주택과 같음
		85㎡ 초과	공공주택과 같음
			택지비, 택지매입원가['06. 2]→61개['07. 9]→12개['12. 3]→62개['19. 3]
민간택지	민영주택	85㎡ 이하	자율결정→분양가상한제['07. 4]→탄력 적용[1]['14. 12]→적용 재개[19. 11]
			7개 항목 공시['07. 9]
		85㎡ 초과	자율결정→분양가상한제+주택채권 입찰['07. 4]→탄력 적용['14. 12]→적용 재개[19. 11]
			7개 항목 공시['07. 9]

- 1. 특정 지역을 상한제 적용 지역으로 지정할 수 있으나, 그 조건이 엄격해 실제 적용사례(원가 공시 포함)는 없었음. 최근 문재인정부는 적용 요건을 완화하여, 서울 27개 동을 상한제 적용 지역으로 재지정했음.
- 출처: 정책기획위원회, 2008, 『부동산시장 안정 및 주거복지: 투명하고 공정한 시장질서와 안정적인 공급기반 마련』; 국토교통부, 2019, 「민간택지 분양가상한제 서울 27개 동 지정」, 보도자료 2019. 11. 6; 법제처 국가법령센터(http://www.law.go.kr)에서 재구성.

건설업체 등과의 이해갈등을 피할 수 없다는 견해였다.[102] 둘째, 민간 건설업체는 가격 공개나 규제 대상에서 민영주택을 뺄 것을 요구하는 한편, 공공택지에 대한 채권입찰제도의 도입을 저지하려 했다. 대다수 구성원이 개발이익을 공공재원으로 흡수할 방안으로 채권입찰제를 주장했지만, 대한주택건설협회는 분양가 상승과 대형업체의 택지독점을 이유로 들어 이에 반대했다.[103] 건축업자가 가질 개발이익을 공공주택기금으로 회수하는 방안에 대한 거부였다.

주택사업자들의 완강한 저항도 분양가격 제한 조치의 도입을 막지는 못했다. 검토위원회가 마련한 분양가 인하방안은 2005년에 처음 도입된 후, 그 적용 범위가 단계적으로 확대되었다. 표 4-7에서 볼 수 있는 것처럼, 가격상한제의 적용 범위는 공공건설 주택에서 공공택지에 건축된 민영주택으로, 나아가 민간택지 내 민영주택으로까지 넓어졌다. 과거의 원가연동제처럼 택지비와 건축비를 합산한 기준금액 이하로 분양가를 제한하는 방식이었지만, 이번에는 기본 택지비, 건축비에 가산비용을 더하고 물가변동까지 반영하여 건설사의 정상이윤을 보장하는 형태였다.[104] 마찬가지로 분양가상한제가 적용되는 주택에는 가격공시의 의무가 부여되어, 주요 원가 항목을 공개해야 했다. 공시 항목 역시 상한제의 강화에 따라 점차 늘었다. 가격상승이 계속되면서 분양가격 인하를 요구하는 압박이 거세졌고, 이에 발맞추어 정부 역시 가격 규제 정책을 강화했기 때문이었다.[105] 주택업계의 반발이 줄기차게 이어졌음에도 불구하고, 주거난을 해결한다는 명분을 거스르기에는 역부족이었다.[106] 분양원가 공개 요구로 시작된 소비자들의 불만이 단계적으로 수용된 순간들이었다.

게다가 분양가 인하를 위한 검토 과정에서 소비자들은 뜻하지 않은 부산물도 얻었다. 분양가격을 낮출 때 생길 투기 수요를 막고 실수요자의 분양 가능성을 높일 방안으로 청약 가점제가 도입된 것이다.[107] 이를 통해 주택 배분 방식에 남았던 고질적 독소 중 하나가 상당히 부식되는 효과가 났다. 추첨의 '행운'에 따라 분양이 결정되던 배분 방식이 무주택 기간과 부양가족 수, 가입 기간 등을 점수화한 가점제 체계로 개편된 것이었다. 추첨 방식이 완전히 사라진 것은 아니었지만, 가족의 주거 수준과 가구 구성의 특성 등이 주택 배분의 원리로 수용되기 시작했다. 소비자들의 비용 부담에 상응하는 보상이라는 교환적 정의의 관점에서 배분의 합리화가 좀더 진전된 결과였다. 그렇지만 경제능력을 우선하는 시장주의적 배분의 성격은 계속 유지되었고, 자산·소득에 대한 경제력 평가도 여전히 배분 순위의 결정에 아무런 영향도 미치지 못했다. 주거의 '필요'를 충분히 반영하지 않는 배분 원칙상의 편향은 여전히 존속했다.

가격상승에 맞선 행동을 통해서 소비자들은 분양가 제한과 주택 분양제도의 개편이라는 결실을 얻었다. 사실 이 분쟁은 개발이익의 배분을 둘러싼 주택 소비자와 공공개발기구, 민간사업자의 삼자 간 갈등의 성격을 가진 것이었다. 여기서 소비자들은 투기적 공급구조에 대한 자신의 불만을 결집함으로써, 분양가격의 상대적 인하라는 성과를 거두었다. 하지만 다른 각도에서 볼 때, 이 '성공'은 철저히 자원동원형 연쇄의 운동 범위 안에서 일어난 것이었다. 이제껏 자원동원형 연쇄는 경제여건과 사회불안의 정도에 따라 가격규제의 강화와 완화(또는 자율화)라는 진자운동을 반복해왔다. 이렇게 보면, 분양가 제한이라는 소비자들의 '성공'도 기실 가격 결정에 대한 정부 개입의 복원과 다를 바 없었다. 주거문제에 신음하는 대중의 저항이 고조될 때마다 강화됐던 가격통제 정책의 최신 판본이었던 셈이다. 따라서 행위자들 사이에 배분되는 편익 몫이 새롭게 조정됐음에도 불구하고, 자원동원형 연쇄를 지탱하는 공급구조의 기본 골격은 그대로 유지됐다.

소유자 가구의 반격: 조세 반란과 소유권 정치

예비 소비자들의 불만이 집중된 또다른 쟁점은 부동산 투기문제였다. 실제로 당시 대중들은 주거난과 자산 불평등 심화를 초래한 주범으로 다주택 소유자를 위시한 '투기세력'을 지목하고 있었다. 이렇게 조성된 대중심리를 배경으로 투기억제에 초점을 둔 정책개입이 등장했다. 특히나 부동산 가격안정이 초유의 관심사로 떠오른 시기에 집권했던 노무현정부는 이를 정권의 사활이 걸린 문제로 여겼다.[108] 이러한 목적에서 선택된 것이 바로 부동산세제 개혁이었다. 부동산 과세의 강화를 통해 자본이득을 환수함으로써, 주거안정의 실현은 물론 사회계층 간 갈등도 완화할 수 있다는 판단이었다. 나아가 부동산시장에 몰린 유동자금을 생산 부문으로 옮겨 경제 전체의 선순환을 꾀하겠다는 계산이었다.

이와 같은 정책 판단은 자원동원형 연쇄의 역사적 맥락에서 볼 때 충분히 특기할 만한 것이었다. 앞선 2장의 논의를 다시 떠올려보자. 한국의 재산세제는 과세 면제를 비롯해 다양한 조세감면 수단이 발달한 과소 과세형 세제에 속했다. 이러한 과세구조는 보유 자산과 그 가치 상승분에 대한 저과세를 통해 소유자의 재산권을 광범하게 보장하는 역할을 했다. 부동산 과세로 한정해보면, 보유 과세의 저발전과 취득·이전 과세의 과잉 발달이라는 불균형 구조로 짜여 있었다. 과표 현실화율이 매우 낮은데다가 가격평가 체계마저 부실했기 때문에, 형식적으로 누진세 체계를 갖췄다 하더라도 그것이 제대로 작동하지 않았다. 낮은 과표에 각종 비과세와 감면 조치가 더해져 실제 세 부담은 매우 낮았고, 이는 결국 보유 과세를 유명무실하게 만들었다.[109] 보유 과세를 대체하는 자본이득 환수수단으로 기능한 것이 양도소득세였지만, 이조차 겉으로만 강력할 뿐 실제는 아주 허약했다. 부동산경기의 순환에 따라 강온을 오갔음에도 불구하고, 광범한 과세 예외지대를 보장하는 세목이 양도세였기 때문이다.

그렇기에 한국의 부동산세제의 경우에는 공적 필요에 따른 재산권의 제약이라는 형식적 기능이 아닌 은폐된 기능이 더 중요했다. 자산과 자본이득에 대한 과소 과세를 통해 자산 소유층에 특혜적 재산형성 기회를 제공하는 조세 발친이 바로 그것이었다. 그런 의으고, 부분평가의 그 세지출 관행을 바탕으로 과세당국과 재산소유자 사이에 특별한 조세정치적 계약관계가 만들어졌다. 이렇게 형성된 암묵적인 재산권 불침해 약속은 자본이득의 형태로 성장 과실을 배분함으로써, 자가소유 가구의 체제결속을 강화하는 역할을 했다. 이렇게 볼 때, 보유 과세의 저발전은 단순히 과세역량 부족이나 조세수집 장치의 결여에 따른 결과만이 아니었다. 여기에는 과세행정에서 오는 정치적 갈등을 회피하는 동시에, 권력의 필요에 부합하는 사회집단을 선택적으로 지원하려는 정치적 고려가 작동했다. 자산 소유층과의 충돌이 아닌 과소 과세를 통한 타협이 그 핵심이었다. 이런 과정을 통해 자산소유자와 세무관료, 정치엘리트 사이에 일종의 정치적 후견-지지 관계가 굳건히 뿌리내렸다.[110]

이런 맥락에서, 한국 특유의 역진적 재산 과세구조는 누진적 조세 구조와 상반된 방향의 정치 효과를 만들어냈다. 프래사드(Monica Prasad)는 직접세 위주의 누진적 조세 구조가 대결적 정책 지형(adversarial policies)을 조성하는 경향이 있다고 주장했다. 예를 들어, 영국과 미국은 누진적 조세 구조와 반기업 규제, 선별적 복지정책 등과 같이 계급간 대결을 부추기는 정책구조를 지닌 대표적인 나라에 속한다. 이같은 정책구조는 납세자를 비롯한 유권자의 반감을 부르기 쉬우며, 신자유주의적 호소는 이러한 심리적 지형을 공략함으로써 (조세 삭감과 탈규제, 복지 축소 등과 같은) 성공을 거둘 수 있었다는 지적이다.[111] 이와 달리, 한국의 부동산 과세구조는 광범한 자산 연대를 구조화함으로써, 과세를 둘러싼 사회적 마찰을 예방하고 자산 보유층의 체제통합을 강화하는 역할을 해왔다. 따라서 우리 사회의 조세저항은 영미사회와는 다른 계통을 거쳐 출현하는 경향이 있다. 우리의 조세조항은 재분배적 정책구조에 대한 반감보다는, 역진적 과세구조를 혁파하고 재분배 기능을 강화하려는 결정에 대한 보수적 반발로부터 비롯되기 쉽다.

정부가 택한 세제개혁이라는 방법은 이렇게 고착되어온 이해유착 구조를 정면으로 공격하는 것이었다. 달리 말해, 노무현정부는 가격안정과 투기억제라는 국면 목표를 실현하는 수단으로서 재산과세 체계의 현대화라는 근본적 개혁안을 꺼내 들었다.[112] 자본이익을 환수할 세제장치가 작동하지 않아 투기가 횡행했기 때문에, 낡은 세제구조 자체를 정상화해야 한다는 판단이었다.[113] 이에 투기적 가수요를 억제하는 수단으로서 보유세 강화와 양도소득세 중과를 골자로 하는 세제 개편을 단행했다.

이 개혁이 얼마나 파격이었는가는 세제 개편안의 내용을 살피면 곧바로 알 수 있다. 첫째, 개혁의 선행조치로서 자산의 현재 가치와 괴리된 과표를 시장가격에 연동하는 과세평가체계의 시장화가 진행됐다. 시장가격의 80% 수준으로 값을 책정한 공시가격 제도를 도입하는 한편, 과표적용률을 단계적으로 확대하여 과표의 실효성을 높이는 조치도 이어졌다.[114] 공시가격 책정의 준거로 쓰이는 실거래가격의 정확한 산정을 위해 실거래가 등기제도 역시 도입됐다. 실효세(부담)율을 2009년까지 1%로 높이는 계획에서 드러난 것처럼, 수요 억제 기능을 극대화하려는 목표 아래 급격한 과표 실효화 조치가 이어졌다.[115]

이를 기반으로, 둘째 보유 과세에 대한 전면적인 개편이 진행됐다. 우선, 지방 세무 당국에 귀속되었던 재산세 과표적용률 책정 권한을 박탈하여, 정치적 유착의 모태가 되었던 과소평가 관행을 철폐했다. 다음으로 일련의 합산과세 방식을 도입함으로써 누진과세를 실현할 과세역량을 확보했다. 토지와 건물에 대한 과세 일원화, 전국 단위의 통합 과세, 개인 또는 세대별 합산과세 등이 그 수단이었다. 이를 토대로 부동산 '과다보유자'를 과세대상으로 하는 종합부동산세(약칭 종부세)를 도입했다. 종부세는 전국을 단위로 개인(또는 세대)별 합산 재산 가액이 공시가격 기준 9억원(또는 6억원) 이상인 자(세대)를 대상으로 하는 국세로, 투기적 가수요의 원천으로 지목된 '고가주택 소유자'에게 추가 누진과세를 실현하는 세목이었다. 과소 과세의 최대 수혜자이자 투기 수요의 담지자로 호명된 '과다보유자'의 수요를 억제하여, 가격안정이라는 전략적 목표를 실현하려는 조세형식이었다.[116]

셋째, 양도소득세 역시 강화되었다. 가장 놀라운 변화는 실거래가격을 기준으로 하는 과세방식의 도입과 다주택자에 대한 중과세 조치였다. 과세 기준이 실거래가격으로 전환됨에 따라 양도차익 전체가 과표로 잡힌데다가, 다주택 소유에 대한 중과세가 이루어지면서 실효세율이 크게 높아지는 효과가 났다.[117] 이와 더불어, 실거래 가액 6억원을 초과하는 고가주택 소유자에 한해서는 1가구 1주택에 대한 비과세 혜택도 사라졌다. 양도소득세제 특유의 1가구 1주택 비과세 조치를 유지하는 대신, 고가주택 소유자를 그 수혜대상에서 제외하는 방식이었다.[118]

정부의 세제 개편안은 주택소유자들의 이해관계, 나아가 과소 과세를 매개로 고착되어온 자산연합의 이해관계에 정면으로 반하는 것이었다. 따라서 개혁의 성패를 가늠할 관건은 결국, 이처럼 강고한 이해 동맹을 어떻게 돌파할 것인가에 달려 있었다. 이해 반발의 요소는 다음의 셋으로 요약할 수 있다. 첫째, 정책형성 과정에서 제기될 중앙정부 내부처 간 갈등과 기술관료의 저항을 들 수 있다. 종합토지세와 재산세의 과세행정을 각기 전담해온 재정경제부와 행정자치부, 또는 징세 기관인 국세청 등의 정책 저항이나 이들 사이의 이해 충돌을 어떻게 극복할 것인가의 문제였다. 둘째는 과표 평가의 재량을 잃는 동시에 세원의 축소를 감수해야 하는 지자체와 지역 정치인, 지방 세무관료의 반발이다. 마지막 셋째는 재산권을 직접 침해당하는 주택소유자들의 저항이다. 여기서는 이 중 두번째와 세번째의 갈등 계기를 중심으로 이야기를 진행하겠다.[119]

조세개혁안의 입법을 가로막는 최초의 반발은 두번째 계기에서 왔다. 수도권과 지방 민선 자치장들의 연합체인 '전국시장·군수·구청장협의회'는 국세라는 과세 형식을 문제삼으며 세제 개편에 저항했다. 이는 얼핏 '국세'와 '지방세'로 대변되는 상반된 조세형식과 과세 주체에 관한 마찰로 보이지만, 사실 과소 과세의 축소 여부를 둘러싼 분쟁이었다. 종부세라는 과세 형식이 전국 단위의 합산과세를 전제로 가능했을 뿐만 아니라, 개혁에 뒤따를 저항이나 분쟁 또한 개별 지자체가 감당하기 어렵기 때문이었다.[120] 이런 관점에서, 지방세론은 세제 개편을 저지하고 반대세력을 결집하려는 의도에서 활용된 전략적 카드였다. 게다가 지방세론은 종부세에 담긴 지역 간 조세 재분배 계획에 대한 거부라는 점에서, 조세정책적 갈등을 재분배에 관한 이념 대결과 접목하는 효과를 냈다.[121] 그런 식으로, 수도권 지자체와 시군구청장협의회는 지방세론을 중심으로 반(反)종부세 캠페인을 조직하면서, 과세 대상자와 수도권 야당 정치인, 보수언론과 시장주의적 전문가와의 연대를 모색했다.[122]

하지만 지역 정치 엘리트가 주도한 이 반발로는 종부세의 제도화를 막을 수 없었다. 당시 한나라당이 가격상승에 따르는 정치적 부담을 회피하려는 의도에서 소극적 자세로 일관한 까닭에, 대결 지형이 전국적

범위로 확대되지는 못했다.[123] 게다가 지역 간 조세 재분배를 놓고 대도시와 농촌 지역 간의 균열이 나타나게 되면서 저항의 위력 자체도 반감되었다. 지역발전교부금을 통한 세액 배분계획이 전달된 후, 전국군수협의회가 국세 안 지지로 돌아섰기 때문이었다.[124] 강남구청을 비롯한 21개 지자체는 최후의 저지선으로 헌법재판소(약칭 헌재)에 권한쟁의 심판(2005년 7월)을 제기했지만, 이것이 무위로 그치면서 저항의 동력 자체가 사라졌다.[125]

결국, 조세개혁의 성패를 좌우한 변수는 자가소유자들의 저항 여부였다. 이에 정책 주도집단은 가격안정과 주거 불안의 해소를 바라는 여론을 동력으로 삼아, 이들의 반발을 고조시키지 않으려 했다. 보유세 강화정책이 다수의 평범한 주택소유자들을 겨눈 '세금폭탄'이 아니라, 잠재적 투기 수요자에 해당하는 소수 '고가주택' 소유자를 표적으로 하는 '초정밀 유도 폭탄'임을 역설하려 했다.[126] 이에 다양한 여론 형성 및 수렴 장치들을 동원하여 주택가격 상승과 투기로 고통받는 대중의 공통이익을 표상하려 했다.[127] 이러한 노력에 힘입어 무주택 가구와 대다수 자가소유 가구는 보유세 강화정책에 압도적인 지지를 보냈다. 2004년 종부세 입법과 2005년의 강화 입법을 가능하게 했던 사회적 지반이 그렇게 형성됐다.[128]

그렇지만, 2006년을 지나면서 세제 완화를 원하는 여론은 점점 높아져갔다. 여기에는 두가지 사정이 결정적인 역할을 했는데, 그 첫번째는 가격상승에 따른 주택시장의 변동으로 정책 환경이 급격히 변한 것이고, 이와 맞물려 있으면서도 더 중요한 두번째 사정은 자가소유자들의 이해 결집과 함께 조세저항이 본격적으로 출현한 것이다.

먼저, 세제 개편을 포함한 강력한 부동산대책에도 불구하고 가격상

표 4-8 소득 대비 주거비 비중과 주택대출액의 가치 변동, 2006~2008년 　　　　(단위: 배, %)

		연 소득 대비 주택가격 비율(PIR)		월 소득 대비 임대료 비율(RIR)		주택가격 대비 대출액 비율		
		중위값 기준	평균값 기준	중위값 기준	평균값 기준	구입가 기준(A)	현재가 기준(B)	B-A
전국	2006	4.2	6.0	18.7	16.4	37.3	28.3	-9.0
	2008	4.3	6.0	17.5	17.4	38.8	26.2	-12.6
수도권	2006	5.7	8.1	19.9	18.5	36.4	26.9	-9.5
	2008	6.9	8.5	22.3	21.0	36.7	21.6	-15.1

- 주: 주택가격 대비 대출액 비율=(금융기관대출액+개인대출액)/구입 가격 또는 현재 가격.
- 출처: 국토교통부, 주거실태조사; 졸고, 2014, 「보유세 개혁의 좌절에 관한 조세정치적 해석: 종합부동산세의 사례」, 『경제와사회』 101호 205면에서 수정.

승세는 멈추지 않았다. 이전까지 강남과 수도권 일부 지역, 이른바 '버블 세븐'이 주도했던 상승 추세는 2기 신도시 개발과 뉴타운 지구의 수요 급증과 더불어 서울 전역으로 확대됐다. 같은 기간 동안 진행된 매매 가격과의 동조화 현상에 따라 전세가 또한 급등했다. 가격변동의 충격을 직격으로 받은 이들은 누구보다 서울과 수도권에 사는 중위 소득층이었다. 이들은 자가 부문의 진입 문턱 상승과 임차비 부담의 증가로 고통을 겪었는데, 이는 결국 자가점유의 축소와 전세 거주의 상대적 증가라는 결과로 이어졌다. 특히 이러한 변화는 수도권에서 가장 뚜렷하게 나타났다. 표 4-8에서 보는 것처럼, 전국 수준의 연 소득 대비 주택가격 비율과 월 소득 대비 임대료 비율이 대체로 정체 또는 하락한 것과 달리, 수도권 지역의 지표는 각각 중위값 기준 6.9배와 22.3배로 급증했다. 한데 소득 대비 가격지표의 이러한 급증과 반대로 주택 대출의 상대적 가치는 오히려 하락했다. 주택가격 상승에 따라 대출액 비중의 상대적 감소 현상이 뚜렷이 나타났고, 특히 수도권에서는 그러한 효과가 훨씬 더 컸다. (갭 투자를 포함하여) 부채를 낀 (다)주택 구매가 얼마나 매력적이고 또 합리적인 자산형성 전략으로 떠올랐는지를 쉽게 짐작할 수 있다.[129]

무주택자들의 주택구입 능력이 떨어지고 주거 불안정 또한 심해졌지만, 소유자들은 외려 차입투자를 통해 새로운 축적 기회를 보장받았다. 주택의 자산효과가 커지는 한편 주거 불평등은 심해지는 상황에서, 대중들 스스로가 자가점유로 기울어지는 것은 너무나도 자연스러운 변화였다. 자가점유의 좁은 문턱을 넘을 경우, 주거 불안에서 탈출함은 물론 자산 소유계층으로도 진입할 수 있기 때문이다. 하지만 보유세 개혁은 투기억제와 주거안정을 바라는 사회 심리를 기반으로 하였음에도 불구하고, 제시됐던 정책 결과를 당장 만들지는 못했다. 오히려 자가로의 진입 문턱은 더 높아져갔고, 투기와 다주택 소유 역시 '합리'적인 전략으로 인식되어갔다. 내 집 마련의 꿈을 위태롭게 하는 시장 현실로 인해 보유세 개혁에 대한 정책 신뢰가 점차 사라져간 것이다.

자가점유로의 유인이 커진 것과 반대로, 조세개혁을 둘러싼 이해갈등은 점차 가시화되기 시작했다. 사실 종부세에 대한 저항이 본격적으로 표출되지 않은 시점에서도 개혁에 대한 반발은 이미 어느정도 나타나고 있었다. 보유세 과표의 상승에 대한 자산소유자들의 반대였다. 이점에서, 2004년과 2005년 상반기에 일었던 재산세 파동은 본격적인 세제 개편에 앞서 등장한 저항의 예고였다. 서울과 수도권 지역주민들은 과표 현실화 조치로 발생한 재산세 과세액의 증가에 크게 반발했고, 많은 지자체가 조례 개정을 통해 세액을 감면하는 방식으로 이에 대처했다.[130] 이같은 행정절차를 중앙 세무 당국이 문제로 삼으면서, 급기야 중앙정부와 지자체 간의 갈등도 나타났다.

표 4-9 보유세 과표와 징수(과세)세액의 변화 　　　　　　　　　　　　　　(단위: %, 백만원, 명)

	공시가격 상승률		과표적용률		주택분 재산세[1] (과세액)	종부세 대상자 및 세액	
	개별주택	공동주택	재산세	종부세		신고인원	징수세액
2005	-	-	50	50	948,029	70,676	441,328
2006	5.1	16.4	50	70	1,010,040	340,747	1,327,511
2007	6.2	22.7	50	80	1,209,451	482,622	2,414,256
2008	4.4	2.4	50	80[2]	1,509,844	412,543	2,129,862
2009	-1.8	-4.6	60[2]	80	1,254,953	212,618	1,207,101
2010	1.9	4.9	60	80	1,457,264	250,214	1,028,932
2011	1.0	0.3	60	80	2,862,947	248,477	1,101,864
2012	5.3	4.3	60	80	3,013,039	273,955	1,131,106
2013	2.5	-4.1	60	80	3,029,854	246,197	1,224,321
2014	3.7	0.4	60	80	3,181,065	252,042	1,302,711
2015	4.0	3.1	60	80	3,403,753	283,064	1,399,035

• 1. 2011년 이후 부과 세액의 급증은 도시계획세와의 세목 통합에 따른 결과임. 과세물건별 징수액 통계의 미공개로 과세액 전체를 기록함.
　 2. 과표적용 기준이 기존 공시가격에서 공정시장가액비율로 변경됨.
• 출처: 국토교통부, 연도별 가격공시 자료; 국세청 『국세통계연감』; 행정안전(자치)부 『지방세 통계연감(지방세정연감)』.

　가격상승과 단계적 과표 현실화가 겹친 가운데 단행된 종부세 강화 조치로 갈등은 더욱 증폭됐다. 표 4-9에서 보듯, 공시가격과 과표적용률의 상승에 따라 보유세 과세표준이 급증하는 상황이 빚어졌다. 공동주택 공시가격의 상승세가 특히 두드러졌는데, 그중에서도 종부세 과세대상인 6억~9억원대 주택과 잠재적 대상인 4억~6억원대 주택의 상승 폭이 가장 컸다(각각 2006년 32.1%, 28.6%, 2007년 31.5%, 28.6%). 강남과 수도권 가격급등 지역의 상승세는 더욱 가팔라서 두해 동안 25~70%에 달했다.[131] 급격한 과표의 증가는 결국 자가소유 가구 전체의 세 부담 증가로 이어졌다. 특히, 2005년 8·31대책으로 강화 입법이 이루어진 종부세의 경우에는 더 극적인 변화가 나타났다. 과세방식의 전환 (인人별→세대별 합산)과 과세 기준금액의 하향 조정(9억원→6억원), 세요과 피프릭송료의 싱항로징 등이 집진 가운내, 과세 내싱사와 세엑이 급증했다. 종부세 대상자는 첫 신고 후 불과 1년 만에 4.8배(2006년), 2년 후에는 6.8배(2007년)로 커졌다. 세액 또한 2005년 4400여억원에서 2007년 2조 4천여억원으로 증가했다. 고가주택 소유자를 넘어 자가소유자들 대다수가 조세 부담 증가를 실감할 수밖에 없었다. 종부세 대상자뿐 아니라 잠재적 대상자의 위기감까지 증폭될 수밖에 없는 상황이었다.[132]

세제 환경의 변화는 가격안정의 당위 뒤에 숨겨진 개혁의 실체를 여실히 드러냈다. 보유세 개편이 자가보유자들이 누려온 비공식적 조세 특권을 겨냥하고 있음이 인지되기 시작했다. 변화를 촉발한 것은 종부세 강화 입법이란 전환점을 거치며 짜인 새로운 갈등지형이었다. 종부세 도입 당시 갈등의 축이 된 것은 '부분평가를 없애는 게 정당한가?' 라는 추상적 쟁점이었다. 종부세 강화를 위한 수단으로 세대별 합산과 세나 기준가액 하향 조정 등이 거론되면서, 갈등의 초점은 '얼마나 없앨 것인가?'를 둘러싼 현실적 쟁점으로 뒤바뀌게 됐다.[133] 이제 종부세는 '강부자'(강남에 사는 부동산 부자의 준말)로 불렸던 특권적 자산계층만의 문제가 아니게 된다. 그외 사람들 사이에서도 부부합산 과세나 기준가액의 인하로 과세 대상자로 포함될 수 있다는 우려가 생겨났고, 또 당장은 아니더라도 가격상승과 과표확대가 계속될 경우 조만간 그리되리라는 전망도 나타났다. 같은 맥락에서, (양도소득세의 경우처럼) 1가구 1주택 장기 거주자나 소득능력이 없는 고령 은퇴생활자를 구제할 목적에서 과세 예외나 특례 제도를 도입해야 한다는 요구 또한 등장했다.[134]

이처럼 부분평가 축소 범위, 달리 말해 과세 특혜를 뺏을 대상자의 선정을 둘러싼 갈등이 소유자 가구들을 저항 일선으로 내몬 결정적 계기가 되었다.

개정 종부세법에 따른 과세신고 절차가 진행된 2006년 말 이후 자가 소유 가구들의 저항이 본격적으로 나타나기 시작했다.[135] 간헐적·산발적으로 나타났던 저항이 조직된 집단 저항으로 번진 것이다.[136] 주목할 것은 저항의 주체가 아파트 입주민 단체였다는 점이다. 일부 보수단체의 납부거부 선동이 있기도 했지만, 저항운동의 중심은 어디까지나 단지별로 구성된 아파트 입주자대표회의와 그 지역 지부, 그리고 전국 단위의 연합체였다.[137] '버블 세븐'으로 대변되는 중산층 밀집 지역 지부와 전국아파트입주자대표회의연합회(전아연)가 지역 간 연대와 범지역적 동원을 이루는 조직 기반으로 작동했다. 비영리법인으로 설치된 입주민 단체가 자가소유자들의 저항을 선도하는 강력한 이익결사체로 떠오른 것이다.

재산세와 종합부동산세 등 주택보유세의 기준이 되는 공시가격이 큰 폭으로 상승함에 따라, 세금부담도 커지게 되었습니다. 특히 올해는 종부세 과세표준 적용률이 공시가격의 70%에서 80%로 높아짐에 따라, 세금폭탄이 현실화되고 있는 실정입니다. 1인 1가구 주택보유자로 장기간 거주한 주민이 부동산투기를 한 것도 아닌데, 당국의 정책 실패로 부동산을 폭등시켜놓고 책임은 죄 없는 국민에게 징벌적 세금을 물리려 하고 있습니다. (…) 연일 신문지상에서도 보유세 증가의 부당함을 성토하고 있습니다. 주민 다수 의견에 따라 전 ○○단지 소유자 차원에서 개별 공시지가가 턱없이 높은 데 대해 이의신청할 예정이오니 관리사무소와 경비실에 비치한 이의신청서를 작성하시어 4월 2일까지 제출하여주시면 이를 취합하여 ××시에 제출토록 하겠습니다. (…) 첫째, 공시가격에 적용된 공제금액을 현재 6억에서 본래대로 9억으로 환원하라! 둘째, 총보유세의 세율을 대폭 완화하라! 셋째, 1가구 1주택의 장기보유자는 종합부동산세 소득세를 폐지하라! 라는 의견을 천명한다. 우리 주민들의 세금폭탄에 대한 고통과 고난을 세가지 의견을 표시하는 서명서를 작성하여 그 의견을 밝히고자 합니다.[138] (강조는 인용자)

위 인용문은 입주자대표회의가 거주민들의 불만을 어떤 방식으로 조직하고 동원하였는지를 잘 보여준다. 여기서 보는 것처럼 이들이 택한 저항수단은 평범한 주민운동과 달랐다. 납세 거부와 같은 직접적인 과세 불복종 방법보다, 합법적 조세 불복 제도를 통한 이의제기가 훨씬 더 일반적인 저항수단이었다. 종부세 폐지(완화)를 위한 입법청원과 서명운동, 거리시위 등과 같은 집합행동이 나타나기도 했지만, 주된 저항방식은 어디까지나 법률에 보장된 구제장치를 통한 합법적 문제 제기였다. 과세전적부심사와 과세 이의신청, 조세심판·심사와 같은 조세 불복 제도나, 감사원 감사청구와 행정행위 취소소송, 위헌소송 등의 각종 소송절차 등이 그 대표적 수단이었다. 표 4-10이 나타내듯, 이같은 조세 불복은 2007년 이후 비약적으로 증가했다.[139] 각지의 입주자대표회의나 입주자협의회는 불복절차나 이의신청 방법들을 입주민들에게 안내했을 뿐만 아니라, 세무와 법률 분야의 전문가집단과의 연계를 통해 법률적 저항으로의 전환을 뒷받침했다.

도시 중산층 자가소유자들은 적극적인 투쟁수단으로 갈등의 사법화 전술을 활용하고 있었다. 특히, 입법청원과 종부세 취소·위헌소송 등을

표 4-10 종부세에 관한 조세 불복 　　　　　　　　　　　　　　　　　　　(단위: 건, %)

	2006	2007	2008	2009	2010	2011	2012
심판청구(인용률)	23(0)	197(1.0)	103(25.2)	65(13.9)	201(5.0)	52(5.8)	119(5.0)
심사청구(인용률)	2(0)	28(7.1)	13(7.7)	25(0)	4(23.0)	5(0)	6(0)
행정소송(국가패소율)	0(0)	1(0)	15(20.0)	32(15.6)	55(16.4)	140(3.6)	53(13.2)
헌법재판소 심판	1	4	4	0	1	0	0
감사원 심사청구	0	1	10	2	0	3	0

- 국가패소율＝(전체 패소+부분 패소)×100/소송청구 건수, 헌재 심판은 1건(부분 위헌)을 뺀
  전부, 감사원은 모두 기각판정. 과세전적부심사와 이의신청은 종부세 세목에 관한 통계가 공
  표되지 않아 뺌.
- 출처: 조세심판원·헌법재판소·감사원 인터넷 홈페이지, 국세청 국세법령정보시스템; 앞의 줄
  고 211면에서 재인용.

아우르는 법률적 저항의 조직에는 전아연 서울 지부와 분당, 고양, 목동
등지의 지역연합회가 핵심적인 역할을 했다.[140] 이들의 문제 제기에는
세대별 합산과세의 무효화와 공시가격 및 과세표준의 인하, 1가구 1주
택 보유·주택보유 연한·소유자 나이 등에 따른 과세 면제 및 감면 조치
의 도입 등이 담겨 있었는데, 이는 모두 부분평가 문제와 관련된 것이었
다.[141] 자원동원형 연쇄가 보장해온 조세특권을 박탈(제한)당할 위기에
처한 소유자들이 부분평가 폐지(축소)에 대한 반발을 대대적으로 표출
한 것이었다. 법률적 저항을 선택함으로써 이들은 조세개혁에 대한 이
해갈등을 과세 위헌성과 관련된 '비(非)정치적' 문제로 전환하였다. 법
적 수단을 통한 저항 자체가 역진적 성격의 과소 과세체계를 수호하기
위한 투쟁수단으로 선택된 것이다.
　소유자 결사에서 눈여겨볼 또다른 점은, 조세저항을 정치적 선호 표
현 및 지지 형성 행동으로 연결하고 있었다는 사실이다. 입주민 단체들
은 반종부세 캠페인을 2007년 대선과 2008년 총선에서 정치세력에 대

한 선택 문제와 결부하겠다고 엄포를 놓았다. 실제로 전아연은 종부세법 개정에 미온적인 국회의원에 대한 낙선 운동을 준비하기도 했는데, 비영리단체의 징치 활동 관여 금지원칙을 내세운 건설교통부의 저지로 무산됐다.[142] (잠재적) 과세 대상자가 밀집된 곳의 지역협의회는 종부세 토론회 등을 개최하면서, 폐지(완화) 입장을 채택하도록 지역 정치인들을 압박했다.[143] 실제로 자가소유 가구의 저항운동은 뉴타운사업의 정치 쟁점화와 더불어, 한나라당의 수도권 '압승'을 가져온 결정적 힘으로 작용했다. 입주민 단체의 조세저항을 중심으로 자가소유 가구와 보수 야당, 지자체 사이에 반종부세 연대가 강고하게 구축된 것이었다.[144] 종부세 완화로 대변되는 세제 개편을 밀어붙일 저변이 이렇게 형성됐다.

결국 중산층 자가소유자들의 사법적 저항 전술은 종부세의 파국을 이끈 계기가 되었다. 전아연 등이 제기한 위헌 주장에 대해, 마침내 헌재는 부분 위헌 및 일부 불합치 결정(2008. 11)을 내렸다.[145] 헌재는 종부세의 입법목적과 기능을 인정하면서도, 세대별 합산과세에 대해 위헌 판정을, 담세능력이 없는 1주택자에 대한 과세에는 헌법 불합치 결정을 내렸다. 사적 재산권과 혼인 및 가족생활의 보호라는 헌법 가치를 주거권이라는 또다른 헌법 가치보다 우월하게 보는 한편, 민법상의 부부별산제 조항과 금융소득종합과세에 대한 판례(2002)를 근거로 합산과세를 헌법에 어긋나는 것으로 평결했다. 자가소유 가구의 요구에 대한 헌법적 승인이었다. 헌재는 인별 합산으로의 회귀를 명령했을 뿐만 아니라, 보유 기간과 동기, 담세능력 등을 고려하여 과세 예외조항 또는 과표나 세율 인하 등의 조정장치를 마련할 것을 권고했다.[146] 입헌주의 원칙에 입각한 초월적 권위가 소유자들이 누려온 조세특권을 수호하는 결과를 만들어낸 것이다. 따라서 헌재의 결정에는 부분평가에 대한 공식적 승인이란 의미가 담겼다. 그리하여 결정 뒤의 후속 입법을 통해 부분평가는 공식적인 형태로 제도화된다. 인별 합산으로의 회귀와 과세 예외 및 감면과 같은 과세 제한방식의 법제화를 통해, 이제 부분평가는 감춰진 특권이 아닌 성문화된 권리로 재설정됐다.[147] 결국 자가소유자들은 빼앗길 뻔했던 조세특권을 상당 부분 지켜내는 데 성공했다. 2009년 이후 종부세 대상자와 징수액의 극적인 반감(표 4-9 참조)이 소유권 정치의 성과를 그대로 보여준다.

처음에 자가소유자들은 보유세 개혁을 극소수의 '투기세력'을 겨냥한 표적 과세로 여겼다. 하지만 이내 그것이 자가점유에서 오는 자산적 이익 전반을 침식하고 있음을 깨달았다. 기나긴 세월 동안 주택이 주는 자본이득에 기대 삶을 꾸려온데다가, 가족의 경제적 안전과 생존을 보장하는 원천으로서 자가소유권에 대한 의존이 더욱 심해지는 상황에서, 중산층 소유자 가구는 점차 개혁을 자신들의 삶 전체를 침탈하는 위협으로 간주했다. 이런 의미에서, 세제개혁은 과소 과세와 부분평가의 청산을 통한 조세체계의 정상화가 아니라, 가족생활의 물질적 기반을 파괴하는 급진적인 재분배정책으로 여겨졌다. 이에 중산층 자가소유 가구들은 자산소유자로서 자신의 이해를 결집하는 정치적 동원에 성공함으로써, 조세개혁을 저지하는 놀라운 역량을 발휘했다. 자원동원형 연쇄의 연결망에서 가구가 지닌 이중적 위치, 곧 소유자와 소비자 사이의 이해 분절이 가시적인 형태로 드러난 것이었다. 이로써 편익 배분을 둘러싼 각축을 주도해온 소비자를 소유자가 압도하는 상황이 펼쳐졌다. 적극적인 재산권 행사와 보존, 증식의 권리를 주장하는 요구가 대중들의 주거실천과 선택에 깊은 반향을 남기는 위치로 격상됐다.

5. 생존주의 주거전략의 착근

주거투쟁의 격렬한 소용돌이 안에서도 시대의 조류는 뚜렷했다. '소유의 민주'를 대체하는 소유관으로서 '소유의 전제'가 부상한 것이다. 대중 소유를 향한 사회적 공감이 급격히 사라져간 것과 달리, 비대칭적인 소유의 권리는 오히려 강조됐다. 같은 맥락에서, 공간상품화나 자본이득 규제와 관련된 사회적 합의의 토양 역시 빠르게 침식됐다. 자산증식을 목표로 공간상품화에 몰두하는 소유자 행동은 외려 철철 흘러넘쳤다.

주택 배분의 문제에서도 배타적 접근으로의 방향 전환이 나타났다. 자산전략의 원천으로 주택을 이용하는 시장 행동의 자유가 각광받은 반면, 자본이득의 전유를 막는 정책 실천에는 격렬한 저항이 뒤따랐다. 재정적 기여에 맞는 보상을 요구하는 소비자 운동이 위축된 것과 견줘, 능력에 따른 소비를 보장하라는 소유자 주장의 위세는 커졌다. 변화는 주택가격에 대한 인식으로도 이어졌다. 대중들의 구매능력에 맞는 적정가격의 유지보다 주택가격의 꾸준한 상승을 옹호하는 목소리가 점차 커졌다. 가격 인플레이션을 놓고 소유자와 무주택자의 이해관계가 충돌하기는 했지만, 소유의 전제가 득세하는 형국에서는 대개 전자의 우세가 관철됐다. 자본이득을 규제하거나 그 수혜자의 범위를 넓히려는 기도 역시 해악으로 여겨졌다. 마찬가지 이유에서, 자가소유권의 획득과 그것의 배타적 행사를 제한하는 획책에 대해서도 극렬한 저항이 뒤따랐다.

이러한 변화를 거치며 자가소유권의 사회적 기능도 특수한 형태로 고착됐다. 자가소유권의 이 독특한 기능을 자가소유 중심의 주택시장을 가진 나라들, 이른바 자가소유자 사회(home-owner society)와의 비교를 통해 확인할 수 있다. 영어사용권 국가로 대표되는 이들 사회에서 자가소유권은 이중적 기능(의미)을 지닌 사회제도로 기능해왔다. 그중 하나는 '지위 기표'(a marker of status)로서의 역할이다. 여기서 자가 주택은 생활기회와 정체성의 측면에서 가구 간의 차이와 우열을 드러내는 상징적 표지 역할을 한다. 이러한 관점에서, 자가 주택은 안정된 생활양식이나 사적 자율성, 물리적 안전, 사회적 지위와 평판 등과 같이 가족생활에 긴요한 의미들을 함축하고 있고, 또 이를 연결하는 의미 결합체의 성격도 갖는다. 따라서 자가소유권은 그 자체가 지위 획정의 척도는 아닐지라도, 적어도 취득한 지위의 지표로서 중요한 사회적 기능을 수행한다.[148]

다른 하나는 재무적 안전(financial security)의 보장물로서의 역할이다. 이는 '환금상품'(exchange commodity)으로서 주택이 지닌 특성에서 비롯된다.[149] 주택에 축적된 화폐 가치는 노후의 대비이자 생계위험에서 가족을 보호하는 경제적 보장수단이 된다. 그리하여 자가보유는 가족의 생애 경로에 밀착된 생계 안전망으로 기능한다. 주택보유를 통한 재산형성 역시 단순한 치부욕망의 실현을 넘어, 재정위기에 대응하기 위한 가족 단위의 우선 투자전략의 위상을 갖게 된다.[150] '돌에 새긴 연금'(pension in stone)이란 표현이 대변하듯, 자가소유권은 사회보장 서비스를 대체하는 사적 안전망이 된다.[151]

지위 기표이자 재무 안전망이라는 이중적 기능은 한국사회에도 들어맞는다. 하지만 유념해야 할 것은, 우리에게는 이 기능이 가구들 사이에서 펼쳐지는 사적 재생산 경쟁에 깊이 접합돼 있다는 점이다. 한국사회에서 이 기능은 순수한 의미의 자가소유권 취득만이 아니라, 이를 매개로 타자와 맺는 경제적 관계를 통해 완성된다. 앞서 살펴봤듯이, 우리 사회의 자가소유권은 '경쟁적 재무 지위'(또는 수단)의 성격을 강하게 띤다. 다주택 보유와 사적 임대차 거래가 횡행하는 주택시장에서, 자가소유권은 타인의 소득을 적법하게 수취할 수 있는 사적 재무 지위를 그 소유자에게 제공한다. 이렇게 확보한 자본이득과 신용은 빈약한 자원으로 생계를 꾸려야 하는 가족들의 긴요한 재생산 기반이 되어왔다. 가족생활에 꼭 필요한 재생산수단인 주택에 대한 배타적 통제의 권리, 그것이 바로 자가소유권이었다. 이런 의미에서, 자가소유권은 중산층 지위의 확인과 경제적 안전의 획득이라는 이중의 가족 사업을 뒷받침하는 재무적 기반으로서 오랫동안 기능했다. 극심한 소유 경쟁에서 승리함이 곧 중산층의 문턱을 넘어 삶의 안정을 이룸을 의미했고, 이는 또한 가족의 재생산 기반으로서 자가소유권을 이용할 수 있음을 가리켰다. 투기적 가계금융 지위로의 전환으로 '자가소유자=중산층'이라는 등식이 깨어진 조건에서도, 자가소유권은 가족이 획득한 사회적 지위를 유지하고, 가정경제와 생활양식을 보전하기 위한 필수조건으로 기능했다. 사회적 지위의 재생산과 경제적 안전의 획득이라는, 둘로 나뉜 듯 보이지만 하나로 진행되는 이 과정을 가능하게 했던 토대가 바로 자가소유권에 담긴 재무 지위였다.

과장을 보태 말하자면, 한국사회의 자가소유권을 가족 생존의 '기능적 등가물'로 표현해도 지나침이 없다. 이러한 현실에서 가족의 사적 재생산과 생존의 담보물로서 자가소유권의 확보와 행사에 몰두하는 주거 전략이 출현하게 된다. 이 책은 이를 생존주의 주거전략, 곧 "자가소유권에 깃든 사회적 힘, 곧 자본이득의 형성과 타인 소득의 전유를 통해 가족의 안전과 사회적 생존을 배타적으로 추구하는 가구 정향 및 실천"
으로 이름짓는다.[152] 이 전략에서 자가소유권은 한국의 도시 가구가 사
회적 생계 단위로서 자신을 (재)구성하는 과정에서 채택한 복합적인 문
제 해결책이었다. 이를 통해 소유자 가구는 먼저, 주택거래로 얻게 될
미래 소득(자본이득)을 현재의 생계수단이자 위험대비 재원으로 활용
하는 '미래할인' 기술의 수혜자가 될 수 있었다('시간' 해법). 주거의 상
품화를 통해 공간 불균등 발전의 혜택을 독점적으로 영유하는 '공간'
전략의 실천가로 변신하는 것도 가능했다. 흥미롭게도 이러한 시공간
전략은 다른 이들의 경제적 부담을 통해 완결된다. 이런 식으로 생존주
의 주거전략은 타인과 맺는 사회적 소득 이전 관계를 기반으로 작동한
다. 그렇기에 생존주의 전략을 통한 생계는 자신의 생계위험을 타인에
게 전가하는 '사회'적 재생산 투쟁을 수반한다. 이 투쟁에서 이긴 '생존
자'(survivor)들이 존재(론)적 안전을 보장받는 현실, 그것이 바로 생존
주의 주거전략이 그리는 세상이다.

5장

임박한 죽음인가,
또다른 부활인가

1. 가정공간의 성격 고착

　생존주의 주거전략은 주거라는 '목적'(또는 필요) 자체가 경쟁적 생계수단으로 전락해버린 목적 전치 현상을 가리킨다. 이 점에서, 생존주의는 가족의 정주처를 확보하기 위한 생활전략 가운데 한 유형을 지칭하는 것을 넘어, 주거가 사회적 생존경쟁의 대상이자 수단으로 전도된 상황에서 등장한 우리 사회 특유의 생계전략을 나타낸다.

　이러한 전략이 처음 발아한 시점은 자원동원형 연쇄의 형성기였지만, 그 완성이 이루어진 때는 그 심화기였다. 자원동원형 연쇄의 오랜 진화에도 불구하고 생존주의 전략의 힘은 오히려 강렬해진 것이다. 이러한 맥락에서, 주택의 상품화 수준과 주택 접근의 배타성이 아주 높은 주거공간의 초기 특성 역시 오랫동안 유지됐다. 이 두 요소를 기준으로 가정공간(household space)의 성격 변화를 나타낸 그림 5-1을 보면, 우리의 주거공간은 줄곧 2사분면의 위치를 고수해왔다. 주거공간의 성격이 이렇게 고착되는 변화 속에서 생존주의 주거전략이 탄생, 확산한 것

그림 5-1 한국 가정공간의 성격 변화

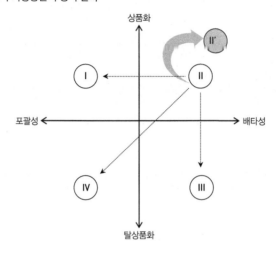

이다.

기능 고착은 두 단계에 걸쳐 일어났다. 주거공간의 성격 변화를 초래할 수도 있었던 첫 계기는 1980년대 말~1990년대 초에 걸친 첫번째 주거문제의 부상 시기에 나타났다. 사실 이 무렵까지 생존주의와 같은 배제적 생계전략을 활용할 수 있는 가구는 상대적으로 소수에 불과했다. 선별적 배분으로 막대한 이득이 소유자에게 돌아갔지만, 절대적인 주택 부족 탓으로 수혜의 범위가 제한됐기 때문이었다. 주택소유를 통한 재생산 경로에서 배제된 다수의 불만이 주거문제로 폭발했지만, 역설적으로 이 위기 이후 지배적 점유형태로서 자가소유(권)의 위상은 외려 공고해졌다. '소유의 민주'를 향한 사회적 열망에도 불구하고, 공급확대의 혜택은 대개 중간계급에 돌아갔다. 조세지출과 주거수당을 아우르는 정부 지원이나 주택금융 등의 소비 진작 제도가 제대로 준비되지 않았기 때문이다. 그리하여 소비주의(consumerism)적 통합에 기초한

자가소유자 사회로의 대대적인 변신(Ⅱ→Ⅰ)은 이뤄질 수 없었다.[1]

사회주택과 같은 대안 점유형태를 실현할 집단역량이 형성되지 못한 조건에서는 연대주의(solidarism)의 부상(Ⅱ→Ⅳ) 또한 불가능했다. 노동조합과 계급정당을 통해 조직한 노동계급 역량을 바탕으로 집단적인 시장 대체 전략을 추진했던 북구 유럽의 경험[2]은 우리의 현실과는 너무나 달랐다. 공간상품화에 맞선 세입자 투쟁이 폭력적으로 분쇄되면서, 자조주의(self-helpism) 전략의 싹(Ⅱ→Ⅲ) 역시 성장하지 못한 채 꺾였다. 이에 따라 비서구 후발 사회에서 많이 활용됐던 시장 이탈 전략, 곧 집단적인 토지점유와 자조 주택 건립을 통해 문제를 해결하는 방법이 설 자리도 사라졌다.

그렇지만 1990년대의 대량공급은 소유를 통한 타협의 기회를 제한적으로나마 개방함으로써, 생존주의와 같은 배제적 생계 방식이 급격히 확산하는 것을 예방하는 효과를 냈다. 반대로 보면, 생존주의 전략은 소유의 확대에 이바지했던 요인들이 2000년대에 들어 퇴조하면서 비로소 완성됐다. 금융개방에 따른 투기적 가계금융 지위의 부상, 중산층 소유자들이 펼친 주거의 자본화 전략, 분배 문제에서의 소유권 정치의 부상, '소유의 전제'의 득세 등이 서로 맞물린 결과였다. 이러한 변화로 주택의 상품화 경향과 주택 접근의 배타성은 더욱 커졌고, 그 결과 미약하게나마 진행되는 소유 확대의 흐름마저도 되돌리는 강력한 회귀 운동(Ⅱ→Ⅱ′)이 일어났다.[3]

결국 이러한 장기 진화 과정은 주택공급(연쇄)의 계층화 효과를 심화했고, 사적 재생산 기제로서의 자가소유권의 배제적 성격 역시 강화했다. 결국 이처럼 강력한 성층화 기제로 작동하는 분절적 공급연쇄에 맞선 유일한 주거전략은, 극심한 시장경쟁에 개별적으로 참여하여 생

표 5-1 가구 주거전략의 유형

가구의 주거전략		주택공급연쇄의 계층화 효과	
		통합(포섭)	분절(배제)
	집단적 시장 대체(이탈)	연대주의(스웨덴)	자조주의(브라질)
	개별적 시장 적(순)응	소비주의(미국)	생존주의(한국)

계를 도모하는 생존주의의 양태뿐이었다(표 5-1 참조).[4] 그런 식으로, 배
타적 생계(존)수단으로 자가소유권을 활용하는 가구가 늘면서, 생존주
의 주거전략 또한 지배적 생활전략으로 착근했다. 재산권을 좇아 '소유
의 전제'를 실현하려는 실천의 사회적 파상력이 확대되었고, 맹렬한 모
방 경쟁과 학습 열풍 또한 온 사회를 휩쓸었다.

2. 생존주의 주거전략과 금융적 행동의 내면화

생존주의 전략의 확산으로 인해 주택의 사용가치, 즉 생활 거처로서
의 그 기능에 집중하는 주거 양태가 완전히 사라진 것은 아니다. 오히려
이같은 확산 현상에서 주목할 것은 생존주의와 다른 전략 간의 우열이
분명해지면서, 대중들의 선택 범위와 실천의 양상이 크게 제약받게 됐
다는 점이다. 이런 맥락에서 생존주의 주거전략의 득세는 도시민들의
일상 수준에서 특별한 정치(정책)적 정향을 배양하는 계기로 작용했다.
자가소유권에 내포된 투기적 금융 지위를 보전해야 한다는 필요는
도시 가구들로 하여금 주택가격 상승을 선호하도록 만들었다. 주택시
장의 활황이 가족에게 필요한 생계자원을 자본이득이나 차환의 형태로
공급하는 기반일 뿐만 아니라, 공격적 차입투자 관행이 부를 금융잠식

의 위험을 막을 기본 요건이기 때문이다. 이러한 이유에서, 지속적인 주택가격의 상승은 단순한 치부욕망의 실현 수단을 넘어, 가정경제의 선순환, 나아가 생계 안전을 보장하는 결정적 조건으로 떠오른다. 그리하여 주택소유자들은 부풀려진 주택가격을 뒷받침하거나 이를 더 올리는 정책 프로그램을 지지하는 한편, 거품 붕괴나 가격하락을 유발하는 책동에 대해서는 강력한 반감을 갖게 된다. 예를 들자면, 저금리 정책을 비롯한 통화 팽창정책과 부동산 규제 완화 정책, 경기 부양 정책 등을 옹호하는 반면, 통화 긴축이나 규제 강화를 통한 안정화 정책, 금융 건전성 강화정책 등에 대해서는 반발하게 된다. 때에 따라서는 그들 스스로가 호가 조작이나 가격 담합, 이중계약 등의 시장 행동 등을 통해 가격상승을 인위적으로 조장하기도 한다. 이런 식으로 생존주의 주거전략은 기층 대중을 팽창적 통화(부동산)정책에 동조하는 '통화 보수주의자'(monetary conservatives)로 재형성하는 토양이 된다.[5]

　생존주의 전략이 착근했다는 말은, 자가 주택에 축적된 자산적 이해를 가족의 존재 자체와 동일시한 채 자본이익의 실현에 집착하는 소유자 실천이 지배적 위상을 갖게 됐음을 뜻한다. 달리 본다면, 자원동원형 연쇄에서 자가소유 가구가 점했던 이중지위 가운데 투자자로서의 정체성이 극대화된 상황을 가리킨다. 자원동원형 연쇄의 심화 과정에서 일어난 이 변화는 흡사 금융자본과 유사한 방식으로 움직이는 소유자 행동의 부상을 가져왔다. 다시 말해, 생존주의에 의존한 재생산 방식의 사회적 확산을 통해 금융적 행동방식을 내면화한 생활 실천의 착근이 이루어졌다.

　이런 점에서 생존주의 주거전략은 자산적 이해 관심이나 투자적 동기 등으로 요약되는 금융시장의 문화적 논리와 상당한 선택적 친화성을 가진다. 그런데 여기서 주목할 것은 생존주의 전략 자체가 '가계의 금융화'나 '신자유주의화'와 같은 구조 전환의 부산물이 아니라는 사실이다. 생존주의는 금융 헤게모니나 금융문화의 확산에 따른 결과물도, '금융화된 주체'들이 '일상생활의 금융화'에 맞서 벌인 자기실현 과정의 소산도 아니다. 이와 반대로, 생존주의 주거전략의 사회적 착근 과정이 가구의 일상세계로 금융적 논리가 침투할 수 있는 틈새를 만들어냈다. 자가소유권에 의존해 자신의 재생산을 도모하는 과정에서 우리의 중산층 가구들은 소유자의 이해관계와 행동 논리를 자연스럽게 터득해나갔다. 금융자본주의의 문화적 헤게모니에 포획당해서가 결단코 아니다. 다만 금융시장의 구조변동 과정에서 일어난 주택금융의 개방이 이 변화를 촉진한 것이다. 이런 맥락에서, '신자유주의'적 금융 논리가 별다른 저항 없이 일상생활의 조직 원리로 침윤하게 만든 결정적 지반이 바로 생존주의였다.[6]

3. 중산층 시민의 사적 퇴장?

자가소유를 통한 재생산 방식은 생활자원의 결여를 딛고 산업화의 격변을 버텨낸 도시 가구의 자기 보호적 반응에서 기원했다. 물론 그러한 행동의 범위와 양상은 그들 자신이 만든 것이 아니라, 자원동원형 연쇄가 창출한 기회구조에 대한 방어적 적응 속에서 정해진 것이다. 한국의 도시민들에게 자가보유는 물질적 생활기반의 공백을 보충하고 기본적 필요(needs)를 충족하는 방법이었다. 이런 맥락에서, 자가소유권은 물질적 보상 기대와 지위 성취 욕구를 불러일으킴으로써 가족이라는 미시 주체를 사회 내로 통합하는 동기화 기제로 기능했다.[7] 그런 식으로 자가소유권에 의존한 사인주의적 생존의 통로가 형성됐고, 그러한 형국은 지금도 계속되고 있다. '심화'나 '확산'으로 표현한 것처럼 그러한 해결방식의 위상은 오히려 강화됐다.

사사화(私事化)된 생존수단인 자가 주택의 대중적 소유를 바라는 사회적 열망이 강렬하게 표출되기도 했지만, 그러한 요구는 자원동원형 연쇄의 구조적 제약 안에서 진행된 자가보유자로의 선택적 편입과 함께 사라져갔다. 주거문제에서 벗어날 다른 출구가 모두 봉쇄된 조건에서, 그리고 외환위기 이후의 경제적 불안과 금융적 기회구조가 삶을 결박하는 상황에서 자가소유권의 가치는 더 확고해졌다. 자가소유권이 가족의 생활세계 그 자체와 다를 바 없게 되면서, 우리의 도시 가구들은 자신의 사적 세계를 지키려는 욕구에서 자가소유권의 획득과 고수에 몰두했다. 문제는 이들의 사적 이해와 사회의 공적 이해 사이에서 상당한 간극과 긴장이 생겨나고 있다는 사실이다.[8] 실제로 중산층 소유자 가구들은 공공정치에 참여해 사회질서의 변화와 공공성의 확대를 갈망하기보다, 사적 세계로 움츠러들어 자산적 이익을 좇거나 지위를 확인(세습)하는 일에 골몰하는 경향을 보였다. 생활세계의 보존과 관계된 쟁점들을 통해서만 정치에 참여하는 편향된 정치화의 행보 또한 나타났다. 이런 면에서, 생존주의에 기댄 생활방식의 확산은 중간계급(중산층) 시민의 사적 퇴장에 관한 사회적 인상을 만들어내고 있다.

결국 생존주의 주거전략의 확산과 함께 사회적 연대와 타협의 기반은 점점 침식되고 있다. 일단, 생존주의는 기본적으로 가구 간의 소득과 위험의 맞교환 관계에 기반을 둔 배타적 생계 방식에 해당한다. 여기서는 소유자와 비소유자, 임대인과 임차인, 기성세대와 청년세대, 도심과 교외·지방 거주자 사이의 시장 분절 자체가 생존 경쟁에서 적자(the fit-test)와 열자(an inferior), 생존자(the survivor)와 패배자(the loser)를 가르는 경제선이 된다. 비유이 밀린다면, 생존주의는 분길신 니미의 상대편에게 자신의 생계위험과 비용을 전가함으로써, 존재론적 안전을 확보하는 배타적 생존 기술이라고 볼 수 있다. 그렇기에 생존주의에는 주거계층들 사이에 이해관계의 충돌을 유발하고 사회 균열과 긴장을 고조시키는 경향이 내장되어 있다. 이런 식으로, 생존주의는 사회의 최소단위인 개인과 가족 수준에서 벌어지는 생존 경쟁을 토대로 사회의 분절을 가속하는 힘을 만들어내고 있다.

그러나 이보다 더 중요한 것은 생존주의에 의존한 생활방식이 공공성의 확장을 가져올 구조적 개혁에 대한 사회심리적 저지선을 형성하는 바탕이 된다는 사실이다. 생존주의에 기댄 사사화된 생활방식은 공공의 문제에 대한 '인식의 단절'을 초래할 뿐만 아니라, 가족의 재산권을 침해하거나 제약하는 결정에 대해서는 격렬한 저항을 부추긴다. 자가소유권을 통한 사적 구제가 일상화된 상황에서는 재산권의 침해 자체가 실존에 대한 위협으로 인식될 수밖에 없기 때문이다. 게다가 생존주의를 매개로 금융적 이해관계와 행동 논리가 일상에 깊이 뿌리내리게 되면서, 소유자 가구들 스스로가 통화 팽창이나 감세, 경기부양책과 같은 보수적 경제정책에 대한 정치적 선호를 갖게 됐다. 사회 불평등이 심해지면서 공공성 확대를 위한 개혁이 절실해지고, 재분배적 지향을 지닌 정책 개혁이 그 전제로 떠오르고 있지만, 생존주의에 의존하여 생계가 구성되는 조건에서 그러한 변화는 소유자 가구의 이해관계와 충돌하게 된다. 이런 식으로, 생존주의 전략은 자가소유권에 입각한 소유자 이해의 조직화와 동원을 통해 경제적 보수주의가 성장할 토양을 제공한다. 현상 유지를 갈구하는 자가소유자들이 구축한 생활세계의 '성채'는 재분배 정치의 성공을 가름하는 정치적 분수령이 된다. '공적 시민'의 역량이 그 형식적 지위를 떠받치는 물질적 기반에서 유래[9]하는 것처럼, 민주적 공공성을 갖춘 사적 주체의 (재)탄생을 위해서도 생존주의를 대신할 사회적 생계기반을 구축할 필요가 있다.

4. 임박한 죽음인가, 또다른 부활인가?

생존주의가 자아내는 분절적 힘은 과연 언제까지 계속될 것인가? 생존주의에 입각한 배타적 생계 방식은 얼마나 오래 유지되겠는가? 근래 한국사회에서 생존주의에 조종(弔鐘)을 울리고 새로운 주거전략 등장의 전조(前兆)를 알리는 듯한 신호가 목격되고 있는 것은 사실이다. 2008년 세계 금융위기라는 전환점을 거치며 시작된 주택시장의 정체와 맞물려, '부담 가능한 주택'에 대한 사회적 요구도 본격적으로 등장하고 있다. 주택가격 안정과 주거복지를 바라는 사회심리가 다시금 고조됨과 함께, 공공과 민간의 역할 분담을 통해 임대주택을 안정된 주거수단으로 재정립해야 한다는 목소리 또한 일고 있다.[10] 이와 더불어 생존주의의 기반이 되는 자가소유권의 위상이 계속되기 어렵다는 생각 역시 널리 퍼져 있다. 저성장·저출산 추세의 만성화로 가족의 현실적 위기가 임박한 판국에, 자가보유에 의존한 가족 단위의 생계전략도 퇴색할 수밖에 없다는 예측이다. 고용 불안이 늘고 사회적 하향이동의 전망이 커진 현실 역시 주거안정에 대한 사회적 요구를 북돋우는 토양으로 거론되고 있다.

하지만 이러한 현상을 근거로 생존주의의 죽음을 말하기에도 이른 감은 없지 않다. 주택거래의 침체가 가격안정이나 하락으로 이어지지 않는 현실 속에서, 여전히 수많은 가구가 생존주의라는 방어적 생세기술에 의존하고 있기 때문이다. 대대적인 영역형성 전략과 같은 공격적 생존주의의 양태는 위축되었지만, 사회적 지위를 보존하고 생활양식을 지키는 방어적 수단으로서 생존주의의 가치는 여전하다. 자가소유권을 좇는 퇴행적 생계 경합을 통해 소득 불안과 지위몰락의 위험에 대비하는 일이 빈번한 현실에서, 주거 영역은 가족들이 지닌 재생산 역량의 격차를 드러내는 대표적인 문제현장으로 인식되고 있다. 이런 가운데 기존의 소유자 가구, 특히 기성세대의 생존주의 전략은 소유 문턱에서 좌절하는 청년세대의 불만을 키우고, 사회 재생산 영역에서 세대 간 갈등을 부추기는 원인으로 부상하고 있다. 이 점에서, 생존주의는 가족 형성의 지체와 저출산 등으로 대표되는 가족구조의 변화나 청년문제 등을 불러오는 데도 일조하고 있다. 이런 관점에서, 부담 가능한 주택이나 주거복지에 대한 사회적 요구는 역설적으로 생존주의가 여전히 한창때에 있음을 보여주는 증거로도 해석될 수 있다. 어쩌면 그러한 요구들은 아직 왕성한 생존주의의 활력에서 비롯된 사회의 반영(反影)적 반작용일지도 모른다.

결국 우리는 이러한 양가적 해석이 모두 가능한 현실을 살아가고 있다. 생존주의의 '지속'과 '종식'이라는 상반된 전망의 여지는 여전히 열려 있다. 이러한 관점에서 현재 한국사회에 불고 있는 주거안정에 대한 열망 역시 생존주의를 대체할 주거전략을 잉태할 수도, 그러지 못할 수도 있다. 주목할 점은 생존주의 자체가 자원동원형 주택공급연쇄가 만들어낸 기회구조에 대한 극단적 적응방식이었다는 사실이다. 그렇기에 생존주의는 설령 그것이 퇴조하더라도, 자원동원형 연쇄의 기회구조가 존속하는 한 언제든 쉽게 소생할 수 있다. 게다가 한국사회의 자원동원형 연쇄는 수차례의 위기에도 불구하고, 아직 자신의 최종적인 '체계적 위기'를 경험한 적이 없다. 위기는 언제나 '체계 내 위기'에 그쳤고, 주거정치의 동역학은 매번 자원동원형 연쇄를 다시 안정화하는 결말을 빚어냈다. 따라서 새로운 주거전략의 실현 가능성에 대한 질문 역시 주거정치와 이를 둘러싼 사회적 세력지형의 관점에서 할 수밖에 없다. 투기적 공급구조를 대체할 새로운 공급제도의 모색이 필요하겠지만, 문제 해결의 관건은 결국 자원동원형 연쇄의 기틀을 바꿀 만한 사회적 타협을 형성할 수 있는가에 달려 있다. 대안적 주거전략 형성의 모태가 될 집합적 주거운동이나 정치적 지도력을 어떻게 마련할 것인가를 깊이 고민할 필요가 있다.

부록

주택 일반분양 대상과 공급 우선순위

가-① 국민주택 일반분양 대상과 공급 우선순위의 변천(1978~86)

		'78. 5.	'78. 9.	'80. 8.	'81. 5.	'81. 7.	'82. 1.	'82. 7.	'83. 1.	'84. 11.	'86. 5.
분양 대상		부양가족 있는 무주택 세대주	무주택 세대주						무주택 세대주 (모집공고 3개월 전)	무주택 세대주[1] (모집공고 1년 전)	
공급 우선 순위	1	6회 80만원 이상	12회 이상			12회 이상, 군별번호 획득					
	2	1순위 이외	12회 이상		12회 미만				3회 이상		
	3	-	6회 이상		1~2순위 이외						
	4	-	1~3순위 이외		-						
동일 순위 내 우선 순위[2]	①	해외취업근로자로서 영구불임시술자			저축총액 많은 자					3년 이상 무주택 세대주로서 영구불임시술자 / 저축총액 많은 자	
	②	영구불임시술자			군별번호 납입횟수 많은 자			1년 이상 무주택 세대주로서 영구불임시술자		3년 이상 무주택 세대주 / 3년 이상 무주택 세대주로서 영구불임시술자	
	③	해외취업근로자				해외취업근로자 무사고운전자	해외취업근로자 영구불임시술자 무사고운전자	장기 저축자로서 해외취업근로자 영구불임시술자 무사고운전자		장기저축자로서 해외취업근로자 영구불임시술자 무사고운전자 / 3년 이상 무주택 세대주	납입횟수 많은 자 중 해외취업근로자 영구불임시술자 무사고운전자 / 3년 이상 무주택 세대주
	④	청약부금가입자			-			장기저축자		장기저축자 / 장기저축자로서 해외취업근로자 영구불임시술자 무사고운전자	납입횟수 많은 자 / 장기저축자로서 해외취업근로자 영구불임시술자 무사고운전자
	⑤	재형저축가입자			-					부양가족 많은 자 / 장기저축자	부양가족 많은 자 / -
	⑥				-					당해지역 장기거주자 / 부양가족 많은 자	장기저축자 / -
	⑦				-					- / 당해지역 장기거주자	-

• 1. 40㎡ 이하 분양주택과 50㎡ 이하 임대주택은 근로자가구 월평균 소득 이하 무주택 세대주에 분양(1986년 5월).

248

2. 1984년 11월 이후 순위 내 우선순위는 점선을 기준으로 각각 $60m^2$(1986년: $40m^2$) 초과/미만 주택의 공급 순위.
- 출처: 법제처, 국가법령정보센터.

가-② 국민주택 일반분양 대상과 공급 우선순위의 변천(1986~93[1])

		'86. 5.	'89. 3.	'89. 11.	'90. 5.	'90. 10.[2]	'91. 4.	'93. 9.
분양대상		무주택 세대주[3](모집공고 1년 전)						
공급우선순위	1	12회 이상		12회 이상 (기당첨자 제외)		24회 이상 (기당첨자 제외)		
	2	3회 이상		3회 이상 (12회 이상 기당첨자 포함)		12회 이상 (24회 이상 기당첨자 포함)		
	3	1~2순위 이외						
동일순위 내 우선순위[4]	①	3년 이상 무주택 세대주로서 영구불임시술자	3년 이상 무주택 세대주		5년 이상 무주택 세대주		5년 이상 무주택 세대주로서 납입횟수 많은 자	
		저축총액 많은 자			5년 이상 무주택 세대주로서 60회 이상 납입자 중 저축총액 많은 자			
	②	3년 이상 무주택 세대주	납입횟수 많은 자 중 해외취업근로자 영구불임시술자 무사고운전자		3년 이상 무주택 세대주		3년 이상 무주택 세대주로서 납입횟수 많은 자	
		3년 이상 무주택 세대주로서 영구불임시술자			3년 이상 무주택 세대주로서 저축총액 많은 자 중 영구불임시술자		3년 이상 무주택 세대주로서 저축총액 많은 자	
	③	납입횟수 많은 자 중 해외취업근로자 영구불임시술자 무사고운전자	납입횟수 많은 자		납입횟수 많은 자 중 해외취업근로자 영구불임시술자 무사고운전자		납입횟수 많은 자	
		3년 이상 무주택 세대주			3년 이상 무주택 세대주로서 당해 저축총액 많은 자		3년 이상 무주택 세대주로서 저축총액 많은 자	저축총액 많은 자
	④	납입횟수 많은 자	부양가족 많은 자					
		장기저축자로서 해외취업근로자, 영구불임시술자, 무사고운전자			저축총액 많은 자로서 해외취업근로자, 영구불임시술자, 무사고운전자		저축총액 많은 자	납입횟수 많은 자
	⑤	부양가족 많은 자	당해지역 장기거주자					
		-			납입횟수 많은 자			부양가족 많은 자
	⑥	장기저축자	-					
		-			부양가족 많은 자			당해지역 장기거주자
	⑦	-						
		-			당해지역 장기거주자			-

- 1. 1993년 이후 1998년과 1999년의 개정 전까지 기본 골격이 유지됨.
  2. 동일 순차 간 경쟁이 있는 경우 (1) 해외취업근로자, (2) 무사고운전자, (3) 영구불임시술자 순으로 결정.
  1991년 8월 개정으로 (4) 60세 이상 직계존속 5년 이상 부양자, (5) 10년 이상 동일 직장 취업자 추가. 이 순번은 1994년까지 유지된 후 순위조정을 거쳐 1999년(5월)에 삭제됨. 영구불임시술자는 1997년(7월)에 먼저 삭제됨.
  3. 40㎡ 이하 분양주택과 50㎡ 이하 임대주택은 근로자가구 월평균 소득 이하 무주택 세대주에 분양(1986년 5월).
  4. 순위 내 우선순위는 점선을 기준으로 각각 40㎡ 초과/미만 주택의 공급 순위.
- 출처: 법제처, 국가법령정보센터.

나-① 민영주택의 일반분양 대상과 공급기준의 변천(1978~84)

			1978. 5. 10.	1981. 5. 23.	1983. 1. 29.	1984. 11. 28.
분양대상			부양가족이 있는 세대주 → 세대주 (1980. 8. 29)			
1 순위	85㎡ 이하	예치금	200만원 이상			200만원
		예치기간	6회(부금·재형) 3개월 경과(예금)	20회(선매청약) 3개월 경과(예금)	9개월 경과	
	85~102㎡	예치금	300만원 이상			300만원
		예치기간	3개월 경과		9개월 경과	
	102~135㎡	예치금	400만원 이상			400만원
		예치기간	3개월 경과		9개월 경과	
	135㎡ 초과	예치금	500만원 이상			500만원
		예치기간	3개월 경과		9개월 경과	
2순위		예치금	평형별 1순위 예치금과 동일			
		예치기간	3개월 미만		3~9개월	
비 고			0순위 제도 (1978. 9. 4)	재형저축 제외 (1980. 8. 29)	0순위 제도 폐지 경쟁과열지구 20배수 추첨제	고액 예치자 하향신청 금지

- 출처: 법제처, 국가법령정보센터; 한국주택은행, 1992a, 『주택배분의 기준과 정책』.

나-② 민영주택의 일반분양 대상과 공급기준의 변천(1984~91[1])

			1984. 11.	1989. 3.	1990. 5.
분양대상			세대주		
1순위	85㎡ 이하	예치금[2]	200만원	300(200)만원~600(400/300)만원	
		예치기간	9개월 경과	24개월 경과	
	85~102㎡	예치금	300만원	600(400/300)만원	
		예치기간	9개월 경과	24개월 경과	
	102~135㎡	예치금	400만원	1,000(700/400)만원	
		예치기간	9개월 경과	24개월 경과	
	135㎡ 초과	예치금	500만원	1,500(1,000/500)만원	
		예치기간	9개월 경과	24개월 경과	
2순위		예치금	평형별 1순위 예치금과 동일		
		예치기간	3~9개월	12개월 경과	
비고			• 고액 예치자 하향신청 금지	• 1순위 배제 - 기당첨자 (2순위에 포함) ('89. 11.) • 85㎡ 이하 50%를 35세 이상, 5년 이상 무주택 세대주에 공급 ('90. 5.) • 투기과열지구에서도 20배수 내 청약 제한 가능('91. 4.) • 60㎡ 이하 주택, 무주택자 공급('91. 8.)	• 1순위 배제 (추가) - 1가구 2주택 이상자('90. 5.) - 85(105)㎡ 초과 공동(단독)주택 소유자('91. 4.)

• 1. 1998년 6월 규칙 개정 전까지 유지됨.
   2. 1989년 규칙 개정 이후 지역별 예치금 차등화. 괄호 밖은 서울·부산, 괄호 안은 직할시/기타 시급 지역임.
• 출처: 법제처, 국가법령정보센터; 한국주택은행, 앞의 책.

주

책머리에

1 표 1-1을 참조하라.

2 손낙구, 2008, 『부동산 계급사회』, 후마니타스.

3 '시공간적 해결책'(spatio-temporal fix)은 본래 하비의 개념이다. 하비는 자본축적이 진행되는 시공간을 조정함으로써 축적의 위기를 극복하려는 자본의 전략을 이 용어로 설명했다. David Harvey, 2003, *The New Imperialism*, Oxford: Oxford University Press. 여기서는 자가소유권에 의존한 생계전략의 복합성을 표현하는 은유로 이를 빌려왔다.

1장 한국 주거문제의 고유성

1 주택체계(housing system)는 "주택의 생산, 소비, 관리를 둘러싸고 개인과 집합 행위자, 단위 주택(housing units)과 제도 사이에 펼쳐지는 포괄적 상호관계"를 의미한다. Larry S. Bourne, 1981, *The Geography of Housing*, London: Edward Arnold; Joris Hoekstra, 2010, *Divergence in European Welfare and Housing Systems*, London: IOS Press, 32면. 정의가 시사하는 것처럼 주택체계는 '주택시장' 또는 '주택 부문'에 속한 개별 상품이 아니라, 더 넓은 사회 정치 관계를 담는 대상으로 주택을 바라본다. 특히, 주거와 생계문제를 둘러싼 사회 행위자와 제도의 상호작용을 조명함으로써, 미시 단위인 가구의 재

생산 문제를 거시구조와의 연관 속에서 사고하도록 돕는다.

2 신진욱·이은지, 2012, 「금융화 시대의 주택체제 변동의 네가지 경로: 국제 비교 관점에서 본 한국 주택불평등 구조의 특성」, 『경제와사회』 95호.

3 이중시장 체계에서 공공임대는 영리성 민간임대시장에 대한 2차(하위) 시장으로 존재한다. 이러한 시장구조에서는 정부의 보조금 지급으로 임대료 할인이 발생하는 공공임대와 시장원리에 따라 임대료가 결정되는 민간임대 사이의 임대료 격차로 인해 자가소유를 향한 유인이 발생한다. 정부는 공공임대의 규모를 최소한으로 억제함으로써 자가에 대한 수요를 유도하고, 낡은 공공임대주택을 주변 가구에 매각하면서 이 부문을 확대해나간다. 반면, 단일시장(unitary market)에서는 이윤을 목적으로 하는 영리성 민간임대와 비영리 성격의 사회(공공)주택이 같은 규제제도의 관리 아래에서 하나의 시장을 이룬다. 따라서 임대주택이 자가소유에 대한 대체수단이 된다. 단일시장은 이중시장과 비교해 점유형태 중립(성)을 선호하며 탈상품화 전략에 더 친화적이다. Jim Kemeny, 1995, *From Public Housing to the Social Market*, London: Routledge.

4 Dan Andrews, Aida C. Sánchez, and Åsa Johansson, 2011, *Housing Markets and Structural Policies in OECD Countries*, OECD Economics Department Working Papers No. 836, 44~45면.

5 Roger Goodman and Ito Peng, 1996, "The East Asian Welfare States: Peripatetic Learning, Adaptive Change, and Nation-Building," in Gøsta Esping-Andersen (ed.), *Welfare States in Transition: National Adaptations in Global Economies*, London: Sage; Huck-Ju Kwon, 1997, "Beyond European Welfare Regimes: Comparative Perspectives on East Asian Welfare Systems," *Journal of Social Policy* 26:4; Roger Goodman, Gordon White, and Huck-Ju Kwon

(eds.), 1998, *The East Asian Welfare Model: Welfare Orientalism and the State*, London and New York: Routledge; Ian Holliday, 2000, "Productivist welfare capitalism: Social policy in East Asia," *Political Studies* 48:4; Ian Gough, 2001, "Globalization and Regional Welfare Regimes: The East Asian Case," *Global Social Policy* 1:2; James Lee, Ray Forrest, and Wai Keung Tam, 2003, "Home-ownership in East and South East Asia: Market, State and Institutions," in Ray Forrest and James Lee (eds.), *Housing and Social Change: East-West Perspective*, London and New York: Routledge; Alan Walker and Chack-kie Wong (eds.), 2005, *East Asian Welfare Regimes in Transition: from Confucianism to Globalisation*, Bristol: The Policy Press; Richard Groves, Alan Murie, and Christopher Watson (eds.), 2007, *Housing and the New Welfare State: Perspectives from East Asia and Europe*, Aldershot: Ashgate; John Doling and Richard Ronald (eds.), 2014, *Housing East Asia: Socioeconomic and Demographic Challenges*, Basingstoke: Palgrave Macmillan.

6 Jim Kemeny, 1980, "Home Ownership and Privatization," *International Journal of Urban and Regional Research* 4:3; Jim Kemeny, 2005, ""The Really Big Trade-Off" between Home Ownership and Welfare: Castles' Evaluation of the 1980 Thesis, and a Reformulation 25 Years on," *Housing, Theory and Society* 22:2; Francis G. Castles, 1998, "The Really Big Trade-Off: Home Ownership and the Welfare State in the New World and the Old," *Acta Politica* 33:1.

7 Christine M. E. Whitehead, 2005, "European Housing Systems: Similarities and Contrasts with Korea," presented for *Residential Welfare and Housing Policies: The Experience and the Future of Korea*, Korea Development Institute; Richard Ronald, 2008b, *The Ideology of Home Ownership*, London: Palgrave

Macmillan, 164~67면.

8 Groves, Murie, and Watson (eds.), 앞의 책; Richard Ronald and John Dol-
ing, 2010, "Shifting East Asian Approaches to Home Ownership and the
Housing Welfare Pillar," *European Journal of Housing Policy* 10:3.

9 Groves, Murie, and Watson (eds.), 앞의 책.

10 Beng Huat Chua, 1997, *Political Legitimacy and Housing: Stakeholding in
Singapore*, London: Routledge.

11 이러한 맥락에서 돌링은 한국을 포함한 동아시아의 주택체계가 생산에서
는 조합주의, 소비에서는 자유주의의 속성을 보였다고 지적한 바 있다. John
Doling, 1999, "Housing Policies and the Little Tigers: How Do They Com-
pare with Other Industrialised Countries?" *Housing Studies* 14:2, 244~45면.

12 하성규, 2007, 『한국인의 주거빈곤과 공공주택』, 집문당.

13 Rebecca L. H. Chiu, 2006, "Globalization and Localization: Economic Per-
formance and the Housing Markets of the Asian Tigers since the Financial
Crisis," *Housing Finance International* 20:3; Rebecca L. H. Chiu, 2008, "Gov-
ernment Intervention in Housing: Convergence and Divergence of the Asian
Dragons," *Urban Policy and Research* 26:3.

14 동아시아 경제성장에 이바지한 제도적 기제를 해명하려 했던 '발전국가'
연구자들은 이들 국가에 형성된 독특한 시장모형에 주목했다. 특히 이들은
시장규제와 가격 왜곡 등과 같은 정부 개입으로 통치시장(governed market)
이 경제성장의 제도적 기반으로 작용했다고 주장했다. Alice H. Amsden,
1989, *Asia's Next Giant: South Korea and Late Industrialization*, New York:
Oxford University Press; Robert Wade, 1990, *Governing the Market: Economic
Theory and the Role of Government in East Asian Industrialization*, Princeton:

Princeton University Press. 한국의 주택시장 또한 이러한 통치시장의 속성을 지녔다.

15 Catherine Jones, 2005, "The Pacific Challenge: Confucian Welfare States," *New Perspectives on the Welfare State in Europe*, London and New York: Routledge.

16 좁은 의미에서 주택금융체계는 주택구매자들에게 주택 소비에 필요한 자금을 공급하는 제도와 사회관계를 가리킨다. Mark Boléat, 1985, *National Housing Finance Systems: A Comparative Study*, London: Croom Helm, 1면. 그러나 넓은 의미에서 주택금융체계는 금융시장의 여러 자본 흐름에 연결된 제도로서, 사회의 계층구조와 가구의 정치적 선호에 지대한 영향을 미치는 정치·경제적 연관성을 갖는다. 이 점에서, 주택금융체계는 주택자금의 조달 문제에 국한되지 않으며, 오히려 거시 정치경제 구조와의 연관 속에서 특정한 사회정치적 효과를 만들어낸다. 주택금융체계 연구에서 선구적 역할을 한 슈워츠와 시브룩에 따르면, 선진 자본주의 경제에서는 주택금융의 발전 정도와 주택상품화 수준 사이에 정형화된 군집이 존재한다. 이들은 자가점유율과 국내총생산 중 주택담보대출 비중을 준거로 경제협력개발기구(OECD) 19개국의 주택금융체계 유형을 자유시장, 조합주의 시장, 국가주의-발전주의, 가족 체계로 범주화했다. 여기에 동아시아 국가는 일본만 포함되고, 국가주의-발전주의 유형으로 분류되고 있다. Herman M. Schwartz and Leonard Seabrooke (eds.), 2009, *The Politics of Housing Booms and Busts*, Basingstoke: Palgrave Macmillan. 슈워츠와 시브룩의 분석은 OECD 평균과의 편차를 기준으로 진행됐는데, 동아시아 국가들을 포함하여 변화율 격차를 추적할 경우 주택금융체계의 차별적인 진화 양상을 발견할 수 있다. 이에 대한 분석으로는 졸고, 2018b, 「한국의 주거정치와 계층화: 자원동원형 사회

서비스 공급과 생존주의 주거전략의 탄생, 1970~2015」, 서울대학교 사회학과 박사학위논문, 51~57면을 참조하라.

17 주택체계를 구성하는 통계지표와 그 조작방법, 자료 출처 등에 대해서는 같은 논문의 319~21면을 참조하라.

18 공공-민간임대 사이에 존재하는 임대시장 내부 분절을 포함할 경우, 우리의 주택시장은 이중분절 시장의 구조를 지닌다.

19 전세(보증)금은 월세와 견주어 상대적으로 값싼 임차 거주를 가능하게 하는 수단으로 인식돼왔다. 오랫동안 이어진 가격상승이 그러한 인식의 바탕이었다. 그러나 사실 이러한 단기 효과는 매매가격에 묶여 전세가가 상승하는 구조적 힘에 견주면 미미한 것이었다. 장기적으로는 계속 상승하는 전세(보증)금으로 인해 임차비용이 외려 상승했다. 박신영, 2000, 「주택전세제도의 기원과 전세시장 전망」, 『주택』 64호.

20 이창무, 2015, 『한국 주택시장의 새로운 이해』, 다산출판사; 이창무·이재우, 2008, 『한국부동산임대시장의 새로운 해석』, 부동산114(주), 2~3장, 156~63면.

21 2009년 이후 입주자저축 가입자의 폭증에 이바지한 것은 주택청약종합저축 신설과 제도 일원화, 이와 함께 시행된 청약상품 가입자격 완화 등이다. 주택청약종합저축이 가진 수신상품으로서의 매력, 이를테면 상대적으로 높은 금리와 소득공제 혜택 등도 가계 여유자금을 흡수하는 데 도움을 주었다.

22 자가와 전세(보증부 월세) 사이에서 발생하는 양방향 이동에는 무주택 임차 거주와 자가점유 사이의 이동뿐만 아니라, (다)주택소유자들에게서 나타나는 거주와 소유의 분리 또한 포함된다. '한국노동패널조사'를 토대로 소유-거주 분리를 연구한 한 연구에 따르면, 이러한 소비 현상은 자녀교육이나 고용과 같은 소비 수요보다 투자 수요에 주로 의존한다. 김준형·고진수·

최막중, 2009, 「주택 소유와 거주의 분리에 관한 연구」, 『대한국토도시계획학회 춘계학술대회 논문집』.

23 '인구주택총조사'는 소유권에 기초한 주택 수 계산방식 때문에 한명이 소유한 주택에 여러 세대가 사는 현실을 제대로 포착하지 못해왔다. 이렇게 집계한 주택 수를 혈연가구 수로 나누어 산정한 종래의 주택보급률 지표 또한 실거주 주택 수를 과소평가해왔다. 혈연가구에 기초한 가구 수 집계로 인해 다양한 가구형태가 정책 대상에서 배제되는 문제도 있었다. 윤주현 엮음, 2002, 『한국의 주택』, 통계청, 77~79면; 임서환·진미윤, 2002, 『주택보급률 지표 개선방안 연구』, 대한주택공사 주택도시연구원, 28~31면. 이러한 문제를 교정하기 위해 2008년 개발된 (신)주택보급률 역시 거주 중심의 주거 사정을 정확히 보여주지 못하는 한계를 보인다. 다가구 주택의 가구별 구분거처를 반영하는 진전이 있었으나 여전히 주거용 오피스텔을 빼놓고 있다. 가구 수에서는 1인 가구를 포함하는 일반 가구로의 확대가 있었지만, 국내 거주 외국인 가구가 빠졌다. 국토해양부, 2008, 「새로운 주택보급률 산정방안 마련」, 보도자료 2008. 12. 30. 여전히 주택 수와 가구 수를 과소 계상하는 한계가 있다. 이런 이유에서 그림 1-4에서는 시계열 분석에 필요한 공식 자료의 제약이란 한계에도 불구하고, 거주 단위 주택 개념에 따른 광의 가구 수, 외국인 가구를 포함한 광의 가구 수 추계를 토대로 광의의 주택보급률 지표를 구성했다.

24 국토교통부 『국민주택기금 업무편람』과 한국주택은행, 1997, 『한국주택은행 30년사』에 기초하여 계산했다.

25 Shin-Young Park, 2007, "The State and Housing Policy in Korea," in Groves, Murie, and Watson (eds.), 앞의 책; Richard Ronald and Mee-Youn Jin, 2010, "Homeownership in South Korea: Examining Sector Underdevel-

opment," *Urban Studies* 47:11; 신진욱·이은지, 앞의 글; 졸고, 2014, 「보유세 개혁의 좌절에 관한 조세정치적 해석: 종합부동산세의 사례」, 『경제와사회』 101호.

26 가장 오랜 기간에 걸친 조사치를 제공하는 국민은행의 '주택금융수요실태조사'는 주택 규모의 제한(사용면적 25~30평형 미만 주택 대상)으로 주택가격을 과소평가하는 경향이 있다. 국토교통부의 '주거실태조사'는 조사 가구를 자가 가구로 제한하여 가구소득을 과대평가한다. 주택금융공사가 제공하는 PIR 지표의 경우 자사 대출자로 조사대상이 한정되어 있어 표본 대표성 문제가 있다. 가장 현실 적합성이 큰 조사는 '가계동향조사'의 평균 가구소득 값과 '전국주택가격동향조사'의 평균 주택가격을 교차해 지표 값을 산정하는 국민은행의 추산이다. 그러나 이조차 2008년 이후의 시간대만을 포괄하기 때문에 장기 시계열 비교에 적합지 않다. 결국, 이렇게 불완전한 지표들을 종합하여 장기 변화를 추정할 수밖에 없는 실정이다. 국내에서 공표된 PIR 지표의 산정방식을 둘러싼 논쟁에 대해서는 이창무·김현아·조만, 2012, 「소득대비 주택가격 비율(PIR)의 산정방식 및 그 수준에 대한 국제비교」, 『주택연구』 20권 4호를 참고하라.

27 표 1-1에서 2002년도 다주택자 비중은 다른 조사연도와 견줘 유별나게 크다. 다주택자가 이렇게 많이 산정된 이유는 공동소유주택을 1세대 다주택으로 계산하고, 20호 이하 임대사업자를 분석에서 제외하지 않은 자료의 성격 때문이다.

28 David Harvey, 1985, *The Urbanization of Capital: Studies in the History and Theory of Capitalist Urbanization*, Oxford: Blackwell.

29 Manuel B. Aalbers and Brett Christophers, 2014, "Centring Housing in Political Economy," *Housing, Theory and Society* 31:4, 381면.

30 '체계의 혼돈'은 체계위기가 출현하여 사회구조가 해체되는 상황을 가리키는 세계체계 분석의 용어이다. 조반니 아리기, 2008, 『장기 20세기: 화폐, 권력, 그리고 우리 시대의 기원』, 배숙요 요김, 그린비; Giovanni Arrighi and Beverly J. Silver, 2001, "Capitalism and World (Dis)Order," *Review of International Studies* 27:5. 여기서는 이러한 용법을 빌려 사회위기에도 불구하고 주택체계가 유지되는 상황을 일컫는 '체계 내 위기'의 대립항으로 사용한다.

31 1차 주거문제의 시작점을 놓고 1984년과 1988년을 나란히 적는다. 1984년은 목동 철거 투쟁이 시작된 시점, 1988년은 올림픽 개최를 앞두고 철거로 인한 사회갈등이 본격화된 시점이다. 1984년을 1차 주거문제의 이른 발아 시점, 1988년을 고조 시점으로 볼 수도 있겠다.

2장 민간자원을 동원한 주택공급연쇄의 형성과 도시가구의 적응

1 Hagan Koo, 1990, "From Farm to Factory: Proletarianization in Korea," *American Sociological Review* 55:5.

2 통계청, 인구주택총조사; 윤주현 엮음, 2002, 『한국의 주택』, 통계청; 권태환·김두섭, 2013, 『인구의 이해』, 서울대학교출판문화원.

3 권태환·윤일성·장세훈, 2006, 『한국의 도시화와 도시문제』, 다해, 211면.

4 Tamara K. Hareven, 1982, *Family Time and Industrial Time: The Relationship between the Family and Work in a New England Industrial Community*, Cambridge: Cambridge University Press.

5 더 나은 계층 지위에 있는 이주민이나 도시 원주민이라고 해서 상황이 특별히 낫지는 않았다. 고등교육을 받아 중간계급의 직종을 얻더라도 내 집을 쉬이 갖지는 못했다. 소득능력의 확대와 견줘 가격상승 폭은 훨씬 더 컸고, 설사 구매능력이 있더라도 그것이 주택소유를 결정하는 유일한 기준이 되지

못했다. 토착민이라고 해도 일부 상류층 이외에는 내 집을 갖기가 버거웠다. 특히, 분가를 통해 가구를 새로 형성하는 자녀 세대의 처지는 이주민들과 별반 다를 게 없었다.

6 수출주도형 성장은 포드주의적 성장방식과 크게 다르다. 포드주의는 대량생산에 부합하는 소비제도와 규범을 창출함으로써 거시경제의 성장을 꾀하는 내포적 축적체제다. 따라서 포드주의 성장은 '소비의 사회화'를 수반한다. 포드주의의 전형에 속하는 미국사회는 안정적인 소득을 보장할 수 있는 임금관계(가령, 생산성 임금제와 단체교섭)와 사회정책을 발전시켰고, 이를 통해 노동대중을 대량 소비상품을 소유하는 사적 개인으로 통합했다. Michel Aglietta, 1979, *A Theory of Capitalist Regulation: The US Experience*, London: NLB, 158~66면; Steve Fraser, 1989, "The 'Labor Question'," in Steve Fraser and Gary Gerstle (eds.), *The Rise and Fall of the New Deal Order, 1930-1980*, Princeton, N.J.: Princeton University Press, 56~57면; Tom Kemp, 1990, *The Climax of Capitalism: The US Economy in the Twentieth Century*, London and New York: Longman, 153~56면; Mark Rupert, 1995, *Producing Hegemony: The Politics of Mass Production and American Global Power*, Cambridge & New York: Cambridge University Press, 167면.

7 Ngai-Ling Sum, 1998, "Theorizing Export-Oriented Economic Development in East Asian Newly-Industrializing Countries: A Regulationist Perspective," in Ian Cook, Marcus Doel, Rex Y. F. Li, and Yongjiang Wang (eds.), *Dynamic Asia: Business, Trade and Economic Development in Pacific Asia*, Aldershot: Ashgate; 나이링 섬, 2001, 「자본주의 시공간적 다양성: 배태된 수출주의와 거버넌스 ─ 홍콩과 타이완을 사례로」, 『공간과사회』 15권; Bob Jessop and Ngai-Ling Sum, 2006, *Beyond the Regulation Approach: Putting Capitalist*

Economies in Their Place, Cheltenham and Northampton: Edward Elgar.

8 공식적인 노동시장 제도를 통한 노사교섭을 부정하는 가운데 이뤄진 임금 수준과 노사관계에 대한 정부의 직접 개입, 노동조합의 활동에 대한 불용과 단체행동 탄압, 생계비 인하를 위한 강력한 물가억제 정책 등이 이같은 노동 체제를 형성하기 위한 국가 개입에 속했다.

9 송호근, 1991, 「권위주의 한국의 국가와 임금정책, 1970~1987」, 『한국의 노동 정치와 시장』, 나남; 송호근, 1993, 「권위주의 한국의 국가와 임금정책(II): 임 금규제의 정치학」, 『한국정치학회보』 27집 1호.

10 실질임금 성장률은 경제성장률보다 대체로 낮게 유지됐다. 1966~85년의 기 간 중 세 시기(1967~69년, 1974년, 1976~79년)만이 그 예외에 속했다. 한국 은행, 경제통계시스템; 노동부(청) 『노동통계연감』.

11 유럽연합 집행위원회(European Commission)의 거시경제 통계(AMECO Database)와 경제협력개발기구 통계(OECD Statistics)를 종합하여, 가계소 비 성장과 수출성장의 상대비 변동을 추적할 수 있다. 가계소비의 성장과 견 준 수출성장의 크기는 1970년대 전반에는 3.9배, 후반에는 2.9배의 수준으로 주요 국가들과 견줘 가장 컸다. 수출성장의 둔화와 가계소비의 신장이 겹친 1980년대조차 중위 수준을 유지했다.

12 Bob Jessop, 1999, "Reflections on Globalisation and Its (Il)logic(s)," in Kris Olds, Peter Dicken, Philip Kelly, Lily Kong, and Henry Wai-chung Yeung (eds.), *Globalisation and the Asia-Pacific: Contested Territories*, London: Routledge; 정이환, 2013, 『한국 고용체제론』, 후마니타스.

13 사회정책은 구매능력이 부족하거나 결핍된 대중에게 추가 소득을 제공함 으로써, 완전고용과 생산-소비의 연속성과 같은 케인즈주의적인 거시경 제 목표를 달성하는 것을 지향했다. 재정지출이라는 직접수단을 택한 대륙

유럽 국가와 조세지출을 통한 유인책에 집중한 미국처럼 정책수단의 차이는 있었지만, 정책의 지향점은 대체로 유사했다. Theda Skocpol, 1988, "The Limits of the New Deal System and the Roots of Contemporary Welfare Dilemmas," in Margaret Weir, Ann Shola Orloff, and Theda Skocpol (eds.), *The Politics of Social Policy in the United States*, Princeton, N.J.: Princeton University Press, 302면; Margaret Weir, Ann Shola Orloff, and Theda Skocpoll, 1988, "Introduction: Understanding American Social Policy," 같은 책 8~9면; Edwin Amenta, 1998, *Bold Relief: Institutional Politics and the Origins of Modern American Social Policy*, Princeton, N.J.: Princeton University Press, 267~68면; 박상현, 2012, 『신자유주의와 현대 자본주의 국가의 변화: 세계헤게모니 국가 미국을 중심으로』, 백산서당, 170~72면.

14 Ian Holliday, 2000, "Productivist welfare capitalism: Social policy in East Asia," *Political Studies* 48:4; Moo-Kwon Chung, 2001, "Rolling Back the Korean State: How Much Has Changed?" presented in Meeting of the IPSA Section of Structure of Governance, University of Oklahoma, 30-31, March; Ian Gough, 2001, "Globalization and Regional Welfare Regimes: The East Asian Case," *Global Social Policy* 1:2; Ho Keun Song and Kyung Zoon Hong, 2005, "Globalization and Social Policy in South Korea," in Miguel Glatzer and Dietrich Rueschemeyer (eds.), *Globalization and the Future of the Welfare State*, Pittsburgh, Pa.: University of Pittsburgh Press; 우명숙, 2005, 「한국 초기 사회복지정책의 재해석: 제도주의적 시각의 분석적 유용성을 제안하며」, 『경제와사회』 67호; 정무권, 2007, 「한국 발전주의 생산레짐과 복지체제의 형성」, 『한국사회정책』 14권 1호; 양재진, 2008, 「한국 복지정책 60년: 발전주의 복지체제의 형성과 전환의 필요성」, 『한국행정학보』 42권 2호.

15 이러한 복지제도에서는 준정부 성격의 기금이 주된 복지 제공자의 역할을 했다. 반면, 국가는 법과 규칙의 제정을 통해 재원조달 방식을 결정하는 규제자로 활동했다. 이러한 재원조달 구조로 인해 통합적 성격이 약하고 위험 분리 기능이 취약한 분산적 보험체계가 만들어졌다. Huck-Ju Kwon, 1998, "Democracy and the Politics of Social Welfare: A Comparative Analysis of Welfare Systems in East Asia," in Roger Goodman, Gordon White, and Huck-ju Kwon (eds.), *The East Asian Welfare Model: Welfare Orientalism and the State*, London and New York: Routledge.

16 정무권, 앞의 글 298~300면; 양재진, 앞의 글 333면; 우명숙, 2011, 「한국 복지국가의 이론화와 점진적 변화 이론의 기여: 한국의 작은 복지국가 경로의 이해」, 『한국사회정책』 18권 4호 154~56면.

17 Ho Keun Song, 2003, "The Birth of a Welfare State in Korea: The Unfinished Symphony of Democratization and Globalization," *Journal of East Asian Studies* 3:3, 407면.

18 송호근, 1992, 「한국의 복지정책: '형식적 기업복지'의 이론적 기반」, 『한국사회학』 26집, 여름호.

19 김영범, 2002, 「한국 사회보험의 기원과 제도적 특징: 의료보험과 국민연금을 중심으로」, 『경제와사회』 55호; 양재진, 2004, 「한국의 산업화시기 숙련형성과 복지제도의 기원: 생산레짐 시각에서 본 1962~1986년의 재해석」, 『한국정치학회보』 38집 5호.

20 Ho Keun Song, 앞의 글 407~408면; 우명숙, 앞의 글 156~57면.

21 '발전국가론'은 동아시아 후후발 사회에 형성된 사회적 에토스, 곧 '발전'을 향한 전사회적 공감대가 성장의 밑바탕이 됐다고 주장한다. 이렇게 형성된 경제 민족주의적 동원이 경제성장이라는 전사회적 프로젝트가 성공할

수 있는 토대로 작용했다는 것이다. Chalmers Johnson, 1999, "The Developmental State: Odyssey of a Concept," in Meredith Woo-Cumings (ed.), *The Developmental State*, Ithaca, N.Y.: Cornell University Press, 52~54면; Meredith Woo-Cumings, 1999, "Introduction: Chalmers Johnson and the Politics of Nationalism and Development," 같은 책 26면. 그렇지만 이러한 시각은 '발전주의'라는 사회 정서가 어떻게 경제적 동원을 낳을 수 있었는가에 관한 대답을 주지 않는다. 민족경제의 성장과 개체의 운명을 같은 것으로 보는 '경제 민족주의'의 서술로 대체할 뿐이다. '경제 민족주의'에 대한 이같은 강조는 경제성장이라는 국가 프로젝트에 대한 개별 노동자의 일체감을 너무나도 자연스러운 것으로 가정하는 문제를 낳는다. 하지만 개인의 노동시장 참여 동기나 근로 의욕이 민족주의라는 집합 정체성 때문에 형성됐다고 볼 수는 없다. 오히려 발전과 성장만이 생계문제의 유일한 해법이 되는 그의 생활 조건에 관심을 기울여야 한다. '경제 민족주의'는 미시적 동원이 누적된 결과에 대한 묘사는 될지언정, 대중동원을 일으키는 원인이 될 수는 없다.

22 지체된 공공복지와 달리 예외적으로 성장한 복지 요소가 교육이었다. 정부는 성장 프로젝트의 수행에 필요한 반(半)숙련 또는 미숙련 노동 인력을 훈련하기 위해 초·중등 교육과 기술교육에 대해 상당한 규모의 공공투자를 결행했다. 반면, 취학 전 아동교육과 고등교육은 공공투자의 대상에서 제외돼 시장에 맡겨졌다. Gough, 앞의 글 181면; Mishra Ramesh, 2004, *Social Policy in East and Southeast Asia: Education, Health, Housing and Income Maintenance*, New York: Routledge, 191~95면.

23 PADCO (Planning and Development Collaborative International), 1977, *Case Study of the Korean Housing Investment Guaranty Program 1971-1977*, presented for Office of Housing, Agency for International Development,

4~5면.

24 김정호·김근용, 1998, 『주택정책의 회고와 전망』, 국토개발연구원, 43~44면.

25 공동주택연구회, 1999, 『한국 공동주택계획의 역사』, 세진사, 38면.

26 1960년대 초중반까지 정부는 전쟁으로 파괴된 주택의 재건과 난민을 위한 주택건설에 급급한 나머지 제대로 된 건설계획을 준비할 수 없었다. 1955년 내무부 산하 건설국이 주택건설 5개년계획을 성안했지만, 실행에 옮기지 못했다. 당시 주택건설의 주된 재원은 산업은행이 조성한 산업자금과 미국 국제개발처의 대출자금, 국제연합 한국재건단(United Nations Korean Reconstruction Agency, UNKRA)의 대충자금에 따른 융자금이었다. 정부는 이들 원조자금과 재정자금을 활용해 '공영주택'으로 불린 공공주택을 건설했지만, 그 수가 매우 적었다. 그러다가 1967년 주택금고(한국주택은행의 전신)가 산업은행의 업무를 이어받으면서 주택금융 제도가 비로소 형성되기 시작했다. 국토개발연구원, 1981, 『주택자료편람』 418~19면; 재무부, 1979, 『한국의 금융정책: 기본전략과 정책수단의 발전과정』 325면.

27 같은 책 331면; 강문수·김중웅, 1988, 『주택금융의 현황과 발전방향』, 한국개발연구원, 18면; 공동주택연구회, 앞의 책 371면; 변창흠, 2008b, 「'욕망의 정치'와 이명박정부의 부동산정책」, 『기억과전망』 19호; Bae-Gyoon Park, 1998, "Where Do Tigers Sleep at Night? The State's Role in Housing Policy in South Korea and Singapore," *Economic Geography* 74:3, 201면.

28 1960년대까지 여신정책의 주요 수혜자는 수출산업이었다. 정부는 은행을 통해 수출신용장을 가진 생산자에게 우대조건으로 대출을 제공했다. 생산자금 지원을 위한 단기금융 외에도 설비 도입자금 용도로 외국차관을 보증해 주었다. 1970년대 이후 이러한 여신정책이 철강, 석유, 화학제품과 같은 중간재 생산업과 선박, 기계 산업 등으로 확대됐다. 국내외 조달로 조성된 거

대 자금 역시 정부 투·융자 등을 통해 이들 사업에 집중 투자됐다. 데이비드
콜·박영철, 1984,『한국의 금융발전: 1945~1980』, 한국개발연구원, 171~72면.

29 김창곤, 1973,「도시화와 주택건설의 방향: 정부의 시책 면에서」,『주택』
14권 1호.

30 실제 주택정책의 양상은 그 일반적 목표에 따라 크게 셋으로 갈렸다. 첫째
는 주택의 탈상품화를 통해 주거권이라는 일반적 '필요'(needs)를 충족하는
형태의 개입이다. 둘째, 현존하는 계층구조와 가족, 지역 공동체 등의 전통
부문을 보존하는 목적에서 행해지는 '보수'적 개입이 있다. 마지막으로 시장
원리에 따른 주택 배분에서 소외된 일부 저소득계층의 주거를 보조하는 '잔
여(주의)'적 정책이다. Joris Hoekstra, 2003, "Housing and the Welfare State
in the Netherlands: An Application of Esping-Andersen's Typology," *Hous-
ing, Theory and Society* 20:2.

31 여기에는 성장자원의 효율적 배분을 위해 주택산업을 억제하거나, 성장의
하부구조 또는 개별 성장산업으로서 주택산업을 부양하는 방법 모두가 속할
수 있다.

32 1967년 '부동산투기억제 특별조치법' 이후 1980년대 중반까지 발표된 부동
산 정책은 대부분 투기억제 정책이었다. 이 중 가장 포괄적이고 강력한 조치
는 1978년 단행된 '8·8 부동산투기억제대책'이었다. 1980년부터 1982년까지
이어진 일련의 주택경기 활성화 조치를 빼면, 정책의 중심은 주로 수요 억제
에 있었다. 국정브리핑 특별기획팀, 2007,『대한민국 부동산 40년』, 한스미디
어, 14면.

33 국토개발연구원, 1991b,『전환기의 주택정책 방향모색』, 1면; 김수현, 1996,
「한국 공공임대주택 정책의 전개과정과 성격」, 서울대학교 환경대학원 박사
학위논문, 78면; 하성규, 2006,『주택정책론』, 박영사, 494~97면.

34 주택공사와 공공사업자 역시도 부족한 재원동원 능력과 불확실한 수익성 탓에 중산층을 겨냥한 때문에 분양주택 건설에 집중했다. James Lee, Ray Forrest, and Wai Keung Tam, 2003, "Home-ownership in East and South East Asia: Market, State and Institutions," in Ray Forrest and James Lee (eds.), *Housing and Social Change: East-West Perspective*, London and New York: Routledge, 41면.

35 전남일·손세관·양세화·홍형옥, 2008, 『한국 주거의 사회사』, 돌베개, 226~30면.

36 주촉법 제정으로 공영주택법이 폐지됐다. 공영주택법은 지방자치단체와 주택공사가 짓는 공영주택의 공급 지원을 위해 1963년에 제정됐다. 공영주택 건설에 필요한 재정자금 지원방법과 건설기준, 입주자 선정방법 등이 규정돼 있었다. 건설부, 1987b, 『국토건설 25년사』 940~41면.

주촉법은 공공주택뿐만 아니라 민영주택 건설에 관계된 전과정을 규제할 수 있는 막강한 권한을 정부(건설부)에 부여했다. 임서환, 2005, 『주택정책 반세기: 정치경제환경 변화와 주택정책의 전개과정』, 기문당, 69~70면. 이로 써 주택건설 사업을 이원화하면서도, 공급주기 전반을 정부가 통제하도록 하는 제도적 기반이 마련됐다.

37 건설부, 1985b, 『주택정책방안에 관한 연구(3): 주택관련조세 및 금융』; 임서환, 앞의 책 71면.

38 이 규칙은 본래 국민주택의 분양절차를 관장하는 정부령(건설부령 '국민주택 우선공급에 관한 규칙', 1977)으로 처음 도입됐다. 1년 후 정부는 '아파트 분양제도 개선방안'을 통해 이를 민영주택을 아우르는 포괄적 분양규칙으로 확대했다. 이 규칙은 당시 한창 사회문제로 제기됐던 아파트 부정 당첨을 막기 위한 대책으로서 도입됐다. 건설부, 1977a, 「국민주택 우선공급에 관한 규

칙(안)」, 국가기록원 기록물철(DA0224895, 8); 건설부, 1978b, 「아파트 분양
제도 개선방안」, 국가기록원 기록물철(DA0224896, 2).

39 정책 초안 마련 과정에서 정부는 더 큰 역할을 주택은행에 부여했었다. 경
   제기획원이 마련한 주택자금 유도방안 초안을 보면, 주택 수요 정보 수집
   과 주택금융 업무 이외에도 수요와 공급 모두를 매개하는 유통시장의 역할
   까지 부여하는 방안이 검토됐다. 이에 대해 건설부는 주택금융기관으로 출
   발한 은행 성격으로 인해 그러한 역할을 감당하기 어렵다고 반박했다. 그런
   연유에서 민영주택건설자(지정업자)를 회원으로 하는 별도 유통센터를 설
   립하거나, 주택은행에 주택시장 기능을 추가로 부여한 후 유통기능을 담당
   하게 할 것을 대안으로 제시했다. 경제장관 협의회(1978. 3. 25)를 통한 최
   종 정책 결정에서 이 초안은 대폭 축소되어 수요 정보 매개 업무만이 더
   해졌다. 건설부, 1978a, 「경제장관 협의회 안건상정」, 국가기록원 기록물철
   (DA0224896, 3. 15); 건설부, 1978e, 「집단주택공급체계 개선」, 국가기록원 기
   록물철(DA0224896, 2. 18); 건설부, 1978f, 「APT 분양제도 개선」, 국가기록원
   기록물철(DA0224896, 3. 29).

40 건설부 「아파트 분양제도 개선방안」; 건설부 「APT 분양제도 개선」; 법제처,
   국가법령정보센터 http://www.law.go.kr/.

41 정부는 조성재원의 확대를 위해 국민연금, 공무원연금, 군인연금 및 사립학
   교 교원연금 등 각종 기금이나 연금 중 일부를 예탁하도록 했다. 이러한 구
   상은 1980년 민주공화당이 제안한 '국민 주거생활 안정을 위한 특별조치법
   (안)'에서 제시된 것이었다. 여기서 공화당은 저소득층 주거안정을 위한 재
   원으로 특별소비세와 국민투자기금, 특수직군 대상의 연금과 복지연금 등
   을 활용할 것을 제안했다. 이 구상 중 일부가 1981년 주택건설촉진법 개정
   에 반영된 것이다. 그렇지만 예탁에 대한 강제 없이 그 범위만 규정한 까닭

에, 실제 기금조성 총액에서 예탁금이 차지하는 비중은 매우 적었다. 건설부, 1980c, 「제목 미상」(국민 주거생활 안정을 위한 특별조치법(안)에 대한 설명 자료), 국가기록원 기록물철(DA0517371); 한국주택은행, 1997, 『한국주택은행 30년사』 597면.

42 건설부, 1983a, 「보도자료: 주택건설촉진법 시행령 개정」, 국가기록원 기록 물철(DA0517385).

43 1990년대까지 활용된 택지개발 방식에는 11가지가 있었다. 이 중 주택건설 사업으로는 택지개발 사업, 일단의 주택지 조성사업, 토지형질 변경사업, 토지구획정리사업, 주택개량재개발사업, 대지 조성사업, 아파트지구개발사업, 주거환경개선사업 등이 있었다. 그외 공업단지 조성사업, 특정 지역 개발촉진지구개발사업, 취락지역 개발사업 등과 같은 개발사업의 부산물로 택지가 조성되기도 했다. 대한주택공사, 1992a, 『대한주택공사 30년사』 414면.

44 토지구획정리사업을 통해 개발된 토지는 공공용지, 체비지(替費地), 환지(換地)로 구분된다. 이 중 공공용지와 체비지가 각각 공공시설 용지로 활용되거나 개발비용 충당을 위해 매각되는 데 반해, 환지는 원소유자에게 다시 귀속된다. 주택 개발업자는 이 환지를 매수해 합필(合筆)하거나 체비지 가운데 일부를 택지로 재할당해 주택건설에 활용한다. 같은 책 414~15면.

45 이정전, 2007, 『전정판 토지경제학』, 박영사, 674~76면.

46 1960년대 후반부터 1970년대까지 이어진 강남권 개발로 막대한 개발이익이 토지소유자들에게 돌아갔다. 이때 마련된 대표적 택지로는 토지구획정리사업이 진행된 영동 1, 2지구와 공유수면 매립 후 이 사업이 진행된 잠실 지구를 들 수 있다. 개발과정에 나타난 토지 투기와 지가 폭등으로 지주들은 엄청난 수준의 사업 보상을 챙겼다. 손정목, 2003, 『서울 도시계획 이야기 3: 서울 격동의 50년과 나의 증언』, 한울, 2~3부.

47 국토개발연구원, 1996, 『국토 50년: 21세기를 향한 회고와 전망』, 서울프레스, 693~95면.

48 건설부, 1977d, 「주택공급증대 종합대책」, 국가기록원 기록물철(DA0157358, 9. 28).

49 이에 앞서, 개발공사의 택지개발 역량을 증진하는 계획의 일환으로 주택공사에 토지수용권(1975)이 부여됐다.

50 원칙적으로 아파트지구개발사업의 시행 자격은 토지소유자와 그들이 설립한 조합만이 가질 수 있었다. 그러나 지구개발 고시 1년 안에 시행 신청을 못하거나, 시행인가 후 6개월 안에 개발이 진행되지 않은 경우엔 촉진조항을 두어, 주택공사와 지방자치단체, 지정업자의 시행을 허용했다. 심지어 지정업자가 토지 면적 2/3 이상의 소유권을 취득한 경우에는 토지수용마저 허용하는 결정도 포함됐다. 건설부, 1977c, 「주택건설촉진법개정법률(안): 경제장관회의 안건」, 국가기록원 기록물철(DA0157358, 10. 10); 법제처, 국가법령정보센터.

51 임서환, 앞의 책 113~18면.

52 건설부, 1980b, 「도시주택부족문제 해결을 위한 공공주택건설 및 주택개발 기본계획」, 국가기록원 기록물철(DA0517370).

53 애초에 신군부는 값싼 택지의 대량공급을 위해 '공공택지개발에 관한 특별조치법' 초안을 마련했다. 국가보위비상대책위원회는 기존의 모든 택지개발 및 도시계획체계에 우선하는 특별법의 형태로 이 법안을 구상했다. 법안 검토에서 건설부는 기존 법령을 그대로 두되, 여러 법률로 흩어져 있던 택지개발체계를 집대성할 일반 절차법을 제정할 것을 제안했다. 이러한 방안이 채택되어 탄생한 것이 택촉법이었다. 건설부, 1980a, 「공공택지개발 촉진에 관한 특별조치법(안) 검토」, 국가기록원 기록물철(DA0517370); 건설부,

1980d, 「택지개발촉진법(안) 제정에 따른 의견조회」, 국가기록원 기록물철 (DA0517370, 9. 27).

54 택촉법 제정 직전인 1979년에 진행된 과천 신도시 개발사업에 견주면 이 이점이 명확해진다. 과천 사업에 적용된 대지 조성사업은 도시계획이 수립된 지역에서만 시행할 수 있었다. 따라서 도시 주변 지역에 대규모 주택단지를 건설하는 데는 절차상의 제약이 뒤따랐다. 이 때문에 과천 사업은 도시계획법에 따라 도시계획을 수립한 후 다시 대지 조성사업 승인을 받은 다음에야 택지개발에 착수할 수 있었다. 택촉법으로 인해 이러한 사업절차가 크게 간소화됐다. 공동주택연구회, 앞의 책 48~49면.

55 대한주택공사, 앞의 책 420면; 한국주택협회, 1995, 『한국주택협회 15년사』; 국토개발연구원, 앞의 책.

56 장세훈, 1996, 「자본의 토지 소유 및 개발에 관한 국가 정책 연구」, 서울대학교 사회학과 박사학위논문, 143면.

57 그러한 이유로 용지매입비를 조기에 회수할 수 있는 방식으로 사업이 전개됐다. 짧은 시간에 대규모 택지를 개발하는 데는 기존 도심의 재개발보다는 신개발이 더 유리했다. 신시가지나 신도시 지역은 초기 매입비용이 더 적을 뿐만 아니라 이해 조정을 위한 어려움도 적어 사업 타당성이 훨씬 높았다. 이에 공공개발자는 이 지역을 최대한 빠른 속도로 고밀도로 개발하는 전략을 택했다. 임서환, 앞의 책 257~58면; 변창흠, 2005, 「한국토지공사의 성과와 과제」, 홍성태 엮음『개발공사와 토건국가: 개발공사의 생태민주적 개혁과 생태사회의 전망』, 한울, 185~87면.

58 한국주택협회, 앞의 책, 385면.

59 임서환, 앞의 책 69~70, 79~84면.

60 사업자등록제 도입의 직접적인 발단이 된 것은 부실시공과 과장·허위광고

등과 같은 주택건축업자 비리였다. 사업자 자격의 강제를 통해 시장 신뢰도를 높이는 동시에, 제도적 혜택을 집중함으로써 건실한 주택사업자를 육성하려는 취지였다.

61 건설부 「주택건설촉진법개정법률(안): 경제장관회의 안건」; 건설부, 1978c, 「주택건설촉진법 시행령 일부조정」, 국가기록원 기록물철(DA0517364, 2).

62 5대 사업자 중 1970년 이전에 창립된 회사로는 삼익주택(1968)이 유일하다. 삼익주택은 여의도 개발사업 참여를 계기로 주택사업에 주력했다. 한양은 아파트건축용 목재를 공급하던 회사였는데, 한양주택주식회사를 설립(1973)한 후 여의도 개발에 뛰어들었다. 라이프주택은 소규모 섬유 및 의류제품 판매업에서 출발하여 가전 유통업을 거쳐 1975년에 여의도 개발에 참여했다. 한신공영은 본래 보일러 제작업체였다가 1974년 영동지구 개발에 참여하면서 주택사업에 진출했다. 마지막으로 한국도시개발은 1976년 현대건설 주택사업부가 독립하면서 설립된 업체였다. 압구정 현대아파트를 시작으로 현대아파트 건설을 주도했고, 1986년 한라건설과의 합병으로 현대산업개발이 됐다. 임서환, 앞의 책 84~85면; 한국생산성본부『한국기업총람』.

63 대한주택공사, 1986b·1987·1992b, 『주택통계편람』.

64 5대 사업자의 건설량, 매출액 통계는 한국주택협회와 한국생산성본부의 앞선 책자에 각각 실린 지정업자 현황 자료와 기업 재무지표를 종합해 산출했다.

65 건설부, 1985a, 『주택정책방안에 관한 연구(2): 주택관련 제도 개선』.

66 오성훈·송영일·손정락, 2005, 「주거복지와 한국주택공사의 문제」, 홍성태 엮음, 앞의 책 216면; 전상인, 2009, 『아파트에 미치다: 현대 한국의 주거사회학』, 이숲, 27~51면.

67 '아파트 시대'는 주택공사가 편찬한 약사에서 가져왔다. '아파트 시대'의

시초는 1961년 마포아파트 건설로 거슬러 올라간다. 이 사업을 진행하면서 주택공사는 대단지 아파트가 건설의 고층화를 통해 주택난 해결에 이바지하리라는 교훈을 얻는다. 이후 주택공사의 건설사업에서 아파트 비중은 점차 증대한다. 특히, 1969년 한강맨션아파트의 착공을 기점으로 아파트 사업의 중점이 중산층 아파트 건설로 이동한다. 이때를 중형 아파트 중심의 '아파트 시대'로의 진입을 알리는 이정표로 볼 수 있다. 대한주택공사 『대한주택공사 30년사』 100~13면.

68 대한주택공사, 1992b, 『주택통계편람』 110~13면. 오늘날 기준에서는 전용면적 10평대의 아파트가 서민 아파트로 보일지 모른다. 그러나 당시 시점에서 15~19평대 아파트는 하위 1분위 소득의 47.8배, 10분위 소득에조차 5.8배에 달하는 고가 상품이었다. 10평 남짓한 아파트라고 해서 저소득층이 근접할 수 있는 주택이 아니었다. 오성훈 외, 앞의 글 216~17면.

69 신규주택의 평균 면적 면에서 한국은 이미 1988년에 일본과 스웨덴을 넘어섰다. 당시 한국의 기록은 27.8평으로 24.2평의 일본이나 27.6평의 스웨덴보다 넓었다. 하성규·유재현·권용우·장성수, 1993, 『집: 기쁨과 고통의 뿌리』, 비봉출판사, 75~76면.

70 1980년대 초반까지 발표된 투기억제책 중 가장 강력한 것이 이 8·8대책이었다. 당시 정부는 기업의 생산의욕과 노동자·서민의 근로·저축의욕을 저해하고 사회불안을 조성하는 근본 원인으로 부동산투기를 지목했다. 이어 지가 안정과 부동산투기 억제를 위한 몇가지 대책을 제시했는데, 가격 고시 확대, 부동산 중개업 규제, 토지세제(양도소득세, 공한지세) 강화, 토지거래 규제(허가제·신고제), 토지공사 설립 등이었다. 경제기획원, 1978, 「부동산투기억제대책」, 국가기록원 기록물철(BA0950814, 8. 5). 이러한 정책 방향이 이후 계승되어 한국 투기억제 대책의 원형이 됐다.

71 건설교통부, 1997, 「주택분양가 규제 현황」, 국가기록원 기록물철 (DA0517062); 김정호·김근용, 앞의 책 77면.

72 주택공급연쇄는 공급 연결망을 구성하는 다양한 단계와 요소 사이의 조직 방식과 이에 참여하는 행위자 간 관계를 해명하기 위한 분석 개념이다. 이를 테면, 이 분석방법을 처음 제안한 존 돌링은 공급연쇄의 구성과 연계를 주도 하는 중심 행위자와 거래 관계의 성격을 기준으로 연쇄 유형을 구분한 바 있 다. 자유주의형, 사회주의형, 대륙 유럽형, 동아시아형이 그것이다. John Dol- ing, 1999, "Housing Policies and the Little Tigers: How Do They Compare with Other Industrialised Countries?" *Housing Studies* 14:2; John Doling, 2002, "The South and East Asian Housing Policy Model," in Razali Agus, John Doling, and Dong-Sung Lee (eds.), *Housing Policy Systems in South and East Asia*, Basingstoke: Palgrave Macmillan. 하지만, 이러한 '주도성'에 입각 한 분석만으로는 동아시아, 특히 한국의 공급연쇄가 가진 특성을 제대로 설 명하기 어렵다. 우리처럼 시장 행위자들의 참여에 의존해 공급이 이루어진 다고 할 때, 공급연쇄의 장기 안정은 결국 이러한 사회적 협업을 어떻게 안 정적으로 '조정'할 수 있는가에 달리게 된다.

73 국민주택기금의 지원 대상이 공공사업자에 한정되지만은 않았다. 국민주택 기금은 다양한 용도로 민간사업자에게 대출됐는데, 그 비중은 1990년대 말 에 이르면 공공 부문 대출액과 엇비슷한 정도로 적지 않았다. 지원 대상은 임대주택, 20호 이상 국민주택, 근로복지 주택, 사원임대 주택, 조합주택, 다 세대주택, 태양열 주택, 다가구 단독주택 건설사업 등이었다. 한국주택은행, 앞의 책 605~19면.

　자금 원천의 배합은 사업자 규모에 따라 달랐다. 선분양 대금을 빼면 자기 자금의 비중이 압도적으로 높았는데, 이에 대한 의존도는 업체 규모가 클수록 높았다. 반면, 외부 자금에 대한 의존도는 규모에 반비례했다. 지정업자가 주로 금융기관 대출을 이용했던 반면, 영세업자는 주로 사채와 신용거래에 의존했다. 중간 규모인 등록업자는 공식 금융과 사금융의 비중이 엇비슷했다. 대한주택공사, 1983, 『한국주택정책의 발전방향에 관한 연구(4): 민간주택건설업의 역할분석에 관한 연구』. 이처럼 공식 주택금융의 역할은 크지 않았고, 그조차 사업자 규모에 비례하여 차등 배분됐다.

74 이상은 법제처 국가법령정보센터에 게재된 '주택건설촉진법 시행령' 조문의 개정 명세를 분석·정리한 것이다. 채권 매입 기준과 매입금액의 변천에 관해서는 졸고, 2018b, 「한국의 주거정치와 계층화: 자원동원형 사회서비스 공급과 생존주의 주거전략의 탄생, 1970~2015」, 서울대학교 사회학과 박사학위논문, 322~23면을 참조하라. 이처럼 온 사회에 강제한 매입의무에도 예외는 있었다. 국가를 비롯한 공공기관, 경제개발계획과 관련이 큰 특정 법인(외국인 포함), 사회적 공익에 이바지하는 단체(법인) 등은 매입의무 전체 또는 일부를 면제받았다. 수출주도형 성장에 자원을 집중하는 산업 전략의 편향은 이처럼 작은 사례에서도 나타났다.

75 한국주택은행, 1990, 『주택경제데이터북』; 한국주택은행, 1996, 『주택경제통계편람』.

76 주택건축에 대한 제도금융의 기여도는 1980년대 전반까지 20% 남짓할 정도로 작았다. 국토개발연구원, 1979, 『80년대 주택정책 방향의 모색』 21~22면; 건설부 『주택정책방안에 관한 연구(3): 주택관련조세 및 금융』. 공식 제도금융의 저발전은 투기적 주택공급을 향한 유인을 부추겼다. 사업자들은 자기 자금과 가계 또는 사금융으로부터의 조달로 재원 대부분을 마련했는데, 양자 모두에 투기적 성향이 내포돼 있었다. 자기 자금의 대부분이 개발이익에서 오는 이윤에서 비롯되는데다가, 사채자금 또한 투기자본의 성

격을 지닐 수밖에 없었다.

77 공공주택기금으로 조성된 자금은 대개 주택사업자에게 지원됐다. 1967년 부터 1985년까지 주택은행과 국민주택기금이 운용한 주택자금 대출액은 총 6조 4319억원인데, 이 가운데 5조 1270억원가량(79.7%)이 주택생산자에 게 배분됐다. 그나마도 1970년대에 90% 이상이 생산자에게 할당되던 것과 견줘 소비자 대출액이 늘어난 결과다. 한국주택은행, 앞의 책. 국민주택기 금의 경우에는 1989년까지 모든 대출자금이 공급자에게 제공됐다. 1980년 대 동안 집행된 전체 사업비가 7조 8790억원이었는데, 이 중 절반 정도(4조 48억원)가 신규주택 건설사업에 활용됐다. 이 가운데 다시 절반(53.4%)이 분양주택 건설에 사용됐다. 공공임대와 영구임대, 사원임대를 포함한 공공 임대주택 건설에는 32.7%의 자금이 쓰였다. 집행 명세를 1980년대 전·후반 으로 나누어 비교할 경우, 분양주택과 임대주택의 비중은 각각 전반기에 71.5% : 10.1%, 후반기에 45.0% : 43.2%였다. 국토교통부 『국민주택기금 업무 편람』.

78 기업에 돌아갈 편익인 이윤은 정상적인 영리활동에 대한 보상에 해당한다. 하지만 우리의 경우에는 투기 건설 위주의 사업 환경에서 오는 위험에 대한 보상인 동시에 막대한 금융비용을 충당하는 수단으로서의 성격도 다분히 있 었다. 이러한 이유에서 사업자들은 높은 수준의 이윤을 갈구했지만, 그 수익 은 대개 생산의 합리화보다 지가상승에 따른 개발이익에서 비롯됐다.

79 한국주택은행, 1992a, 『주택배분의 기준과 정책』 63면.

80 이 중 영구불임 시술자에 대한 우대는 가족계획에 참여한 세대에 대한 정 치적 고려의 결과물이었다. 건설부, 1976, 「인구정책」, 국가기록원 기록물철 (DA0224894). 해외 취업 근로자의 사례도 흥미롭다. 이 조치는 해외 건설노 동자들의 주택 마련 지원을 바라는 현대건설의 요청에 대한 반응이었다. 이

에 정부는 청와대를 중심으로 이들의 자가 건설 지원과 국민주택 우선 분양
권 부여, 사원주택 건설 등의 지원책을 마련했다. 현대건설주식회사, 1977,
「케이취업 근로기를 위한 주택 마련 및 개산형성 저축에 대한 권의기항」, 국
가기록원 기록물철(DA0224895, 9. 1); 건설부 「주택건설촉진법개정법률(안):
경제장관회의 안건」. 무사고 운전자에 대한 특혜는 최고 권력자의 즉흥적 결
정에 따른 결과였다. 전두환 대통령이 1981년 5월 4일 서울시 경찰국 방문
도중에 내린 현지 지시가 그 발단이 됐다. 건설부, 1981, 「무사고 및 유공운
전자 육성에 대한 협조요청에 대한 회신」, 국가기록원 기록물철(DA1076414,
7. 3); 내무부, 1981, 「무사고 및 유공운전자 육성에 대한 협조요청」, 국가기
록원 기록물철(DA1076414, 6. 30).

81 총무처, 1981, 「무주택공무원 주택 마련 사업협조」, 국가기록원 기록물철
(DA1076414, 6. 23).

82 수많은 불법 전매 중 대표적인 것이 시흥 2동 철거민 아파트의 사례였다.
철거민이 아닌 이들이 전매를 통해 입주했거나, 이주민 대표가 분양 아파트
전매과정에서 부당이익을 취했다는 폭로가 등장했다. 이후 논란은 국회로
번져 국회 차원의 진상조사로 이어졌다. 서울특별시, 1978, 「문답자료」, 국가
기록원 기록물철(DA0224898).

83 예치금과 예치 기간이 순위자격 기준에 들어간 것은 가구로부터 건설재원
을 확보하려는 구상 때문이었다. 이를 잘 보여주는 것이 1977년 6월 23일 청
와대 재무담당 비서관 주재로 열린 관계기관 회의였다. 이날 정부는 분양가
격의 40%를 6개월 동안 예치한 자에게 25평 초과 주택의 분양권을 제공할
것을 논의했다. 실제 도입에서 조정이 있긴 했지만, 중·상층 가계로부터 건
설비용을 조달하려는 기획의 결과로서 경제력에 기초한 배분 방식이 자리잡
게 됐다. 건설부, 1977b, 「아파트 분양제도 개선방안」, 국가기록원 기록물철

(DA0224894, 6. 24).

84 무작위 분양에서 오는 부작용에 대처하기 위한 조정책도 생겨났다. 오랫동안 낙찰된 실수요자를 구제하기 위한 '0순위' 제도, 청약 신청자가 몰리는 특정 지구에서 당첨 확률을 높이는 20배수 제도, 고액 예치자의 소형주택 청약을 막아 실수요자의 분양확률을 높이는 하향신청 금지 조치 등이 그것이다.

85 민영주택에도 특별분양이 있었다. 이때 우선 분양권은 건설지역 내 철거 주택의 소유자, 해외 취업 근로자, 영구귀국 과학자와 수출업무에 종사하는 국영기업 임직원, 보도기관 특파원 등에게 대개 배분됐다. 법제처, 국가법령정보센터.

86 채권입찰제 도입에 앞서 정부는 분양가격 실세화 방안을 검토했다. 분양가 실세화를 통해 분양가와 기준가(원가+적정 이윤)의 차액을 채권으로 흡수하는 것이 그 핵심이었다. 애초에 건설부는 분양가격 조정안으로 자유응찰제, 평균가격제, 가격상한제 등을, 차액 환수대상으로서 건설업자와 입주자 등을 검토한 바 있다. 이 중 정책효과가 가장 큰 것은 자유응찰제와 기업 대상 채권이었다. 그런데 실제 내려진 것은 분양가상한제를 유지하는 조건에서 입주자에게 채권 매입의무를 할당하는 조치였다. 건설부에 따르면 입주자에 대한 채권 발행(안)은 '국민의 기대'에 부응하나 실세화 원칙에는 배치되는 것이었다. 결국, 애초의 정책 의도에서 후퇴한 방안이 선택됐다. 건설부, 1983b, 「부동산투기억제대책 및 주택정책(건설위 보고)」, 국가기록원 기록물철(BA0950839, 2. 28). 여기서 '국민의 기대'는 중·상층 소득집단의 이해관계와 다르지 않았다.

87 법제처 국가법령정보센터; 국토개발연구원, 1987,『주택분양제도에 관한 연구: 채권입찰제도를 중심으로』; 한국주택은행, 앞의 책.

88 Doling "Housing Policies and the Little Tigers: How Do They Compare with Other Industrialised Countries?" 248면; Richard Ronald, 2007, "Comparing Homeowner Societies: Can We Construct an East-West Model?" *Housing Studies* 22:4; Richard Ronald and Shinwon Kyung, 2013, "Housing System Transformations in Japan and South Korea: Divergent Responses to Neo-liberal Forces," *Journal of Contemporary Asia* 43:3, 16~17면.

89 이를 국가와 개발 프로젝트에 대한 기여와 공헌에 따른 보상으로 부여된 일종의 '권리'로 읽는 것도 가능하다. Kyung-Sup Chang, 2012, "Developmental Citizenship in Perspective: The South Korean Case and Beyond," in Kyung-Sup Chang, and Bryan S. Turner (eds.), *Contested Citizenship in East Asia: Developmental Politics, National Unity, and Globalization*, London and New York: Routledge; Kyung-Sup Chang, 2014, "Transformative Modernity and Citizenship Politics: The South Korean Aperture," *South Korea in Transition*, London and New York: Routledge.

90 실제 부동산 과세액은 이 표보다 좀더 크다. 부동산 이전 과세에는 양도소득세 외에 상속세와 증여세, 법인세 특별부가세 등이 속한다. 하지만 이들 세목에 대한 정확한 확인이 어려워 여기서 제외했다. 재산 가액을 구성하는 세부 항목에 대한 정보가 불충분하거나(상속세와 증여세), 시계열 자료를 제대로 발견하기 어렵기 때문이다(법인세 특별부가세).

91 이진순, 1991, 「조세정책」, 한국재정40년사편찬위원회 엮음 『한국재정 40년사』, 제7권: 『재정운용의 주요과제별 분석』, 한국개발연구원; 김미경, 2009, 「동아시아 국가에서의 조세와 국가의 경제적 역할: 비교의 시각」, 『국제정치논총』 49권 5호.

92 양재진·민효상, 2013, 「한국 복지국가의 저부담 조세체제의 기원과 복지 증세에 관한 연구」, 『동향과전망』 88호; 김도균, 2013, 「한국의 자산기반 생활보

장체계의 형성과 변형에 관한 연구: 개발국가의 저축동원과 조세정치를 중심으로」, 서울대학교 사회학과 박사학위논문, 88~91면.

93 노영훈, 1997, 「재산과세」, 최광·현진권 엮음 『한국 조세정책 50년』, 제1권: 『조세정책의 평가』, 한국조세연구원, 588면.

94 같은 글; 국세청, 1996, 『국세청 30년사』.

95 양도소득세의 과표는 본래 실지거래가액이었지만 1983년 기준 싯가로 변경되어 1989년까지 활용됐다. 과표 평가를 둘러싼 조세저항을 예방한다는 취지에서 단행된 이 조치로 양도소득세 과표가 크게 낮아졌다. 같은 책 400~406면.

96 같은 책.

97 Isaac William Martin, 2008, *The Permanent Tax Revolt: How the Property Tax Transformed American Politics*, Stanford, California: Stanford University Press; 졸고, 2014, 「보유세 개혁의 좌절에 관한 조세정치적 해석: 종합부동산세의 사례」, 『경제와사회』 101호.

98 재산형성 수단들의 수익률 확인에는 한국은행의 『경제통계연보』와 경제통계시스템, 한국감정원의 지가변동률조사, 대한주택공사의 『주택통계편람』(1984) 등을 활용했다.

99 이 표 외에 다음의 두 자료를 통해 1970~80년대 주택 마련 자금의 조성 경로를 단편으로나마 엿볼 수 있다. 하나는 1974년 한국산업개발연구원이 수행한 구입자금 조사다. 이를 보면 대도시 주택소유 가구는 전체 매입비의 92.1%를 주택금융의 도움 없이 조달했다. 은행을 비롯한 금융대출은 3.3%에 불과했고, 저축(39.9%)과 부동산 매각(24.1%), 전세금(11.6%) 등으로 나머지 자금을 마련했다. 한국개발연구원, 1977, 『주택정책심포지움보고서』 112면. 1970년대에 수행된 '융자주택실태조사' 역시 (세부 자금 원천에 관한 정보

가 빠지긴 했지만) 민영주택 소유자의 자금 동원 현황을 개괄한다. 여기서
도 주택금융의 저발전에 따라 자기 자금의 몫이 컸다. 자기 자금의 비중은
1970년대 내내 70%를 웃돌았고 1900년에는 03.0%로 더 커졌다. 이리 보면
이 표에 나타난 금융조달의 커진 몫도 1980년대에 진행된 주택금융의 상대
적 발전을 반영한 것이었다. 특히, 중장기 주택부금 급부제도가 시행되면서
소비자에 대한 금융지원이 (신축자금에서) 매입자금으로 옮겨간 게 주효했
다. 주택부금과 목돈마련저축 가입자에 대한 구입자금 지원 제한조치의 완
화와 더불어, 주택구매자에 대한 자금지원이 대폭 확대됐다. 한국주택은행
『한국주택은행 30년사』 397~403면; 한국주택금융공사, 2016, 『한국의 주택금
융 70년』 131~34면.

100 Hyman P. Minsky, 1982, *Can "It" Happen Again? Essays on Instability and Finance*, New York: M. E. Sharpe, 22~23, 33면.

101 박찬종, 2014, 「한국 부채경제의 정치경제적 영향에 관한 연구: 국가, 금융, 기업 관계를 중심으로」, 서울대학교 사회학과 박사학위논문, 91~92, 122~26면.

102 이와 달리 여타 목적으로 창출한 신용의 성장세는 완만한 편이었다.

103 Seo Hwan Lim, 1994, *Landowners, Developers and the Rising Land Cost for Housing, the Case of Seoul, 1970-1990*, PhD Thesis, University of London, 165~80면.

104 이를 보면 1970년대 중반과 1980년대 중반에 분양된 아파트의 싯가가 대체로 높게 형성돼 있다. 반면, 1980년 전후에 분양된 아파트의 현재 싯가는 상대적으로 낮다. 표본에 속한 아파트 중 가장 가격이 비싼 것은 압구정동 한양 8차 아파트(67평형, 1983년 분양)로 평당 1417만원에 거래됐다. 반면 가장 값이 싼 것은 평당 280만원인 서초동 신동아 아파트(25평형, 1978년 분

양)였다.

105 대한주택공사, 2001, 『주택핸드북』.

106 내무부, 1977, 「아파트분양 가수요 방지책 통보」, 국가기록원 기록물철 (DA0224894, 3. 31).

107 이는 그림 2-4의 작성에 활용했던 싯가 자료에 기초한 추정값이다.

108 부동산투기억제책으로 도입된 전매 제한 역시 통장 거래 확대를 조장했다. 국민주택 분양 후 1년까지 매매, 증여를 비롯한 일체의 권리 변동 행위가 금지(1982. 11)되자, 분양 이전 단계의 통장 거래가 새로운 방법으로 부상했다. 경제기획원, 1983, 「부동산투기억제대책(안)」, 국가기록원 기록물철 (BA0950839, 2. 16).

109 국정브리핑 특별기획팀, 앞의 책 207면.

110 1982년 말 현재 입주가 막 끝났거나 진행 중인 개포동과 압구정동 아파트에는 벌써 적게는 수백만원에서 많게는 수천만원까지 프리미엄이 붙었다. 이를테면 개포동 우성아파트 45평형(분양가 6030만원)은 600만~2500만원, 65평형(분양가 8815만원)은 1900만~3500만원에 이르는 프리미엄이 형성됐다. 압구정동 현대아파트의 경우 36평형(분양가 3813만원)이 300만~1800만원, 61평형(분양가 8143만원)이 300만~600만원의 분양이익을 형성했다. 건설부, 1982, 「투기대책 토론회」, 국가기록원 기록물철(BA0950821, 11. 17).

111 국토개발연구원, 앞의 책 6면.

112 강남권 선호는 건설부가 청약예금 가입자 1만 9464명을 대상으로 진행한 여론조사(1978년) 결과에서도 드러난다. 응답자 대다수는 분양 희망 지역으로 강남(79.8%)을 꼽았고, 중·대형 주택 소유(21평 이상: 84.5%)를 원했다. 건설부, 1978d, 「주택청약예금 제도에 대한 여론조사 결과」, 국가기록원 기록물철(DA0224898, 7. 18). 조사 표본이 민영주택 구매 의사와 여력을 갖춘

청약예금 가입자라는 사실에 주목할 필요가 있다.

113 공동주택연구회, 앞의 책; 박인석, 2013, 『아파트 한국사회: 단지 공화국에 갇힌 도시의 일상』, 현암사.

114 이와 같은 생계전략에는 가정 내 젠더관계의 차원이 내포돼 있다. 가족의 생활전략은 대개 일련의 가사노동의 연속으로 표현되는데, 가정 내 성 역할 분리로 인해 그 대부분이 여성의 업무가 된다. 가정생활의 장소인 주택을 마련·유지·관리하는 업무 역시 대개 여성의 일로 등장한다. 특히, 한국사회는 주택 마련 계획의 수립, 주택의 선택과 매입, 처분에 이르는 거래관계 등을 주부의 일로 여겨왔다. 여성이 해온 이 노동은 가족생활의 터전인 가정을 형성하고 유지하는 기초일 뿐만 아니라, 생계 단위로서 가구의 안전을 담보하는 기반이 됐다. 이런 시각에서, 중산층 전업주부를 투기 주체로 그리는 표상들, 이를테면 '복부인' 담론처럼 전업주부를 물욕을 비롯한 사적 욕망에 사로잡힌 고삐 풀린 인물로 모는 시각은 여성의 이러한 노동을 평가절하할 위험이 있다. 그렇지만 극단적인 일부 사례들을 뺄 경우, 이것은 오히려 가구의 경제적 재생산을 위한 수단이자 가족 지위를 확립하는 도구로 가정을 형성하는 '적극적 모성 실천'으로 볼 수 있다.

115 1980년대 중반에 이르러 정부의 공식 담론에서 중산층 개념이 본격적으로 사용되기 시작한다. 1985년 3월에 발표된 '중산층 육성대책'을 시작으로 정부는 사회정책의 주요 대상 집단으로 중산층을 가공해나갔다. 그러한 중산층 범주의 표준으로 한국개발연구원이 정의한 다음의 규정, 즉 "고졸 이상의 학력을 가지고 11~30평 정도의 자기 집이나 전셋집에 살며, 얼마간의 저축을 하면서 보통 가구에서 볼 수 있는 현대적인 문화시설을 어느정도 보유하고 있는 상대적으로 안정적인 계층"이 등장한다. 연하청·이성표·박준경·김관영·한태선·홍종덕, 1990, 『중산층 실태분석과 정책과제』, 한국개발연구원,

30면. '중산층' = '자가보유자'라는 등식이 성립하지는 않지만, '삶의 안정'과 '현대적 문화생활'이란 요건이 주택보유와 깊이 연관돼 있다는 점에서 의미 있는 규정으로 볼 수 있다.

116 한완상·권태환·홍두승, 1987, 『한국의 중산층』, 한국일보사; 홍두승, 1992, 「중산층의 성장과 사회변동」, 한국사회학회·한국정치학회 엮음 『한국의 국가와 시민사회』, 한울; 홍두승, 2005, 『한국의 중산층』, 서울대학교출판부; 홍두승·김병조, 2008, 「한국의 사회발전과 중산층의 역할: 사회통합을 위한 중산층 육성」, 한국사회학회 엮음 『기로에 선 중산층: 현실진단과 복원의 과제』, 인간사랑; 발레리 줄레조, 2007, 『아파트공화국』, 길혜연 옮김, 후마니타스; 장세훈, 2008b, 「중산층의 주거현실에 비춰본 중산층 육성정책의 방향」, 한국사회학회 엮음, 앞의 책 277~78면.

117 Nancy Abelmann, 2003, *The Melodrama of Mobility: Women, Talk, and Class in Contemporary South Korea*, Honolulu: University of Hawaii Press.

3장 내 집 마련을 통한 타협과 주거문제의 순치

1 사당2동 세입자 대책위원회·서울지역 총학생회연합, 1988, 『사당2동 투쟁 보고서: 사당동은 또 하나의 광주다!』 1면.

2 한국의 주거문제를 자본주의 생산방식에서 유래하는 일반적 문제나 한국경제의 순환주기에서 파생된 국면적 문제로 환원하는 시각은 문제가 있다. '투기세력'이 준동한 결과나 어떤 특정한 주택정책의 부산물로 이를 제한하는 것 역시 적절치 않다. 우리 사회의 주거문제에는 자원동원형 주택공급연쇄라는 독특한 제도적 편제에서 유래하는 구조적 특성이 포함되어 있다. 졸고, 2018, 「한국 주거문제의 구조적 기원(1970~1985): 자원동원형 주택공급연쇄와 그 내부 긴장」, 『공간과사회』 28권 2호.

3 임서환, 2005, 『주택정책 반세기: 정치경제환경 변화와 주택정책의 전개과 정』, 기문당, 203~12, 223~27면.

4 건설부, 1906a, 『건설통계연감』; 건설교통부, 1996, 『건설교통통계연보(건설 부문)』.

5 대한주택공사, 1992a, 『대한주택공사 30년사』 422면.

6 1985년을 전후로 주택산업 전체가 수익성 위기에 내몰렸다. 중소 사업자는 말할 것도 없이 대형 사업자조차 수익과 매출의 정체 또는 격감을 경험했다. 특히, 삼익주택과 라이프주택, 한신공영 등 성공신화를 써 내려왔던 중견 사 업체들이 크나큰 영업 손실을 겪으며 경쟁에서 밀려나기 시작했다. 반면, 후 발업체였던 현대산업개발은 외려 이때를 거치며 최우량 거대 사업자의 자리 를 굳혔다. 한국생산성본부 『한국기업총람』, 각 연도.

7 그림 1-1을 참조하라.

8 당시의 가격상승은 전국의 평균 상승 폭이 서울보다 더 클 정도로 전국적 인 현상이었다. 같은 기간 동안 전국의 매매가격과 전세가격 상승 폭은 각각 67.9%와 85.8%로 서울을 압도했다. 서울의 아파트 전세시장에서만 전국 평 균(82.1%)을 웃도는 가격상승이 있었을 뿐이었다. 물론, 서울의 강남지역은 여전히 가장 전도유망한 시장이었다. 통계 확인이 가능한 한강 이남 지역으 로 넓혀 보아도 그 가격지수는 매매시장에서 80.6%, 전세시장에서는 94.4% 나 올랐다. 특히 아파트 전세시장의 경우는 무려 118.4%로 상승했다. 아파트 매매가격에서만 73.9%로 전국 평균에 뒤졌다.

9 국민은행, 주택금융수요실태조사 기준.

10 1989년 6월 서울시가 59개 저소득층 밀집 지역에 거주하는 도시하층민 (3855세대)을 대상으로 수행한 조사에 따르면 이들의 초상은 다음과 같 다. 그 절대다수는 중졸 이하(92%)의 학력을 지닌 임시직이나 단순 노무직

(70.2%), 또는 무직자(20.6%)가 대부분(62%)으로 보통 방 한칸을 세내어 살았다(78.8%). 이들은 대개 생활자금의 결핍으로 저축을 할 수 없는 처지 (89%)였던 터라, 보건, 교육, 주거에 필요한 급전은 대개 빚을 내 충당할 수밖에 없었다. 주거난의 심도를 반영해서인지 이들이 가장 갈구하는 미래 회망 역시 내 집 마련(26.5%)이었다. 국토개발연구원, 1988, 『사회주택정책에 관한 연구』 33면. 대한주택공사가 서울을 포함한 6대 도시 생활보호대상자 3887가구를 대상으로 수행한 기초조사를 통해서도 도시하층민의 주거실태를 확인할 수 있다. 대한주택공사, 1989b, 『영세민 주거실태 및 의식 조사 연구: 자료집』을 참조하라.

11 한국노동조합총연맹이 산하 산별노조 조합원 1591명을 대상으로 수행한 조사(1989년 4월)를 보면, 전체 노동자의 40.2%가 자가를 소유하고 있다. 물론 여기서도 직무에 따른 격차는 뚜렷하게 나타난다. 사무직의 56.1%가 내 집을 가진 데 반하여, 생산직 노동자의 자가소유율은 35.0%에 그쳤다. 한국노동조합총연맹, 1990, 『한국노동자의식연구』 43~44면.

12 노동자가구 소득에 견준 주택가격의 변화를 제대로 보여주는 시계열 통계가 없음에도 불구하고, 주택구매가 평범한 노동계급의 능력 밖의 일이었음은 분명하다. 1988년 기준으로 서울에 사는 28세 청년 노동자는 단독부양의 경우 61~65세, 공동 부양의 경우에는 51~55세 이후에야 20평형대의 내 집 마련을 기대할 수 있는 처지였다. 국토개발연구원, 1991a, 『국민주거안정을 위한 주택정책 토론회』.

13 프리드리히 엥겔스, 1990, 「주택문제에 대하여」, 『칼 맑스 프리드리히 엥겔스 저작선집』 제4권, 최인호·김석진 옮김, 박종철출판사; Manuel Castells, 1978, *City, Class and Power*, London: Macmillan.

14 생계비 측정을 둘러싼 노자 간 갈등에 대해서는 뒤의 4절을 참고하라. 후자

와 관련하여, 생산자본과 부동산자본 사이의 자본분파 간 대립을 예로 들 수 있다. 그런데 우리 사회에서는 대자본인 재벌기업이 두가지 속성 모두를 가지는 특색이 나타난다. 이 때문에 생산자본과 부동산자본 사이의 갈등이 전면적으로 등장하는 일은 좀처럼 없으며, 그러한 갈등이 오히려 대자본과 중소자본 사이의 갈등으로 치환되는 경향이 있다. 예를 들어, 1980년대 후반 토지공개념의 입법 정국에서 중소기업중앙회는 생산원가와 지대부담 증가 등을 이유로 들어, 토지공개념에 대한 지지를 일관되게 표명했다. 중소자본의 이러한 입장은 공개념 입법 저지 또는 무력화를 시도했던 대자본(전국경제인연합회와 대한상공회의소)의 입장과 달랐다. 대한상공회의소, 1989, 「대한·서울상공회의소 업계의견」, 한국토지행정학회 엮음『토지공개념제도 관련 자료집』; 전국경제인연합회, 1989, 「전국경제인연합회 의견」, 같은 책; 손호철, 1991, 「자본주의국가와 토지공개념: 6공화국의 토지공개념 관련법안 입법을 중심으로」,『한국정치연구』 3집.

15 건설부, 1988b, 「6차 계획 기간 중('88~'92) 주택건설계획」, 국가기록원 기록물철(DA1261938); 건설부, 1989b, 「도시재개발제도개선(안)」, 국가기록원 기록물철(DA0516263, 11. 10).

16 국정브리핑 특별기획팀, 2007, 『대한민국 부동산 40년』, 한스미디어, 129~30면; 이장규·김왕기·허정구·김종수·남윤호, 2011, 『경제가 민주화를 만났을 때: 노태우 경제의 재조명』, 올림, 273~74면.

17 서울특별시, 1991a, 『목동공영개발 평가보고서』 18~19면; 대한주택공사 재개발처, 1992, 『불량주택정비사업 활성화를 위한 제도개선 방안』 199면.

18 강문수·김중웅, 1988, 『주택금융의 현황과 발전방향』, 한국개발연구원, 18~19면; 하성규·유재현·권용우·장성수, 1993, 『집: 기쁨과 고통의 뿌리』, 비봉출판사, 99면.

19 건설부, 1989e, 「주택공급확대를 통한 주택가격안정대책」, 국가기록원 기록물철(DA1261938, 4. 27); 건설부, 1989f, 「주택대량공급을 위한 분당·일산 새 주택도시 건설계획」, 국가기록원 기록물철(DA1261938, 4. 27).

20 임동근·김종배, 2015, 『메트로폴리스 서울의 탄생』, 반비, 240~42면.

21 건설부, 앞의 글. 애초에 신도시 입지로 선택된 곳은 분당이었다. '남단 녹지'로 불린 이 지역은 1976년 대통령의 지시로 개발제한구역에 묶인 곳이었다. 문희갑 경제수석을 비롯해 핵심 정책 참모들은 신도지 개발지로 이곳을 먼저 선택했다. 건설부 신도시건설기획실의 평가에 따르면, 분당은 "강남지역 주택 수요를 충족시킬 수 있는 유일한 적지"였다. 강남·강북의 균형개발과 대북관계를 명분으로 한 개발 필요가 제기되면서 일산이 추가 선정됐다. 건설부, 1989d, 「서울권의 대단위주택단지 개발」, 국가기록원 기록물철(DA1261938, 4); 이장규 외, 앞의 책 241~42면.

22 당시에 존재했던 불량주택 밀집 지역은 세 종류로 나누어진다. 먼저, 산업화 과정에서 도시에 모인 이농민이나 도시 빈곤층이 도심 주변의 국공유지를 무단 점유하여 주택을 불법 건축한 '자생적 무허가정착지'가 있다. 토막촌, 판자촌, 달동네 등이 여기에 속한다. 다음으로 이 지역들의 철거과정에서 쫓겨난 철거민들이 신림동, 봉천동, 목동, 상계동 등의 외곽지역에 불법 건축한 '집단이주 정착지'가 있다. 마지막으로 이들 정착지가 합법화되었다가 차츰 노후화되어 재개발 대상으로 다시 묶인 '양성화된 불량주택 밀집 지역'이 있다. 장세훈, 1994, 『불량주택재개발정책: 현황과 대책』, 국회도서관 입법조사분석실, 5면.

23 불량주택 정비 정책은 다음과 같이 변모해왔다. 1950년대와 1960년대는 한국전쟁을 전후로 형성된 토막집과 판잣집 등 무허가 불량주택에 대한 대대적인 철거정비와 집단이주 정착사업의 시대였다. 1967년부터 1973년까지는

불량주택의 양성화와 현지개량 정책이 나타났다. 그러다가 1975년 이후에는 현지개량 방식의 개량재개발, 자조적 철거재개발, 차관에 의한 개량개발, 위탁재개발 등 다양한 방식의 재개발정책이 등장했다. 합동재개발은 기존 재개발사업의 부진에 대한 해법으로 도시재개발법의 개정과 함께 1983년부터 적용되기 시작했다. 그런데 합동재개발로 세입자 투쟁과 사회갈등이 고조되자, 1989년부터 주거환경개선사업의 이름 아래 현지개량사업과 철거재개발이 행해졌다. 하지만 이러한 사업전환에도 불구하고 재개발 과정에서 불거진 사회문제와의 단절은 제대로 이루어지지 못했다. 대한주택공사 재개발처, 앞의 책 181~245면; 임서환, 앞의 책 168~77면; 전남일·손세관·양세화·홍형옥, 2008, 『한국 주거의 사회사』, 돌베개, 164~67면.

24 대한주택공사, 1989a, 『도시정비 및 저소득층을 위한 주택개량재개발기법연구』; 대한주택공사 재개발처, 앞의 책 199~200면; 공동주택연구회, 1999, 『한국 공동주택계획의 역사』, 세진사, 57면.

25 정부는 공급대상 집단을 10분위 소득계층으로 나누고 계층에 따라 차별적인 주거를 제공하는 방침을 세웠다. 이에 영세층(1분위)과 '중산화 가능층'(2~4분위), '중산층'(5~8분위)과 그 이상 집단(9~10분위)을 각각 영구임대 주택, 장기임대나 근로자주택 또는 12~18평 소형 분양주택, 25평 내/외의 중/대형 분양주택 수요층으로 설계했다. 건설부, 1989c, 「도시영세민 주거안정특별대책: 영구임대주택 25만호 건설계획」, 국가기록원 기록물철(DA1261938, 3. 14). 이처럼 200만호 건설계획은 공공임대주택계획의 등장을 알린 기념비적 사건이었다. 그렇지만 공공임대가 주택점유 형태의 구성에서 의미있는 비중을 차지할 만큼의 진전은 없었다. 영구임대주택은 극빈층을 대상으로 한 잔여 대책에 그쳤고 물량도 제한됐다. 여기서 배제된 저소득층을 대상으로 하는 장기임대주택이 있었지만, 당국의 정책변경으로 계획이

곧 중단됐다. 하성규, 1991, 「공공임대주택」, 현대경제사회연구원 엮음 『주택 문제 해소대책』 278~81면. 근로자주택의 한 유형인 사원임대 또한 대부분 분양전환을 전제로 공급됐다.

26 건설부 「주택공급확대를 통한 주택가격안정대책」; 대한주택공사, 1993, 『주 택핸드북』.

27 이같은 '자조 주택' 전략을 반(反)자본주의적 주거전략으로 보기는 어렵다. 자조(self-help)라는 원리에 기초한 전략은 이미 1970년대에 제3세계 도시문 제에 대한 해법으로 제시된 바 있다. 세계은행의 정책변화, 곧 국가 주도의 슬럼 철거정책에서 주민 자력에 의한 점진적 개량으로의 이행이 그 전환점 이었다. 마이크 데이비스, 2007, 『슬럼, 지구를 뒤덮다: 신자유주의 이후 세계 도시의 빈곤화』, 김정아 옮김, 돌베개. 이 전략은 주거에 대한 거주민 통제를 실현하는 방법으로 자조 주택을 제안했다. John F. C. Turner, 1972, "Housing as a Verb," in John F. C. Turner and Robert Fichter (eds.), *Freedom to Build: Dweller Control of the Housing Process*, New York: Collier Macmillan, 148~75면. 하지만 거주민이 자력으로 건설한 주거지 역시 자본주의적 주택생산의 일 부인 '소생산'에 불과하며, 자본주의적 이해관계에서 벗어날 수 없다는 반 론이 뒤따랐다. Rod Burgess, 1978, "Petty Commodity Housing or Dweller Control? A Critique of John Turner's Views on Housing Policy," *World Development* 6:9-10. 한국의 무허가정착지 역시 토지에 대한 소유관계를 무시 한 불법 점거의 형태이긴 했지만, 그 내부에는 실질적 소유관계가 작동했다. 전문 무허가주택 생산업자가 등장하고 가옥주와 세입자 사이에 임대차 시장 이 형성됨으로써, 지역 자체가 주택시장 내부의 하위 시장으로 기능했다. 김 용창, 1992, 「한국 주택문제의 구조와 대안적 전략의 모색」, 학술단체협의회 엮음 『한국사회의 민주적 변혁과 정책적 대안』, 역사비평사, 139면.

28 가정(home-household)은 현대사회가 만들어낸 위험으로부터 가족의 사적 안전을 보장하려는 목적에서 진행된 영역형성의 결과물이다. 장소-공간 긴장은 사적 필요의 장소로 가정(집)을 인식하는 장소 제작자와 이를 추상공간으로 전환하려는 공간 생산자 사이의 갈등을 가리키는 용어이다. Peter J. Taylor, 2000, "Havens and Cages: Reinventing States and Households in the Modern World-System," *Journal of World-System Research* 6:2.

29 저항사건 데이터세트 구축에 사용한 원자료와 코딩방법에 대해서는 졸고, 2018b, 「한국의 주거정치와 계층화: 자원동원형 사회서비스 공급과 생존주의 주거전략의 탄생, 1970~2015」, 서울대학교 사회학과 박사학위논문, 327~29면을 참조하라.

30 연인원 규모는 과소평가됐을 가능성이 크다. 자료구축에 이용한 원자료 중 참여 인원을 찾을 수 없는 경우가 절반을 훨씬 넘기 때문이다. 수집된 998건 (72개 지역)의 저항사건 중 인원이 명시된 사례는 316건(31.7%)에 지나지 않았다.

31 그렇다고 해서 이해 분화 현상이 전혀 없었던 것은 아니다. 목동 철거민 투쟁은 초기의 자연발생적 조직 단계에서 각 주민집단의 이해관계에 따른 개별 결사로 나아갔고, 이후 다양한 방식의 이합집산을 거듭했다. 하지만 이해 분화의 맹아가 나타났음에도 불구하고, 목동 투쟁은 공동투쟁으로 성장할 수 있었다. 서울시의 소극적인 보상정책과 민주화운동세력의 개입 등이 그러한 변화를 촉발한 요소였다. 한국교회사회선교협의회 도시주민사회분과위원회, 1985, 『목동 공영개발과 주민운동사건의 전모』; 한국기독교교회협의회, 1985, 『목동사건조사보고서』; 서울특별시, 앞의 책 354~55면.

32 공동투쟁의 경험이라는 초기 저항의 유사성과 달리, 이후 두 지구의 저항행동은 완전히 다른 양상으로 흘러갔다. 일산에서는 이렇다 할 운동의 분화가

일어나지 않은 가운데, 연합 결사체를 중심으로 격렬한 개발저지 투쟁이 이어졌다. 반면, 분당지구에서 공동투쟁의 수명은 비교적 짧았다. 토지수용과 보상절차가 일단락된 뒤에 연합행동은 끝났고, 세입자들만이 고립된 투쟁을 이어갔다. 일산·분당 신도시개발 반대투쟁 지원 공동대책위원회, 1989, 『신도시개발 반대 투쟁 자료집』; 공간환경연구회 일산신도시 연구특위, 1990, 『신도시개발 반대투쟁 자료집(I)』; 주거권 실현을 위한 국민연합, 1992, 『주거연합 2주년 기념 자료집』.

33 장세훈, 앞의 책 18면; 최인기, 2012, 『가난의 시대: 대한민국 도시빈민은 어떻게 살았는가?』, 동녘, 83~84면.

34 종교 진영의 천주교도시빈민사목협의회(도시빈민회로 개칭, 천도빈)와 도시빈민문제연구소(도시빈민연구소로 개칭), 기독교도시빈민선교협의회(기도빈), 민주화운동단체인 민주통일민중운동연합(민통련)과 민주화운동청년연합(민청련) 등이 선구적 역할을 했다.

35 저항 레퍼토리를 구성하는 세부 행동들은 다음과 같다. 관습적 저항: 서명, 청원, 결의, 공개서한, 기자회견, 유인물 발행, 고소/고발, 소송, 성명서, 공청회 등. 시위성 저항: 집회, 시위, 거리행진, 항의방문 등. 대결적 저항: 농성, 점거, 방해, 봉쇄, 그외의 모든 불법시위 행위. 폭력적 저항: 재산 훼손 및 파괴, 공격성의 신체 접촉, 인명 피해 등을 수반하는 폭력 충돌(자살 및 자살 시도 포함). 분류법은 신진욱, 2004, 「사회운동, 정치적 기회구조, 그리고 폭력: 1960~1986년 한국 노동자 집단행동의 레퍼토리와 저항의 사이클」, 『한국사회학』 38집 6호 234면과 유형근, 2012, 「한국 노동계급의 형성과 변형: 울산지역 대기업 노동자를 중심으로, 1987~2010」, 서울대학교 사회학과 박사 학위논문, 68면을 참조하여 수정했다.

36 주민 요구의 변화를 연대순으로 보면 변화가 더 뚜렷해진다. 양대 요구사항

의 표출 빈도가 1988년 정점에 도달한 뒤 격감한 것과 달리, 임대주택과 임시주거지에 대한 요구는 오히려 이때를 거친 후 핵심적인 투쟁 의제로 발전한다.

37 보상 규모의 확대에 관해서는 서울특별시, 앞의 책 126~27면; 대한주택공사 재개발처, 앞의 책 219면; 임서환, 앞의 책 233면을 참고하라.

38 건설부, 1987c, 「도시재개발 업무지침 시달」, 국가기록원 기록물철(DA0064257, 3. 27).

39 서울특별시, 1987, 「재개발사업 및 도시계획사업 시행에 따른 철거건물 세입자 대책」, 국가기록원 기록물철(DA0064257, 5. 15).

40 서울특별시, 1989a, 「서울특별시 주택개량재개발사업 업무지침(합동재개발) 개정 보고」, 국가기록원 기록물철(DA0064257, 8. 22); 서울특별시, 1989b, 「주택개량재개발사업 업무지침 개정시행 보고」, 국가기록원 기록물철(DA0064257, 4. 29); 최인기, 앞의 책, 128면.

41 기독교도시빈민선교협의회·천주교도시빈민회, 1989, 「기빈협, 천도빈 지역운동 정책 토론회」, 민주화운동기념사업회 오픈아카이브(http://archives.kdemo.or.kr/).

42 1989년 전국빈민연합(전빈련) 결성으로 최초의 전국 단체가 건설되었지만, 이내 운동의 분열이 나타났다. 그 결과, 주거권이나 토지 정의 요구를 중심으로 개혁적 운동을 표방하는 '주거권 실현을 위한 국민연합'(주거연합, 1990년 창립)과 전국철거민협의회(전철협, 1993년 창립), 사회 변혁적 차원에서 적극적 투쟁전략을 고수하는 전국철거민연합(전철연, 1994년 창립) 사이의 분화가 진행됐다. 주거권 실현을 위한 국민연합, 앞의 책; 전국철거민연합, 2004, 「철거민 투쟁사」, 전철연 인터넷 홈페이지(http://www.nasepl.org); 최인기, 앞의 책.

43 한국주택사업협회는 1978년 55개 지정업자가 회원으로 참여하는 사단법인으로 출범했다. 임의단체였던 이 협회를 한국주택협회(1992)가 승계하여 오늘에 이르고 있다. 한국주택협회, 1995, 『한국주택협회 15년사』 127~30면.

44 경제기획원, 1985, 「주택건설부진 타개방안 통보 및 요조치사항 시행」, 국가기록원 기록물철(BA0875316, 9. 10); 한국주택사업협회, 1986, 「공공, 민간 합동택지개발 적극 추진 건의」, 국가기록원 기록물철(BA0875316, 1. 28).

45 한국토지개발공사, 1985, 「중계지구 택지개발사업에 있어 주택건설사업자와의 공동시행방안 검토(안)」, 국가기록원 기록물철(BA0875316, 11); 건설부, 1986b, 「공공·민간합동택지개발방안」, 국가기록원 기록물철(BA0875316, 2); 건설부, 1986c, 「공공택지개발 공급촉진방안 수립 시달」, 국가기록원 기록물철(BA0875316, 3. 13).

46 택지개발촉진법 시행규칙에 따라 택지조성원가는 다음과 같이 정해졌다. "택지조성원가＝용지비＋조성비＋조사비 및 현장경비＋간접비".

47 건설부, 1986d, 「주택합동개발 추진상황 보고」, 국가기록원 기록물철(BA0875316, 8); 대한주택공사, 1986a, 「공공택지개발공급촉진 방안 보고」, 국가기록원 기록물철(BA0875316, 6. 10); 한국주택사업협회, 앞의 글.

48 1987년 건설부는 '택지개발종합계획'을 통해 택지가격 인하 방침을 공표했다. 토지개발공사 또한 택지공급가격의 지역별 차등 가격제 도입, 조성원가 체계 변경, 공급용도 구분체계 조정 등의 업무 개혁을 단행했다. 한국토지공사20년사편찬위원회, 1995, 『한국토지공사 20년사, 1975~1995』 202~203면. 합동개발 택지의 공급가격 또한 이같은 개편을 준용하는 방식으로 변화했다.

49 합동개발사업의 확대는 주택산업 전체의 일관된 요구였다. 그 중심에 한국주택사업협회와 한국중소주택사업자협회가 있었다. 특히, 중소주택사업자협회는 사업 참여 자격을 지정업자로 제한하는 개발정책의 전환까지 요구했

다. 한국중소주택사업자협회, 1989, 「택지 합동 개발을 위한 건의」, 국가기록
원 기록물철(BA0875316, 7. 19); 한국중소주택사업자협회, 1990, 「공공·민간
택지합동 개발 기획 개선건의」, 국가기록인 기록물철(BA0075016, 0. 23). 이
에 건설부는 자본금 5억원(개인, 10억원) 이상을 보유한 등록업자 또는 일반
건설업 면허소지자로 사업 참여 자격을 확대했다. 한국토지공사, 1999, 『택
지개발업무편람』, 건설교통부, 44면.

50 수요자 또한 소형주택과 견줘 훨씬 더 큰 프리미엄을 주는 대형주택을 선
호했다. 대형주택 건설을 향한 공급자와 수요자의 의견일치가 그렇게 만들
어졌다. 하성규 외, 앞의 책 205~207면.

51 국토개발연구원, 1991b, 『전환기의 주택정책 방향모색』 28면; 하성규 외, 앞
의 책 205~207면; 임재현·한상삼·정승영·최신웅, 2008, 『주택정책론』, 부연
사, 243~44면.

52 한국주택협회, 앞의 책 259~60면.

53 같은 책 332면.

54 건설부, 1989g, 「주택분양가 원가연동제 실시방안」(11. 4).

55 국토개발연구원, 1996, 『국토 50년: 21세기를 향한 회고와 전망』, 서울프레
스, 674~75면. 정부가 가격규제를 폐지하지 않은 결정적 이유는 정치적 고
려에 있었다. 건설부가 경제기획원의 동의를 거쳐 자율화 정책을 추진한 적
도 있었지만, 청와대의 반대로 실행에 옮기지 못했다. 가격폭등으로 생겨
날 정치적 반발에 관한 우려 때문이었다. 국정브리핑 특별기획팀, 앞의 책
191~93면; 이장규 외, 앞의 책 235~38면.

56 한국주택협회, 앞의 책 335~40면.

57 국토개발연구원, 앞의 책 677면.

58 한국주택사업협회, 1991a, 「민영주택 분양가격 제도개선 건의」, 『주택사업

296

회보』18호; 한국주택사업협회, 1991b, 「주택가격안정에 관한 토론회」, 『주택사업회보』18호. 주택사업협회가 제출한 개선안의 요지는 다음과 같았다. 우선, 민영주택의 주축인 전용면적 18평 초과 주택의 공급가격을 주택업계에 맡겨 자율화하고 현행 채권입찰제를 폐지하자는 주장이었다. 18평 이하 소형주택의 경우에는 정부 규제가격을 유지하되 택지 공급가격을 낮출 것을 요구했다. 같은 글.

59 경제기획원·내무부·재무부·건설부, 1991, 「7차 계획기간 중 주택정책의 발전과 부동산 관련 세제 개선방안」, 한국개발연구원(KDI) 경제정보센터 (http://eiec.kdi.re.kr/).

60 원가연동제 아래에서도 대구는 자율화 대상지였고, 대도시 이외 지역에서도 단체장의 판단 아래 자율화를 선택할 수 있었다. 1995년 이후 자율화 적용 지역이 단계적으로 확대되기 시작해, 1997년에는 IMF 극복을 위한 경기부양을 명목으로 전면 자율화가 이루어졌다. 그러다가 2000년대 중반 들어 주택가격이 다시 폭등하자 정부는 가격안정수단으로 원가연동제를 부활시켰다. 건설교통부, 1997, 「주택분양가 규제 현황」, 국가기록원 기록물철 (DA0517062); 국정브리핑 특별기획팀, 앞의 책 200면.

61 건설부, 1987d, 「등록업체 시공권 부여」, 국가기록원 기록물철(DA0517392); 대한주택건설협회, 2007, 『대한주택건설협회 20년사』100~102면. 감사원의 조합주택 감사(1986)에 따르면, 일반건설업체는 1984년부터 1987년 9월 30일까지 면허 대여료로 17억 2100만원을 벌었다. 그만큼 위장도급이 널리 행해졌다. 같은 책 104면.

62 한국중소주택사업자협회는 1985년 2월 출범했다. 1992년 정부의 법정법인 설립 지침에 따라 '대한주택건설사업협회'(1993)로 전환했다. 2002년 이름을 '대한주택협회'로 줄여 오늘에 이르고 있다. 같은 책.

63 같은 책 102~103면. 한국중소주택사업자협회중앙회, 1987b, 「주택건설촉진 법 개정에 따른 의견제출」, 국가기록원 기록물철(DA0517392, 3. 30).

64 건설부, 1987a, 「경제정책의 종합점검 및 처리방침」, 국가기록원 기록물철 (DA0516269).

65 경제기획원, 1987, 「건설공사제도개선 및 부실대책」, 국가기록원 기록물철 (DA0517393, 2).

66 대한건설협회 480개 회원사 대표자 일동, 1987b, 「주택건설촉진법 개정 반 대 탄원서」(국회 건설위원회), 국가기록원 기록물철(DA0517391, 9. 24).

67 한국중소주택사업자협회중앙회, 1987a, 「건의서」, 국가기록원 기록물철 (DA0517391, 9); 대한건설협회 480개 회원사 대표자 일동, 1987a, 「주택건 설촉진법 개정 반대 탄원서」(건설부), 국가기록원 기록물철(DA0517391, 9. 18); 전국일반건설업체 대표자 일동, 1987, 「공개질의서(안)」, 국가기록원 기 록물철(DA0517391, 10).

68 건설부, 1988a, 「등록업자시공권부여기준 및 시공범위」, 국가기록원 기록물 철(DA0517072, 1).

69 건설부에 따르면, 당시 30개 중소 사업자들이 총 1만 1813세대의 고층 아파 트 건설을 계획하고 있었다. 등록업체들이 확보한 택지 규모만도 수도권에 42만 4436평(222개 사/3만 1213세대 규모), 전국으로는 123만 3421평(547개 사/8만 4576세대 규모)에 달했다. 건설부, 1989h, 「주택사업자 자체시공범위 토론」, 국가기록원 기록물철(DA0517408).

70 대한건설협회, 1988, 「주택사업 등록업자 시공권 확대반대 건의서」, 국가기 록원 기록물철(DA0517393, 11); 대한건설협회, 1989, 「주택건설촉진법 시행 령 개정안 입법예고에 대한 의견제출」, 국가기록원 기록물철(DA0517408, 1. 24).

71 대한전문건설협회, 1989, 「주택건설촉진법 시행령 입법예고(안)에 대한 의견제출」, 국가기록원 기록물철(DA0517408, 1. 27).

72 이정우, 1991, 「한국의 부, 자본이득과 소득불평등」, 『경제논집』 30권 3호; 권순원·고일동·김관영·김선웅, 1992, 『분배불평등의 실태와 주요정책과제』, 한국개발연구원.

73 토지공개념연구위원회, 1989, 『토지공개념연구위원회 연구보고서』 4면.

74 정책화의 출발점은 건설부가 국토개발연구원과 함께 마련한 「토지정책의 운용과 과제」로 거슬러 올라간다. 당시 정부는 지가상승과 투기문제에 대처할 목적에서 토지 정책 전반에 대한 재검토를 시작한다. 그 결과가 이 보고서였다. 여기에 실린 주요 내용이 이후 제6차 경제·사회개발계획(1987~91) 중 토지 부문 정부방침으로 확정된다. 이어 정부는 '토지 수급체계의 합리화 방안'이란 이름으로 세부 정책방안을 마련한다. 지가체계의 일원화와 종합토지세의 도입, 개발이익환수제와 택지소유상한제의 시행 등이 여기 담겼다. 이 중 택지소유상한제가 내부토론 과정에서 철회되었다가, 훗날 8·10대책의 일부로 부활한다. 이규황, 1999, 『토지공개념과 신도시: 구상에서 실천까지』, 삼성경제연구소, 177~78면.

토지공개념은 금융실명제의 도입조건에 해당하는 1단계 경제민주화 조치로 인식됐다. 토지공개념과 종합토지세의 도입 같은 토지세제의 개편이 없이는 금융실명제가 성공할 수 없다는 판단이었다. 이러한 조치 없이 금융실명제가 도입될 경우, 부동산시장으로 자본이 흘러들어 결국 투기자금으로 돌변할 것이라고 보았다. 이러한 이유에서, 문희갑 경제수석을 비롯한 개혁주도층은 토지공개념을 금융실명제의 전제조건으로 여겼다. 내무부, 1988, 「종합토지세 관련 관계부처 과장회의 결과보고」, 국가기록원 기록물철(BA0842890, 9. 7); 박세훈, 1989, 「토지공개념 파동: 인터뷰 문희갑 대통령

경제수석비서관 "땅 투기만은 없애겠다"」, 『월간조선』 10월호. 흥미로운 사실은 토지체계 개편의 끝에 금융실명제 '완성'의 의미도 담겼다는 점이다. 1995년에 시행된 부동산 실소유기 명의 등기제도, 곧 '부동산실명게'가 그것이다. 금융실명제로 시작된 실소유자 등기 및 실명 거래 관행을 부동산시장에까지 확대하는 조치였다.

75 정부 내부의 성안과정이 녹록하지는 않았다. 종합토지세의 과표 현실화율을 최대로 하려는 경제기획원의 계획에 내무부가 반발했다. 세율을 두고는 경제기획원-재무부-건설부와 내무부-상공부 간의 의견 충돌이 발생했다. 토지공개념 3법을 두고도 관계부처들 사이에 갈등이 벌어졌다. 개발부담금, 개발이익금의 세율 및 대상 사업, 토지개발기금의 운용 주체와 사용처, 비업무용 토지의 판정 기준 등을 둘러싸고 복잡한 논쟁이 펼쳐졌다. 상공부는 개발부담금제의 도입 자체에 반대했다. 개발이익 환수금(토지초과이득세)의 법적 형식을 두고도 건설부와 경제기획원-재무부가 대립했다. 국정브리핑 특별기획팀, 앞의 책 228~29면; 건설부, 1989l, 「토지공개념 확대방안에 대한 관계부처 의견」, 국가기록원 기록물철(DA0064324).

76 건설부, 1989a, 「국무위원 간담회 토론 요지」, 국가기록원 기록물철(DA0064328, 9. 2); 이규황, 앞의 책 273~74면.

77 졸고, 2018c, 「토지공개념 헌법 명기에 내포된 가능성과 한계: 제도사적 고찰」, 『경제와사회』 119호 105~107면.

78 대한상공회의소, 앞의 글.

79 건설부, 1989j, 「토지공개념 확대방안 고위당정협의」, 국가기록원 기록물철(DA0064326, 8. 23); 건설부, 1989k, 「I. 당정협의시 제기된 문제점」, 국가기록원 기록물철(DA0064326).

80 민주정의당 정책위원회, 1989, 「토지공개념 확대방안에 대한 검토의견」, 국

가기록원 기록물철(DA0064334, 9).

81 전국경제인연합회, 앞의 글; 대한상공회의소, 앞의 글.

82 대한상공회의소는 전국상임위원회(9. 8) 이후 표면적 지지 입장을 거두고 시행 연기를 주장했다.

83 경제정의실천시민연합, 1989a, 「경실련 발기선언문」, 경실련 인터넷 홈페이지(http://ccej.or.kr/).

84 경제정의실천시민연합, 1989b, 「경실련 취지선언문」, 경실련 인터넷 홈페이지(http://ccej.or.kr/).

85 같은 글; 경제정의실천시민연합, 1989c, 『땅·집: 한국의 토지주택정책, 어디로 가야 할 것인가』, 한울, 34~35면.

86 경제정의실천시민연합, 1989d, 「토지와 주택정책에 관한 '경제정의실천시민연합'의 제안」, 한국토지행정학회 엮음, 앞의 책.

87 경실련의 정책 기조를 조세주의로 판단하는 시각으로 김용창의 앞의 글과 이철호·한상진, 1990, 「토지공개념과 독점자본의 토지소유」, 『경제와사회』 7호를 참고할 수 있다. 조세주의의 원류는 헨리 조지(Henry George)의 지대이론과 토지세 이론으로 거슬러 올라간다. 그는 토지의 사적 소유에서 발생하는 불로소득이 기술진보로 누릴 수 있는 사회적 혜택을 앗아간다고 판단했다. 토지국유화와 같은 사회주의적 대안 대신, 토지 단일세로 불로소득을 환수함으로써 이 문제를 해결할 수 있다고 주장했다. 조세주의는 대체로 토지 과세에 의한 자본이득 환수를 토지정책의 중심으로 보는 사상적 흐름을 가리킨다. 노태우정부의 개혁 역시 이같은 시각을 어느정도 받아들였다고 볼 수 있다.

88 경제정의실천시민연합, 1990a, 『'경실련' 출범 1주년 기념자료집』; 경제정의실천시민연합, 1990c, 『89, 90년 '경실련' 보도자료 및 성명서 모음집』.

89 곽영길, 1989, 「토지공개념 파동: 반대세력의 실체와 전략」, 『월간조선』 10월 호; 전진우, 1989, 「토지공개념에 반대하는 사람들」, 『신동아』 10월호.

90 건설부의 내부 평가에 따르면, 민주당은 공개념 법안을 제당이 새출한 모지 기본법과 연계시켜 정치적 업적으로 홍보하는 데에 주력했다. 평민당 은 개별 위원들의 의견과 거리가 있는 당론을 급히 채택한 상황이었고, 상 임위 위원 대다수는 당·정의 수정안으로 통과돼도 무방하다는 생각을 가졌 다. 공화당은 소극적 지연전략을 통해 법제화를 미룰 요량이었다. 건설부, 1989i, 「토지공개념법안에 대한 당정협의 결과보고」, 국가기록원 기록물철 (DA0064328, 11).

91 노영훈·이성욱·이진순, 1996, 『한국의 토지세제』, 한국조세연구원; 박헌주· 채미옥·최혁재·최수, 1998, 『토지정책의 전개와 발전방향』, 국토개발연구원, 313~19면; 노영훈, 2004, 『토지세 강화정책의 경제적 효과: 종합토지세를 중 심으로』, 한국조세연구원, 28~61면.

92 토지공개념 관계 법령은 6대 도시의 소유상한 이상 택지와 개발사업지, 유 휴토지와 기업의 비업무용 토지 등을 과세대상으로 삼는다. 이러한 법 형식 으로 인해 자본이득을 창출하는 토지 대부분이 과세대상에서 사실상 빠져 있었다. (이진순에 따르면 11.4%의 토지만이 과세대상에 해당한다.) 과세대 상의 포괄성뿐만 아니라, 그 결정 기준의 형평성이 부족하다는 비판도 제기 됐다. 식재(植栽)나 조기 건축, 택지의 위장 분산 등을 통해 과세 회피가 가능 하다는 문제도 있었다. 이런 이유에서 상당수의 조세학자들은 실효성이 적 은 공개념 제도 대신, 보유세와 양도소득세 같은 기본 과세를 강화하는 방향 이 바람직하다고 주장했다. 이진순, 1989, 「토지공개념 파동: 토지세제 더 강 화해야 한다」, 『월간조선』 10월호와 조세학자 모임, 1994, 「토지초과이득세 폐지 건의」, 국가기록원 기록물철(DA0224504, 8. 12) 참조.

93 가장 큰 마찰은 토지초과이득세의 과세에서 나타났다. 토지초과이득세의 첫 예정 과세에서 대다수의 고액 납세자(5억원 이상 납세자 58인 중 43인의 사인 또는 법인)들은 조세심판이나 행정소송을 통해 과세결정에 반기를 들었다. 1991년 이후 지가 하락 상황에서 강행된 과세행위에 대한 불만이었다. 이들의 불만이 고조되자 정부는 탄력세율을 적용하여 납입금을 환급하는 방식으로 제도를 수정했다. 재무부, 1993,「93 토지초과이득세 정기과세의 효율적 추진」, 국가기록원 기록물철(DA1041381); 앞의 졸고 108면. 하지만 이러한 조치에도 불구하고, 토지초과이득세는 일부 법률에 대한 헌법불합치 결정이 내려진 후 제도의 효력을 잃고 만다. 택지소유상한제는 IMF 위기 직후 부동산경기 활성화를 명분으로 폐지된 다음, 재산권을 침해한다는 이유로 위헌 결정(1999)을 받았다. 그나마 개발부담금 제도가 (IMF 위기 후 부분 중단과 재부과 상황을 겪긴 했지만) 아직 그 명맥을 유지하고 있다.

94 대한주택공사, 1993·2001,『주택핸드북』.

95 한국주택은행, 1996,『주택경제통계편람』. 민영주택보다 국민주택의 공급 부족이 훨씬 심했다. 청약부금 가입자를 제외한 국민주택 구매 대기자가 131만 4천여명이었던 것과 견줘, 그 공급량은 16만 4천여호(12.5%)에 그쳤다. 민영주택은 사정이 좀더 나아 19.3%(157만 1천여명 대비 30만 4천여호) 수준이었다(이상, 1991년 기준).

96 주 94, 95의 자료를 참고했다.

97 주봉석 외 630인, 1990,「장기주택청약저축가입자에 대한 국민주택(전용면적 25.7평 규모)의 확대공급에 관한 청원」, 국회 건설위원회 청원(청원번호: 130438, 10. 18), 국회 의안정보시스템(http://likms.assembly.go.kr/bill/); 선매청약 장기 저축자 920명 일동, 1990,「건설부 탄원서」, 국회 건설위원회 청원(청원번호: 130438, 10. 18) 별첨문서, 국회 의안정보시스템(http://likms.

assembly.go.kr/bill/).

98 주 97의 두 글.

99 60㎡ 이하의 국민주택 건설 비중을 확대하고, 85㎡ 이하 민영주택의 절반을 무주택자에게 공급하겠다는 방침이 다였다. 건설부, 1990a, 「건의 및 질의회 신」, 국회 건설위원회 청원(청원번호: 130438, 11. 2) 별첨문서, 국회 의안정 보시스템(http://likms.assembly.go.kr/bill/).

100 「아파트 분양창구 천여명 난동 어제 오후」, 『동아일보』 1991. 12. 4; 「주택 청약자 항의 소동」, 『한겨레신문』 1991. 12. 4.

101 '부동산뱅크'가 서울시민 483명과 청약저축 가입자 166명을 대상으로 시 행한 여론조사에 따르면, 응답자의 89.9%가 시위가 일어날 만한 근거가 있 다고 여겼다. 응답자의 75.4%는 정부의 정책실패에 시위의 원인이 있다고 보았다. 「청약저축가입자 시위에 긍정적 여론」, 『한겨레신문』 1991. 12. 13.

102 주택은행이 6대 도시 및 수도권 13개 위성도시 청약가입자를 대상으로 시 행한 여론조사(1992. 3)가 이러한 면모를 보여준다. 총 2512세대에 달하는 조 사대상자의 절반 이상은 '무주택 세대주'의 규정에서 부동산 소유자나 고소 득자를 빼야 한다고 대답했다. 무주택 세대주 기준을 강화하는 방안으로는, 무주택 기간 연장(18.8%), 부동산 소유자(44.6%) 또는 고소득자(11.8%) 배 제 등이 필요하다고 보았다. 국민주택(55.0%)과 민영주택(63.1%)의 입주자 선정방법도 개정해야 한다고 답했다. 가장 적절한 분양방법으로는 무주택 기간, 부양가족 수, 저축 기간, 저축총액 등을 고려하는 종합점수제(국민주 택 83.8%, 민영주택 61.5%)를 뽑았다. 청약점수제의 최우선 고려대상으로는 주택의 필요도(국민주택 65.5%, 민영주택 58.9%)를 꼽았다. 한국주택은행, 1992b, 『주택청약관련 저축자의 의식 조사』.

103 영구임대주택을 비롯하여 공공임대주택 정책이 제도화된 것은 사실이다.

하지만 이는 법적 영세민이라는 잔여 집단을 대상으로 한 예외수단에 불과했다. 그조차도 대부분이 계획된 입주대상보다 상위 계층에 배분될 정도로 정책효과는 작았다. 김수현, 1996, 「한국 공공임대주택 정책의 전개과정과 성격」, 서울대학교 환경대학원 박사학위논문, 152~62면. 1990년대에 걸쳐 공급된 주택물량 역시 연평균 8만 3천여호에 그쳤다. 그나마도 매년 공급량의 28.2%(연평균)에 달하는 주택이 분양 전환되어 매각됐다. 그 결과, 임대주택 재고는 1999년 말 기준 65만 9천여호로, 전체 주택의 7.7%에 불과했다. 건설교통부, 2002b, 『주택업무편람』; 국토교통부, 2015b, 『주택업무편람』. 공공임대주택이 주택시장을 구성하는 하나의 점유형태로 성장하지 못한 채 자가보유로 가는 '징검다리'에 머물렀다.

104 임대차계약 기간의 연장(1년→2년), 임차인의 우선 변제권과 경매청구권의 인정, 계약 갱신 요구 거절 및 일방적 해지에 대한 법적 규제, 전세금 반환을 위한 보증기금의 설치 등이 그 요지였다. 경제정의실천시민연합, 1990b, 「주택임대차보호법 개정에 관한 '경실련'의 의견」, 『'경실련' 출범 1주년 기념자료집』.

105 경제정의실천시민연합 『89, 90년 '경실련' 보도자료 및 성명서 모음집』; 경제정의실천시민연합 『'경실련' 출범 1주년 기념자료집』.

106 경실련의 앞의 두 책에 실린 성명(입장)서 66건 중 부동산 관련 문건 56건을 대상으로, 성명서당 주요 요구사항 2건을 채택하여 분석했다.

107 한국노동조합총연맹, 1982~1988, 『사업보고』; 한국노동조합총연맹, 1989~1995, 『임금인상 활동지침』; 전국노동조합협의회, 1990, 『1990년 임금인상투쟁지침서』, 백산서당; 전국노동조합협의회, 1991·1992a·1993, 『임금지침』, 돌베개; 한국노동연구원, 1990c, 『임금 관련 통계자료집』; 한국노동연구원, 1992~1994, 『KLI 노동통계』.

108 유형근, 앞의 논문 112~27면.

109 노동자들이 기업주에게만 주거안정 대책을 요구한 것은 아니었다. 양대
노동단체의 주거요구는 그게 대기업 요구의 배경부 요구로 나뉘어 있었다.
예를 들어, 한국노총은 중장기 주거안정계획 수립과 주택금융 지원 및 조세
감면, 사원용 주택의 지분 소유 허용 등을 정부에 요청했다. 한국노동조합총
연맹, 1991, 『임금인상 활동지침』. 전노협 또한 대토지 소유자가 보유한 비업
무용 택지의 국유화와 노동자 주택용지로의 전환, 영구임대주택공급 평형의
상향조정과 공급확대, 임차인의 전세권 보호 등을 요구했다. 전국노동조합
협의회 『1990년 인금인상투쟁지침서』. 그런데 이러한 요구들은 당시의 정치
적 세력지형에서 채택될 가능성이 거의 없었거니와, 그것의 실현에 필요한
계급역량을 노동단체가 갖추지도 못했다. 이런 면에서, 실현 가능성이 더 큰
대기업 요구를 중심으로 현실의 계급(주거)정치가 전개됐다.

110 한국노동연구원, 1990b, 『단체협약 분석』 184~85면.

111 건설교통부, 1995, 「근로자주택제도 추진현황」, 국가기록원 기록물철
(DA0517049, 4).

112 그림 1-4와 표 1-1을 참조하라.

113 통계청, 인구주택총조사.

114 국토교통부 『국민주택기금 업무편람』; 한국주택은행, 1997, 『한국주택은행
30년사』 권말 통계편 참조.

115 박찬종, 2014, 「한국 부채경제의 정치경제적 영향에 관한 연구: 국가, 금융,
기업 관계를 중심으로」, 서울대학교 사회학과 박사학위논문, 122~26면.

116 국민은행, 가계금융이용실태조사 기준.

117 이중희·허정수, 1993, 「전세금의 제도금융화 방안」, 『주택금융』 162호.

118 노동계급의 경우에는 임금인상과 사내복지의 혜택이 집중된 상층부를 중심

으로 소유 확대 현상이 나타났다. 중간계급과 견주어 그 수혜 규모가 작았다.

119 임서환, 앞의 책 129~34면. 사업자들 또한 분양가 통제를 피할 공급수단
으로 이를 반겼다. 특히, 조합 분양분 이외의 일반분양분 주택을 시장가격에
매각함으로써 큰 이익을 남길 수 있었다. 이 때문에 건설사들은 단순한 위탁
건축자를 넘어, 개발과정 전체를 앞장서 주도하곤 했다. 무자격자를 조합원
으로 가장하거나, 전매를 통해 투기수익을 노리는 일 또한 허다했다. 부정청
탁이나 불법 로비를 통한 사업 승인 역시 종종 일어났다. 같은 책 132~37면.
대표적인 조합주택 비리로는 "노태우정부 최대의 권력형 비리"로 불렸던
'수서 사건'을 들 수 있다.

120 주촉법상 조합주택사업의 주체는 지역조합과 직장조합이다. 20가구 이상
의 무주택자가 지역조합을 구성할 수 있는 것과 달리, 직장조합은 같은 직장
에 근무하는 무주택자가 공동으로 설립할 수 있었다. 한편, 도시재개발이나
주거환경개선, 주택 재건축 사업의 진행을 위해 결성하는 재개발·재건축조
합은 조합주택과 비슷해 보이지만, 사실 다른 법령의 규제를 받는 별도의 사
업이다.

121 서울특별시, 1991b, 「주택조합 전산수록 현황」, 국가기록원 기록물철
(DA0517411, 2. 5)에 기초하여 분석했다.

122 같은 글.

123 고철·박종택, 1993, 『신도시 건설에 따른 인구이동 및 주거상태 변화에 관
한 연구』, 국토개발연구원, 35~37면; 천현숙, 2004, 「수도권 신도시 거주자들
의 주거이동 동기와 유형」, 『경기논단』 6권 1호 98~99면.

124 강준만, 2003, 『한국현대사 산책 1980년대편: 광주학살과 서울올림픽 4권』,
인물과사상사, 198~202면; 정해구, 2011, 『전두환과 80년대 민주화운동: '서울
의 봄'에서 군사정권의 종말까지』, 역사비평사, 218~20면; 김도균, 2013, 「한

국의 자산기반 생활보장체계의 형성과 변형에 관한 연구: 개발국가의 저축동
원과 조세정치를 중심으로」, 서울대학교 사회학과 박사학위논문, 153~57면.

4장 생존주의 주거전략의 사회적 확산

1 1990년대 초반 과잉공급으로 적체되었다가 줄어가던 미분양주택이 다시 급
증했다. 준공 후 미분양주택 수는 1997년 8천여호에서 1998년 1만 8천여호
로 늘었고, 2001년에 이르러서야 위기 이전 수준을 회복했다. 건설교통부,
2003b, 『주택업무편람』. 건축이 완료된 시점에서 벌어진 미분양사태는 주택
사업자가 공사대금이나 금융비용을 내지 못하는 상황을 만들어냈다.

2 한국주택금융공사, 2016, 『한국의 주택금융 70년』 194~96면.

3 김갑성·박재룡·허순호, 1999, 『IMF 이후 부동산시장의 패러다임 변화』, 삼
성경제연구소, 12~17, 27~30면.

4 특히, 정부는 실업문제의 해법으로 주택건축의 역할을 강조했다. IMF 사태
이후 1999년 2월까지 발생한 실업자는 총 130만명이었는데, 이 중 중소기업
퇴직자와 일용직 노동자가 100만여명에 달했다. 정부가 내놓은 실업 대책은
두갈래로 나눌 수 있는데, 그 하나가 중소·벤처기업과 소상공업, 문화관광
산업에서의 신규 창업과 일자리 창출 지원이었고, 나머지가 주택과 사회간
접자본 건설, 공공투자와 공공근로사업 등을 통한 일자리 제공이었다. "노동
집약적 주택건설 확대가 건설 부문 실업 대책의 관건"이라고 표현할 정도로
주택산업의 고용효과에 주목하고 있었다. 재정경제부 외 10개 관계부처 합
동, 1999, 「일자리 창출과 실직자 보호를 위한 실업대책 강화방안」, 국가기록
원 기록물철(DA0533237, 3. 22).

5 김갑성 외, 앞의 책 vi면; 차문중 엮음, 2004, 『주택시장 분석과 정책과제 연
구』, 한국개발연구원; 한국주택금융공사, 앞의 책 196면. 이 역할은 부동산

부문이 금융 부문과 분리돼 있는 한국경제의 특성 때문에 가능했다. 부동산 금융의 저발전은 부동산시장 붕괴의 영향이 실물경제로 전이되어 생기는 충격을 완충했을 뿐 아니라, 부동산 자산 매각을 위기극복 수단으로 활용하는 역설적 상황 또한 만들어냈다. 같은 곳.

6 한국주택협회·대한주택건설사업협회, 1996, 「주택사업관련 규제철폐 건의」, 국가기록원 기록물철(DA0517097, 3. 15).

7 한국주택협회, 1998, 「주택건설촉진법시행령중개정령안 의견제출」, 국가기록원 기록물철(DA0517083, 7. 7); 대한주택건설협회, 2007, 『대한주택건설협회 20년사』 280~87면. 정책화 과정에서 가장 큰 마찰이 있었던 쟁점은 분양가 자율화였다. 건설교통부의 이른 호응에도 불구하고, 막상 방침 결정까지는 시간이 제법 걸렸다. 집값 상승에 대한 경제 관련 부처와 대통령직인수위원회의 우려 때문이었다. 사업자들은 추가 건의를 비롯한 정책 공론화에 나서며 정부를 압박했다. 결국, 1998년 1월 26일 분양가 자율화 방침이 최종 발표됐다. 같은 책 297~304면.

8 대한상공회의소, 1997, 「기업부동산 중과세제도의 개선을 위한 업계의견」, 국가기록원 기록물철(DA1040148, 11).

9 이러한 규정을 부정하는 것처럼 보이는 사례가 공공임대주택 정책이다. 이러한 측면에서, 한국사회는 '신자유주의화'에 따라 탈상품화 정책의 후퇴가 나타난 서구의 경험과 달리, 탈상품화와 '신자유주의화'가 나란히 진행된 사례로 해석되기도 했다. (김대중, 노무현 정부의 국민임대주택 공급사업으로 대변되듯이,) 실제로 공공임대주택의 소득계층 포괄성이 커지고 주거의 질역시 나아졌다. Richard Ronald and Hyunjeong Lee, 2012, "Housing Policy Socialization and De-Commodification in South Korea," *Journal of Housing and the Built Environment* 27:2. 하지만 이러한 변화에도 불구하고, 탈상품

화된 주택에 대한 접근성의 관점에서 공공임대주택 정책은 사민주의의 낮은 문턱에도 이르지 못했다. Adrienne La Grange and Heenam Jung, 2013, "Liberalization, Democratization and Korea's Housing Welfare Regime," *International Journal of Housing Policy* 13:1, 81~82면. 공공임대주택의 역할 역시 여전히 제한되어 있다. 장기임대주택과 국민임대주택의 주된 역할은 여전히 분양전환을 매개로 자가소유를 지원하는 데 있었다. 영구임대주택의 경우에는 극빈층과 취약계층에 대한 잔여적 성격이 짙다. 이 점에서, 한국의 공공임대주택은 사적 시장과 공적 영역에 길게 걸쳐 있으면서, 반(反)시장적 공급과 시장 지원적 개입이 공존하는 혼합적 성격의 점유형태에 가깝다. Hyunjeong Lee and Richard Ronald, 2012, "Expansion, Diversification, and Hybridization in Korean Public Housing," *Housing Studies* 27:4, 502~10면. 전체 공급량과 재고 주택의 숫자 면에서도 여전히 1990년대 초반 수준을 벗어나지 못하고 있다. 한마디로, 한국의 공공임대주택은 여전히 주거선택의 대안이 될 만한 점유형태로 자리매김하지 못하고 있다.

10 이중희, 2002, 「전환기의 주택금융시장: 최근 동향과 향후 진로」, 『주택연구』 10권 2호; 김경환, 2007, 「외환위기 전후 주택시장 구조변화와 주택정책」, 『경제학연구』 55집 4호 375면; 손재영·이준용, 2012, 「우리나라 부동산금융의 현황과 과제」, 손재영 엮음 『부동산 금융의 현황과 과제』, 한국개발연구원, 3~7면.

11 가계대출의 폭증을 일으킨 또다른 요소는 신용카드로 대표되는 판매신용이었다. 정부는 개인사업자의 소득 노출을 통한 세수 확대와 내수경기 부양을 위해 신용카드 활성화 정책을 시행했다. 이에 신용카드 산업에 대한 규제 완화와 카드 사용 유인책 제공을 필두로, 현금서비스 이용 한도 폐지, 카드사의 부대 업무 확대, 카드발급 기준 폐지 등과 같은 보완대책을 발표했다.

외환위기 이후 신용카드업 활성화 정책과 그에 따른 신용위험에 대한 설명으로는 김순영의 『대출 권하는 사회: 신용 불량자 문제를 통해서 본 신용의 상품화와 사회적 재난』(후마니타스 2011)을 참조할 수 있다.

12 고성수, 2008, 「주택대출 시장 및 MBS 시장」, 손재영 엮음 『한국의 부동산 금융』, 건국대학교출판부, 87면; 한국금융연구원, 2013, 『가계부채 백서』 74면.

13 박창균, 2010, 「1997년 경제위기 이후 가계신용 증가와 정책대응에 대한 평가」, 『한국경제의 분석』 16권 1호 108~10면; 한국금융연구원, 앞의 책 73~74면. 금융 건전성 평가에 관한 국제규약인 바젤협약(Basel Accord)은 은행대출의 유형에 따라 일정한 위험 가중치를 부여하는 방식으로 재무 건전성을 평가한다. 2008년 이전까지 적용된 최초의 바젤협약(Basel I)은 일반 기업대출이나 여타 소매 대출(100)에 견줘 훨씬 낮은 위험 가중치(50)를 주택담보대출에 부여했다. 주택담보대출의 연체율과 손실률이 상대적으로 낮았던 서구의 경험을 반영한 평가였다. 이러한 평가는 제2바젤협약(Basel II)에도 계승되어, 최고 신용등급이 부여된 기업 여신과 똑같은 가중치(35, 표준방식)가 책정됐다. 바젤협약이 정한 위험 가중치는 주택담보대출의 위험도를 평가하는 철칙으로서 한국의 금융제도에도 적용됐다. 각국의 금융환경과 제도를 반영한 조정을 국제결제은행이 권고하기는 했지만, 그러한 조정이 진행되지는 않았다. 한국금융연구원, 앞의 책 96~97면.

14 고성수, 앞의 글 88~89면.

15 강민석·최은영·황규완, 2012, 「PF 대출」, 손재영 엮음 『부동산 금융의 현황과 과제』; 전광섭, 2007, 『주택금융론: 주택금융의 이해와 실제』, 부연사, 216~19면.

16 주택도시보증공사, 주택정보포털(http://www.khug.or.kr/index.jsp?mainType =housta); 강민석 외, 앞의 글; 이중희, 2012, 「부동산 관련 증권화 상품」, 손

재영 엮음, 앞의 책; 손재영, 2012, 「부동산개발금융의 선진화 방안」, 조만·차문중 엮음 『글로벌 금융위기 이후 주택정책의 새로운 패러다임 모색(하)』, 한국개발연구원; 손재영·이준용, 앞의 글.

17 손재영, 앞의 글; 전광섭, 앞의 책 302~303면.

18 하비의 자본순환론의 용어로 볼 때, 금융화는 생산 부문(1차 순환)에서 건조환경(2차 순환)이나 사회간접자본(3차 순환)으로의 자본 전환과 확연히 다른 새로운 자본 흐름, 곧 화폐 획득을 목표로 설계된 자본시장의 흐름에 이 순환들 모두가 연계되는 것을 가리킨다.

19 Manuel B. Aalbers, 2008, "The Financialization of Home and the Mortgage Market Crisis," *Competition and Change* 12:2, 149~51면.

20 고성수, 2012, 「주택대출시장 및 MBS 시장」, 손재영 엮음, 앞의 책; 손재영·이준용, 앞의 글.

21 2000년대 중반 정부의 강력한 부채상환비율 규제에 직면하여 금융회사들은 표면 만기를 10년 이상으로 연장했다. 그런데 차입자들은 오히려 원리금 분할상환 의무가 있는 장기 대출을 꺼렸다. 이에 금융업계는 3~5년의 거치기간을 두되 종료 후 차환 대출을 암묵적으로 약속하는 방식으로, 규제 당국과 대출 수요자의 요구를 절충했다. 한국금융연구원, 앞의 책 91~92면.

22 연이은 대출구조 개선정책의 결과, 표면 만기 10년을 초과하는 장기 대출상품이 상품의 과반을 넘어섰다. 고정금리 상품과 분할상환 상품의 비중도 각각 35.7%, 72.1%(비거치 38.9%)로 확대됐다. 하지만 분할상환이라 하더라도 3~5년의 거치 후에 원리금을 함께 상환하는 방식이 여전히 주를 이루고 있으며, 이는 사실 일시상환의 변형에 가깝다. 게다가 고정금리로 분류된 상품 안에도 5년 고정 혼합형 대출상품(5년간 고정금리, 이후 변동금리 전환)이 포함되어 있다. 장기 주택담보대출의 평균 상환 만기(3.6년)와 통상적인 이

사주기(6~8년), 3년 경과 후 중도상환수수료 면제로 인한 금리전환 가능성 등을 고려할 때, 이를 '실질적인' 고정금리로 분류할 수 있다는 것이 정부의 설명이다. 참여연대, 2016, 「가계부채 이슈리포트 ①: '가계부채, 관리가능하다?'」, 이슈리포트 2016. 3. 22, 17~18면.

23 박형근·이상진, 2006, 「부동산가격 변동과 은행 경영성과 간 관계 분석」, 『조사통계월보』 2월호; 박창균, 앞의 글 139~40면; 한국금융연구원, 앞의 책 79~80면.

이러한 대출 관행을 강화한 것이 영업점 대출담당자들의 무리 지능에 따른 군집 행동이었다. IMF 위기 이후 은행 산업은 전문화된 여신 건전성 평가체계를 갖추지 못한 상황에서 생소한 가계대출 시장에 진출했다. 개인신용정보와 그 평가체계의 부재를 메운 영업수단은 일선 업무담당자들의 실무적 지식과 판단이었다. 익명화된 영업담당자들은 영업점 단위로 할당된 경영목표를 달성하기 위한 영업수단으로 신용카드 업무와 부동산담보대출에 매달렸다. 이것이 교육훈련과 지점 간 정보교환 등을 통해 전체 은행권에 전파되어 군집 행동의 물결을 유발했다. 같은 책 80~82면.

24 국내 시중은행들은 IMF 위기 전후로 개인의 신용위험에 대한 평가모형을 구축하기 시작한다. 이 모형은 대개 대출을 요청한 차주의 신용을 평가하는 신청 평점 모형에 근간을 두고 있었다. 반면, 대출이 시행된 차주의 신용 재평가에 기초한 행동 평점 모형은 신용카드 위기 이후에서야 비로소 구축되기 시작했다. 2003년 '카드채 대란' 이후에 진행된 이같은 개편은 이전까지의 신용평가체계가 얼마나 허술했는지를 반증한다. 같은 책 79면.

25 박창균, 앞의 글; 고성수, 앞의 글.

26 한국은행과 금융감독원이 실시한 실태점검 결과에서 갖가지 위반사례를 확인할 수 있다. 미성년자 대출을 비롯하여 담보인정비율 오용, 대출만기 조

작을 통한 상향 적용, 신용대출을 포함한 초과 대출, 담보물 기준가격 과다 적용 등이 눈에 띈다. 개인 신용평가를 대출 심사에 반영하지 않았거나 아예 실시하지 않은 경우도 빈번했다. 기업 운전자금 대출을 부동산 구매 용도로 사용한 사례도 왕왕 일어났다. 김상환, 2005, 「주택담보대출의 위험에 대한 재평가」, 『주간 금융 브리프』 14권 43호; 한국은행 「금융권 주택담보대출 취급실태 점검결과」, 보도자료 2005. 8. 30; 금융감독원 「금융권 주택담보대출 취급실태 점검결과」, 보도자료 2006. 3. 29.

27 고성수, 앞의 글; 손재영·이준용, 앞의 글.

　금융체계 전체의 위기가 도래하지 않는 한, 금융기관은 담보 주택의 압류 와 경매를 통해 대출채권을 쉽게 회수할 수 있었다. 이를테면, 2000년대 전 반기에 수도권 경매 아파트는 감정가격의 80~110%대에 낙찰됐다. 경쟁률 이 대개 5:1 이상으로 경매 경쟁도 치열해 유찰 가능성도 크지 않았다. 경쟁 이 가장 심했던 때는 2006년으로, 평균 낙찰률과 유찰횟수는 각각 106.8%, 0.59회, 경쟁률은 12.5:1에 달했다. 우형달, 2008, 「수도권 부동산 경매시장 특 성」, 강원대학교 부동산학과 박사학위논문, 109~14면.

28 박창균, 앞의 글 120~21면.

29 졸고, 2020, 「가계금융화의 굴절과 금융 불평등: 한국 가계의 금융통합 양상 에 관한 경험적 고찰」, 『한국사회학』 54집 1호, 152~57면.

30 황규성·이재경, 2014, 「금융화와 소득 및 주택의 불평등 심화」, 『동향과전 망』 91호 212면; Myeongsoo Kim, 2018, "Urban Middle Class and the Politics of Home Ownership in South Korea," *Development and Society* 47:4.

31 변화를 부추긴 것은 소득환경의 변화였다. 노동시장의 구조변동에 따른 고 용 불안정과 내수경기 침체가 겹치면서, 도시민들이 체감하는 경제적 불안 (전)이 몹시 커졌다. 소득 불안정성이 커짐에 따라, 소비생활에 어려움을 겪

314

는 가구 역시 증가했다. 가계저축률이 5~7% 수준에 고착될 정도로, 가계의 저축 여력 또한 쇠퇴했다. 소득 기반 모형의 물적 기반을 침식하는 한편, 추가 소득원에 대한 필요를 증대시키는 변화였다. 위축된 소득을 보충하는 소비재원으로서 부채에 대한 요구 역시 커졌다.

32 2절 이하의 내용은 졸고, 2019, 「자가소유권의 기능 전환과 중산층의 변화: 투기적 가계금융 지위의 부상을 중심으로」, 『한국사회학』 53집 3호 107~15면에서 옮겼다.

33 '가계동향조사'는 현존하는 가계조사 중 가장 오랫동안 가구 단위의 수입과 지출 변동을 기록한 미시 조사에 해당한다. 이 조사는 국민 계정(national account)에 기초한 횡단면 조사로서, 부동산소득의 원천이 되는 자산(부채)의 저량(stock) 정보를 제공하지 않는다. 임대소득의 경우에는 주택과 기타 자산에서 생겨난 소득을 모두 더하는 문제가 있다. 자본이득은 '자산변동수입'에 반영돼 있는데, 여기에는 부동산자산의 매각에 따른 수입뿐 아니라 금융자산의 처분으로 생긴 수입까지 포함된데다가, 자산 원본과 그 가치 상승분 역시 구분되어 있지 않다. 그나마 월세평가액을 통해 추정한 귀속 임대소득만이 자가보유에서 발생한 귀속소득을 제대로 보여줄 뿐이다. 따라서 가계동향조사는 주택자산의 보유에서 발생하는 실제 소득을 정확히 제시하지 못한다. 다주택 소유자를 포함한 상위 자산계층의 표집 누락이나 보유 자산에 대한 축소 응답 등으로 인해, 소득/자산 정보가 저평가되는 문제도 있다. 그렇지만, 이것이 가구 단위의 시계열 정보를 제공하는 유일한 정부 통계라는 점과 가계자산 대부분을 부동산에 축적해온 한국인의 생활관행 등을 고려할 때, 본문에서와 같은 제한된 용도로 이를 활용할 수는 있다.

34 노동소득＝근로소득+(사업소득−임대소득).

35 수도권 자가소유 가구의 재무 상황은 부채보유 가구와 견줘 상대적으로 수

치가 낮을 뿐, 유사한 양상으로 변화해왔다. 자산 부채 비율과 처분가능소득 대비 부채 비율, 순자산의 소득계층별 변동 양상 역시 대체로 비슷하다. 여기서는 부채의 효과를 좀더 강조하기 위해 부채보유 가구만을 옮겼다.

36 Johnna Montgomerie, 2009, "The Pursuit of (Past) Happiness? Middle-class Indebtedness and American Financialisation," *New Political Economy* 14:1; Neil Fligstein and Adam Goldstein, 2015, "The Emergence of a Finance Culture in American Households, 1989-2007," *Socio-Economic Review* 13:3; 장세훈, 2008b, 「중산층의 주거현실에 비춰본 중산층 육성정책의 방향」, 한국사회학회 엮음 『기로에 선 중산층: 현실진단과 복원의 과제』, 인간사랑.

37 주택담보대출을 주택매입 용도로 활용하는 비중(은행권 기준)은 2007년 60.8%에서 2015년 44.7%로 크게 하락했다. 이외의 목적으로 대출을 받은 비중은 반대로 늘었다. 생활비 조달 목적이 7.5%→11.1%, 대출금 상환 목적이 5.6%→25.6%, 주택 임차비 마련을 위해 활용한 경우는 1.1%→5.9%로 증가했다. 한국은행, 2014, 『금융안정보고서』 23호; 「주택담보대출의 '절반'만 주택구입에 썼다」, 『뉴시스』 2016. 10. 4.

38 금융감독원, 2012, 「전 금융권 주택담보대출 리스크 현황 및 감독방향」, 보도자료 2012. 8. 2; 신동진, 2013, 『가계부채의 현황 및 대응방안』, 국회예산정책처, 21면.

39 Mattew Watson, 2009, "Boom and Crash: The Politics of Individual Subject Creation in the Most Recent British House Price Bubble," in Herman M. Schwartz and Leonard Seabrooke (eds.), *The Politics of Housing Booms and Busts*, Basingstoke: Palgrave Macmillan.

40 장세훈, 2008a, 「주택정책과 주거 불평등: 주거 불평등 대책으로서 주택정책의 평가와 대안」, 『지역사회학』 9권 2호.

41 국정브리핑 특별기획팀, 2007, 『대한민국 부동산 40년』, 한스미디어, 243면; 조명래, 2006, 「상생의 재건축: 시장주의 대 규제주의의 대립을 넘어」, 『주거환경』 4권 1호 172~73면.

42 재건축사업의 법적 근거는 1987년 주택건설촉진법 개정을 통해 마련됐다. 하지만 준공 후 20년으로 설정된 건축허용 연한 규정과 사업대상의 제한 등으로 실제 사업은 활발히 이루어지지 못했다. 이같은 상황을 타개하기 위한 규제 완화 정책이 1990년대에 걸쳐 점차 이루어졌다. 건축허용 연한 규정의 완화(1993)를 비롯해 대상 주택의 점진적 확대(단독주택과 연립주택까지 포함, 1993~94년), 소형주택 의무건설 비율의 단계적 완화와 폐지(1996~98년), 용적률 규제의 완화(1996년) 등이었다. 국정브리핑 특별기획팀, 앞의 책 244~45면; 조명래, 앞의 글 172~73면. 외환위기 이후의 변화에 대해서는 뒤에서 말하겠다.

43 이 중 잠실 지구의 잠실시영아파트와 잠실 1~4단지, 청담·도곡 지구의 영동시영아파트와 도곡 1~2단지 같은 경우는 연탄 난방방식의 시멘트벽돌 조적조나 조립식 구조로 지어져 안전성에 문제가 있었다. 권영덕·윤혜정·장남종·이광훈·조성빈, 1995, 『주택시가지 주거밀도에 관한 연구: 저밀도 아파트지구 재건축에 관한 연구』, 서울시정개발연구원, 112~17면. 강남권에 주로 밀집한 이들 지구에는 분당 인구의 절반가량인 5만여 세대(25만여명)가 살았는데, 그 절반이 세입자였다. 지역 내 저소득층 주거정책에서 중요성이 큰 단지들이었다. 서울특별시의회 도시정비위원회, 1996, 『서울특별시 저밀도 아파트지구 밀도변경에 관한 공청회: 의견발표』, 서울특별시의회.

44 「저밀도아파트조합, 재건축제한 철회 요구」, 『연합뉴스』 1995. 9. 29.

45 서울특별시의회 도시정비위원회, 앞의 책 47~50면.

46 이들의 주장과 반대로 재개발사업과 재건축사업의 사업 성격은 달랐다. 재

개발사업은 지구 단위 도시정비사업에 속하는 공공사업으로서, 간선시설이나 도시기반시설의 설치 의무가 사업 당국에 있다. 이와 달리 재건축사업은 (2002년 '도시 및 주거환경 정비법'의 도입 이전까지) 개별 건물 단위의 민간 개발사업에 속했다. 그렇기에 공익시설의 설치 의무 역시 사업시행자인 재건축조합에 귀속된다. 한편, 용적률 규제의 형평성 논란과 관련하여 시 당국은 저소득층 대상의 소형 단지로 이들 지구가 개발됐음을 지적했다. 아울러 지나친 고밀 개발이 한강 인근의 도시경관을 해치고 교통난을 가져온다고 반박했다. 이를 근거로 서울시는 용적률 270% 제한 방침을 고수하려 했다. 같은 책 31~35면.

47 같은 책 33~44면.

48 '재건축'은 아주 한국적인 도시재생 발상이다. 외국의 경우 '재건축'이라는 개념이 없다. 대신 'infill construction'이란 것이 있는데, 이는 용적률 상향이 아닌 단순한 건물 '대체'를 의미한다. 사업 동기도 낡은 주택의 교체를 통한 주거 질의 확보에 있다. 다만, 건물 신축과정에서 토지 일부를 공공용지로 기부 채납할 경우, 작은 규모의 밀도 보너스(약 20%)가 주어질 뿐이다. 김정호, 2004, 「재개발·재건축·주거환경개선 방안 연구」, 차문중 엮음, 앞의 책 439면.

49 「저밀도 아파트 재건축 기준 완화(대체)」, 『연합뉴스』 1996. 11. 14; 서울특별시, 2000, 「청담·도곡 및 잠실 저밀도아파트지구개발기본계획(변경)고시」, 국가기록원 기록물철(DA0533371, 9. 8).

50 국토교통부, 2015b, 『주택업무편람』.

51 김정호, 앞의 글 439면.

52 서울시의 통계정보 시스템(http://stat.seoul.go.kr)과 주택·도시계획 홈페이지(http://citybuild.seoul.go.kr)에 공개된 정비사업 통계자료, 건설교통부의

『주택업무편람』(2003b) 및 이종권·주관수·김은혜·최조순『재건축 초과이익 환수제도 시행방안』(대한주택공사 2006)을 참조하여 계산했다.

53 건설교통부, 2002a,「주택시장 안정대책」, 국가기록원 기록물철(DA1266272, 2).

54 아파트의 브랜드화는 2000년 대림산업의 'e-편한세상'과 삼성물산의 '래미안', 롯데건설의 '롯데캐슬'을 시작으로 점차 확대되었다. 2001년 현대산업개발의 '아이파크'와 두산건설의 '위브', 2002년 포스코건설의 '더 샵'과 GS건설의 '자이', 2003년 대우건설의 '푸르지오', 마지막으로 2006년 현대건설의 '힐스테이트' 등이 그 뒤를 이었다. 주거공간인 아파트가 상징 소비의 대상이 되면서, 주거의 차별화와 상품화 추세가 더욱 강력하게 진행됐다. 권현아, 2012,「한국 도시주거의 상품화와 일상의 관계에 대한 연구」, 서울대학교 건축학과 박사학위논문, 133~37면.

55 변화를 이끈 기업은 삼성물산이었다. 삼성물산은 1997년 마포아파트 재건축을 시작으로 재건축사업을 연달아 수주하면서 선도적 사업자로 부상했다. 브랜드아파트를 통한 주택관리기법, 지분형 건설방식 등도 삼성이 주도한 혁신이었다. 임동근·김종배, 2015,『메트로폴리스 서울의 탄생』, 반비, 164~68면.

56 박해천, 2013,『아파트 게임: 그들이 중산층이 될 수 있었던 이유』, 휴머니스트, 167면.

57 이은지, 2013,「한국에서 주택 담론의 역사적 변화: 1970~2000년대 신문기사를 통해 본 '내집마련' 담론」, 중앙대학교 사회학과 석사학위논문, 67면.

58 대한주택공사는 2006년까지 잠실 지구 재건축사업에서 형성된 개발이익을 약 10조원 규모로 추정했다. 13평 아파트의 가격이 2억 4천만원에서 7억여 원으로 상승하는 동안, 그 소유자는 아무런 노력 없이 4억 6천만원의 재산을

축적할 수 있었다. 이종권 외, 앞의 책 15면. 경실련이 추정한 이익 규모도 이와 비슷했다. 2004년까지 강남지역의 5개 재건축 아파트단지에서는 총 6조 5239억원의 개발이익이 형성됐다. 재건축에 참여한 개개의 가구는 평균 3억 4천만원의 자산을 얻었다. 경제정의실천시민연합 도시개혁센터, 2005, 「'강남 재건축아파트 개발이익규모 추정 및 재건축제도개선 촉구' 기자회견 보도요청」, 보도자료 2005. 5. 26.

59 자가거주자 모두를 실거주 목적의 소유자로 단정할 수는 없다. 기존 거주 주택을 팔거나 세놓은 후에 주택을 구매한 전략적 투자자가 있기 때문이다. 마찬가지로 종래 세입자가 집을 매입한 경우에도 재건축을 노린 투기적 동기가 작용할 수 있다.

60 2001년 1월부터 2005년 6월까지 강남권 9개 아파트 단지(재건축 6개 포함)의 아파트 거래현황을 분석한 국세청 조사에 따르면, 전체 2만 7천여건의 매매 거래 가운데 자그마치 59%가 1세대 3주택 이상 다주택자의 손에서 이루어졌다. 국세청, 2005, 「부동산투기수요 억제를 위한 국세청 조치사항」, 제2차 부동산정책 당정협의회 보고자료, 국가기록원 기록물철(DA0533375, 7. 13). 국토연구원도 주거실태조사를 바탕으로, 강남지역 매입자의 주택 구매동기 중 30~40%가 투자 목적에서 비롯됐다고 보고한 바 있다. 조명래, 앞의 글 183~84면.

61 경제정의실천시민연합 도시개혁센터, 앞의 글.

62 국민은행의 전국주택가격동향조사와 한국은행 경제통계시스템을 참조했다.

63 김정호, 앞의 글 427~29면; 윤주현·강미나, 2005, 『서울시 강남주택시장의 구조분석 연구』, 국토연구원, 39~40면; 이종권 외, 앞의 책 14~15면; 조명래, 앞의 글 175~76면.

64 김경환, 앞의 글 384~87면; 김경환·김홍균, 2007, 「참여정부 주택정책의 시

장친화성과 정책효과성」,『응용경제』 9권 2호 47~48면.

65 2000년대 중후반 서울의 연 소득 대비 주택가격 비율(PIR)은 7.2~11.9배에 달한다. 가구소득 중위값과 중형주택 중위가격을 견준 국민은행의 주택금융 수요실태조사를 기준으로, 서울의 PIR 값은 2004년 7.2배에서 2008년 10.5배로 상승했다. 주택 규모 제한 없이 평균 주택가격을 평균 가구소득으로 나눈 전국주택가격동향조사의 PIR 값은 이보다 좀더 컸다. 자료 확인이 가능한 2008년의 추산치는 11.9배였다.

66 조명래, 앞의 글; 최민섭, 2005,「재건축정책의 평가와 과제」, 주거복지연대 엮음『참여정부의 주택정책 평가와 과제』; 국토교통부, 2016,『주택업무편람』.

67 뉴타운사업의 기본계획은 서울시 도시계획국 산하 지역균형발전추진단이 작성했다. 이명박 시장은 취임 직후인 2002년 7월부터 지역균형발전추진단을 운영했고, 그해 10월 '뉴타운 개발계획'과 '균형발전촉진지구사업'을 중심으로 하는 '지역균형발전 추진계획'을 발표했다. 은평, 길음, 왕십리 지역을 시범사업지구로 지정한 주체 역시 지역균형발전추진단이었다. 대규모 개발사업과 재정비사업 지구를 지정하면서도 제대로 된 도시계획 심의는 이루어지지 않았다. 서울시 조례로 설립한 지역균형발전위원회의 심의를 거쳤을 뿐, 중앙 부처나 서울시 도시계획 관련 위원회, 유관 전문기관의 심의나 검토는 진행되지 않았다. 배경동, 2007,「주택공급정책이 도시계획 왜곡 현상에 미친 영향에 관한 연구」, 서울시립대학교 도시공학과 박사학위논문, 187~91면; 변창흠, 2008a,「도시재생방식으로서 뉴타운사업의 정책결정 과정과 정책효과에 대한 비판적 고찰」,『공간과사회』 29호 185~94면; 서울특별시, 2010,『서울시 뉴타운사업 7년간의 기록』 18~25면.

68 같은 책 14~15면.

69 1990년대 내내 서울시는 수도권 신도시 건설로 형성된 도시 주변의 난개발

문제와 판교 신도시 건설 추진계획을 두고 중앙정부와 마찰을 빚었다. 이러한 맥락에서, 서울시는 신도시 건설에 관한 반대 의사를 표시하는 한편, 재건축 규제 완화와 ▒▒▒ ▒▒▒ ▒▒▒ ▒▒▒을 ▒▒ ▒▒▒▒▒▒ ▒▒▒에 있다. 강북 개발은 재건축 규제 완화가 가격상승을 촉발한 상황에서 택할 수 있는 남은 대안이었다. 변창흠, 앞의 글 190~91면.

70 윤인숙, 2004, 「서울시 뉴타운 사업의 문제: 누구를 위한 지역균형발전인가?」, 『도시와 빈곤』 69권.

71 장남종·양재섭, 2008, 『서울시 뉴타운 사업의 추진실태와 개선과제』, 서울시정개발연구원, 12면; 서울특별시, 앞의 책 17면; 민주정책연구원, 2011, 『뉴타운·재개발·재건축 사업의 현주소와 대안』 7~8면.

72 같은 책 11면.

73 김수현, 2009, 「재개발(뉴타운) 사업의 문제점과 대안」, 학술단체협의회 외 『용산참사 학술단체 공동토론회 자료집』 6면; 변창흠, 2010, 「도시권을 기준으로 한 도시재생사업의 구조 분석 및 성과 평가」, 한국공간환경학회 『도시와 정의, 도시와 권리 학술문화제 자료집』 68~69면.

74 서울특별시, 앞의 책 92~94, 212면.

75 민주정책연구원, 앞의 책 5면.

76 은평 지구 내 한양 주택에서만 예외적 저항이 나타났다. 서울특별시, 2007, 『뉴타운사업에 따른 원주민 재정착률 제고방안』 30면. 한양 주택은 1970년대 취락구조개선사업으로 만들어진 단층 단독주택지였다. 이곳 주민들은 사업 지구 지정에 저항하며 주택 존치를 요구했지만, 주장이 수용되지 않으면서 마을 전체가 철거됐다.

77 서울특별시, 2004a, 『뉴타운 만들기 과정의 기록: 길음 뉴타운』 150~57면; 서울특별시, 2004b, 『뉴타운 만들기 과정의 기록: 왕십리 뉴타운』 63~66,

284~85면; 서울특별시 『뉴타운사업에 따른 원주민 재정착률 제고방안』 30면.

78 장남종·양재섭, 앞의 책 38면.

79 사업계획을 기준으로 2, 3차 뉴타운 지구의 평균 용적률은 233%, 평균 최고 층수는 23층이었다. 하지만 용적률의 확대에도 불구하고 인구와 세대수에서는 역의 추세가 나타났다. 26개 뉴타운지구 전체의 계획인구와 세대수는 기존 수치(85만 4909명/34만 7693세대)와 견줘 각각 97%(83만 2603명)와 90%(31만 3605세대)로 줄어들었다. 특히 임대주택 수(4만 4692호)는 전체 세입자 세대수(23만 2883세대)의 19%에 불과했고, 그조차 후기 지정지구로 갈수록 더욱 낮아졌다. 같은 책 39~43면.

80 서울특별시, 앞의 책 31, 63~66면.

조합원들조차 앞으로 들어설 고급주택에 입주하리라는 보장은 없었다. 재개발(건축)사업으로 분양권을 얻었다 하더라도, 상당수 조합원에게는 추가 부담금을 마련할 여력이 없었기 때문이다. 실제로 분양권을 받은 가옥주 가운데 절반가량이 관리처분계획 인가 이전에 입주권을 되팔았고, 최종 입주 단계에는 불과 1/4 정도만이 입주권을 유지하고 있었다. 결국 가옥주들도 대개 사업 후 재정착에는 실패하였다. 하지만 이들은 아직 분양권 매각을 통해 자산 이익을 획득할 수 있었기에, 사업 지지에서 이탈하지 않고 있었다. 같은 책 31면.

81 변창흠 「도시재생방식으로서 뉴타운사업의 정책결정 과정과 정책효과에 대한 비판적 고찰」 185~86면.

82 같은 글 185~90면.

83 도시재정비촉진법이 발효된 2006년 7월은 뉴타운사업의 중요한 분기점이었다. 이를 기점으로 뉴타운사업은 경기도를 비롯한 전국의 지방 도시로 확대됐다. 도시재정비촉진법에 근거하여 지자체장에게는 사업 추진 권한이 부

여뒀고, 각지의 도시재정비위원회(또는 도시계획위원회)를 중심으로 본격적인 개발 경쟁이 나타나기 시작했다. 같은 글 185~86면. 뒤에 보겠지만, 금융위기로 전면적인 사업 재조정이 시작된 2008년 역시 또다른 변곡점이었다.

84 조명래, 2008, 「뉴타운 사업의 논란과 전망: 뉴타운의 정치학」, 환경정의·참여연대 『뉴타운사업 이대로 좋은가?』 12면.

85 기독교방송(CBS)이 리얼미터에 의뢰해 시행한 여론조사(95% 신뢰수준, 표본 오차 ± 4.4%)에 따르면, 후보자의 뉴타운 공약이 표심에 영향을 줬다는 의견은 74%에 달했다. 이 중 상당히 큰 영향을 미쳤다는 의견이 32.3%였으며, 어느정도 영향을 미쳤다는 의견이 41.7%였다. 리얼미터, 2008, 「유권자 4명 중 3명, 뉴타운 공약 표심에 영향」, 보도자료 2008. 4. 18.

86 서울시 뉴타운·재개발사업 주민현장백서 발간위원회, 2012, 『서울시 뉴타운·재개발사업은 사기다!』, 청문각, 50면.

87 경실련의 발표에 따르면, 서울시 32개 사업구역에서 관리처분계획 단계까지 평균 889억원, 약 55% 규모의 사업비 증액이 발생했다. 정상 물가상승분을 뺀 실질 사업비 증액 규모는 건축 연면적 기준으로 평당 169만원, 분양면적 기준으로는 약 242만원이었다. 30평형 주택을 분양받는 조합원을 기준으로 조합설립 때보다 7260만원의 추가 부담액이 더 발생한 것이다. 경제정의실천시민연합, 2009, 「재개발사업 부실조합설립동의서 실태 및 사업비 증액 규모 발표」, 보도자료 2009. 10. 7. 분담금 증액으로 인해 조합원들의 평균 분양가격은 평당 1200만~1600만원 수준으로 치솟았다. 전용면적 $60m^2$는 3억~4억원, $85m^2$의 경우는 3억 9천만~5억 3천만원에 이르는 가격이었다. 2007년 서울시정개발연구원 조사를 기준으로, 전세 보증금을 뺀 가옥주들의 평균 순자산은 3억 4213만원이었는데, 그중 74.5%가 4억원 미만이었다. 서울특별시, 앞의 책 43면; 서울시 뉴타운·재개발사업 주민현장백서 발간위원회,

앞의 책 49~50면.

88 같은 책 5~6면; 민주정책연구원, 앞의 책 29면.

89 서울시 뉴타운재개발사업 주민현장백서 발간위원회, 앞의 책 143면; 사회 통합위원회, 2010, 『도시재정비 제도개선 소위원회 활동 결과 보고서』 103~ 105면.

90 서울특별시, 2014, 『뉴타운·재개발 실태조사 백서』 252~53면.

91 부동산114가 제공하는 부동산통계 솔루션(REPS)과 통계청의 국가통계포 털(kosis.kr/)을 참고했다.

92 소시모는 서울 시내 각 자치구에서 받은 사업명세서 등을 토대로 분양가 평가 작업을 진행했다. 주요 평가 항목으로는 원가 기준 대비 건축비 및 대 지비 과다 계상, 국민주택기금 운용·관리규정과 한국감정원 건물신축단가표 가 정한 건축비 기준의 과다 초과, 간접비나 기타비용의 과다 책정, 사업명 세서 부실 또는 불투명 작성, 전용면적률 기준 미달 등을 포함했다. 분석 결 과 건축비 과다 책정 업체가 78개, 대지비 과다 책정 85개, 기타 사업비 과 다 산정 26개, 전용면적률 과소 산정이 39개로 평가됐다. 재개발·재건축아파 트 79개 중 일반분양 가격이 지나치게 높게 책정된 곳도 26개나 되었다. 송 보경·김재옥, 2003, 『한국 소비자 운동: 안전성, 투명성, 지속성을 위한 20년』, 석탑, 364~65면.

93 서울시는 분양가를 과다 책정한 업체에 자율조정을 권고하거나, 분석 결과 를 국세청에 통보하는 방식으로 가격 인하를 유도했다. 같은 기간 동시분양 을 신청한 업체가 총 268개였는데, 적정 분양가로 판정받은 업체는 47개뿐이 었다. 시는 222개 업체에 분양가 조정을 권고했고, 이 중 77.9%(173개사)가 권고를 받아들였다. 시는 권고를 수용하지 않은 업체 중 사안이 중한 37개사 를 국세청에 통보했다. 하지만 조정을 강제할 수단이 없었던 까닭에 조치의

실효성은 없었다. 서울특별시, 2004c, 「주택분양가 규제 회의자료」, 국가기록원 기록물철(DA0533068, 1).

94 송보경·김재옥, 앞의 책 364~65면.

95 대한주택건설협회, 앞의 책 451~52면; 한국주택협회, 2003, 「주택업계 현안 건의」, 국가기록원 기록물철(DA0532971, 9); 국무조정실, 2003, 「주택건설 원가공개 의무화 법안 동향 보고」, 국가기록원 기록물철(DA0532971, 10. 8).

96 건설교통부, 2003a, 「분양가 원가 공개문제 검토」, 국가기록원 기록물철(DA1270885, 10. 1).

97 재정경제부, 2004, 「주택 분양가 규제 관련 회의」, 국가기록원 기록물철(DA0533068, 1. 28).

98 경제정의실천시민연합, 2004, 「경실련 아파트값 거품빼기운동본부 출범 기자회견」, 보도자료 2004. 2. 12.

99 대한주택건설협회, 2004, 「주택분양가 규제방안에 대한 검토의견」, 국가기록원 기록물철(DA0533068, 1); 임덕호, 2005, 「아파트 분양원가 공개의 경제학적 고찰」, 『주택연구』 13권 1호 74~75면.

100 건설교통부, 2004, 「분양가공개·규제 검토」, 국가기록원 기록물철(DA0533068, 2. 10).

서울시의 원가공개 직전까지 정부는 반대의견을 고수했다. 이는 국무조정실이 주재한 관계기관 회의(2004. 1. 29)에서 잘 드러난다. 이날 정부는 서울시 결정에 뒤따를 파장을 점검하면서도, 원가공개의 제도화에 대해서는 기존 인식을 재확인했다. 재정경제부와 건설교통부가 직접적인 반대의견을 제시했고, 국세청도 분양가 규제수단으로 세무조사를 활용하자는 제안을 거부했다. 소형국민주택에 대한 분양가규제 확대방안도 이날 논의되었는데, 이에 대해서도 도입 방침을 정하지 못했다. 본문에 언급한 제한적 수용 방침은 건설교통부의 대통령 업무보고(2004. 2. 12) 이후에서야 비로소 확정됐다. 국무조정실, 2004a, 「주택분양가 규제현황과 개선방안(안)」, 국가기록원 기록물철(DA0533068); 국무조정실, 2004b, 「주택 분양원가 공개관련 회의결과 보고」, 국가기록원 기록물철(DA0533068, 1. 29); 대한주택건설협회, 앞의 글; 서울특별시, 앞의 글.

101 정책기획위원회, 2008, 『부동산시장 안정 및 주거복지: 투명하고 공정한 시장질서와 안정적인 공급기반 마련』 64면; 국토연구원·건설교통부, 2004, 『'공공택지 및 분양주택 공급제도'에 관한 공청회』 1면.

102 같은 책 33~38면; 대한주택공사, 2005, 「분양원가 공개관련 검토」, 국가기록원 기록물철(DA0533382, 7).

주택공사는 분양가상한제가 도입된 이후에도 택지조성원가의 공개에 계속 반대했다. 그런데, 이러한 반대에도 불구하고 택지조성원가 공개 제도는 예기치 않은 계기로 도입된다. 2005년 11월 서울행정법원이 내린 토지조성원가 공개 판정 때문이었다. 이에 정부는 항목별 조성원가를 공개하는 방향으로 정책을 변경했다. 건설교통부, 2005a, 「분양원가 공개주장 검토」, 국가기록원 기록물철(DA0533382, 7); 건설교통부, 2005b, 「아파트 분양가 인하 방안」, 국가기록원 기록물철(DA0533250, 11. 30).

103 국토연구원·건설교통부, 앞의 책 11~12면.

104 국토교통부, 2015b, 『주택업무편람』 72~73면.

105 판교신도시나 은평뉴타운 지구 분양 아파트를 둘러싼 고분양가 논란이 가격 인하 운동의 확산을 가져온 촉매로 작용했다. 국정브리핑 특별기획팀, 앞의 책 197면.

106 보수 정권의 집권기에는 가격통제의 이완이 나타났다. 가격공시 항목의 축소와 민간택지 내 민영아파트에 대한 분양가상한제의 실질적 폐지가 대표

적인 예다. 한편, 2019년 9월 현재 문재인정부는 공공택지 내 원가공개 항목을 62개로 이미 늘렸으며, 민간택지에 대한 적용 요건을 완화하는 방향으로 개혁을 추진하고 있다.

107 국정브리핑 특별기획팀, 앞의 책 201~203면.

108 노무현 대통령은 집권 전 대선공약으로 '가수요 차단과 불로소득 과세 강화를 통한 부동산투기 억제'와 '공공임대 확충 등을 통한 서민 주거안정'을 제시했다. 이 공약은 노무현정부의 12대 국정과제 중 하나인 '참여복지와 삶의 질 향상'에 포함되어 '주택가격 안정과 주거의 질 개선'으로 구현되었다. 세부 정책 목표로 수도권 150만호 주택건설과 보유세 강화, 국민임대주택 40만호 건설, 최저 주거기준 미달 가구에 대한 실태조사와 주거 여건 개선 등이 있었다. 정책기획위원회, 앞의 책 29면.

109 1999년 전국의 지가총액은 약 1483조원으로 경상 GDP의 2.8배였다. 반면, 종합토지세를 비롯한 토지보유세의 세액은 약 2조 470억원이었다. 지가총액에 대비한 보유 과세의 비중(실효세율)은 0.138%에 그쳤다. 노영훈, 2004, 『토지세 강화정책의 경제적 효과: 종합토지세를 중심으로』, 한국조세연구원, 57면.

110 졸고, 2014, 「보유세 개혁의 좌절에 관한 조세정치적 해석: 종합부동산세의 사례」, 『경제와사회』 101호 187~89면.

111 Monica Prasad, 2006, *The Politics of Free Markets: The Rise of Neoliberal Economic Policies in Britain, France, Germany, and the United States*, Chicago and London: University of Chicago Press.

112 정권 출범 초기 세제개혁의 방점은 보유세 과표의 현실화에 있었다. 세제 개혁안이 처음 논의된 제18차 국정과제 회의까지도 핵심 쟁점은 재산세와 종합토지세의 과표 현실화 수준과 그에 따른 불균형 조정방안이었다. 정

책기획위원회, 2003, 「제18회 국정과제회의 준비」, 대통령기록관 기록물철 (1A10803150550333, 8. 18). 종합부동산세 조기 도입을 포함한 전면 개편안은 2003년 청와대 관계 장관 회의(9. 1)와 경제·민생 점검 회의(10. 29)를 거치며 추진된다. 국정브리핑 특별기획팀, 앞의 책 114~15면.

113 앞의 졸고 186~91면.

114 2000년대 전반까지 토지와 건물의 과표적용률은 30% 안팎에 그쳤다. 보유과세의 과표는 공시지가(건물: 신축원가 대비 기준가액)에 과표적용률을 곱하여 정했는데, 공시지가 역시 싯가의 50% 수준이었다. 따라서 과세 기준으로 활용된 과표는 실제 시장가격의 20~30% 수준에 그쳤다. 이에 정부는 종합부동산세의 과표적용률을 2005년 50%를 시작으로 2009년까지 100%로 인상하기로 했다. 행정자치부, 2003, 「행자부, 세대별 주택 소유현황 발표」, 보도자료 2003. 11. 25; 재정경제부·행정자치부·건설교통부·금융감독위원회, 2005, 「서민주택 안정과 부동산투기억제를 위한 부동산제도 개혁방안」, 합동보도자료 2005. 8. 31.

115 같은 글.

116 앞의 졸고 191~93면.

117 중과세 조치는 투기 목적의 거래자로 한정됐다. 이사, 근무, 혼인, 노부모 봉양 등 불가피한 사유로 2주택자가 된 경우에는 중과세 대상에서 제외했다. 이들을 뺀 1가구 2주택자에 대한 세율은 기존 9~36%의 차등 세율에서 50%의 단일 세율로 변경했다. 1가구 3주택자에 대해서는 60% 세율이 적용됐다. 재정경제부 외, 앞의 글.

118 1가구 1주택 비과세 제도는 오랜 논쟁의 화두였다. 서민 주거생활 안정이란 취지로 도입되긴 했지만, 조세형평의 원리에 부합하지 않은데다가 부동산투기의 수단으로 악용됐기 때문이다. 정부는 세제 개편 과정에서 제도의

폐지를 검토하였지만, 대중들이 가질 반감을 우려하여 이를 실천하지는 못했다. 대안으로 선택한 것이 (종합부동산세의 과세대상인) '고가주택' 소유자에 대한 표적 과세였다. 국정브리핑 특별기획팀, 앞의 책 99면.

119 노무현정부는 통상적인 정책형성 절차를 우회하는 예외 기구, 가령 국정과제위원회와 국민경제자문회의 등을 통해 정책적 이견을 조정하려 했다. 부처 간 이해갈등이나 정책 반발의 극복과정(본문의 첫번째 계기)에 대해서는 국정브리핑 특별기획팀, 앞의 책; 정책기획위원회, 앞의 책; 김수현, 2011, 『부동산은 끝났다』, 오월의봄; 앞의 졸고를 참조하라.

120 국회사무처, 2004b, 「제251회국회 재정경제위원회 조세법안등심사소위원회 회의록」, 국회 회의록 시스템(http://likms.assembly.go.kr/record/).

121 일부 시장주의 성향의 전문가와 보수언론은 종부세를 '변형된 부유세', '좌파적 재분배정책', '인위적인 재분배정책' 등으로 규정했다. 이와 나란히, 종부세의 가격 안정화 대책으로서의 적합성을 둘러싼 학술논쟁 역시 불거졌다. 시장주의와 개입주의 사이의 대립이었다. 시장주의적 입장은 당시 가격상승의 원인을 국지적 수급 불균형에서 찾으면서 보유세 강화정책에 반대했다. 이에 공급 축소를 초래하는 각종 규제 및 세제의 완화나 대규모 개발을 통해 공급을 늘려야 한다고 주장했다. 반면, 개입주의적 입장은 가격상승의 원인을 투기적 가수요에서 찾았다. 보유세 강화로 대표되는 불로소득 환수제도의 개혁을 핵심적인 투기억제 수단으로 강조했다.

122 앞의 졸고 197~99면.

123 한나라당은 수도권 종부세 대상자들의 이해관계를 대변해야 하면서도, 가격문제가 최대의 현안이 된 상황에서 부유층 정당으로 비치지 않아야 하는 진퇴양난의 처지에 놓였다. 한나라당 대변인실, 2006, 「정책의총 주요내용(보도자료)」, 보도자료 2006. 11. 24. 이로 인해 한나라당은 공식 당론을 채택

하지 않는 가운데, 개별 의원들의 의안을 병치하거나 입법 심의를 지연하는 등의 모호한 태도로 일관했다. 국회사무처, 2005b, 「제256회국회 재정경제위원회 조세법안등심사소위원회 회의록」, 국회 회의록 시스템.

124 국회사무처, 2004a, 「제250회국회 재정경제위원회 회의록 제15호」, 국회 회의록 시스템.

125 헌법재판소, 2006, 「강남구 등과 국회 간의 권한쟁의」, 2005헌라4 전원재판부 판시문, 2006. 5. 25.

126 전강수, 2006, 「헨리 조지와 참여정부의 부동산 정책」, 서울사회경제연구소 엮음 『양극화 해소를 위한 경제정책: 금융, 노동시장, 부동산, 지역』, 한울.

127 정책 현안에 대한 여론(공론)조사, 포털사이트의 토론방과 블로그, 공청회와 토론회, 간담회 등의 정책행사를 총동원하여, 개혁 지지여론 형성에 전방위적 노력을 기울였다. 재정경제부, 2005, 『8·31 부동산 정책 공론조사』; 정책기획위원회, 앞의 책.

128 종합부동산세제는 세 단계의 역사적 변천을 겪으며 변화했다. 첫번째는 2003년부터 2004년 연말까지의 제도형성 국면, 두번째는 2005년 8·31대책과 그 후속 입법으로 이루어진 세제 강화 국면(2005~2008. 11). 끝으로 헌법재판소의 부분 위헌 및 불합치 결정 이후 최근까지의 완화 국면(2008. 11~현재). 한편, 문재인정부는 출범 이후 다주택 소유자에 대한 추가 과세를 포함한 (제한된 수준의) 재강화 정책을 실행하고 있다.

129 앞의 졸고 204~205면.

130 2004년에는 서울시 25개 자치구 중 20개 구, 경기도 31개 시·군 중 4개 시·군이 과세액을 감면했다. 2005년에도 각각 15개 구, 14개 시·군이 감면 조치를 이어갔다. 「"재산세 못 낸다" 수도권 확산」, 『서울신문』 2005. 9. 28.

131 건설교통부, 2006, 「전국 871만호에 대한 2006년 공동주택가격 공시」, 보도

자료 2006. 8. 1; 건설교통부, 2007, 「2007년 공동주택가격 및 개별(단독)주택 가격 공시」, 보도자료 2007. 4. 27.

132 앞의 글, 207~209면.

133 같은 글 209면.

134 갈등을 예방할 정책 계기가 전혀 없던 것은 아니었다. 이를테면, 과세 기준, 과세적용률 확대, 증세 상한, 과세특례, 세대별 합산 등과 같은 쟁점들은 입법 검토 과정에서 이미 여러차례 다루어진 바 있었다. 그러나 정책효과에 대한 검토는 제대로 이루어지지 않았다. 원론적 차원의 여야 대립이 정책 갈등의 주를 이룬데다가, 때로는 정략적 수단으로 활용되어 소모적 논쟁에 그쳤다. 재정경제부 역시 과세 시뮬레이션에 소극적인 태도를 보였다. 과세특례나 예외조항의 입법화에 대해서도 거부권을 행사했다. 이에 관해서는 국회사무처 「제251회국회 재정경제위원회 조세법안등심사소위원회 회의록」; 국회사무처, 2005a, 「제251회국회 국회본회의회의록 제4호」; 국회사무처 「제256회국회 재정경제위원회 조세법안등심사소위원회 회의록」; 국회사무처, 2006, 「제262회국회 재정경제위원회 조세법안등심사소위원회 회의록」를 참조하라.

135 보수언론을 중심으로 유통된 '세금폭탄론'이 저항의 확산을 부추기는 역할을 했다. '세금폭탄론'은 종부세를 중산층과 서민에 대한 '징벌적 세금'으로 규정하며 조세저항을 선동했다. 보수언론에 의한 저항 담론의 형성과 유통 결과를 보여주는 분석 자료로는 민주언론운동시민연합·토지정의시민연대, 2006, 「『조선』·『중앙』·『동아』의 '부동산 관련 사설 및 칼럼' 분석 비평」(언론모니터링 자료 2006. 12. 9)을 참고하라. '세금폭탄론'의 핵심 논지와 주장은 월간조선, 2007, 『세금폭탄』(『월간조선』1월호 별책)에서 확인할 수 있다.

136 과세저항은 간헐적으로 계속됐다. 예컨대, 2005년 9월과 11월에는 강남지역의 현대, 미성, 선경아파트에서 재산세 및 종부세 납부거부 운동이 펼쳐졌

다. 강남구청은 '자진신고 납부를 한 경우 법률 구제신청 어렵다'는 기사를 구정 신문에 게재하는 등 납부거부를 조장했다는 이유로 행정자치부의 특별 감사를 받았다. 행정자치부, 2006, 『강남구 특별감사청구 처분요구서』. 강남 지역의 1세대 1주택 장기 거주자들은 가격상승으로 종부세 대상자가 되었다 는 민원을 관할 지자체와 한나라당 국회의원들에게 줄기차게 제기했다.

137 라이트코리아와 대한민국바로세우기여성모임 등의 보수단체들은 '조세저 항 국민운동본부'를 결성한 후 납부거부와 종부세 철회 운동을 펼쳤다. 국세 청, 2006, 「'종합부동산세 신고업무의 차질없는 집행'을 위한 전국 지방국세 청장 및 세무관서장 화상회의 개최」, 보도참고자료 2006. 12. 6.

138 수도권 ××시 ○○단지 입주자대표회의 인터넷카페.

139 앞의 졸고 211~12면.

140 서울시 지부는 단지별 대표 회의를 통한 주민 동원을 통해 종부세 취소 소 송과 위헌소송을 제기했다. 분당, 고양, 과천 등의 지부와 연대해 종부세 완 화를 위한 30만명 입법청원을 조직하기도 했다. 분당, 고양 지역 등지의 입 주자대표회의협의회 또한 관련 중앙 부처와 국회, 지방의회 등에 서명서와 입법청원서 등을 제출했다. 이에 호응하여 강남, 송파, 강동, 양천구 의회 등 이 법 개정을 촉구하는 결의안을 연달아 채택하기도 했다. 서울특별시의회 의안정보(http://www.smc.seoul.kr).

141 국회 재정경제위원회, 2007, 「종합부동산세법 개정에 관한 청원(원희룡의 원 소개) 검토보고」, 국회 의안정보시스템(http://likms.assembly.go.kr/bill/ main.do); 앞의 졸고 212면.

142 「입주민 단체 정치활동 부적절: 전아연의 종부세법 개정 입법청원에 제 동」, 『아파트관리신문』 2007. 5. 14.

143 18대 총선 직전인 2008년 3월 28일에 강남구에서 열린 후보자 토론회를 예

로 들 수 있다. 이날 '강남구 공동주택 입주자 대표회의 협의회'는 강남 갑·
을 선거구에서 출마한 후보자들을 불러 모은 후, 종부세 폐지 요구를 받아들
일 것을 압박했다, 「강남주민, 총선 세금 압박 "종부세 폐기 후보 찍겠다"」,
『한겨레』 2008. 4. 1.

144 한나라당은 종부세 완화론을 핵심 선거 의제로 활용했다. 이를테면, 장기
보유 1가구 1주택자에 대한 세제 감면을 중요 공약으로 내세우며 소유자들
의 지지를 동원하려 했다. 한나라당, 2007, 『일류국가·희망공동체 대한민국:
한나라당 18대 대선 정책공약집』, 북마크.

145 판결에 영향을 미친 요인이 입주자단체의 저항만은 아니다. 이명박정부
출범에 따른 정책 패러다임의 전환과 정책 주도집단의 소멸, 자가소유 가구
를 포함한 지지세력의 이반 등이 복합적으로 작용했다. 정부 부처와 정당,
주거계층을 포괄하는 정치적 세력 관계 재편의 관점에서 종부세 완화를 설
명한 연구로 앞의 졸고를 참조할 수 있다.

146 헌법재판소, 2008, 「구 종합부동산세법 제5조 등 위헌소원 등」, 2006헌바
112, 2007헌바71·88·94, 2008헌바3·62, 2008헌가12(병합) 전원재판부 판시문,
2008. 11. 13; 같은 글 215~16면.

147 헌재 결정 이후 국회는 인별 합산으로의 회귀와 1세대 1주택 고령자 및 장
기보유자에 대한 세액 감면, 과표적용률 동결, 공정시장가격 도입 등의 제도
개편을 단행했다. 이 중 공정시장가격은 공시가격을 기준으로 하면서도 당
국의 재량적 평가를 반영한 독특한 가격평가 방법이었다. 같은 글 216면.

148 Michael Jager, 1986, "Class Definition and the Aesthetics of Gentrification:
Victoriana in Melbourne," in Neil Smith and Peter Williams (eds.), *Gentri-
fication of the City*, London: Allen and Unwin; Rob Rowlands and Craig M.
Gurney, 2000, "Young Peoples' Perceptions of Housing Tenure: A Case Study

in the Socialization of Tenure Prejudice," *Housing, Theory and Society* 17:3; Ian C. Winter, 1994, *The Radical Home Owner: Housing Tenure and Social Change*, Melbourne: Gordon and Breach; Richard Ronald, 2008b, *The Ideology of Home Ownership*, London: Palgrave Macmillan, 50~52면.

149 환금상품은 거주공간으로서의 주택의 사용가치와 자산상품으로서의 그 교환가치를 함께 표현하기 위해 고안된 용어이다. 이런 의미에서, 자가 주택은 가족의 거처로서 특별한 정서적 가치를 가지면서도, 자본 가치 증식을 통해 가족의 재무전략을 실현하는 특수한 상품이 된다. Richard Ronald, 2007, "Comparing Homeowner Societies: Can We Construct an East-West Model?" *Housing Studies* 22:4, 488면; David Thorns, 2012, "Home Ownership: Continuing of Fading Dream," in Richard Ronald and Marja Elsinga (eds.), *Beyond Home Ownership: Housing, Welfare and Society*, Oxon and New York: Routledge, 198면.

150 Lyn Richards, 1990, *Nobody's Home: Dreams and Realities in a New Suburb*, Melbourne: Oxford University Press; Susan Smith, 2006, "Home Ownership: Managing a Risky Business?" in John Doling and Marja Elsinga (eds.), *Home Ownership: Getting in, Getting from, Getting out*, Delft: Delft University Press; Marja Elsinga, Pascal De Decker, Nóra Teller, and Janneke Toussaint, 2000, *Home Ownership beyond Asset and Security: Perceptions of Housing Related Security and Insecurity in Eight European Countries*, Amsterdam: IOS Press; Richard Ronald, 2008a, "Between Investment, Asset and Use Consumption: The Meanings of Homeownership in Japan," *Housing Studies* 23:2.

151 Elsinga, De Decker, Teller, and Toussaint, 앞의 책.

152 '생존주의'라는 용어를 먼저 사용한 국내 연구자로 김홍중이 있다. 그에게

생존주의는 근(현)대성 경험이 부른 아노미적 상황에 대면하여 구성된 한국인 특유의 집합심리에 해당한다. 이런 의미에서, 김홍중은 유기체 특유의 자기보존 본능께 경재저 생존 욕구 등이 근(현)대성 체험을 통해 미기된 실존적 위기와 불안과 함께 증강되어, '생존'이라는 절대 가치를 중심으로 굳어진 '마음의 레짐'으로 생존주의를 인식한다. 김홍중, 2009a, 「육화된 신자유주의의 윤리적 해체」, 『사회와 이론』 14집; 김홍중, 2009b, 「진정성의 기원과 구조」, 『한국사회학』 43집 5호; 김홍중, 2015, 「서바이벌, 생존주의, 그리고 청년 세대」, 『한국사회학』 49집 1호; 김홍중, 2017, 「생존주의, 사회적 가치, 그리고 죽음의 문제」, 『사회사상과 문화』 20권 4호. 이 책에서 말하는 생존주의는 생존(계) 문제에 대한 자기방어적 대응이라는 맥락에서 김홍중의 논의와 유사한 면이 있다. 그렇지만, 여기에서의 생존주의는 가구의 본질적 필요에 속하는 주거가 배타적 생존(계)의 도구로 전락한 상태에서 출현한 주거전략의 비교사회적 특수성을 가리키는 표현이다. 따라서 이 책의 생존주의는 심리적 분석의 대상이 아닌, 한국인들의 주거 행동에서 보이는 특수성을 나타내는 용법에 해당한다.

5장 임박한 죽음인가, 또다른 부활인가

1 이러한 사회의 전형으로 우리는 미국을 들 수 있다. 미국의 공급연쇄는 주택금융과 조세지출 제도를 바탕으로 자가소유를 촉진하는 역할을 했다. 미국사회에서 자가소유는 소비주의에 입각한 사회통합의 기제로 기능했는데, 그러한 통합이 일어난 대표적인 장소가 바로 교외주택이었다. 미국의 교외주택은 고도 소비를 바탕으로 '안락의 대중화'(democratization of comfort)가 일어난 장소로서, 노동계급의 '중간계급화'를 실현하는 기초였다. Witold Rybczynski, 1986, *Home: A Short History of an Idea*, New York: Penguin

Books; Peter J. Taylor, 1996, *The Way the Modern World Works: World Hegemony to World Impasse*, Chichester: John Wiley & Sons; 안정옥, 2002, 「현대 미국에서 "시간을 둘러싼 투쟁"과 소비적 현대성: 노동, 시간과 일상생활」, 서울대학교 사회학과 박사학위논문. 미국의 노동계급은 '생산성의 정치'로 얻은 높은 노동소득과 소비주의 제도를 기반으로 (표준 상품으로 대량공급된) 주택을 구매할 수 있었고, 이를 소비적 안락의 공간으로 탈바꿈함으로써 '소비자 시민'(citizen-consumers)으로 변신했다. Charles S. Maier, 1987, "The Politics of Time: Changing Paradigms of Collective Time and Private Time in the Modern Era," in Charles S. Maier (ed.), *Changing Boundaries of the Political: Essays on the Evolving Balance between the State and Society, Public and Private in Europe*, Cambridge: Cambridge University Press; Lizabeth Cohen, 1998, "The New Deal State and the Making of Citizen Consumers," in Susan Strasser, Charles McGovern and Matthias Judt (eds.), *Getting and Spending: European and American Consumer Societies in the Twentieth Century*, New York: Cambridge University Press; Lizabeth Cohen, 2004, *A Consumers' Republic: The Politics of Mass Consumption in Postwar America*, New York: Vintage. 이런 식으로, 미국사회에서는 소비주의 전략을 통한 개별적 시장 순응이 지배적인 주거전략으로 등장했다.

미국사회는 자가보유를 '재산소유 민주주의'(property owning democracy)를 실현하기 위한 계기로 인식했다. Michael W. Sherraden, 1991, *Assets and the Poor: A New American Welfare Policy*, New York: M. E. Sharpe; 존 롤즈, 2003, 『정의론』, 황경식 옮김, 이학사. 영국 신노동당 정부가 주도한 '자산(또는 재산) 기반 복지'(asset- or property-based welfare) 역시 이러한 조류에 속한다. 이 기획은 자가소유권을 공적 사회보장을 대체하는 복지 개혁의 중

추로 설정함으로써, 자산 소유에 기초한 새로운 정치통합과 통치의 모형을 구상했다. Richard Ronald, 2008b, *The Ideology of Home Ownership*, London: Palgrave Macmillan; Mattew Watson, 2009, "Boom and Crash: The Politics of Individual Subject Creation in the Most Recent British House Price Bubble," in Herman M. Schwartz and Leonard Seabrooke (eds.), *The Politics of Housing Booms and Busts*, Basingstoke: Palgrave Macmillan.

2 Walter Korpi, 1978, *The Working Class in Welfare Capitalism: Work, Unions, and Politics in Sweden*, London and Boston: Routledge & Kegan Paul; Gøsta Esping-Andersen, 1990, *The Three Worlds of Welfare Capitalism*, Cambridge: Polity Press; Michael Harloe, 1995, *The People's Home: Social Rented Housing in Europe & America*, Oxford and Cambridge: Blackwell.

3 세 점선으로 표시된 변화를 반대로 돌린 것이 이른바 '신자유주의적 수렴'이다. 이 추세는 다양한 주거전략의 원천을 제공하던 공급연쇄의 제도적 다양성이 사라지면서, 배타적 상품으로서의 주택의 성격이 강해지는 변화를 나타낸다. 이러한 수렴 현상은 세계 금융위기 직전까지 계속된 '신자유주의화' 현상의 고유한 특성으로 인지된다. 그렇지만, 현대 한국사회에서 주택의 속성을 '신자유주의화'의 결과로 단정하기는 어렵다. 우리의 주거공간은 애초부터 사적 시장상품으로서의 속성을 강하게 지녀왔으며, 상품화된 주거에서 벗어날 대안적 방법 역시 거의 없었기 때문이다. 이런 맥락에서 이 책은 자원동원형 연쇄의 회귀적 진화 운동에서 주거공간의 현재적 성격을 찾고자 했다. '신자유주의'적 조류에 따른 영향은 간섭 효과에 가깝다.

4 표에 소개하지 않은 사례 중 중요한 것으로 싱가포르를 들 수 있다. 싱가포르는 주택개발청을 중심으로 주택공급체계와 주택금융 제도를 운용하면서, 주민 대다수를 자가소유자 집단으로 전환했다. 싱가포르 당국은 대대적인

자가소유의 성장을 매개로 성장체제에 동조하는 이해당사자로서 대중들을 광범하게 포섭했다. Beng Huat Chua, 1997, *Political Legitimacy and Housing: Stakeholding in Singapore*, London: Routledge. 하지만, 이러한 '이해당사자 모형'(stakeholder model)은 싱가포르와 같은 고성장 도시국가에서만 실현된 바 있는 예외적 사례에 해당한다.

5 Watson, 앞의 글; Mattew Watson, 2008, "Constituting Monetary Conservatives via the "Savings Habit": New Labour and the British Housing Market Bubble," *Comparative European Politics* 6:3.

6 이런 의미에서, 2000년대에 등장한 주택소유자 이해는 주택소유를 기반으로 오래도록 생계를 꾸려온 한국 도시민들 특유의 물질적 생활조건이 금융시장의 구조변동과 맞물려 대폭 확산·심화한 결과다. 도시민들의 생활세계에서 일어난 변화를 '금융화' 또는 '신자유주의화'라는 구조 전환의 일방적인 효과로 환원하는 시각은 경계할 필요가 있다.

7 하버마스는 사인주의(privatism, 私人主義)라는 동기부여 기제를 통해 사적 주체의 기본적 필요를 조직함으로써 자본주의의 지배가 재생산된다고 주장했다. 이런 맥락에서, 그는 형식 민주주의의 성립으로 인해 탈정치화된 공공 영역의 정당성을 보충하는 기능을 하는 두가지 사인주의를 구분했다. 첫째는 시민적 사인주의(civic privatism)로, 정치체계가 제공하는 기회구조에 대한 참여를 통해 (부, 여가, 안전 등의) 적절한 보상을 바라는 가구의 정향을 뜻한다. 둘째가 가족-직업적 사인주의(familial-vocational privatism)다. 이는 지위 경쟁의 도구로서 직업에 관한 관심과 소비와 여가에 대한 이해로 요약되는 성취 지향적 가구 정향을 가리킨다. Jürgen Habermas, 1988, *Legitimation Crisis*, Cambridge: Polity Press. 자가소유권이 사인주의적 통합 수단으로 기능한다고 할 때, 그것을 가족-직업적 사인주의의 극단적 양상으로

생각할 수 있다. 우월한 시장 지위의 획득에서 오는 보상과 성취를 노동시장에 대한 참여보다 강조한다는 점에서, 그것은 통상의 가족-직업적 사인주의에 비해 훨씬 부정적인 통합의 면모를 가지고 있다.

8 생존주의 전략을 채택한 행위자들이 모두 '이기주의자'의 본성을 가졌다고 볼 수는 없다. 생존주의 전략 자체가 능동적 '선택'의 대상이라기보다는 가족의 생계 구성과 관련된 구조의 압박에 대한 사적 대응의 형태이기 때문이다.

9 Thomas H. Marshall, 1992, *Citizenship and Social Class*, London: Pluto Press; Bart van Steenbergen, 1994, "The Condition of Citizenship: An Introduction," *The Condition of Citizenship*, London: Sage.

10 진미윤·김수현, 2017, 『꿈의 주택정책을 찾아서: 글로벌 주택시장 트렌드와 한국의 미래』, 오월의봄.

참고문헌

「강남주민, 총선 세금 압박 "종부세 폐지 후보 찍겠다"」, 『한겨레』 2008. 4. 1.

「아파트 분양창구 천여명 난동 어제 오후」, 『동아일보』 1991. 12. 4.

「입주민 단체 정치활동 부적절: 전아연의 종부세법 개정 입법청원에 제동」,
　『아파트관리신문』 2007. 5. 14.

「"재산세 못 낸다" 수도권 확산」, 『서울신문』 2005. 9. 28.

「저밀도 아파트 재건축 기준 완화(대체)」, 『연합뉴스』 1996. 11. 14

「저밀도아파트조합, 재건축제한 철회 요구」, 『연합뉴스』 1995. 9. 29.

「주택 갈수록 '부익부'」, 『한겨레신문』 1996. 10. 5.

「주택담보대출의 '절반'만 주택구입에 썼다」, 『뉴시스』 2016. 10. 4.

「주택청약자 항의 소동」, 『한겨레신문』 1991. 12. 4.

「청약저축가입자 시위에 긍정적 여론」, 『한겨레신문』 1991. 12. 13.

강문수·김중웅, 1988, 『주택금융의 현황과 발전방향』, 한국개발연구원.

강민석·최은영·황규완, 2012, 「PF 대출」, 손재영 엮음 『부동산 금융의 현황과
　과제』, 한국개발연구원.

강준만, 2003, 『한국현대사 산책 1980년대편: 광주학살과 서울올림픽 4권』, 인
　물과사상사.

건설교통부, 1995, 「근로자주택제도 추진현황」, 국가기록원 기록물철

(DA0517049, 4).

_____, 1996, 『건설교통통계연보(건설부문)』.

_____, 1997, 「주택분양가 규제 현황」, 국가기록원 기록물철(DA0517062).

_____, 2002a, 「주택시장 안정대책」, 국가기록원 기록물철(DA1266272, 2).

_____, 2002b·2003b, 『주택업무편람』.

_____, 2003a, 「분양가 원가 공개문제 검토」, 국가기록원 기록물철(DA1270885,
10. 1).

_____, 2004, 「분양가공개·규제 검토」, 국가기록원 기록물철(DA0533068, 2. 10).

_____, 2005a, 「분양원가 공개주장 검토」, 국가기록원 기록물철(DA0533382, 7).

_____, 2005b, 「아파트 분양가 인하 방안」, 국가기록원 기록물철(DA0533250,
11. 30).

_____, 2006, 「전국 871만호에 대한 2006년 공동주택가격 공시」, 보도자료 2006.
8. 1.

_____, 2007, 「2007년 공동주택가격 및 개별(단독)주택가격 공시」, 보도자료
2007. 4. 27.

건설부, 1976, 「인구정책」, 국가기록원 기록물철(DA0224894).

_____, 1977a, 「국민주택 우선공급에 관한 규칙(안)」, 국가기록원 기록물철
(DA0224895, 8).

_____, 1977b, 「아파트 분양제도 개선방안」, 국가기록원 기록물철(DA0224894,
6. 24).

_____, 1977c, 「주택건설촉진법개정법률(안): 경제장관회의 안건」, 국가기록원
기록물철(DA0157358, 10. 10).

_____, 1977d, 「주택공급증대 종합대책」, 국가기록원 기록물철(DA0157358, 9.
28).

_____, 1978a, 「경제장관 협의회 안건상정」, 국가기록원 기록물철(DA0224896, 3. 15).

_____, 1978b, 「아파트 분양제도 개선방안」, 국가기록원 기록물철(DA0224896, 2).

_____, 1978c, 「주택건설촉진법 시행령 일부조정」, 국가기록원 기록물철(DA0517364, 2).

_____, 1978d, 「주택청약예금 제도에 대한 여론조사 결과」, 국가기록원 기록물철(DA0224898, 7. 18).

_____, 1978e, 「집단주택공급체계 개선」, 국가기록원 기록물철(DA0224896, 2. 18).

_____, 1978f, 「APT 분양제도 개선」, 국가기록원 기록물철(DA0224896, 3. 29).

_____, 1980a, 「공공택지개발 촉진에 관한 특별조치법(안) 검토」, 국가기록원 기록물철(DA0517370).

_____, 1980b, 「도시주택부족문제 해결을 위한 공공주택건설 및 주택개발기본계획」, 국가기록원 기록물철(DA0517370).

_____, 1980c, 「제목 미상」(국민 주거생활 안정을 위한 특별조치법(안)에 대한 설명자료), 국가기록원 기록물철(DA0517371).

_____, 1980d, 「택지개발촉진법(안) 제정에 따른 의견조회」, 국가기록원 기록물철(DA0517370, 9. 27).

_____, 1981, 「무사고 및 유공운전자 육성에 대한 협조요청에 대한 회신」, 국가기록원 기록물철(DA1076414, 7. 3).

_____, 1982, 「투기대책 토론회」, 국가기록원 기록물철(BA0950821, 11. 17).

_____, 1983a, 「보도자료: 주택건설촉진법 시행령 개정」, 국가기록원 기록물철(DA0517385).

_____, 1983b, 「부동산투기억제대책 및 주택정책(건설위 보고)」, 국가기록원 기록물철(BA0950839, 2. 28).

_____, 1985a, 『주택정책방안에 관한 연구(2): 주택관련 제도 개선』.

_____, 1985b, 『주택정책방안에 관한 연구(3): 주택관련조세 및 금융』.

_____, 1986a·1990b·1991, 『건설통계편람』.

_____, 1986b, 「공공·민간합동택지개발방안」, 국가기록원 기록물철(BA0875316, 2).

_____, 1986c, 「공공택지개발 공급촉진방안 수립 시달」, 국가기록원 기록물철(BA0875316, 3. 13).

_____, 1986d, 「주택합동개발 추진상황 보고」, 국가기록원 기록물철(BA0875316, 8).

_____, 1987a, 「경제정책의 종합점검 및 처리방침」, 국가기록원 기록물철(DA0516269).

_____, 1987b, 『국토건설 25년사』.

_____, 1987c, 「도시재개발 업무지침 시달」, 국가기록원 기록물철(DA0064257, 3. 27).

_____, 1987d, 「등록업체 시공권 부여」, 국가기록원 기록물철(DA0517392).

_____, 1988a, 「등록업자시공권부여기준 및 시공범위」, 국가기록원 기록물철(DA0517072, 1).

_____, 1988b, 「6차 계획 기간 중('88~'92) 주택건설계획」, 국가기록원 기록물철(DA1261938).

_____, 1989a, 「국무위원 간담회 토론 요지」, 국가기록원 기록물철(DA0064328, 9. 2).

_____, 1989b, 「도시재개발제도개선(안)」, 국가기록원 기록물철(DA0516263, 11.

10).

_____, 1989c, 「도시영세민 주거안정특별대책: 영구임대주택 25만호 건설계획」, 국가기록원 기록물철(DA1261938, 3. 14).

_____, 1989d, 「서울권의 대단위주택단지 개발」, 국가기록원 기록물철(DA1261938, 4).

_____, 1989e, 「주택공급확대를 통한 주택가격안정대책」, 국가기록원 기록물철(DA1261938, 4. 27).

_____, 1989f, 「주택대량공급을 위한 분당·일산 새 주택도시 건설계획」, 국가기록원 기록물철(DA1261938, 4. 27).

_____, 1989g, 「주택분양가 원가연동제 실시방안」(11. 4).

_____, 1989h, 「주택사업자 자체시공범위 토론」, 국가기록원 기록물철(DA0517408).

_____, 1989i, 「토지공개념법안에 대한 당정협의 결과보고」, 국가기록원 기록물철(DA0064328, 11).

_____, 1989j, 「토지공개념 확대방안 고위당정협의」, 국가기록원 기록물철(DA0064326, 8. 23).

_____, 1989k, 「I. 당정협의시 제기된 문제점」, 국가기록원 기록물철(DA0064326).

_____, 1989l, 「토지공개념 확대방안에 대한 관계부처 의견」, 국가기록원 기록물철(DA0064324).

_____, 1990a, 「건의 및 질의회신」, 국회 건설위원회 청원(청원번호: 130438, 11. 2) 별첨문서, 국회 의안정보시스템(http://likms.assembly.go.kr/bill/).

경제기획원, 1978, 「부동산투기억제대책」, 국가기록원 기록물철(BA0950814, 8. 5).

_____, 1983, 「부동산투기억제대책(안)」, 국가기록원 기록물철(BA0950839, 2. 16).

_____, 1985, 「주택건설부진 타개방안 통보 및 요조치사항 시행」, 국가기록원 기록물철(BA0875316, 9. 10).

_____, 1987, 「건설공사제도개선 및 부실대책」, 국가기록원 기록물철 (DA0517393, 2).

경제기획원·내무부·재무부·건설부, 1991, 「7차 계획기간 중 주택정책의 발전과 부동산 관련 세제 개선방안」, 한국개발연구원(KDI) 경제정보센터(http://eiec.kdi.re.kr/).

경제정의실천시민연합, 1989a, 「경실련 발기선언문」, 경실련 인터넷 홈페이지 (http://ccej.or.kr/).

_____, 1989b, 「경실련 취지선언문」, 경실련 인터넷 홈페이지(http://ccej.or.kr/).

_____, 1989c, 『땅·집: 한국의 토지주택정책, 어디로 가야 할 것인가』, 한울.

_____, 1989d, 「토지와 주택정책에 관한 '경제정의실천시민연합'의 제안」, 한국토지행정학회 엮음 『토지공개념제도 관련 자료집』.

_____, 1990a, 『'경실련' 출범 1주년 기념자료집』.

_____, 1990b, 「주택임대차보호법 개정에 관한 '경실련'의 의견」, 『'경실련' 출범 1주년 기념자료집』.

_____, 1990c, 『89, 90년 '경실련' 보도자료 및 성명서 모음집』.

_____, 2004, 「경실련 아파트값 거품빼기운동본부 출범 기자회견」, 보도자료 2004. 2. 12.

_____, 2009, 「재개발사업 부실조합설립동의서 실태 및 사업비 증액 규모 발표」, 보도자료 2009. 10. 7.

경제정의실천시민연합 도시개혁센터, 2005, 「'강남 재건축아파트 개발이익규모 추정 및 재건축제도개선 촉구' 기자회견 보도요청」, 보도자료 2005. 5. 26.

고성수, 2008, 「주택대출 시장 및 MBS 시장」, 손재영 엮음 『한국의 부동산 금융』,

건국대학교출판부.

_____, 2012,「주택대출시장 및 MBS 시장」, 손재영 엮음『부동산 금융의 현황과 과제』, 한국개발연구원.

고철·박종택, 1993,『신도시 건설에 따른 인구이동 및 주거상태 변화에 관한 연구』, 국토개발연구원.

공간환경연구회 일산신도시 연구특위, 1990,『신도시개발 반대투쟁 자료집(I)』.

공동주택연구회, 1999,『한국 공동주택계획의 역사』, 세진사.

곽영길, 1989,「토지공개념 파동: 반대세력의 실체와 전략」,『월간조선』 10월호.

국무조정실, 2003,「주택건설 원가공개 의무화 법안 동향 보고」, 국가기록원 기록물철(DA0532971, 10. 8).

_____, 2004a,「주택분양가 규제현황과 개선방안(안)」, 국가기록원 기록물철(DA0533068).

_____, 2004b,「주택 분양원가 공개관련 회의결과 보고」, 국가기록원 기록물철(DA0533068, 1. 29).

국무조정실 부동산정책 T/F, 2005,「참고자료」, 제7차 부동산정책 당정협의회 회의참고자료, 국가기록원 기록물철(DA0533297, 8. 24).

국세청,『국세통계연감』, 각 연도.

_____, 1977,「제1차 아파트 표본조사현황」, 국가기록원 기록물철(DA0224894, 6. 24).

_____, 1996,『국세청 30년사』.

_____, 2005,「부동산투기수요 억제를 위한 국세청 조치사항」, 제2차 부동산정책 당정협의회 보고자료, 국가기록원 기록물철(DA0533375, 7. 13).

_____, 2006,「'종합부동산세 신고업무의 차질없는 집행'을 위한 전국 지방국세청장 및 세무관서장 화상회의 개최」, 보도참고자료 2006. 12. 6.

국정브리핑 특별기획팀, 2007,『대한민국 부동산 40년』, 한스미디어.

국토개발연구원, 1979,『80년대 주택정책 방향의 모색』.

＿＿, 1981,『주택자료편람』.

＿＿, 1987,『주택분양제도에 관한 연구: 채권입찰제도를 중심으로』.

＿＿, 1988,『사회주택정책에 관한 연구』.

＿＿, 1991a,『국민주거안정을 위한 주택정책 토론회』.

＿＿, 1991b,『전환기의 주택정책 방향모색』.

＿＿, 1996,『국토 50년: 21세기를 향한 회고와 전망』, 서울프레스.

국토교통부『국민주택기금 업무편람』, 각 연도.

＿＿, 2015a,「주택보급률(신) 관련 다가구 구분거처수 산정방식 문의에 대한 답변」, 민원답변자료 2015. 12. 30(신청번호: 1AA-1512-093003).

＿＿, 2015b·2016,『주택업무편람』.

＿＿, 2019,「민간택지 분양가상한제 서울 27개 동 지정」, 보도자료 2019. 11. 6.

국토연구원·건설교통부, 2004,『'공공택지 및 분양주택 공급제도'에 관한 공청회』.

국토해양부, 2008,「새로운 주택보급률 산정방안 마련」, 보도자료 2008. 12. 30.

국회사무처, 2004a,「제250회국회 재정경제위원회 회의록 제15호」, 국회 회의록 시스템(http://likms.assembly.go.kr/record/).

＿＿, 2004b,「제251회국회 재정경제위원회 조세법안등심사소위원회 회의록」, 국회 회의록 시스템.

＿＿, 2005a,「제251회국회 국회본회의회의록 제4호」, 국회 회의록 시스템.

＿＿, 2005b,「제256회국회 재정경제위원회 조세법안등심사소위원회 회의록」, 국회 회의록 시스템.

＿＿, 2006,「제262회국회 재정경제위원회 조세법안등심사소위원회 회의록」,

국회 회의록 시스템.

국회 재정경제위원회, 2007, 「종합부동산세법 개정에 관한 청원(원희룡의원 소개) 검토보고」, 국회 의안정보시스템(http://likms.assembly.go.kr/bill/main.do).

권순원·고일동·김관영·김선웅, 1992, 『분배불평등의 실태와 주요정책과제』, 한국개발연구원.

권영덕·윤혜정·장남종·이광훈·조성빈, 1995, 『주택시가지 주거밀도에 관한 연구: 저밀도 아파트지구 재건축에 관한 연구』, 서울시정개발연구원.

권태환·김두섭, 2013, 『인구의 이해』, 서울대학교출판문화원.

권태환·윤일성·장세훈, 2006, 『한국의 도시화와 도시문제』, 다해.

권현아, 2012, 「한국 도시주거의 상품화와 일상의 관계에 대한 연구」, 서울대학교 건축학과 박사학위논문.

금융감독원, 2006, 「금융권 주택담보대출 취급실태 점검결과」, 보도자료 2006. 3. 29.

_____, 2012, 「전 금융권 주택담보대출 리스크 현황 및 감독방향」, 보도자료 2012. 8. 2.

기독교도시빈민선교협의회·천주교도시빈민회, 1989, 「기빈협, 천도빈 지역운동 정책 토론회」, 민주화운동기념사업회 오픈아카이브(http://archives.kdemo.or.kr/).

김갑성·박재룡·허순호, 1999, 『IMF 이후 부동산시장의 패러다임 변화』, 삼성경제연구소.

김경환, 2007, 「외환위기 전후 주택시장 구조변화와 주택정책」, 『경제학연구』 55집 4호.

김경환·김홍균, 2007, 「참여정부 주택정책의 시장친화성과 정책효과성」, 『응용경제』 9권 2호.

김도균, 2013, 「한국의 자산기반 생활보장체계의 형성과 변형에 관한 연구: 개발국가의 저축동원과 조세정치를 중심으로」, 서울대학교 사회학과 박사학위논문.

김명수, 2014, 「보유세 개혁의 좌절에 관한 조세정치적 해석: 종합부동산세의 사례」, 『경제와사회』 101호.

_____, 2018a, 「한국 주거문제의 구조적 기원(1970~1985): 자원동원형 주택공급연쇄와 그 내부 긴장」, 『공간과사회』 28권 2호.

_____, 2018b, 「한국의 주거정치와 계층화: 자원동원형 사회서비스 공급과 생존주의 주거전략의 탄생, 1970~2015」, 서울대학교 사회학과 박사학위논문.

_____, 2018c, 「토지공개념 헌법 명기에 내포된 가능성과 한계: 제도사적 고찰」, 『경제와사회』 119호.

_____, 2019, 「자가소유권의 기능 전환과 중산층의 변화: 투기적 가계금융 지위의 부상을 중심으로」, 『한국사회학』 53집 3호.

_____, 2020, 「가계금융화의 굴절과 금융 불평등: 한국 가계의 금융통합 양상에 관한 경험적 고찰」, 『한국사회학』 54집 1호.

김미경, 2009, 「동아시아 국가에서의 조세와 국가의 경제적 역할: 비교의 시각」, 『국제정치논총』 49권 5호.

김상환, 2005, 「주택담보대출의 위험에 대한 재평가」, 『주간 금융 브리프』 14권 43호.

김수현, 1996, 「한국 공공임대주택 정책의 전개과정과 성격」, 서울대학교 환경대학원 박사학위논문.

_____, 2009, 「재개발(뉴타운) 사업의 문제점과 대안」, 학술단체협의회 외 『용산참사 학술단체 공동토론회 자료집』.

_____, 2011, 『부동산은 끝났다』, 오월의봄.

김순영, 2011,『대출 권하는 사회: 신용 불량자 문제를 통해서 본 신용의 상품
　　화와 사회적 재난』, 후마니타스.

김영범, 2002,「한국 사회보험의 기원과 제도적 특징: 의료보험과 국민연금을
　　중심으로」,『경제와사회』55호.

김용창, 1992,「한국 주택문제의 구조와 대안적 전략의 모색」, 학술단체협의회
　　엮음『한국사회의 민주적 변혁과 정책적 대안』, 역사비평사.

김정호, 2004,「재개발·재건축·주거환경개선 방안 연구」, 차문중 엮음『주택시
　　장 분석과 정책과제 연구』, 한국개발연구원.

김정호·김근용, 1998,『주택정책의 회고와 전망』, 국토개발연구원.

김준형·고진수·최막중, 2009,「주택 소유와 거주의 분리에 관한 연구」,『대한국
　　토도시계획학회 춘계학술대회 논문집』.

김창곤, 1973,「도시화와 주택건설의 방향: 정부의 시책 면에서」,『주택』14권
　　1호.

김홍중, 2009a,「육화된 신자유주의의 윤리적 해체」,『사회와 이론』14집.

＿＿＿, 2009b,「진정성의 기원과 구조」,『한국사회학』43집 5호.

＿＿＿, 2015,「서바이벌, 생존주의, 그리고 청년세대」,『한국사회학』49집 1호.

＿＿＿, 2017,「생존주의, 사회적 가치, 그리고 죽음의 문제」,『사회사상과 문화』
　　20권 4호.

나이링 섬, 2001,「자본주의 시공간적 다양성: 배태된 수출주의와 거버넌스—
　　홍콩과 타이완을 사례로」,『공간과사회』15권.

내무부『한국도시연감』, 각 연도.

＿＿＿, 1977,「아파트분양 가수요 방지책 통보」, 국가기록원 기록물철
　　(DA0224894, 3. 31).

＿＿＿, 1981,「무사고 및 유공운전자 육성에 대한 협조요청」, 국가기록원 기록

물철(DA1076414, 6. 30).

_____, 1988, 「종합토지세 관련 관계부처 과장회의 결과보고」, 국가기록원 기록
물철(BA0842800, 0. 7).

노동부(청) 『노동통계연감』, 각 연도.

노영훈, 1997, 「재산과세」, 최광·현진권 엮음 『한국 조세정책 50년』, 제1권: 『조
세정책의 평가』, 한국조세연구원.

_____, 2004, 『토지세 강화정책의 경제적 효과: 종합토지세를 중심으로』, 한국
조세연구원.

노영훈·이성욱·이진순, 1996, 『한국의 토지세제』, 한국조세연구원.

대한건설협회, 1988, 「주택사업 등록업자 시공권 확대반대 건의서」, 국가기록
원 기록물철(DA0517393, 11).

_____, 1989, 「주택건설촉진법 시행령 개정안 입법예고에 대한 의견제출」, 국가
기록원 기록물철(DA0517408, 1. 24).

대한건설협회 480개 회원사 대표자 일동, 1987a, 「주택건설촉진법 개정 반대
탄원서」(건설부), 국가기록원 기록물철(DA0517391, 9. 18).

_____, 1987b, 「주택건설촉진법 개정 반대 탄원서」(국회 건설위원회), 국가기록
원 기록물철(DA0517391, 9. 24).

대한상공회의소, 1989, 「대한·서울상공회의소 업계의견」, 한국토지행정학회 엮
음 『토지공개념제도 관련 자료집』.

_____, 1997, 「기업부동산 중과세제도의 개선을 위한 업계의견」, 국가기록원 기
록물철(DA1040148, 11).

대한전문건설협회, 1989, 「주택건설촉진법 시행령 입법예고(안)에 대한 의견제
출」, 국가기록원 기록물철(DA0517408, 1. 27).

대한주택건설협회, 2004, 「주택분양가 규제방안에 대한 검토의견」, 국가기록원

기록물철(DA0533068, 1).

_____, 2007, 『대한주택건설협회 20년사』.

대한주택공사, 1967, 『한국주택현황』.

_____, 1980·1984·1986b·1987·1992b, 『주택통계편람』.

_____, 1983, 『한국주택정책의 발전방향에 관한 연구(4): 민간주택건설업의 역할분석에 관한 연구』.

_____, 1986a, 「공공택지개발공급촉진 방안 보고」, 국가기록원 기록물철(BA0875316, 6. 10).

_____, 1989a, 『도시정비 및 저소득층을 위한 주택개량재개발기법연구』.

_____, 1989b, 『영세민 주거실태 및 의식 조사 연구: 자료집』.

_____, 1992a, 『대한주택공사 30년사』.

_____, 1993·2001, 『주택핸드북』.

_____, 2005, 「분양원가 공개관련 검토」, 국가기록원 기록물철(DA0533382, 7).

대한주택공사 재개발처, 1992, 『불량주택정비사업 활성화를 위한 제도개선 방안』.

데이비드 콜·박영철, 1984, 『한국의 금융발전: 1945~1980』, 한국개발연구원.

리얼미터, 2008, 「유권자 4명 중 3명, 뉴타운 공약 표심에 영향」, 보도자료 2008. 4. 18.

마이크 데이비스, 2007, 『슬럼, 지구를 뒤덮다: 신자유주의 이후 세계 도시의 빈곤화』, 김정아 옮김, 돌베개.

민주언론운동시민연합·토지정의시민연대, 2006, 「『조선』·『중앙』·『동아』의 '부동산 관련 사설 및 칼럼' 분석 비평」, 언론 모니터링 자료 2006. 12. 9.

민주정의당 정책위원회, 1989, 「토지공개념 확대방안에 대한 검토의견」, 국가기록원 기록물철(DA0064334, 9).

민주정책연구원, 2011, 『뉴타운·재개발·재건축 사업의 현주소와 대안』.

박상현, 2012, 『신자유주의와 현대 자본주의 국가의 변화: 세계헤게모니 국가 미국을 중심으로』, 백산서당.

박세훈, 1989, 「토지공개념 파동: 인터뷰 문희갑 대통령경제수석비서관 "땅 투기만은 없애겠다"」, 『월간조선』 10월호.

박신영, 2000, 「주택전세제도의 기원과 전세시장 전망」, 『주택』 64호.

박인석, 2013, 『아파트 한국사회: 단지 공화국에 갇힌 도시와 일상』, 현암사.

박창균, 2010, 「1997년 경제위기 이후 가계신용 증가와 정책대응에 대한 평가」, 『한국경제의 분석』 16권 1호.

박찬종, 2014, 「한국 부채경제의 정치경제적 영향에 관한 연구: 국가, 금융, 기업 관계를 중심으로」, 서울대학교 사회학과 박사학위논문.

박해천, 2013, 『아파트 게임: 그들이 중산층이 될 수 있었던 이유』, 휴머니스트.

박헌주·채미옥·최혁재·최수, 1998, 『토지정책의 전개와 발전방향』, 국토개발연구원.

박형근·이상진, 2006, 「부동산가격 변동과 은행 경영성과 간 관계 분석」, 『조사통계월보』 2월호.

발레리 줄레조, 2007, 『아파트공화국』, 길혜연 옮김, 후마니타스.

배경동, 2007, 「주택공급정책이 도시계획 왜곡현상에 미친 영향에 관한 연구」, 서울시립대학교 도시공학과 박사학위논문.

변창흠, 2005, 「한국토지공사의 성과와 과제」, 홍성태 엮음 『개발공사와 토건국가: 개발공사의 생태민주적 개혁과 생태사회의 전망』, 한울.

_____, 2008a, 「도시재생방식으로서 뉴타운사업의 정책결정 과정과 정책효과에 대한 비판적 고찰」, 『공간과사회』 29호.

_____, 2008b, 「'욕망의 정치'와 이명박정부의 부동산정책」, 『기억과전망』 19호.

_____, 2010,「도시권을 기준으로 한 도시재생사업의 구조 분석 및 성과 평가」, 한국공간환경학회『도시와 정의, 도시와 권리 학술문화제 자료집』.

사당2동 세입자 대책위원회·서울지역 총학생회연합, 1988,『사당2동 투쟁 보고서: 사당동은 또 하나의 광주다!』.

사회통합위원회, 2010,『도시재정비 제도개선 소위원회 활동 결과 보고서』.

서울시 뉴타운재개발사업 주민현장백서 발간위원회, 2012,『서울시 뉴타운재개발사업은 사기다!』, 청문각.

서울특별시, 1978,「문답자료」, 국가기록원 기록물철(DA0224898).

_____, 1987,「재개발사업 및 도시계획사업 시행에 따른 철거건물 세입자 대책」, 국가기록원 기록물철(DA0064257, 5. 15).

_____, 1989a,「서울특별시 주택개량재개발사업 업무지침(합동재개발) 개정 보고」, 국가기록원 기록물철(DA0064257, 8. 22).

_____, 1989b,「주택개량재개발사업 업무지침 개정시행 보고」, 국가기록원 기록물철(DA0064257, 4. 29).

_____, 1991a,『목동공영개발 평가보고서』.

_____, 1991b,「주택조합 전산수록 현황」, 국가기록원 기록물철(DA0517411, 2. 5).

_____, 2000,「청담·도곡 및 잠실 저밀도아파트지구개발기본계획(변경)고시」, 국가기록원 기록물철(DA0533371, 9. 8).

_____, 2004a,『뉴타운 만들기 과정의 기록: 길음 뉴타운』.

_____, 2004b,『뉴타운 만들기 과정의 기록: 왕십리 뉴타운』.

_____, 2004c,「주택분양가 규제 회의자료」, 국가기록원 기록물철(DA0533068, 1).

_____, 2007,『뉴타운사업에 따른 원주민 재정착률 제고방안』.

_____, 2010,『서울시 뉴타운사업 7년간의 기록』.

_____, 2014, 『뉴타운·재개발 실태조사 백서』.

서울특별시의회 도시정비위원회, 1996, 『서울특별시 저밀도 아파트지구 밀도 별경에 관한 공청회: 의견발표』, 서울특별시의회.

선매청약 장기 저축자 920명 일동, 1990, 「건설부 탄원서」, 국회 건설위원회 청원(청원번호: 130438, 10. 18) 별첨문서, 국회 의안정보시스템(http://likms.assembly.go.kr/bill/).

손낙구, 2008, 『부동산 계급사회』, 후마니타스.

손재영, 2012, 「부동산개발금융의 선진화 방안」, 조만·차문중 엮음 『글로벌 금융위기 이후 주택정책의 새로운 패러다임 모색(하)』, 한국개발연구원.

손재영·이준용, 2012, 「우리나라 부동산금융의 현황과 과제」, 손재영 엮음 『부동산금융의 현황과 과제』, 한국개발연구원.

손정목, 2003, 『서울 도시계획 이야기 3: 서울 격동의 50년과 나의 증언』, 한울.

손호철, 1991, 「자본주의국가와 토지공개념: 6공화국의 토지공개념 관련법안 입법을 중심으로」, 『한국정치연구』 3집.

송보경·김재옥, 2003, 『한국 소비자 운동: 안전성, 투명성, 지속성을 위한 20년』, 석탑.

송호근, 1991, 「권위주의 한국의 국가와 임금정책, 1970~1987」, 『한국의 노동정치와 시장』, 나남.

_____, 1992, 「한국의 복지정책: '형식적 기업복지'의 이론적 기반」, 『한국사회학』 26집, 여름호.

_____, 1993, 「권위주의 한국의 국가와 임금정책(II): 임금규제의 정치학」, 『한국정치학회보』 27집 1호.

신동진, 2013, 『가계부채의 현황 및 대응방안』, 국회예산정책처.

신진욱, 2004, 「사회운동, 정치적 기회구조, 그리고 폭력: 1960~1986년 한국 노동자 집단행동의 레퍼토리와 저항의 사이클」, 『한국사회학』 38집 6호.

신진욱·이은지, 2012, 「금융화 시대의 주택체제 변동의 네가지 경로: 국제 비교 관점에서 본 한국 주택불평등 구조의 특성」, 『경제와사회』 95호.

안정옥, 2002, 「현대 미국에서 "시간을 둘러싼 투쟁"과 소비적 현대성: 노동, 시간과 일상생활」, 서울대학교 사회학과 박사학위논문.

양재진, 2004, 「한국의 산업화시기 숙련형성과 복지제도의 기원: 생산레짐 시각에서 본 1962~1986년의 재해석」, 『한국정치학회보』 38집 5호.

_____, 2008, 「한국 복지정책 60년: 발전주의 복지체제의 형성과 전환의 필요성」, 『한국행정학보』 42권 2호.

양재진·민효상, 2013, 「한국 복지국가의 저부담 조세체제의 기원과 복지 증세에 관한 연구」, 『동향과전망』 88호.

연하청·이성표·박준경·김관영·한태선·홍종덕, 1990, 『중산층 실태분석과 정책과제』, 한국개발연구원.

오성훈·송영일·손정락, 2005, 「주거복지와 한국주택공사의 문제」, 홍성태 엮음 『개발공사와 토건국가: 개발공사의 생태민주적 개혁과 생태사회의 전망』, 한울.

우명숙, 2005, 「한국 초기 사회복지정책의 재해석: 제도주의적 시각의 분석적 유용성을 제안하며」, 『경제와사회』 67호.

_____, 2011, 「한국 복지국가의 이론화와 점진적 변화 이론의 기여: 한국의 작은 복지국가 경로의 이해」, 『한국사회정책』 18권 4호.

우형달, 2008, 「수도권 부동산 경매시장 특성」, 강원대학교 부동산학과 박사학위논문.

월간조선, 2007, 『세금폭탄』, 『월간조선』 1월호 별책.

유형근, 2012, 「한국 노동계급의 형성과 변형: 울산지역 대기업 노동자를 중심으로, 1987~2010」, 서울대학교 사회학과 박사학위논문.

윤인숙, 2004, 「서울시 뉴타운 사업의 문제: 누구를 위한 지역균형발전인가?」,
『도시와 빈곤』 69권.

윤주현 엮음, 2002, 『한국의 주택』, 통계청.

윤주현·강미나, 2005, 『서울시 강남주택시장의 구조분석 연구』, 국토연구원.

이규황, 1999, 『토지공개념과 신도시: 구상에서 실천까지』, 삼성경제연구소.

이은지, 2013, 「한국에서 주택 담론의 역사적 변화: 1970~2000년대 신문기사를
통해 본 '내집마련' 담론」, 중앙대학교 사회학과 석사학위논문.

이장규·김왕기·허정구·김종수·남윤호, 2011, 『경제가 민주화를 만났을 때: 노
태우 경제의 재조명』, 올림.

이정우, 1991, 「한국의 부, 자본이득과 소득불평등」, 『경제논집』 30권 3호.

이정전, 2007, 『전정판 토지경제학』, 박영사.

이종권·주관수·김은혜·최조순, 2006, 『재건축 초과이익 환수제도 시행방안』,
대한주택공사.

이중희, 2002, 「전환기의 주택금융시장: 최근 동향과 향후 진로」, 『주택연구』
10권 2호.

_____, 2012, 「부동산 관련 증권화 상품」, 손재영 엮음 『부동산 금융의 현황과
과제』, 한국개발연구원.

이중희·허정수, 1993, 「전세금의 제도금융화 방안」, 『주택금융』 162호.

이진순, 1989, 「토지공개념 파동: 토지세제 더 강화해야 한다」, 『월간조선』
10월호.

_____, 1991, 「조세정책」, 한국재정40년사편찬위원회 엮음 『한국재정 40년사』,
제7권: 『재정운용의 주요과제별 분석』, 한국개발연구원.

이창무, 2015, 『한국 주택시장의 새로운 이해』, 다산출판사.

이창무·김현아·조만, 2012, 「소득대비 주택가격 비율(PIR)의 산정방식 및 그 수준에 대한 국제비교」, 『주택연구』 20권 4호.

이창무·이재우, 2008, 『한국부동산임대시장의 새로운 해석』, 부동산114(주).

이철호·한상진, 1990, 「토지공개념과 독점자본의 토지소유」, 『경제와사회』 7호.

일산·분당 신도시개발 반대투쟁 지원 공동대책위원회, 1989, 『신도시개발 반대 투쟁 자료집』.

임덕호, 2005, 「아파트 분양원가 공개의 경제학적 고찰」, 『주택연구』 13권 1호.

임동근·김종배, 2015, 『메트로폴리스 서울의 탄생』, 반비.

임서환, 2005, 『주택정책 반세기: 정치경제환경 변화와 주택정책의 전개과정』, 기문당.

임서환·진미윤, 2002, 『주택보급률 지표 개선방안 연구』, 대한주택공사 주택도시연구원.

임재현·한상삼·정승영·최신융, 2008, 『주택정책론』, 부연사.

장남종·양재섭, 2008, 『서울시 뉴타운 사업의 추진실태와 개선과제』, 서울시정개발연구원.

장세훈, 1994, 『불량주택재개발정책: 현황과 대책』, 국회도서관 입법조사분석실.

_____, 1996, 「자본의 토지 소유 및 개발에 관한 국가 정책 연구」, 서울대학교 사회학과 박사학위논문.

_____, 2008a, 「주택정책과 주거 불평등: 주거 불평등 대책으로서 주택정책의 평가와 대안」, 『지역사회학』 9권 2호.

_____, 2008b, 「중산층의 주거현실에 비춰본 중산층 육성정책의 방향」, 한국사회학회 엮음 『기로에 선 중산층: 현실진단과 복원의 과제』, 인간사랑.

재무부, 1979, 『한국의 금융정책: 기본전략과 정책수단의 발전과정』.

_____, 1993, 「93 토지초과이득세 정기과세의 효율적 추진」, 국가기록원 기록물

철(DA1041381).

재정경제부, 2004,「주택 분양가 규제 관련 회의」, 국가기록원 기록물철
(DA0533068, 1. 28).

_____, 2005,『8·31 부동산 정책 공론조사』.

재정경제부 외 10개 관계부처 합동, 1999,「일자리 창출과 실직자 보호를 위한
실업대책 강화방안」, 국가기록원 기록물철(DA0533237, 3. 22).

재정경제부·행정자치부·건설교통부·금융감독위원회, 2005,「서민주택 안정과
부동산투기억제를 위한 부동산제도 개혁방안」, 합동 보도자료 2005. 8. 31.

전강수, 2006,「헨리 조지와 참여정부의 부동산 정책」, 서울사회경제연구소 엮
음『양극화 해소를 위한 경제정책: 금융, 노동시장, 부동산, 지역』, 한울.

전광섭, 2007,『주택금융론: 주택금융의 이해와 실제』, 부연사.

전국경제인연합회, 1989,「전국경제인연합회 의견」, 한국토지행정학회 엮음
『토지공개념제도 관련 자료집』.

전국노동조합협의회, 1990,『1990년 임금인상투쟁지침서』, 백산서당.

_____, 1991·1992a·1993,『임금지침』, 돌베개.

_____, 1992b,『임금투쟁·단체협약 분석: 임금인상투쟁 분석·단체협약 분석·임
금체계 분석』, 돌베개.

전국일반건설업체 대표자 일동, 1987,「공개질의서(안)」, 국가기록원 기록물철
(DA0517391, 10).

전국철거민연합, 2004,「철거민 투쟁사」, 전국철거민연합 인터넷 홈페이지
(http://www.nasepl.org).

전남일·손세관·양세화·홍형옥, 2008,『한국 주거의 사회사』, 돌베개.

전상인, 2009,『아파트에 미치다: 현대 한국의 주거사회학』, 이숲.

전인우, 1991,「노동자 주택」, 현대경제사회연구원 엮음『주택문제 해소 대책』.

전진우, 1989, 「토지공개념에 반대하는 사람들」, 『신동아』 10월호.

정무권, 2007, 「한국 발전주의 생산레짐과 복지체제의 형성」, 『한국사회정책』 14권 1호.

정이환, 2013, 『한국 고용체제론』, 후마니타스.

정책기획위원회, 2003, 「제18회 국정과제회의 준비」, 대통령기록관 기록물철 (1A10803150550333, 8. 18).

_____, 2008, 『부동산시장 안정 및 주거복지: 투명하고 공정한 시장질서와 안정적인 공급기반 마련』.

정해구, 2011, 『전두환과 80년대 민주화운동: '서울의 봄'에서 군사정권의 종말까지』, 역사비평사.

정희남·김승종·박동길·周藤利一·W. McCluskey·O. Connellan, 2003, 『토지에 대한 개발이익환수제도의 개편방안』, 국토연구원.

조명래, 2006, 「상생의 재건축: 시장주의 대 규제주의의 대립을 넘어」, 『주거환경』 4권 1호.

_____, 2008, 「뉴타운 사업의 논란과 전망: 뉴타운의 정치학」, 환경정의·참여연대 『뉴타운사업 이대로 좋은가?』.

조반니 아리기, 2008, 『장기 20세기: 화폐, 권력, 그리고 우리 시대의 기원』, 백승욱 옮김, 그린비.

조세학자 모임, 1994, 「토지초과이득세 폐지 건의」, 국가기록원 기록물철 (DA0224504, 8. 12).

존 롤즈, 2003, 『정의론』, 황경식 옮김, 이학사.

주거권 실현을 위한 국민연합, 1992, 『주거연합 2주년 기념 자료집』.

주봉석 외 630인, 1990, 「장기주택청약저축가입자에 대한 국민주택(전용면적 25.7평 규모)의 확대공급에 관한 청원」, 국회 건설위원회 청원(청원번호:

130438, 10. 18), 국회 의안정보시스템(http://likms.assembly.go.kr/bill/).

진미윤·김수현, 2017, 『꿈의 주택정책을 찾아서: 글로벌 주택시장 트렌드와 한구의 미래』, 오월의봄.

차문중 엮음, 2004, 『주택시장 분석과 정책과제 연구』, 한국개발연구원.

참여연대, 2016, 「가계부채 이슈리포트 ①: '가계부채, 관리가능하다?'」, 이슈리포트 2016. 3. 22.

천현숙, 2004, 「수도권 신도시 거주자들의 주거이동 동기와 유형」, 『경기논단』 6권 1호.

총무처, 1981, 「무주택공무원 주택 마련 사업협조」, 국가기록원 기록물철(DA1076414, 6. 23).

최민섭, 2005, 「재건축정책의 평가와 과제」, 주거복지연대 엮음 『참여정부의 주택정책 평가와 과제』.

토지공개념연구위원회, 1989, 『토지공개념연구위원회 연구보고서』.

통계청 『한국의 사회지표』, 각 연도.

_____, 2014, 「행정자료를 활용한 '2013년 개인별 주택 소유통계' 결과」, 보도자료 2014. 12. 18.

_____, 2015, 「행정자료를 활용한 '2014년 개인별 주택 소유통계' 결과」, 보도자료 2015. 12. 30.

_____, 2016, 「행정자료를 활용한 '2015년 개인별 주택 소유통계' 결과」, 보도자료 2016. 12. 15.

프리드리히 엥겔스, 1990, 「주택문제에 대하여」, 『칼 맑스 프리드리히 엥겔스 저작선집』 제4권, 최인호·김석진 옮김, 박종철출판사.

최인기, 2012, 『가난의 시대: 대한민국 도시빈민은 어떻게 살았는가?』, 동녘.

하성규, 1991, 「공공임대주택」, 현대경제사회연구원 엮음 『주택문제 해소대책』.

_____, 2006, 『주택정책론』, 박영사.

_____, 2007, 『한국인의 주거빈곤과 공공주택』, 집문당.

하성규·유재현·권용우·장성수, 1993, 『집: 기쁨과 고통의 뿌리』, 비봉출판사.

한국개발연구원, 1977, 『주택정책심포지움보고서』.

한국교회사회선교협의회 도시주민사회분과위원회, 1985, 『목동 공영개발과 주민운동사건의 전모』.

한국금융연구원, 2013, 『가계부채 백서』.

한국기독교교회협의회, 1985, 『목동사건조사보고서』.

한국노동연구원, 1990a, 『노동문제 및 노사관계에 대한 근로자의식 조사 연구』.

_____, 1990b, 『단체협약 분석』.

_____, 1990c, 『임금 관련 통계자료집』.

_____, 1992~1994, 『KLI 노동통계』.

한국노동조합총연맹, 1982~1988, 『사업보고』.

_____, 1989~1995, 『임금인상 활동지침』.

_____, 1990, 『한국노동자의식연구』.

한국생산성본부 『한국기업총람』, 각 연도.

한국은행 『경제통계연보』, 각 연도.

_____, 2005, 「금융권 주택담보대출 취급실태 점검결과」, 보도자료 2005. 8. 30.

_____, 2014, 『금융안정보고서』 23호.

한국조세정책연구원, 2002, 『한국조세정책 50년(전자자료)』.

한국주택금융공사 『주택금융월보』, 각 연도.

_____, 2016, 『한국의 주택금융 70년』.

한국주택사업협회, 1986, 「공공, 민간 합동택지개발 적극 추진 건의」, 국가기록원 기록물철(BA0875316, 1. 28).

_____, 1991a, 「민영주택 분양가격 제도개선 건의」, 『주택사업회보』 18호.

_____, 1991b, 「주택가격안정에 관한 토론회」, 『주택사업회보』 18호.

한국주택은행, 1990, 『주택경제데이터북』.

_____, 1992a, 『주택배분의 기준과 정책』.

_____, 1992b, 『주택청약관련 저축자의 의식 조사』.

_____, 1996, 『주택경제통계편람』.

_____, 1997, 『한국주택은행 30년사』.

한국주택협회, 1995, 『한국주택협회 15년사』.

_____, 1998, 「주택건설촉진법시행령중개정령안 의견제출」, 국가기록원 기록물철(DA0517083, 7. 7).

_____, 2003, 「주택업계 현안 건의」, 국가기록원 기록물철(DA0532971, 9).

한국주택협회·대한주택건설사업협회, 1996, 「주택사업관련 규제철폐 건의」, 국가기록원 기록물철(DA0517097, 3. 15).

한국중소주택사업자협회, 1989, 「택지 합동 개발을 위한 건의」, 국가기록원 기록물철(BA0875316, 7. 19).

_____, 1990, 「공공·민간택지합동 개발 지침 개선건의」, 국가기록원 기록물철(BA0875316, 8. 23).

한국중소주택사업자협회중앙회, 1987a, 「건의서」, 국가기록원 기록물철(DA0517391, 9).

_____, 1987b, 「주택건설촉진법 개정에 따른 의견제출」, 국가기록원 기록물철(DA0517392, 3. 30).

한나라당, 2007, 『일류국가·희망공동체 대한민국: 한나라당 18대 대선 정책공약집』, 북마크.

한나라당 대변인실, 2006, 「정책의총 주요내용(보도자료)」, 보도자료 2006. 11.

24.

한국토지개발공사, 1985, 「중계지구 택지개발사업에 있어 주택건설사업자와의
　　공동시행방안 검토(안)」, 국가기록원 기록물철(BA0875316, 11).

한국토지공사, 1999, 『택지개발업무편람』, 건설교통부.

한국토지공사20년사편찬위원회, 1995, 『한국토지공사 20년사, 1975~1995』.

한완상·권태환·홍두승, 1987, 『한국의 중산층』, 한국일보사.

행정안전(자치)부 『지방세통계연감(지방세정연감)』, 각 연도.

행정자치부, 2003, 「행자부, 세대별 주택 소유현황 발표」, 보도자료 2003. 11. 25.

_____, 2005, 「세대별 주택 및 토지 보유현황 발표」, 보도자료 2005. 11. 25.

_____, 2006, 『강남구 특별감사청구 처분요구서』.

헌법재판소, 2006, 「강남구 등과 국회 간의 권한쟁의」, 2005헌라4 전원재판부
　　판시문, 2006. 5. 25.

_____, 2008, 「구 종합부동산세법 제5조 등 위헌소원 등」, 2006헌바112, 2007헌바
　　71·88·94, 2008헌바3·62, 2008헌가12(병합) 전원재판부 판시문, 2008. 11. 13.

현대건설주식회사, 1977, 「해외취업 근로자를 위한 주택 마련 및 재산형성 저
　　축에 대한 건의사항」, 국가기록원 기록물철(DA0224895, 9. 1).

홍두승, 1992, 「중산층의 성장과 사회변동」, 한국사회학회·한국정치학회 엮음
　　『한국의 국가와 시민사회』, 한울.

_____, 2005, 『한국의 중산층』, 서울대학교출판부.

홍두승·김병조, 2008, 「한국의 사회발전과 중산층의 역할: 사회통합을 위한 중
　　산층 육성」, 한국사회학회 엮음 『기로에 선 중산층: 현실진단과 복원의 과제』,
　　인간사랑.

황규성·이재경, 2014, 「금융화와 소득 및 주택의 불평등 심화」, 『동향과전망』
　　91호.

Aalbers, Manuel B. 2008. "The Financialization of Home and the Mortgage Market Crisis." *Competition and Change* 12:2.

Aalbers, Manuel B. and Brett Christophers. 2014. "Centring Housing in Political Economy." *Housing, Theory and Society* 31:4.

Abelmann, Nancy. 2003. *The Melodrama of Mobility: Women, Talk, and Class in Contemporary South Korea.* Honolulu: University of Hawaii Press.

Aglietta, Michel. 1979. *A Theory of Capitalist Regulation: The US Experience.* London: NLB.

Amenta, Edwin. 1998. *Bold Relief: Institutional Politics and the Origins of Modern American Social Policy.* Princeton, N.J.: Princeton University Press.

Amsden, Alice H. 1989. *Asia's Next Giant: South Korea and Late Industrialization.* New York: Oxford University Press.

Andrews, Dan, Aida C. Sánchez, and Åsa Johansson. 2011. *Housing Markets and Structural Policies in OECD Countries.* OECD Economics Department Working Papers No. 836.

Arrighi, Giovanni and Beverly J. Silver. 2001. "Capitalism and World (Dis)Order." *Review of International Studies* 27:5.

Boléat, Mark. 1985. *National Housing Finance Systems: A Comparative Study.* London: Croom Helm.

Bourne, Larry S. 1981. *The Geography of Housing.* London: Edward Arnold.

Burgess, Rod. 1978. "Petty Commodity Housing or Dweller Control? A Critique of John Turner's Views on Housing Policy." *World Development* 6:9–10.

Castells, Manuel. 1978. *City, Class and Power.* London: Macmillan.

Castles, Francis G. 1998. "The Really Big Trade-Off: Home Ownership and the

Welfare State in the New World and the Old." *Acta Politica* 33:1.

Chang, Kyung-Sup. 2012. "Developmental Citizenship in Perspective: The South Korean Case and Beyond." in Kyung-Sup Chang, and Bryan S. Turner (eds.). *Contested Citizenship in East Asia: Developmental Politics, National Unity, and Globalization.* London and New York: Routledge.

_____. 2014. "Transformative Modernity and Citizenship Politics: The South Korean Aperture." *South Korea in Transition.* London and New York: Routledge.

Chiu, Rebecca L. H. 2006. "Globalization and Localization: Economic Performance and the Housing Markets of the Asian Tigers since the Financial Crisis." *Housing Finance International* 20:3.

_____. 2008. "Government Intervention in Housing: Convergence and Divergence of the Asian Dragons." *Urban Policy and Research* 26:3.

Cho, Man. 2008. *Subprime Mortgage Market: Rise, Fall, and Lessons for Korea.* KDI School of Pub Policy & Management Paper No. 08-08.

Chua, Beng Huat. 1997. *Political Legitimacy and Housing: Stakeholding in Singapore.* London: Routledge.

Chung, Moo-Kwon. 2001. "Rolling Back the Korean State: How Much Has Changed?" presented in Meeting of the IPSA Section of Structure of Governance. University of Oklahoma, 30-31, March.

Cohen, Lizabeth. 1998. "The New Deal State and the Making of Citizen Consumers." in Susan Strasser, Charles McGovern and Matthias Judt (eds.). *Getting and Spending: European and American Consumer Societies in the Twentieth Century.* New York: Cambridge University Press.

_____. 2004. *A Consumers' Republic: The Politics of Mass Consumption in Postwar America*. New York: Vintage.

Doling, John. 1999. "Housing Policies and the Little Tigers: How Do They Compare with Other Industrialised Countries?" *Housing Studies* 14:2.

_____. 2002. "The South and East Asian Housing Policy Model." in Razali Agus, John Doling, and Dong-Sung Lee (eds.). *Housing Policy Systems in South and East Asia*. Basingstoke: Palgrave Macmillan.

Doling, John and Richard Ronald (eds.). 2014. *Housing East Asia: Socioeconomic and Demographic Challenges*. Basingstoke: Palgrave Macmillan.

Elsinga, Marja, Pascal De Decker, Nóra Teller, and Janneke Toussaint. 2007. *Home Ownership beyond Asset and Security: Perceptions of Housing Related Security and Insecurity in Eight European Countries*. Amsterdam: IOS Press.

Esping-Andersen, Gøsta. 1990. *The Three Worlds of Welfare Capitalism*. Cambridge: Polity Press.

Fligstein, Neil and Adam Goldstein. 2015. "The Emergence of a Finance Culture in American Households, 1989-2007." *Socio-Economic Review* 13:3.

Fraser, Steve. 1989. "The 'Labor Question'." in Steve Fraser and Gary Gerstle (eds.). *The Rise and Fall of the New Deal Order, 1930-1980*. Princeton, N.J.: Princeton University Press.

Goodman, Roger and Ito Peng. 1996. "The East Asian Welfare States: Peripatetic Learning, Adaptive Change, and Nation-Building." in Gøsta Esping-Andersen (ed.). *Welfare States in Transition: National Adaptations in Global Economies*. London: Sage.

Goodman, Roger, Gordon White, and Huck-Ju Kwon (eds.). 1998. *The East

Asian Welfare Model: Welfare Orientalism and the State. London and New York: Routledge.

Gough, Ian. 2001. "Globalization and Regional Welfare Regimes: The East Asian Case." *Global Social Policy* 1:2.

Groves, Richard, Alan Murie, and Christopher Watson (eds.). 2007. *Housing and the New Welfare State: Perspectives from East Asia and Europe*. Aldershot: Ashgate.

Habermas, Jürgen. 1988. *Legitimation Crisis*. Cambridge: Polity Press.

Hareven, Tamara K. 1982. *Family Time and Industrial Time: The Relationship between the Family and Work in a New England Industrial Community*. Cambridge: Cambridge University Press.

Harloe, Michael. 1995. *The People's Home: Social Rented Housing in Europe & America*. Oxford and Cambridge: Blackwell.

Harvey, David. 1985. *The Urbanization of Capital: Studies in the History and Theory of Capitalist Urbanization*. Oxford: Blackwell.

_____. 2003. *The New Imperialism*. Oxford: Oxford University Press.

Hoekstra, Joris. 2003. "Housing and the Welfare State in the Netherlands: An Application of Esping-Andersen's Typology." *Housing, Theory and Society* 20:2.

_____. 2010. *Divergence in European Welfare and Housing Systems*. Amsterdam: IOS Press.

Holliday, Ian. 2000. "Productivist welfare capitalism: Social policy in East Asia." *Political Studies* 48:4.

Jager, Michael. 1986. "Class Definition and the Aesthetics of Gentrification: Victoriana in Melbourne." in Neil Smith and Peter Williams (eds.). *Gentrifi-*

cation of the City. London: Allen and Unwin.

Jessop, Bob. 1999. "Reflections on Globalisation and Its (Il)logic(s)." in Kris Olde, Peter Dicken, Philip Kelly, Lily Kong, and Henry Wai-chung Yeung (eds.). *Globalisation and the Asia-Pacific: Contested Territories*. London: Routledge.

Jessop, Bob and Ngai-Ling Sum. 2006. *Beyond the Regulation Approach: Putting Capitalist Economies in Their Place*. Cheltenham and Northampton: Edward Elgar.

Johnson, Chalmers. 1999. "The Developmental State: Odyssey of a Concept." in Meredith Woo-Cumings (ed.). *The Developmental State*. Ithaca, N.Y.: Cornell University Press.

Jones, Catherine. 2005. "The Pacific Challenge: Confucian Welfare States." *New Perspectives on the Welfare State in Europe*. London and New York: Routledge.

Kemeny, Jim. 1980. "Home Ownership and Privatization." *International Journal of Urban and Regional Research* 4:3.

_____. 1995. *From Public Housing to the Social Market*. London: Routledge.

_____. 2005. ""The Really Big Trade-Off" between Home Ownership and Welfare: Castles' Evaluation of the 1980 Thesis, and a Reformulation 25 Years on." *Housing, Theory and Society* 22:2.

Kemp, Tom. 1990. *The Climax of Capitalism: The US Economy in the Twentieth Century*. London and New York: Longman.

Kim, Myeongsoo. 2018. "Urban Middle Class and the Politics of Home Ownership in South Korea." *Development and Society* 47:4.

Koo, Hagan. 1990. "From Farm to Factory: Proletarianization in Korea." *Ameri-*

can Sociological Review 55:5.

Korpi, Walter. 1978. *The Working Class in Welfare Capitalism: Work, Unions, and Politics in Sweden*. London and Boston: Routledge & Kegan Paul.

Kwon, Huck-Ju. 1997. "Beyond European Welfare Regimes: Comparative Perspectives on East Asian Welfare Systems." *Journal of Social Policy* 26:4.

_____. 1998. "Democracy and the Politics of Social Welfare: A Comparative Analysis of Welfare Systems in East Asia." in Roger Goodman, Gordon White, and Huck-ju Kwon (eds.). *The East Asian Welfare Model: Welfare Orientalism and the State*. London and New York: Routledge.

La Grange, Adrienne and Jung, Heenam. 2013. "Liberalization, Democratization and Korea's Housing Welfare Regime." *International Journal of Housing Policy* 13:1.

Lee, Hyunjeong and Richard Ronald. 2012. "Expansion, Diversification, and Hybridization in Korean Public Housing." *Housing Studies* 27:4.

Lee, James, Ray Forrest, and Wai Keung Tam. 2003. "Home-ownership in East and South East Asia: Market, State and Institutions." in Ray Forrest and James Lee (eds.). *Housing and Social Change: East-West Perspective*. London and New York: Routledge.

Lim, Seo Hwan. 1994. *Landowners, Developers and the Rising Land Cost for Housing, the Case of Seoul, 1970-1990*. PhD Thesis, University of London.

Maier, Charles S. 1987. "The Politics of Time: Changing Paradigms of Collective Time and Private Time in the Modern Era." in Charles S. Maier (ed.). *Changing Boundaries of the Political: Essays on the Evolving Balance between the State and Society, Public and Private in Europe*. Cambridge: Cambridge

University Press.

Marshall, Thomas H. 1992. *Citizenship and Social Class*. London: Pluto Press.

Martin, Isaac William. 2008. *The Permanent Tax Revolt: How the Property Tax Transformed American Politics*. Stanford, California: Stanford University Press.

Minsky, Hyman P. 1982. *Can "It" Happen Again? Essays on Instability and Finance*. New York: M. E. Sharpe.

Montgomerie, Johnna. 2009. "The Pursuit of (Past) Happiness? Middle-class Indebtedness and American Financialisation." *New Political Economy* 14:1.

PADCO (Planning and Development Collaborative International). 1977. *Case Study of the Korean Housing Investment Guaranty Program 1971–1977*. presented for Office of Housing, Agency for International Development.

Park, Bae-Gyoon. 1998. "Where Do Tigers Sleep at Night? The State's Role in Housing Policy in South Korea and Singapore." *Economic Geography* 74:3.

Park, Shin-Young. 2007. "The State and Housing Policy in Korea." in Richard Groves, Alan Murie, and Christopher Watson (eds.). *Housing and the New Welfare State: Perspectives from East Asia and Europe*. Aldershot: Ashgate.

Prasad, Monica. 2006. *The Politics of Free Markets: The Rise of Neoliberal Economic Policies in Britain, France, Germany, and the United States*. Chicago and London: University of Chicago Press.

Ramesh, Mishra. 2004. *Social Policy in East and Southeast Asia: Education, Health, Housing and Income Maintenance*. New York: Routledge.

Richards, Lyn. 1990. *Nobody's Home: Dreams and Realities in a New Suburb*. Melbourne: Oxford University Press.

Ronald, Richard. 2007. "Comparing Homeowner Societies: Can We Construct an East-West Model?" *Housing Studies* 22:4.

_____. 2008a. "Between Investment, Asset and Use Consumption: The Meanings of Homeownership in Japan." *Housing Studies* 23:2.

_____. 2008b. *The Ideology of Home Ownership*. London: Palgrave Macmillan.

Ronald, Richard and Mee-Youn Jin. 2010. "Homeownership in South Korea: Examining Sector Underdevelopment." *Urban Studies* 47:11.

Ronald, Richard and John Doling. 2010. "Shifting East Asian Approaches to Home Ownership and the Housing Welfare Pillar." *European Journal of Housing Policy* 10:3.

Ronald, Richard and Shinwon Kyung. 2013. "Housing System Transformations in Japan and South Korea: Divergent Responses to Neo-liberal Forces." *Journal of Contemporary Asia* 43:3.

Ronald, Richard and Hyunjeong Lee. 2012. "Housing Policy Socialization and De-Commodification in South Korea." *Journal of Housing and the Built Environment* 27:2.

Rowlands, Rob and Craig M. Gurney. 2000. "Young Peoples' Perceptions of Housing Tenure: A Case Study in the Socialization of Tenure Prejudice." *Housing, Theory and Society* 17:3.

Rupert, Mark. 1995. *Producing Hegemony: The Politics of Mass Production and American Global Power*. Cambridge & New York: Cambridge University Press.

Rybczynski, Witold. 1986. *Home: A Short History of an Idea*. New York: Penguin Books.

Schwartz, Herman M. and Leonard Seabrooke (eds.). 2009. *The Politics of Hous-*

ing Booms and Busts. Basingstoke: Palgrave Macmillan.

Sherraden, Michael W. 1991. *Assets and the Poor: A New American Welfare Poli-cy* New York: M. E. Sharpe.

Skocpol, Theda. 1988. "The Limits of the New Deal System and the Roots of Contemporary Welfare Dilemmas." in Margaret Weir, Ann Shola Orloff, and Theda Skocpol (eds.). *The Politics of Social Policy in the United States*. Princeton, N.J.: Princeton University Press.

Smith, Susan. 2006. "Home Ownership: Managing a Risky Business?" in John Doling and Marja Elsinga (eds.). *Home Ownership: Getting in, Getting from, Getting out*. Delft: Delft University Press.

Song, Ho Keun. 2003. "The Birth of a Welfare State in Korea: The Unfinished Symphony of Democratization and Globalization." *Journal of East Asian Studies* 3:3.

Song, Ho Keun and Kyung Zoon Hong. 2005. "Globalization and Social Policy in South Korea." in Miguel Glatzer and Dietrich Rueschemeyer (eds.). *Globalization and the Future of the Welfare State*. Pittsburgh, Pa.: University of Pittsburgh Press.

Sum, Ngai-Ling. 1998. "Theorizing Export-Oriented Economic Development in East Asian Newly-Industrializing Countries: A Regulationist Perspective." in Ian Cook, Marcus Doel, Rex Y. F. Li, and Yongjiang Wang (eds.). *Dynamic Asia: Business, Trade and Economic Development in Pacific Asia*. Aldershot: Ashgate.

Taylor, Peter J. 1996. *The Way the Modern World Works: World Hegemony to World Impasse*. Chichester: John Wiley & Sons.

_____. 2000. "Havens and Cages: Reinventing States and Households in the Modern World-System." *Journal of World-System Research* 6:2.

Thorns, David. 2012. "Home Ownership: Continuing of Fading Dream." in Richard Ronald and Marja Elsinga (eds.). *Beyond Home Ownership: Housing, Welfare and Society*. Oxon and New York: Routledge.

Turner, John F. C. 1972. "Housing as a Verb." in John F. C. Turner and Robert Fichter (eds.). *Freedom to Build: Dweller Control of the Housing Process*. New York: Collier Macmillan.

Van Steenbergen, Bart. 1994. "The Condition of Citizenship: An Introduction." *The Condition of Citizenship*. London: Sage.

Wade, Robert. 1990. *Governing the Market: Economic Theory and the Role of Government in East Asian Industrialization*. Princeton: Princeton University Press.

Walker, Alan and Chack-kie Wong (eds.). 2005. *East Asian Welfare Regimes in Transition: from Confucianism to Globalisation*. Bristol: The Policy Press.

Watson, Mattew. 2008. "Constituting Monetary Conservatives via the "Savings Habit": New Labour and the British Housing Market Bubble." *Comparative European Politics* 6:3.

_____. 2009. "Boom and Crash: The Politics of Individual Subject Creation in the Most Recent British House Price Bubble." in Herman M. Schwartz and Leonard Seabrooke (eds.). *The Politics of Housing Booms and Busts*. Basingstoke: Palgrave Macmillan.

Weir, Margaret, Ann Shola Orloff, and Theda Skocpol. 1988. "Introduction: Understanding American Social Policy." in Margaret Weir, Ann Shola Orloff, and Theda Skocpol (eds.). *The Politics of Social Policy in the United States*. Princeton, N.J.: Princeton University Press.

Whitehead, Christine M. E. 2005. "European Housing Systems: Similarities and Contrasts with Korea." presented for *Residential Welfare and Housing Policies: The Experience and the Future of Korea*. Korea Development Institute.

Winter, Ian C. 1994. *The Radical Home Owner: Housing Tenure and Social Change*. Melbourne: Gordon and Breach.

Woo-Cumings, Meredith. 1999. "Introduction: Chalmers Johnson and the Politics of Nationalism and Development." in Meredith Woo-Cumings (ed.). *The Developmental State*. Ithaca, N.Y.: Cornell University Press.

찾아보기